KB126820

도덕교육학개론

도덕교육학개론

권승혁 **편저**

한국학술정보

머 리 말

현대 사회의 급속한 변화는 우리 사회의 기본적인 가치 규범들을 흔들리게 하고 있으며, 오늘날의 가치 체계는 강력 범죄와 사이버 범죄 및 성범죄와 마약 등으로 붕괴될 위기에 처해 있다. 우리가 사는 이 시대는 순수한 물적 위기보다는 가치 체계의 위기가 더 근본적인 문제가 되고 있다.

그 동안 인간들은 그런 모든 문제들을 합리적으로 개선하려고 노력해 왔다. 그러나 현재 우리들에게 직면하고 있는 문제점들을 해결함에 있어서 가장 큰 걸림돌은 바로 도덕적 무관심인 것이다. 도덕적 무관심은 곧바로 도덕 불감증을 가져와 각종 비리와 범죄로 연결되고 있다. 이런 점들을 해결하려면 사람들에게 도덕적 관심을 고조시켜서 타인과 공동체에 대한 배려를 강조해야 한다. 엘리 위즐은 "다음 세기의 도덕적 행위는 분명히 우리와 가까운 타인을 받아들이는 것을 의미할 것이다. 왜냐하면 우리 안에 그들이 살고 있기 때문이다."라고 하면서 서로간의 보다 큰 이해와 관용이 필요함을 역설하였다.

도덕교육은 학생들로 하여금 자신의 도덕성을 형성하고 발달시키도록 돕는 교육활동이다. 도덕교육의 목표는 학생들에게 도덕성을 함양하여 사율적인 노닉생활을 하도록 하는데 있다.

이 책은 도덕 교육 전반에 관한 내용을 소개할 목적으로 집필하였다. 이 책은 도덕성의 이해와 도덕교육의 심리적, 철학적, 교육학적인 이론적 기반들과 도덕성 발달 이론 등을 소개하였다. 그리고 현대의 도덕교육에서 관심을 보이고 있는 인격교육과 배려의 윤리 및 정보 윤리와 환경 윤리 등을 다루었다. 또한 도덕 지능과 도덕정서 및 도덕 서사와 전통적 인성교육, 도덕교육의 통합적 접근과 도덕과 교육과 도덕교사에 대한 내용도 함께 다루었다.

이 책은 학생들의 도덕성 발달에 도움을 줄 수 있는 도덕교육 이론들의 내용을 소개한 개론서로서 내용 수준을 평이하게 구성하였으며, 도덕교육을 공부하는 학생들을 위한 교재로 집필하였다.

이 책은 도덕교육에서 중요하다고 생각되는 주제들을 중심으로 펴낸 개론서이다. 구슬이 서 말이라도 꿰어야 보배라는 속담이 있듯이 도덕교육에 관한 수많은 논문과 책들을 참고하면서 나름대로 정리하였다. 그러나 집필한 사람의 학문적 사상이나 주장이 거의 없으며 주제별로 내용을 정리하고 편집하였기 때문에 편저라고 하였다.

이 책은 도덕교육을 전공한 선후배 학자들의 논문과 책들을 참고문헌으로 활용하였다. 특히 편저자의 석박사 학위논문 지도교수이신 한국교원대학교 남궁달화 명예교수님의 수많은 논문과 저서들을 적극 활용하였으며 임병덕 교수님의 논문과 책도 많이 인용하였다.

이 책은 『도덕교육개론』이라는 제목으로 2010년에 출간하여 도덕교육 강의 교재로 사용해 왔으나, 책을 개정할 필요성이 요구되어 각 장마다 내용의 일부를 수정하고 보충하여 『도덕교육학개론』이라는 제목으로 개정판을 출간하게 되었다.

2017년 2월
권 승 혁

- 차 례 -

제01장

도덕성의 이해

1. 도덕과 도덕성의 개념

도덕의 개념

도와 덕의 출현

중국의 은(殷)나라는 갑골문자의 나라였다. 갑골문에는 은나라 사람들이 신에게 답을 얻기 위해 물었던 거의 모든 내용(제사, 전쟁, 사냥)들이 들어있다. 은나라 사람들은 상제(上帝)라고 하는 최고신이 내린 천명(天命)에 의해 은나라가 건립되었다고 믿었다. 이 시대에는 인간의 운명과 왕조의 앞날을 통제하고 마음대로 상을 주거나 벌을 내리는 상제라는 최고신을 매개로 자신을 이해하게 되었다. 그러나 은나라는 초월적인 존재인 상제로 인하여 인간의 자유의지가 박탈되었던 시대였다.

천이 이 세계의 모든 것을 지배한다는 생각을 가진 것을 천명론(天命論)이라고 한다. 천명은 초월적 신인 최고 권위자의 명령이다. 그런데 아직 천명을 받지 않은 주나라가 은나라를 멸망시킨 사건이 발생한다. 이 때 덕(德)이라는 개념이 출현하게 된다. 천명은 덕이 있는 사람에게 내려진다는 것으로, 즉 덕이 있으면 천명이 오고 덕을 잃으면 천명도 떠날 수 있다는 것이다. 은나라에 있던 천명이 주나라로 옮겨가서 주나라가 은나라를 멸망시키고 새로운 나라를 세웠다는 정당성을 확보하게 된 것이다.

주나라에 와서는 덕을 매개로 인간을 이해하고 해석하며 또 그것을 인간 활동의 근거로 삼았다. 인간은 덕을 가진 존재가 되었으며 이 덕은 천의 결정에 영향을 끼칠 수 있다고 본 것이다. 결국 인간은 천과의 매개자 역할을 하는 덕을 갖게 된 것이다. 천명과 덕은 주나라를 지탱하는 중심축이 되었다. 인간은 덕이라는 매개를 통해 천과 밀접한 관계를 가진다. 주나라의 통치자는 스스로를 하늘의 아들, 즉 천자라고 불렀다. 주나라에 와서는 덕은 권력의 정당성과 통치의 핵심 근거가 된다. 그리하여 천은 인간 세상에 벌어지고 있는 정치나 도덕의 근거 내지는 정당성을 부여해 주는 존재로 바뀐다.

은나라와 주나라의 교체기에 등장하게 된 덕이라는 개념은 신으로부터 독립해 인간의 길을 가려고 노력함을 보여준다. 인간이 자신의 지위를 상승시킨 결과로 사람들은 '덕(德)'이라는 인간성을 찾아내었고, 이것을 하늘과 인간의 움직임을 규정하는 일정한 틀로 삼으면서 하늘의 영역은 제한되고 줄어들었으며 인간의 활동 범위는 확대되었다. 즉 덕이라는 특성을 갖게 되면서 인간은 신으로부터 벗어날 수 있는 근거를 마련하게 된다. 이제 인간은 모든 일에 책임을 지고 자신의 움직임을 결정하는데 의미를 부여한다. 즉 신과 책임을 나눌 수 있게 되면서 인간은 자신의 존엄성을 키우면서 스스로의 각성을 통해 자신의 움직임을 결정하고 의미를 부여한다. 이런 과정은 바로 덕을 근거로 하여 이루어진다.

춘추말(기원전 5세기)에 철기가 산업에 투입되고 나서 생산성이 급격히 상승하였다. 생산 수단의 변화는 계급 관계(군자와 소인)와 정치 구조(천자와 제후)를 변화시키고, 세계관을 전환시킬 정도로 큰 힘을 발휘하였다. 소외계층인 소인들이 부를 축적하게 되었고, 생산성이 획기적으로 증대하게 된 것이 인간의 자부심을 키우는 원동력이 되었다. 그 결과 천명의 권위가 더욱 약화되어 인간과 하늘 사이의 관계가 달라지게 되었다. 마침내 인간이 인간만의 힘으로 이 세계의 질서를 만들고, 인간이 가야할 길을 만들려고 노력하였다.

천명론을 극복하고 인간의 길을 건립하려고 했던 최초의 철학자는 공자와 노자였다. 인간만의 능력으로 건립한 그 길을 바로 '도'라고 한다. 도의 출현 이전에는 중국인들이 세계를 해석하는 두 개의 중심축은 천과 덕이었다. 이제 도의 출현으로 하늘의 시대에서 땅의 시대로 바뀐 것이다. 즉 신의 시대에서 인간의 시대로 넘어가서 인간이 주도권을 잡게 되었다. 도의 출현으로 신으로부터 인간의 독립선언이 시작된 것이다. 이제 인간은 천명을 따르지 않고 도를 따르게 되었다. 도와 덕은 중국인들의 삶의 세계에서 두 개의 중심축이 되었다.

도(道)라고 하는 인간의 길을 건립하려 했던 공자는 인간의 내면적 특성을 바탕으로 천명론을 극복하려고 했는데 이것은 주관성을 갖게 되어 가치론적 성격을 띠게 되었다. 반면에 노자는 인간의 주관성을 탈피하고자 가치의 세계와 결별하고, 자연이라고 하는 사실의 세계에서 인간 질서의 근거를 발견하려고 하였다. 즉 자연의 질서를 인간의 질서로 만들고자 하였다(최진석, 2015: 29-42. 54-89 요약).

노자 도덕경에서의 도와 덕

노자(老子)와 공자(孔子)가 살았던 춘추시대 말기에는 도와 덕이 서로 독립적인 개념으로 사용되고 있었음을 노자의 도덕경(道德經)

이나 공자의 논어(論語)를 통해서 알 수 있다.

동양에서의 도덕은 노자 『도덕경』에 나타난 도(道)와 덕(德)의 개념을 각각 따로 살펴볼 때 그 심오한 의미가 더욱 잘 드러난다. 도덕이라는 단어가 사용되기 이전부터 도와 덕은 서로 다른 두 개의 독립된 개념에 속해 있었다. 우리가 일반적으로 사용하는 도덕이라는 용어는 도와 덕에 대한 본래의 의미를 모두 나타내 주지는 못한다.

『도덕경』에서는 도와 덕을 별도로 취급하고 있기에 도덕이라는 단어로 결합되어 사용되는 경우는 어디에도 찾아볼 수 없다. 『도덕경』의 구성을 보면 도경(道經)과 덕경(德經)이 별도로 존재한다. 1장에서 37장 까지는 주로 도를 논했다고 해서 '도경'이라 하고, 38장에서 81장 까지는 주로 덕을 논했다고 해서 '덕경'이라고 부르는데 이를 합쳐서 『도덕경』이라 하며 5천여 글자로 구성되었다.

『도덕경』에는 도(道, the Tao)라는 글자가 76회 나오는데, 그 쓰이는 장소에 따라 여러 가지 의미를 나타내고 있다. 즉 도를 무(無), 허(虛), 기(氣), 정(靜), 대(大), 무극(無極), 박(樸) 등으로 부르고 있다. 이러한 도의 기능과 특성을 살펴보면, 첫째로 천지만물을 발생하게 하고 변화시키는 것이며, 둘째로 도는 사람의 지각으로는 인지할 수 없으며, 셋째로 도는 규정되고 이름 지어질 수 없는 것이며, 넷째로 도는 다른 어떤 존재에도 의지함이 없이 스스로 생겨난 절대적 존재이며, 다섯째로 도는 모든 사물을 초월하여 존재하면서도 또한 사물 속에 내재하여 없는 곳이 없이 두루 퍼져 있는 것이다. 여섯째로 도는 영원불멸하며 아무것도 하지 않지만 성취되지 않는 바가 없다. 이러한 도는 신비스럽고 무궁한 기능을 가져서 모든 사물을 생성하고 변화 발전시키면서 그들을 유지하고 그와 함께 존재하고 있다는 것이다(조현규, 2006: 85-87).

노자는 우주만물의 근원으로서 도를 제시하였는데 도라는 것은 어떤 속성도 가지고 있지 않기 때문에 어떤 것이라고 규정할 수 없고,

분별할 수도 없으며, 이름을 붙이기도 곤란하다는 것이다. 도란 볼 수 없고, 들을 수 없고, 냄새도 없고, 손에 잡히지 않고, 모습도 없으며, 감각적으로도 인식될 수 없으므로 사실상 이름을 붙일 수 없는 것이다. 즉 우리는 그 이름을 알지 못하나니, 글자로서 형용하여 도라 부른다(김길환, 1984: 168).

『도덕경』 제일 첫 문장은 '도'가 다양한 외형과 이름으로 구현되고 또 수시로 변화할 수 있다는 가변성(可變性)을 말하고 있다.

道可道也 非恒道也 名可名也 非恒名也[1]

'도'는 법도 삼아 따를 수는 있어도, 영원한 도인 것은 아니다. '이 름' 또한 호칭 삼아 붙일 수는 있어도, 영원한 이름인 것은 아니다(문성재, 2014: 48).

노자 『도덕경』 위의 문장은 1973년 중국 호남성 장사시 마왕퇴에 소재한 한대 고분(3호분)에서 출토된 백서본(帛書本)에 따른 것이다.

노자 『도덕경』 첫 대목인 "도가도 비항도"에서 역설하고 있는 것은 바로 진리의 가변성(可變性)이다. 노자는 인간 세상에서 도(道)라는 것은 어디나 보편적으로 존재하면서 우주 만물에 두루 작용하는 운행 법칙이지만 언제나 끊임없이 운동·변화하고 있다고 보았다.

---

1) 왕필(226~249)이 『도덕경』에 주석을 붙인 그의 저서 『老子注』에는 "道可道 非常道 名可名 非常名"으로 되어 있다. 이 왕필본은 '통행본'으로 1,700여 년 동안으로 권위를 누려 왔으며 국내의 학자들은 아래와 같이 번역하고 있다.
• 언설로 규정할 수 있는 도는 불변의 도가 아니요, 이름 붙일 수 있는 이름은 불변의 이름이 아니다(이홍우, 『교육의 동양적 전통1』, 서울:성경재, 2005, p.341).
• 도를 말하게 되면 영원한 도가 아니며, 이름을 규정지으면 영원한 이름이 아니다(김경수, 『노자 역주』, 서울:문사철, 2009, p.14).
• 어쩔 수 없이 도라고 해 보지만 도는 설명할 수도 없고 도라고 이름을 붙일 수도 없다(정창영, 『도덕경』, 서울:물병자리, 2014, p.16).

노자『도덕경』에서 '도'는 언제나 어떤 고정된 이름이나 존재가 아니라 수시로 다른 이름과 외형들로 제시되고 있다는 것과 세상에서 영원히 변하지 않는 것은 없다는 것을 이야기하고 있는 것이다(문성재, 2014: 57-59).

도(道)라는 것이 우리가 의식하든지 의식하지 못하든지 간에 우리의 인식과 행동을 초월해 있는 우주 만물의 근원이다. 도는 그 자체로서는 규정이 불가능하고 만물이나 인(仁), 지(知)와 같은 표현에 의존하여 간접적으로 파악되는 형이상학적 실재(實在)이다(임병덕 외 2인, 1998: 8).

도덕경에서 도와 덕의 관련을 시사하는 대목으로는 제21장의 첫 부분에 있는〈공덕지용 유도시종(孔德之容 唯道是從)〉이다. '위대한 덕이 발현된 모습은 오로지 도만을 본보기로 따른다.'에서 노자는 도가 만물에 작용하여 해당 사물을 매개로 물질로 변환되면서 거기에 걸맞은 모습 - "위대한 덕이 발현된 모습"을 갖추게 된다고 보았다. 우주 만물에 보편적으로 작용하는 운행 법칙인 도가 물화된 덕의 모습으로 표현된 것이다(문성재, 2014: 159).

도(道)는 인간의 감각기관으로는 감지할 수 없지만 우주의 본원으로서 일정한 운동과 변화를 통해 만물을 생성시킨다. 그리고 덕(德)은 우주의 운행 법칙인 도(道)가 우주와 세상에 작용함으로써 발현되는 현상의 결과물이라 할 수 있다. 즉 '도'가 우주 만물에 보편적으로 작용하는 운행 법칙이라면 '덕'은 그 '도'가 현상계에서 작용하여 특정한 형체를 가진 사물로 체화(體化), 물화(物化)된 경우인 셈이다. 따라서 '덕'은 '도'를 떠나서는 발현될 수 없고, 반드시 사물을 매개로 해서만 발현될 수 있다. 도에 의해서 만물이 생성되고 덕에 의해서 만물이 육성된다(문성재, 2014: 241-242).

도(道)는 인식할 수 없는 세계의 근본이요, 우주 만물의 모태(母胎)이다. 하지만 도를 좇아 일어나 모습을 드러낸 덕은 상(象)과 물

(物)과 정(精)으로 이루어진 인식 가능한 실제적인 세계이다. 상(象)과 물(物)은 인간이 보고 듣고 만질 수 있는 감각적 인식의 대상이다. 그리고 정(精)은 생명의 시발이 되는 원초적인 기운이다. 덕에서 상과 물과 정이 나와 비로소 우리가 감각할 수 있는 세계가 드러났다는 우주의 기원에 대한 노자 사상의 핵심이다. 덕(德)은 물화된 형상의 세계이고 도(道)는 세계의 근본(根本)이다. 도(道)는 인식할 수 없는 세계의 근본이요, 우주 만물의 모태(母胎)이다. 덕(德)은 도(道)로부터 드러난 인식 가능한 세계의 법칙이다. 천지자연의 근본인 도가 실제적인 세계에서 원리나 법칙으로 나타난 것과 같이 인간의 품성으로서 사회 속에 작용할 때에 그것은 덕(德)이 되는 것이다. 그러므로 덕의 실천은 바로 도의 구현이다(이경숙, 2004: 259-262).

유가(儒家)에서의 도와 덕

'도'라든가 '덕'이라는 개념은 노자를 포함한 도가(道家)의 전유물은 아니며, 유가(儒家)에서도 마찬가지로 사용된다. 공자의 말이라고 할 수 있는 『논어』를 보면, "아침에 도(道)를 들으면 저녁에 죽어도 좋다."라든가 "덕(德)은 외롭지 않으며 거기에는 반드시 이웃이 따른다."라고 하여 유가에서도 '도'와 '덕'은 도덕이라는 하나의 개념으로 결합되어 사용되는 것이 아니라 서로 독립된 두 개의 개념으로 사용되고 있음을 알 수 있다(이홍우 외, 2005: 338).

이와 같이 '도'와 '덕'은 춘추전국시대까지만 해도 서로 다른 두 개의 개념에 속해 있었다. 공자도 "도에 뜻을 두고 덕에 의거한다."라고 하여 '도'와 '덕'을 분리하여 사용하고 있다. 설문해자(說文解字)에서는 "도(道)는 행도(行道)이다"라고 하였다. 이것은 '도'를 '인간이 걸어 다니는 길'의 의미로부터 파생된 것으로 보고 있다. 인간이 길을 통해서 걸어 다니는 것과 마찬가지로 인간의 삶의 방법도 정해진 길을 따라서 살아가야 한다. 그것을 '도'라고 표현했다. 그러므로 도란 인간이 반드시 행해야 하는 이치로 볼 수 있다(최영갑, 2006: 17-18).

『논어』에서는 '아버지의 도(父之道), 선왕의 도(先王之道), 군자의 도(君子之道), 문왕과 무왕의 도(文武之道), 착한 사람의 도(善人之道)'등의 표현이 많이 나타나는데, 이러한 것은 공자의 '도'가 인간과 밀접한 관련이 있음을 의미한다. 공자가 말하는 '도'는 '인간이 마땅히 행해야 하는 도리'라는 당위적이고 규범적인 의미로 규정할 수 있다(최영갑, 2006: 18).

『예기(禮記)』에서는 "덕(德)은 얻는 것(得)이다."고 하였다. 여기서 덕이라 함은 정치 행위, 윤리적 행위, 인식적 행위, 앎의 행위 등 인간이 하는 모든 행위를 포함한다. 그러므로 덕이란 인간이 몸소 실천하는 행위를 통해서 내면에 축적된 품덕(品德)을 의미한다. 도(道)를 행하여 마음에 얻음이 있는 것을 덕(德)이라고 한다면 반드시 도를 행해야 비로소 덕이 있다고 할 것이지, 도를 떠나서는 덕이라고 할 수 없다. 이것은 '도'와 '덕'의 관계가 밀접함을 나타낸다(최영갑, 2006: 18-19).

춘추전국시대 까지만 해도 '도'와 '덕'을 병칭한 도덕(道德)이라는 용어를 『논어』와 『맹자』에서는 발견할 수 없다. 다만 유가 경전 중에 『주역』과 『예기』에 '도덕'이란 용어가 나타나고 있을 뿐이다. 『예기』 곡례(曲禮) 상편에서는 "도덕과 인의는 예가 아니면 이루어질 수 없다."는 말이 보인다. 도덕이란 용어는 유가(儒家)와 도가(道家)를 막론하고 전국시대 후기에 가서야 연용되기 시작하였고, 한대(漢代) 이후에 이르러 하나의 유행하는 명사가 되었다(최영갑, 2006: 19).

노자와 공자가 말하는 도(道)의 의미를 정리해 보면, 두 사람은 인간이 가야할 길을 설계하고 인간의 길을 따르려 했다는 점에서 동일하지만, 노자는 자연의 운행원칙을 근거로 삼아 인간이 가야할 길을 제시하였고, 공자는 인간의 내면적 본성을 근거로 삼아 인간의 질서를 확립하고자 하였다(최진석, 2015: 89). 노자가 말하는 도(道)는 우주 만물의 근원으로서 만물의 생성과 존재에 관한 개념이다. 반면에 공자가 생각한 도(道)는 인간이 마땅히 걸어가야 할 길이요, 인간의 인격 완성을 위해 지켜야할 도덕적인 개념이다.

다음으로 덕(德)의 의미를 정리해 보면, 노자의 도덕경은 '덕'의 개념에 대해 구체적으로 언명한 적이 없지만 '덕'은 우주의 운행 법칙인 도(道)가 우주와 세상에 작용함으로써 발현되는 현상의 결과물, 즉 도(道)가 끊임없이 작용하는 과정에서 얻어진 결과물이 '덕'인 것이다. '덕'이 도(道)에 의해서 생성된 만물을 육성하는 것으로 이해한다면 '덕'은 '도'가 가지고 있는 힘을 물려받고 있는 것이다. 따라서 '덕'은 만물을 움직이게 하는 '동력'이며 '작용'이고 일종의 '힘'이다. 또한 인간에게 있어서는 '인격적인 감화력'이다.

반면에 유가(儒家)에서의 '덕'은 선천적으로 인간에게 주어지는 인간 본질이다. 따라서 덕(德)은 내면의 본질을 유지하고 행위를 통해서 얻는 것이다. 덕(德)이란 인간이 몸소 실천하여 자신의 내면에 축척되어 하나의 인품과 같은 형태로 드러나는 것이다. 유가에서의 덕(德)은 얻는 것(得,) 즉 '덕'이란 인간의 행위를 통해서 내면에 축적된 품덕(品德)을 의미한다(최영갑. 2006: 19).

노자와 공자가 말하는 도(道)와 덕(德)이 서로 독립적인 개념으로 취급되고 있다고 해서 도덕(道德)의 개념을 끌어내는 데에 장애가 되지는 않는다고 말할 수 있다. 우리가 일반적으로 사용하는 도덕이란 용어는 도와 덕의 분리된 의미를 다 포괄하지는 못한다. 그러나 도가와 유가에서 말하는 도와 덕은 위에서 살펴본 바와 같이 오늘날의 도덕이라는 형태로 능히 결합될 수 있다는 것을 알 수 있다.

도(道)와 덕(德)이라는 두 개념의 결합으로 이루어진 도덕이라는 단어는 오늘날에는 인간의 행동을 기술하고 규제하는 원리로서 규정될 수 있다. 이러한 도덕은 개인의 이해나 선호를 초월하는 기준(基

準)으로 규정될 수 있고, 개인의 내면에 함양되는 품성(品性)으로 규정될 수도 있다. 이들 양자 중 어느 쪽으로 도덕을 규정하든지 간에, 도덕은 인간이 사회 속에서 조화로운 삶을 영위하기 위한 기준이다 (임병덕 외, 1998: 2). 그러므로 도덕은 모든 인간이 당연히 가야할 길로서 공동체 삶을 영위하기 위한 기준인 동시에 개인의 인격을 함양하는 기준이다.

도덕성의 개념

도덕성(道德性 morality)의 본질과 개념은 매우 추상적인 것이어서 한마디로 규정한다는 것은 쉬운 일이 아니다. 그리고 도덕성의 개념을 무엇으로 보느냐에 따라 도덕교육의 목적, 내용, 방법, 평가 등이 달라질 수 있기 때문에 더욱 어려운 일이 아닐 수 없다. 지금까지 전통적으로 이해되어온 4가지 도덕성의 의미를 살펴본다.

본성으로서 도덕성
맹자(孟子)나 루소(Rousseau)와 같은 사람들은 도덕성은 타고난 '본성'이라고 본다. 맹자는 선한 마음·선한 본성은 선천적으로 본래 갖추어진 것이며 사람이면 누구나 가지고 있다고 하였다. 사람은 모두 선천적으로 선한 본성인 '도덕성'을 가지고 있다는 것이다. 따라서 맹자의 성선설은 인간은 누구나 도덕적인 행위를 할 수 있는 가능성이 선천적으로 주어져 있다는 도덕적 평등성을 전제로 하고 있다.
인간의 본성이 선하다는 것은 인간이라면 본래부터 갖고 태어난 불인인지심(不忍人之心 : 다른 사람에게 차마 하지 못할 짓을 하지 않는 마음)이라는 도덕적 마음을 누구나 가지고 있기 때문이다.

『맹자』「공손추」상편에 보면 어떤 사람이 한 어린아이가 우물에
빠지려는 것을 졸지에 보았다면, 누구나 깜짝 놀라서 측은한 마음을
갖고 어린아이를 구하려고 할 것이다. 이처럼 타인의 고통이나 불행
을 보고 측은하게 여기는 동정심, 즉 측은(惻隱)의 마음을 지니고 있
는 것을 보면 인간의 본성이 선하다는 것을 보여 주는 것이다(김길
환, 1984: 81). 측은지심(惻隱之心)이라는 것은 우리의 의지나 노력
이 없어도 불쌍한 타인을 목격할 때 저절로 흘러나오는 것이다.

맹자는 사단지심(四端之心)을 근거로 '사람의 본성은 선하다'고 주
장하고 있다. 즉 측은한 마음(惻隱之心)이 없으면 사람이 아니며, 부
끄러워하고 미워하는 마음(羞惡之心)이 없으면 사람이 아니며, 사양
하는 마음(辭讓之心)이 없으면 사람이 아니고, 옳고 그름을 가리는
마음(是非之心)이 없으면 사람이 아니다 하였다. 맹자는 사람은 누구
나 이러한 사단을 선천적으로 가지고 태어난다고 하였다.

맹자는 사단을 선천적인 것으로 보았다. 그리고 이러한 선척적인
요소를 선천적인 도덕 지식인 '양지(良知)'와 선천적인 도덕 능력인
'양능(良能)'이라는 말로 설명하였다. 배우지 않아도 할 수 있는 능력
과 생각하지 않아도 알 수 있는 능력은 태어나면서부터 저절로 갖춘
것임을 가리키는 말이다. 따라서 인간은 어떤 명령이나 권위에 의존
하지 않고 자신이 본래부터 소유하고 있는 선한 본성을 그대로 발휘
하면 된다. 도덕에 관한 선천적 능력이 있다는 것으로부터 인간의
본성이 선천적으로 선하다는 본성론(本性論)과 착하게 주어진 본성
을 잘 닦아 발현해야 한다는 수양론(修養論)이 나오게 된다(황광욱,
2009: 123).

덕목의 내면화로서 도덕성

도덕성의 본질을 타고난 어떤 특성보다는 습득된 덕목과 규범이
내면화된 상태로 보려는 입장이 있다. 뒤르켕(Durkheim), 스키너

(Skinner), 반두라(Bandura) 등이 이 입장에 속한다. 이들은 인간의 도덕성이 타고난 것이 아니라 사회적 환경들과 직면하는 동안에 점진적으로 학습하게 된다는 입장을 견지하고 있다. 인간의 도덕성은 사회적 환경과의 상호작용을 통해서 서서히 습득되어지며, 또한 외적인 통제와 내적인 통제를 통하여 습득되어진다고 한다.

사회 또는 성인(부모나 교사)들이 바람직하다고 생각하는 규범이나 도덕적 행동을 아동들에게 제시하고 이것을 받아들이도록 하거나 또는 반복적으로 연습해 봄으로써 도덕성을 습득하도록 요구한다. 뒤르켐은 이 과정을 규율이라고 말하며, 스키너는 조건화에 의한 습관화라고 보며, 반두라에게 있어서는 모델링이 된다. 이들은 좋은 덕목들은 무엇이든지 이러한 방법에 의해서 습득시킬 수 있다고 본다.

도덕성을 덕목이나 사회 규범의 형태로 이해하는 입장에서 본다면, 어릴 때부터 개인의 욕구를 절제하는 훈련을 하는 것이 도덕성 형성에 도움이 된다는 것이다. 이러한 의미의 도덕성은 개인의 기호에 맞게 이를 변경시킬 수 없으며, 개인의 자유와 욕구를 어느 정도 속박하는 어떤 행위 양식이라 할 수 있다. 따라서 인간은 덕목이나 규범의 내면화를 통하여 자신에게 끊임없이 일어나는 충동이나 경향성을 극복할 수 있는 도덕적 습관을 형성하는 것이 중요하다(이근철 외 3인, 2003: 54). 덕목의 내면화는 학생들에게 무엇이 옳고 그른지를 일러 주어서 적절하게 행동하는 법을 가르치고, 전통적인 덕목을 직접 일깨워주며, 바람직한 인격 특성을 가르침으로써 도덕적 행동을 기대할 수 있다고 보는 것으로 내용의 도덕교육에 해당된다.

양심의 형성으로서 도덕성

도덕성을 타고난 본성이나 덕목의 습득으로 보지 않는 정신분석이론에서는 아동이 옳고 그릇 것에 대한 부모의 기준을 내면화하여 그것을 위반했을 때에 죄책감, 수치감 같은 도덕적 정서를 경험하게 되면 도덕적으로 성숙해지는 것으로 본다. 이 정신분석 이론은 도덕성의 정의적 요소와 관련하여 설명하고 있다.

프로이트는 인간의 행동에는 반드시 원인이 있으며, 그 원인을 이루는 것이 바로 무의식적인 동기라고 주장했다. 무의식적인 동기는 주로 성욕과 공격성으로 이루어져 있으며, 그러한 무의식적인 동기와 의식 간에 빚어지는 갈등과 긴장은 인간의 도덕성 형성에 결정적으로 중요한 역할을 한다. 갈등과 긴장은 어린 시기인 5세 정도에서 오이디푸스 콤플렉스를 통해 해결되면서 도덕성의 기초가 되는 초자아(超自我), 즉 양심을 형성하게 된다(김태훈, 2005: 31). 이러한 초자아는 교사나 목사 등의 인물에 의해 형성되기도 하며, 위인들의 위대한 삶을 동일시하는 과정을 통해서도 초자아는 계속 발달한다.

초자아는 자아이상과 양심(죄책감)으로 구성되어 있다. 자아이상은 부모가 도덕적으로 바람직한 것이라고 판단하는 것으로 부모의 칭찬(상)에 의해 형성되는 부분이다. 자아이상은 선행과 선의지를 증진시키고 자부심을 느끼게 한다. 이에 반해 양심은 부모가 도덕적으로 나쁘다고 판단하는 것으로 부모의 처벌에 의해 형성된다. 양심은 잘못된 행위에 대하여 처벌을 받거나 비난을 받은 경험에서 생기는 죄의식의 감정인 죄책감과 결부된다.

도덕 판단 능력으로서 도덕성

도덕적 행위란 사회 규범을 수용하고 준수하는 습관적인 행위가 아니며, 죄책감과 수치감 같은 도덕적 정서를 경험하게 되면 도덕적으로 성숙해지는 것이 아니라 도덕적 사고와 판단 과정을 거쳐 개인의 자율적인 의사에 따라 가치나 규범을 선택하고 실천할 때 이루어지는 것으로 본다. 이러한 입장은 도덕적 갈등에 대한 합리적 도덕 판단 능력을 도덕성으로 규정하고 있다. 인간이 도덕적 행위를 한다는 것은 인지적 판단 능력이 있음을 전제한다.

듀이(Dewey), 피아제(Piaget), 콜버그(Kohlberg)는 도덕성의 핵심적 특성을 사고력 혹은 판단력과 관련시킨다. 피아제는 도덕성을 '옳고 그름에 대한 판단, 곧 어떤 규칙을 근거로 행동을 결정할 것인지를 판단하는 능력'으로 정의하였다. 그는 도덕성을 도덕적 추론능력과 동일시 여긴 것이다. 한편 콜버그는 피아제의 이론을 계승한 가운데 도덕성을 정의(正義)에 관한 추론 능력으로 이해하였다. 도덕적으로 성숙한 사람은 부모의 권위나 사회적 관습으로부터 독립하여 모든 사람들의 권리를 동등하게 인식하여 판단할 수 있는 평등성과 자율성을 성취한 자로 가정하였다(김태훈, 2005: 303-304).

콜버그의 입장에서 볼 때 도덕교육은 낱낱이 덕목을 별개로 습득해서 내면화하게 하는 것이 아니라, 도덕적으로 사회를 보는 안목을 확대시켜 나가는 과정이다. 이것은 흡사 등산을 할 때에 산 위로 올라 갈수록 시야가 달라지는 안목의 확대 과정과 유사하다. 이 과정에서는 덕목과 덕목의 갈등을 바르게 극복할 줄 아는 어떤 윤리적 원리나 규칙이 필연적으로 발생하게 된다. 학생들에게 도덕적 추론의 높은 단계에 도달하도록 도덕적 사고 과정을 중시하는 것, 즉 도덕판단 능력에 중점을 두는 도덕성은 형식의 도덕교육에 해당된다.

2. 도덕성의 구성 요소

　도덕성이란 외부에서 부과되는 사회적 요구와 기대에 따라 바람직한 행동을 수행하려는 개인 내부의 심리 성향이라고 할 수 있으며, 그 속성으로 인지, 정의, 행동의 세 요소를 들고 있다.

　리코나(T.Lickona)는 통합적 인격교육 측면에서 ①도덕적 인지 ②도덕적 감정 ③도덕적 행동을 도덕성의 구성요소로 제시하고 있다. 도덕성의 구성 요소를 이 세 요소와는 다르게 제시하는 학자들을 간단히 살펴보면 보면 다음과 같다.

　뒤르켕은 도덕성의 요소로서 ①규율정신 ②사회집단에 대한 애착 ③자율성을 제시하고 있다. 그는 도덕을 한 사회의 도덕적 실재를 반영하는 행위규칙의 체계라고 보았다. 그러므로 사회가 다르면 도덕도 다르다고 했다. 또한 같은 사회라도 사회가 변하면 그에 따라 도덕도 변한다고 했다. 그럼에도 불구하고 도덕적 행위자가 되기 위해서는 언제, 어디서나, 그리고 누구에게나 요구되는 도덕성의 요소가 있다고 주장했다.

　윌슨(J.Wilson)은 '사람의 개념'에 기초하여 4범주 16요소로 구성되는 도덕성 요소 목록을 제시하고 있다. 제1범주는 다른 사람을 나와 동등하게 고려하기, 제2범주는 사람들의 감정을 인식하기, 제3범주는 사실적 지식과 사회적 기술 습득하기, 제4범주는 도덕적 문제를 인식, 사고, 판단하여 행동하기이다. 이들 네 가지 범주에는 열여섯 가지의 하위 요소가 있다. 윌슨의 도덕성 요소 목록은 도덕적 문제를 해결하는 과정에서 요구되는 일련의 절차 및 방법으로 작용한다(남궁달화, 2014: 229-243. 253).

　이상과 같이 학자들마다 도덕성의 구성 요소가 상이하지만, 일반적으로 도덕성이 인지, 정의, 행동의 세 요소로 구성되고 있음을 알 수 있다. 따라서 도덕성의 이 세 가지 요소를 좀 더 구체적으로 살펴본다(서강식, 1999: 17-31, 심성보 외, 2004: 27-38).

도덕성의 인지적 요소

　도덕성의 인지적 요소를 강조하는 입장으로는 인지적 도덕발달 이론이 있다. 이 이론은 도덕적 사고 내지는 추론에 의해 합리적 도덕 판단을 할 수 있는 능력을 도덕성으로 본다. 피아제와 콜버그를 중심으로 하는 학자들은 도덕적 문제 사태를 인식하고 사고하여 판단하는 능력을 도덕성으로 본다.

　도덕성의 인지적 요소로는 도덕적 인식 능력, 도덕적 추론 능력, 도덕적 의사결정 능력을 들 수 있다(T.Lickona, 박장호, 추병완 역, 1998: 74-78). 도덕적 인식능력이란 도덕적 지식과 원리, 규범을 이해하고 도덕적 사태를 파악하며, 관점 채택을 할 수 있는 능력이다. 도덕적 지식은 정직, 협동, 예의, 책임감, 타인 존중 등의 도덕적 가치를 알고, 구체적인 상황에서 어떤 행동을 해야 하는지를 아는 것이다. 또한 도덕적 지식은 도덕적 문제들을 해결하는 데 필요한 사실이나 정보들이다. 인사나 절을 하는 방법, 공공장소에서 지킬 일처럼 구체적이고도 사실적인 내용들이다.

　도덕원리는 도덕적 문제들을 결정하는데 적용되는 일반적인 기준으로 사람들이 어떤 상황에 처했을 때 채택하기를 원하는 선택 행위의 원칙이다. 즉, 도덕 원리는 도덕적 판단과 선택 및 결정의 보편가능한 준거인 동시에 행동 양식이다. 도덕원리는 구체적 상황에 적용되는 하나의 도덕 규칙이 아니다. 도덕 규칙들이 이에 근거하여 정당화되어야 하는 토대이다.

도덕적 추론 능력은 행위자가 도덕적 상황에 부딪혔을 때에 무엇이 옳고 그른지에 대한 결론과 의견을 갖게 되는 일련의 '인지적 과정'이다. 도덕적 추론은 숙고의 과정을 거쳐서 규범의 이유와 근거를 찾으며 타당성을 검토하는 것을 포함한다. 인간의 삶은 도덕적 판단을 내리고 도덕적으로 의사결정을 하며, 행위를 수행하는 과정의 연속이다. 그리고 수많은 가치와 의무들이 서로 부딪히는 가치 갈등의 연속이다. 이러한 상황 속에서 무엇이 올바른 가치인지 분별하여 합리적 결정을 내리기가 쉽지 않다. 인간의 삶의 과정 속에서 부딪히는 다양한 도덕적 문제들을 해결하기 위해서는 도덕적 사고력과 판단력, 즉 도덕성의 인지적 요소로서 도덕적 추론 능력이 요구된다.

도덕적 의사결정 능력은 합리적인 도덕 판단력을 필요로 한다. 도덕 판단이란 곧 합리적인 준거나 기준에 의하여 이루어진 것이라고 할 수 있다. 합리적인 도덕 판단은 도덕적 사고력을 신장시킴으로써 가능하다. 행위의 판단과 관련하여 무엇을 하여야 할 것인가의 결정을 도덕적으로 할 수 있는 안목을 높이는 것이 인지적 요소의 핵심이다. 즉 합리적 도덕 판단과 추론 능력을 도덕성의 인지적 요소로 보는 것이다.

도덕교육에서 인지적 접근의 입장은 지적인 사고와 확신에 의한 자율적 행동만이 진정한 도덕성을 가진 행동이라고 본다. 즉 도덕적 사고와 판단 과정을 거쳐 개인의 자율적인 의사 결정에 따라 가치나 규범을 선택하는 행위로 본다. 그러므로 도덕교육의 임무는 도덕적 문제 상황에서 그가 취해야 할 올바른 행동이 무엇인가를 합리적으로 선택하고 판단하는 능력을 계발하는 일이라 할 수 있다.

도덕성의 정의적 요소

도덕성의 정의적 요소를 강조하는 입장으로는 정신분석이론이 있다. 프로이트(S. Freud)를 중심으로 하는 정신분석이론은 초자아의 형성을 도덕성의 함양으로 본다. 자녀가 부모의 가치·도덕규범을 동일시함으로써 개인에게 내면화되는 것이 도덕성이다. 초자아는 양심으로서 비도덕적 행동에 대해 죄책감을 갖게 하는 정서 감정적 요소를 포함하고 있다.

도덕성의 정의적 요소로는 도덕적 정서와 도덕적 열망 및 감정이입능력을 들 수 있다. 도덕성의 정의적 영역에 속하는 여러 요소 중에서 가장 토대가 되는 요소는 도덕적 정서라고 할 수 있는데, 정서는 감정이 그 바탕이 된다. 감정은 도덕성 발달에 있어서 매우 중요하다. 감정 역시 인지적 요소와 함께 도덕적 성품의 본질적이고도 지속적인 한 요소이다. 감정은 우리의 삶을 풍요롭게 해주는 요소이다.

도덕적 정서가 제대로 발달된 사람들만이 도덕적 문제 사태에 대하여 도덕적으로 민감하게 느끼고, 다른 사람들의 어려움과 고통을 이해하며 그들을 위로하고 도와주려는 마음을 가질 수 있다. 그러므로 도덕적 정서가 성숙하지 못한 사람에게 다른 사람을 배려하는 올바른 도덕적 행위를 기대하기가 쉽지 않다.

도덕적 정서는 우리가 어떤 상황을 도덕적으로 반응하려고 할 때 중요한 역할을 한다. 이에는 공감, 동정심, 분노, 수치심, 죄책감, 등이 해당되는데, 그 감정들은 강하게 경험될 때 규범에 따라 행동하는 동기를 강화해 준다(Domon, 조강모 역, 1997: 39).

도덕적 정서는 사람들로 하여금 행동으로 움직이게 하는 강력한 동기가 된다. 예컨대 아무리 남을 돕는 것이 옳다고 판단하더라도 정서적으로 그런 느낌이 발동되지 않으면 남을 도울 수가 없다. 도덕적 정서는 도덕적 가치를 행동하도록 할 수 있는 심리적 분위기이고, 인지를 운반해 주는 심리적 기제이다. 도덕적 행동은 인지적 사고의 산물인 동시에 감정적인 반응의 산물이다. 도덕적 정서 감정은 삶의 요소로서 즐거움과 만족의 주요한 원천이며, 또한 도덕 행동에 대한 동기 부여의 주요한 원천이다(심성보 외, 2004: 31).

도덕적 열망이란 선을 좋아하고 소중하게 생각하며 그것을 기꺼이 행하며, 행하지 못하였을 경우 가책을 느끼는 마음이나 성향이라고 할 수 있다. 이것은 선에 대한 강한 사랑의 감정으로 선을 행동으로 꼭 옮기려는 마음가짐이다.

감정이입 능력은 다른 사람에 대해 관심을 갖고 그들의 감정과 욕구를 이해할 뿐만 아니라 그들과 더불어 느끼고 같이 즐거워하며 공감할 수 있는 도덕적 정서이다. 감정이입이란 관점 채택 또는 역지사지의 정서적 측면으로 다른 사람이 처한 형편을 이해하고 정서적으로 대리 경험을 하는 것이다.

우리는 '왕따 돌림'이나 '은근히 따돌림'과 같은 경우에서 감정이입 능력이 점점 약화되고 있는 경향을 엿볼 수 있다. 모든 학생들이 따돌림을 당하는 학생들의 입장에서 그들을 이해하고, 나아가 그들이 겪는 고통을 공감할 수 있다면 이유 없이 남을 괴롭히는 일들은 상당히 감소할 수 있을 것이다. 감정이입 능력은 도덕교육이 지향해야 할 정서적 영역의 중요한 요소이다(서강식, 1999: 26-28). 공감 능력은 사람들의 경험의 차이에 따라 달라진다. 공감 능력이 부족한 사람은 실제 생각에만 머물러서 실제 행위로서 도움을 준 경험이 많지 않기 때문이다.

도덕성의 형성은 올바른 감정이나 정서가 풍부하여 도덕적 앎을 행동으로 이끌 수 있는 '강한 동기'가 있어야 한다. 도덕성은 흄이 강조하듯이 동정심의 감정과 같은 그 이상의 어떤 정서적 요소가 결합되어야 한다. 합리적인 판단이란 행동으로 옮겨지지 않으면 무의미한 것이며, 행동으로 옮겨지기 위해서는 행위 촉발의 근거인 정서적인 분위기가 유발되어야 한다. 강한 동기가 부여되어야 도덕적 가치는 도덕적 자아에 뿌리내리게 된다. 만약 그렇지 않으면 도덕적 추리나 가치는 아무런 힘도 발휘하지 못한다(심성보 외, 2004: 31).

도덕성의 행동적 요소

도덕성의 행동적 요소를 강조하는 입장으로는 행동주의 사회학습 이론이 있다. 인간의 행동 통제가 개인에게 내면화된 상태를 도덕성이 함양된 것으로 본다. 사회학습이론에서는 주로 강화와 벌에 의해서 해로운 행동은 억제하고 이로운 행동은 촉진할 수 있는 능력을 갖춘 사람, 즉 도덕적 행위를 수행할 수 있는 사람이 도덕성을 지닌 것으로 본다.

도덕성의 행동적 요소로는 도덕적 행위 수행 능력과 의지 및 도덕적 습관을 들 수 있다. 도덕적 행위 수행 능력이란 도덕적으로 사고·판단하여 결정을 내린 것을 열망과 의지를 가지고 실제로 행위로 옮길 때 요구되는 능력이다. 예를 들면 다른 사람의 말을 잘 경청하고 이해하고 요약할 수 있는 능력, 다른 사람의 인격을 존중하면서 자신의 의사를 정확하게 발표할 수 있는 능력, 서로 존중하면서 토론을 할 수 있는 능력, 대화와 양보·타협을 통하여 해결방안을 만들어 낼 수 있는 능력 등이다.

도덕적 의지는 감정을 기반으로 하거나 감정을 수반하는 모든 특성을 총칭하는 개념이다. 가치의 선택에서 인간의 의지는 도덕적 결정을 실행하는 과정에서 중요한 역할을 한다. 선택과 결정의 대상이 선과 악, 옳고 그름에 관계되는 것이라면 의지적 행위는 곧바로 도덕적 행위가 된다. 의지는 행위를 통제할 뿐 아니라 행위를 실행에 옮기는 다른 능력들까지도 통제한다(서강식, 1999: 29-31).

도덕적 의지는 도덕적 문제에서 행위를 선택하도록 하는 도덕적 에너지를 동력화한다. 도덕적 의지는 '도덕적 신념'에 바탕을 두었을 때 힘 있는 도덕적 행동으로 나온다. 도덕적 신념은 우리의 행동을 감시하는 '내면적 지도자'로서 역할을 한다(심성보 외, 2004: 37).

도덕적 습관은 도덕적 행동을 하게 하는 중요한 요소이다. 도덕적 행동을 하려면 좋은 습관 능력을 체득하여야 한다. 아리스토텔레스는 도덕적으로 좋은 행동은 뿌리 깊은 성향, 즉 일관된 덕인 인격을 갖춘 조건에서 나온다고 하였다.

아리스토텔레스는 아이들이 삶의 현장에서 모종의 도제 제도에 의해 도덕적 행동들을 배운다고 하면서 "사람들은 집을 지어 봄으로써 건축가가 되고 피리를 불어 봄으로써 피리쟁이가 된다, 그러므로 정직한 행동을 해 봄으로써 정직해지고, 절제 있는 행동을 해 봄으로써 절제 있게 된다."고 하였다. 정직의 신념이 없더라도 거듭 정직하게 행동하는 동안에 차츰 그 신념이 생겨 정말로 정직의 덕을 갖게 되는 것이다(Peters, 남궁달화 역, 1993: 71,80).

결 언

도덕성의 구성요소인 인지적, 정의적, 행동적 요소가 각기 따로 구분되거나 분리되는 것은 아니다. 도덕적 인지, 도덕적 감정, 도덕적 행동은 상호 영향을 미친다. 즉 도덕 판단은 도덕 감정을 야기하며, 도덕정서 또한 도덕 사고에 영향을 미치며, 도덕 판단과 도덕 감정이 도덕 행위에 영향을 끼치고 있다. 셰플러(Israel Scheffler)는 "인지의 성장은 정서의 교육과 분리할 수 없는 것이다."고 하면서 인지는 정서와 분명하게 분리될 수 없다고 주장한다. 어떤 정서는 도덕적 행동에 동기를 부여한다. 또한 행동적 측면에는 이해와 사고가 내재되어 있다. 이처럼 도덕성을 구성하는 세 요소들은 함께 붙어 있으며 동시에 상호 영향을 미치고 있으므로 서로가 서로를 자기 측면에 내 포하는 상호적인 관계이다(고미숙, 2005: 91-92. 108).

<참고 문헌>

고미숙, 『대안적 도덕교육』, 서울: 교육과학사, 2005.
김길환, 『동양윤리사상』, 서울: 일지사, 1984.
김태훈, 『도덕성 발달이론과 교육』, 경기: 인간사랑, 2005.
남궁달화, 『도덕교육사상』, 서울: 학지사, 2014.
문성재, 『처음부터 새로 읽는 노자 도덕경』, 서울: 책미래, 2014.
서강식, 『도덕·윤리과 수업모형』, 서울: 양서원, 1999.
심성보 외 3인, 『도덕교육의 이론과 실제』, 서울: 원미사, 2004.
이경숙, 『이경숙 도덕경: 도경』, 서울: 명상, 2004.
이근철 외 3인, 『도덕과 교육론』, 서울: 양서원, 2003
이홍우, 유한구, 『교육의 동양적 전통 Ⅰ』, 서울: 성경재, 2005.
임병덕 외 2인, 『초등학교 도덕과 교육론』, 서울: 교육과학사, 1998.
조현규, 『동양윤리의 담론』, 서울: 새문사, 2006.
최영갑, 『공자와 맹자의 도덕철학』, 서울: 한국학술정보(주), 2006.
최진석, 『생각하는 힘 노자인문학』, 경기: 위즈덤하우스, 2015.
황광욱, 『동양철학콘서트』, 서울: 두리미디어, 2009.
Lickona, L., 박장호, 추병완 역, 『인격교육론』, 서울: 백의출판사, 1998.
Peters, R. S., 남궁달화 역, 『도덕발달과 도덕교육』, 서울: 문음사, 1993.
William Damon., 조강모 역, 『아동 도덕발달과 열린교육』, 서울: 문음사,
                           1997.

제02장
도덕교육의 철학적 기초

1. 아리스토텔레스

아리스토텔레스(Aristotle, 384~322, B.C)는 『니코마코스 윤리학 (Ethics Nicomachea)』에서 인간의 모든 행위는 어떤 목적을 추구하고 있으며, 그 목적에 해당되는 것이 선(善, good, 좋음)이라고 보았다. 아리스토텔레스는 인간의 고유한 기능인 이성을 탁월하게 발휘하는 삶을 통해 모든 행위의 궁극적인 목적인 최고선, 즉 행복에 이를 수 있다고 하였다. 그래서 그의 윤리학은 목적론적 윤리학이라고 불린다.

아리스토텔레스의 사상은 근대의 경험주의와 덕의 윤리와 덕목론적 접근을 내세운 오늘날의 덕교육 내지 인격교육의 이론적 배경이 되었으며, 유덕한 인격인 육성을 위한 도덕교육의 토대가 되었다. 그리고 매킨타이어의 덕의 윤리와 공동체주의 및 리코나의 통합적 인격교육 등의 현대 도덕교육 흐름에 영향을 미치고 있다.

아리스토텔레스의 행복론

아리스토텔레스에 의하면 인생의 궁극적인 목적은 행복에 있으며, 행복은 덕을 실천하는 생활에서 온다고 하였다. 아리스토텔레스는 「니코마코스 윤리학」제1권에서 "행복은 하나의 상태가 아니고 활동이며 그 자체로서 선택할 만한 가치가 있으며, 자족적이면서 인간의 기능에 따른 덕을 구현하는 활동이다."라고 정의하고 있다.

아리스토텔레스는 행복을 어떤 정지된 상태로 보지 않고 활동하는 과정 그 자체라고 믿는 까닭에 '행복하다'함은 '잘 산다'는 뜻이요. '잘 산다'함은 '잘한다'는 뜻으로 보고 있다. 그리고 '잘한다'함은 행위자가 자기의 기능을 유감없이 발휘하는 것을 의미하고 있다(김태길, 1992: 38). 따라서 인간으로서 잘하기 위해서는 어떤 특수한 기술을 잘 발휘하기보다는 인간으로서의 기능을 잘 발휘해야 할 것이며 그것이 바로 행복이다는 것이다. 인간의 기능을 잘 발휘한다는 것은 인간이 최고의 본성(本性)을 실현하는 것이며 그것은 곧 이성(理性)과 사유(思惟)의 기능을 잘 발휘함을 의미한다. 오직 이성과 사유의 기능만이 사람을 사람답게 하는 참된 기능이다. 그러므로 사유를 본질로 삼는 이성의 기능이 잘 발휘되는 생활이 가장 좋고 즐거운 것이며 행복한 생활이다. 이러한 행복은 인간에게 고유한 정신 이성의 기능과 활동이 훌륭하게 이루어질 때에 얻는 것이다. 행복은 탁월성을 드러내는 활동들에서 발견할 수 있다.

아리스토텔레스는 인간 정신이 뛰어나게 훌륭해서 칭찬 받을 만한 상태에 있는 것, 즉 탁월하고도 훌륭하게 수행하는 최선의 상태에 있는 것이 덕(virtue)을 지니고 있다고 하였다. 행복은 인간이 이러한 덕을 지닐 때 비로소 도달할 수 있는 것이다. 아리스토텔레스에 있어서 인간의 선이란 덕에 일치하는 정신의 활동이요, 행복은 정신의 유덕한 활동, 즉 완전한 덕과 일치하는 영혼의 활동이다. 덕은 그 자체가 행복이 되는 것은 아니나 행복을 위하여 불가결한 바탕이 된다. 따라서 행복은 덕을 지님으로써 가능해 진다(이택휘, 유병열, 2000: 137).

아리스토텔레스는 덕을 실천하는 생활 그 자체가 행복한 생활임을 역설한다. 아리스토텔레스에게 있어서 행복이란 덕과 일치하는 행위로 이루어진 삶을 의미한다. 덕은 고귀한 것이며, 고귀한 것을 사랑하는 사람들은 본성상 즐거운 것을 즐거운 것으로 볼 줄 알며, 유덕한 행위야 말로 본성에 있어서 즐거운 것이기에 그 자체 속에 쾌락을 지니고 있는 것이다. 외재적 가치의 선(부, 명예, 육체적 쾌락)들도 행복을 위해서는 나름대로 어느 정도까지는 필요하지만, 그것은 영원불변의 것은 아니다. 이러한 것들은 끝없는 욕망의 반복으로 어느 순간에는 채워질 수 없는 갈증에 시달린다고 본다면, 아리스토텔레스가 말하는 유덕한 행위를 실천하는 데서 오는 즐거움은 그 자체에서 나오는 즐거움이기 때문에 변치 않고 영원하다. 덕스러운 생활을 행복한 생활로 바라보는 입장에서는 덕을 실행함에 있어서 망설일 이유가 없다(황성수, 2011: 69-70).

아리스토텔레스의 실천적 지혜

아리스토텔레스는 「니코마코스 윤리학」의 제6권에서 덕을 지적인 덕과 도덕적 덕으로 구분하고, 지적인 덕을 ①기술 ②지식 ③실천적 지혜 ④이론적 지혜 ⑤이성의 다섯 가지로 분류하였다(신득렬, 2007: 140).

지적인 덕의 종류 중에서 실천적 지혜(pratical wisdom)는 지적인 덕과 도덕적인 덕을 연결시켜 주는 것으로 '인간을 위해서 좋은 것과 나쁜 것에 관해서 참된 이치에 따라 행동할 수 있는 상태' 또는 '인간적인 선에 관해서 행동할 수 있는 이성적이고 참된 능력의 상태'라고 일컬어진다. 실천적 지혜는 행위선택에 있어서의 탁월한 성향이라고 할 수 있으며, 우리는 이것을 도덕적 지혜라고 부를 수 있다(유병열, 2011: 28).

아리스토텔레스는 실천적 지혜란 진리를 획득하는 합리적 성질을 가졌으며, 인간을 위하여 좋은 것과 나쁜 것에 관련하여 행동하는 것이라고 규정하였다. 아리스토텔레스는 실천적 지혜를 가진 사람은 자신에게 유익하고 선한 것을 숙고하는 능력을 지니고 있다고 하였다.

중세 철학자 토마스 아퀴나스(Thomas Aquinas)는 아리스토텔레스의 실천적 지혜를 계승하여 다음과 같이 설명한다. "실천적 지혜는 어떤 일을 해야 하는 올바른 이유이다."라고 말했다. 그는 도덕적 덕과 실천적 지혜는 상호 작용을 한다고 생각했고, 실천적 지혜의 덕은 선한 사람과 선한 행동, 선한 생활의 필수 요인이라고 생각했다. 이에 그는 "도덕적 덕은 실천적 지혜가 없이는 의미가 없다."고 말하며 그 이유를 도덕적 덕이란 우리가 잘 선택할 수 있는 선택의 문제를 내포하는 습관이라는 것에 두었다. 그는 "실천적 지혜가 실행되기 위해서는 올바른 이유가 있어야 하는데 그것이 바로 도덕적 덕이다."고 말하며 실천적 지혜 또한 도덕적 덕에 근거하지 않으면 있을 수 없다고 생각한다. 결국 실천적 지혜는 다른 덕의 도움을 받아야만 올바르게 작동한다는 것을 의미한다(신득렬, 2007: 183).

실천적 지혜와 도덕적 덕들은 상호 밀접하게 연관되어 작용하고 있다. 실천적 지혜는 도덕적 덕들과 서로 밀접하게 연관되어 있어서 모든 덕들에게 꼭 필요한 요소로서 그것이 없이는 덕이 성립하지 못한다. 모든 도덕적 덕들은 실천적 지혜가 그 부분으로서 자리하고 있으며, 실천적 지혜의 활동 속에는 또한 도덕적 덕들이 관계하고 있다. 이 둘은 서로 분리되거나 따로 떨어져서는 어느 것도 온전하게 될 수 없다. 즉 도덕적 덕들은 실천적 지혜의 지도를 받아야 완성을 기할 수 있으며, 실천적 지혜는 도덕적 덕들을 토대로 할 때 온전하게 구현된다.

아리스토텔레스는 「니코마코스 윤리학」 제6권에서 실천적인 지혜는 일반적으로 학문이라고 말하는 이론적 지혜나 지식, 이성과는 다른 성격을 지닌다고 말하고, 윤리적인 원리에 대한 이해와 더불어 삶에서 접하는 특수한 상황에 관한 지식이 필요함을 설명한다. 이러한 실천적 지혜는 아는 것으로만 해결되지 않고 행동 수반이 뒤따라야 하며, 이 행동은 행복 추구와 직접적인 연관이 있다. 실천적 지혜를 성취하려면 특수한 상황에 대한 지식이 필요하지만, 이를 위해서는 일반적인 상황에서의 지식이 선행되어 이해되어야 한다. 즉 실천적 지혜가 보편적이고 일반적인 상황의 지식을 탐구하는 것은 아니지만 그것들에 대한 지식을 얻어야만 실천적 지혜를 얻을 수 있다(박영주, 2009: 27).

실천적 지혜는 도덕적 이성에 의한 행위 선택에 있어서의 탁월한 성향이라고 할 수 있다. 실천적 지혜는 '숙고'와 깊은 관련이 있다. 숙고란 사려 깊은 성찰로서 행동과 결단을 동반하므로 사람이 자신의 행동을 잘 숙고하고 행동하고 결단을 내린다면 그 사람을 실천적 지혜를 갖춘 사람이라고 부를 수 있다. 아리스토텔레스는 인간에게 선하거나 나쁜 것과 관련해서 합리적인 방법으로 판단할 수 있는 성향을 실천적 지혜라고 말했다. 따라서 실천적 지혜는 선한 생활이 무엇인지 알고 그것을 영위하고자 하는 사람에게 행동할 수 있도록 해 주는 탁월성을 의미한다. 또한 실천적 지혜는 도덕적 실천에 있어서 무엇이 좋고 나쁜지를 판단할 수 있도록 이성의 기능을 잘 발휘할 수 있게 해 주는 도덕적 판단력을 의미한다.

아리스토텔레스에 따르면 실천적 지혜를 가진 사람은 자신에게 유익하면서도 좋은 것을 숙고하고, 그 숙고의 결과를 받아들여 행동한다고 생각한다. 아리스토텔레스의 이러한 말은 이기주의를 조장하는 것처럼 들린다. 그러나 실천적 지혜란 인간의 욕구를 만족시키기 위해 자신의 이익을 합리적으로 추구하면서 공동체의 이익에 관심을 갖기 때문에 자신뿐만 아니라 이웃의 이익을 위해 바르게 사용할 능력과 의지를 갖추고 있는 것을 의미한다.

실천적 지혜는 지적인 덕의 한 종류로서 구하면 얻을 수 있는 성취 가능한 것이다. 실천적 지혜는 인간에게 옳고 좋은 삶이 무엇인지를 잘 살피고 숙고하는 능력이다. 즉 실천적 지혜는 선택의 문제가 아니고 이성을 통해서 배우고 익혀서 행하는 것을 숙고하는 과정을 의미한다. 그래서 지식, 이론적 지혜와 함께 경험의 중요성도 나타나는 것이다. 일생을 걸쳐서 실천적 지혜를 성취한다는 것은 어렵고 힘들며 끊임없이 노력해도 완전한 상태를 경험하지도 못하지만 실천적 지혜는 자신이 노력만 한다면 양이 많아지고 질이 좋아지는 성장을 경험하는 특징이 있다(박영주, 2009: 63).

아리스토텔레스의 덕론

아리스토텔레스는 덕(virtue)이란 인간 정신이 뛰어나게 훌륭해서 칭찬 받을 만한 상태에 있는 것, 즉 인간의 고유한 이성 기능이 탁월하게 발휘되는 최선의 상태에 있는 것이라고 하였다.

삶의 궁극 목적으로서 행복을 위한 기본 조건인 덕(德)을 고찰해 보면, 덕이란 인간 행동의 목적으로서의 선하고 행복한 삶을 가능케 하는 탁월한 성품이라고 할 수 있다. 즉 덕이란 훌륭하고 뛰어나서 칭찬받을 만한 성품이요. 그것을 가지고 있는 존재를 좋은 상태에 이르게 하고 또 그것의 기능을 잘 발휘시켜 주는 것이다.

덕은 올바른 이성의 명령에 일치하여 행동하고 판단하며 느끼고자 하는 성향을 가지고 있다. 인간은 이성에 따라 행동하고 생활할 때 자기 충족적인 행복을 누릴 수 있다고 하였으므로, 그것은 결국 덕에 일치하는 정신의 활동이라 하겠다. 인간의 정신을 이성적 부분과 비이성적 부분으로 분류하듯이 덕도 지적(知的)인 덕(德)과 도덕적(道德的)인 덕(德)으로 구별할 수 있다.

지적인 덕은 일반적으로 교육에 의해서 부여될 수 있는 철학적 지혜와 이해력을 의미한다. 반면에 도덕적인 덕은 교육에 의해서 계발되는 것이 아니라 습관의 결과로 이루어지는 것이다. 이 도덕적인 덕은 실천을 통해서 생긴다. 즉 집을 지어봄으로써 건축가가 되는 것처럼 우리가 옳은 행위를 함으로써 옳게 되고, 절제 있는 행위를 함으로써 절제 있게 되는 것이라 하여 도덕적 행위를 실천해야만 비로소 덕을 얻게 된다고 하였다(최명관 역, 1990: 62, 68). 결국 지적인 덕은 사물을 깊이 통찰하고 관조(觀照)함으로써 높은 이론적 지식을 쌓을 때에 얻어질 수 있지만 도덕적인 덕은 올바른 행위를 습관화하여 몸에 밴 상태로 실천에 옮겼을 때에 얻을 수 있는 것이다. 아리스토텔레스는 덕은 곧 지식이라는 소크라테스의 주장과는 달리 아는 것만으로는 바른 행위를 하는데 부족함이 있다고 보고, 덕은 선천적으로 얻을 수 있는 것이 아니라 후천적으로 얻을 수 있는 것이라 하였다.

아리스토텔레스는 도덕적 행동을 실행함으로써 도덕적이 될 수 있다고 하였지만, 인간이 도덕적 성품을 가지고 있지 않은 상태에서 어떻게 도덕적 행동을 실행할 수 있는가 하는 의구심이 생긴다. 여기에 대한 해답으로 그는 정직해야 한다는 신념 없이 사실상 정직한 사람은 정직의 덕을 가진 사람이 아니며, 어른의 간섭 때문에 부지런한 사람은 아직 근면의 덕을 소유한 것은 아니다. 그러나 신념이 없더라도 거듭 정직하게 행동하는 동안에 차츰 그 신념이 생겨 정말로 정직의 덕을 갖게 된다고 하였다. 다시 말하면 지적인 덕이 도덕적인 덕에 뿌리를 내리게 될 때 그것은 비로소 실천생활에 있어서 덕이 되는 것이다. 그러므로 이성적 활동이 지속적으로 실천에 옮겨져야 행복한 생활이 되는 것이다. "한 마리의 제비가 날아온다고 봄이 오는 것도 아니요 여름이 되는 것도 아닌 것처럼 인간이 복을 받고 행복하게 되는 것도 하루아침이나 짧은 시일에 되는 것도 아니다."라는 아리스토텔레스의 말은 도덕적인 덕을 잘 표현하고 있는 것이다(권승혁, 1991: 282-283).

아리스토텔레스는 "도덕적 덕은 습관의 결과로 생긴다."고 주장한다. 아리스토텔레스는 덕은 스스로 개발되지 않는다고 하였으며, 도덕적 덕의 개발은 습관에 의해 이루어진다고 하였다. 습관화는 실천의 반복이며 자신의 욕망과 감정을 온화하게 하여 적절한 상태로 이끌어 가도록 한다. 덕은 반복적으로 선한 일을 함으로써 얻어지는 것이다. 덕을 개발하는 습관화는 실천적 지혜를 발전시키는 과정일 뿐만 아니라 가정과 사회로부터 받은 좋은 가르침과 공동체의 법률에 따라 행위를 하는 과정이다. 고상하고 정당하다고 평가받는 행위를 반복적으로 수행하는 과정에서 왜 그러한 행위들이 선한 것인지를 깨닫게 되며, 무엇이 옳은지를 알게 된다(박재주, 2002: 56-57).

실천의 덕에 관한 아리스토텔레스의 다음 문제는 어떠한 행동이 도덕적인 덕이 되는 것인가 하는 것이다. 그는 이 문제에 대한 대답으로 중용(中庸, mean)을 제시하고 있다. 중용은 이성적 원리에 의하여 실제적인 지혜를 가지고 있는 사람이 결정할 때에 기준으로 삼는 원리이다. 중용은 "올바른 때에 올바른 일을 올바른 사람에게 올바른 목적으로 올바른 방식으로 행위를 하게 만드는 상태이다." 이러한 중용의 예를 들면 절제는 방종과 금욕과의 중용이요. 용기는 비겁과 만용과의 중용이다. 그러므로 과도하거나 부족할 때 악이 되고 적절하게 이루어질 때에 선이 된다. 그러나 인간의 행동과 감정에 있어서 그 중용을 찾아 이를 간직하고 실천한다는 것은 어려운 일이다(최명관 역, 1990: 78).

중용은 "적절한 때에 적절한 것에 대하여 적절한 사람에게 적절한 목적을 위하여 적절한 방식으로 분노, 동정, 신뢰 등의 감정을 가지는 문제이다." 아리스토텔레스가 말하는 적절한 분량이란 과도함과 부족함 사이의 중용을 의미한다. 예를 들면 용감한 사람은 이성적으로 마땅히 두려워해야 할 것을 두려워하며 두려워하지 않아도 될 것을 두려워하지 않는 자이다. 아리스토텔레스가 용기에 대하여 내리고 있는 정의를 보면 적절한 때, 적절한 대상에 대하여, 적절한 목적을 위하여 적절한 방식으로 굳건히 맞서거나 두려움을 느끼며 또한 당당할 수 있는 사람은 누구나 용감하다.

모든 행위나 감정에 중용이 존재하는 것은 아니다. 예를 들면 질투나 미움, 도둑질이나 살인 등과 같이 그 자체로 악한 감정이나 행위는 항상 도덕적으로 그른 것이며 결코 정당한 일이 될 수 없다. 이들은 부족하거나 과도한 경우에만 그른 것이 아니라 그 자체로 항상 그른 것이며 중용의 상태가 존재하지 않는다. 예를 들면 적절한 여자와 적절한 때에 적절한 방법으로 간음을 행한다고 해서 그것이 잘행한 것이라거나 잘못 행한 것이라고 말할 수는 없다. 그런 행위는 무조건적으로 그른 것이다. 그러한 행위나 감정은 항상 그르고 천박한 것이므로 이런 경우에는 무조건 그런 행위를 피하는 것이 이성의 결정이 될 것이며 설령 이 때 이성의 결정이 중용을 드러내지 않는다 할지라도 전혀 문제가 되지 않는다. 중용은 각 개인에 따라 서로 다른 상대적인 것으로 해석되어야 하며 결코 모든 사람에 대하여 일정하게 고정된 절대적인 것으로 여겨서는 안 된다. 자신의 본성을 통하여 중용을 드러내는 각 개인은 각자에게 주어진 상황에 비추어 무엇이 중용인가를 판단함에 있어 항상 이성의 판단에 따라 무엇을 행하고 어떻게 느낄 것인가를 결정하고 선택하여야 한다(Robert. L. Arrington, 김성호 역, 2009: 132-133).

덕과 올바른 정서 구조

아리스토텔레스는 도덕성에서 감정의 지위와 역할을 강조하였다. 따라서 덕의 감정적 구조와 올바른 정서에 대하여 고찰해 본다(박재주, 2003: 94-102, 120-121).

도덕적 덕은 행위뿐만 아니라 감정에로의 성향이다. 행위와 감정은 인간 존재의 두 가지 양식이다. 옳고 선하게 산다는 것은 감정적이고 활기 넘치는 삶을 산다는 것을 의미한다. 아리스토텔레스는 덕의 형성을 올바른 정서(감정 및 욕구) 구조의 내적 형성으로 간주하며, 욕구나 감정이 의도적 상태에서 인지적 내용을 가지는 것으로 생각한다. 아리스토텔레스에게 있어서 성격의 탁월성 즉 도덕적 덕은 선한 행위를 선택하는 성향이다. 그러나 이성의 명령에 따라 욕정을 물리치고 도덕적 행위를 하였더라도 덕이 있는 행위가 될 수 없고 기껏해야 자제력 있는 행위에 불과하다. 덕이 있는 행위는 덕 있는 사람, 즉 탁월한 성격을 가진 사람에 의해 그 자체적으로 욕구되어지는 행위이며 그 행위를 하는 것 자체가 즐거움이 되는 그런 행위이다. 덕이 있는 행위는 욕구와 감정을 억누르고 이성의 명령에 따라 행해지는 행위라기보다는 오히려 욕구와 감정에 따라 행해지는 자연스런 행위인 것이다. 덕이 있는 사람은 올바른 동기에서 행동하여야 할 뿐만 아니라 그런 행위를 통해서 쾌락을 얻을 수 있어야 한다.

덕이 성품(성격상태)이라는 말은 덕이 제2의 본성처럼 자연스럽고 안정된 상태임을 의미한다. 아리스토텔레스에게 있어서 성품으로서의 덕은 쾌락과 고통을 느끼는 나름대로의 방식이 자연스럽게 안정되게 형성되어 있음을 말하는 것이다. 성품의 덕은 마땅히 기뻐할 것은 기뻐하고 마땅히 싫어할 것은 싫어하는 것이다. 적절한 감정 즉 쾌락과 고통을 적절한 때와 방법으로 추구하거나 회피하는 것이 성품으로서의 덕이며, '적절하다'는 것은 바로 중용을 말한다.

플라톤이 말하고 있는 바와 같이 마땅히 기쁨을 느껴야 할 일에 기쁨을 느끼고 마땅히 괴로워해야 할 일에 괴로워할 줄 알도록 아주 어렸을 적부터 습관을 통한 도덕교육을 받아야 한다. 반복적인 습관을 통해 올바른 정서구조를 형성하는 것이 성품으로서의 덕을 형성하는 것이다. 덕 교육은 감정을 배제할 수 없다. 그것은 음악이나 미술과 같은 예술교육에서 아름다운 음악이나 그림을 보고 쾌락을 느낄 수 없는 사람은 아름다움에 관한 완전한 지식을 가질 수 없는 것처럼 올바른 행위에서 쾌락을 느끼지 못하고 올바르지 못한 행위에서 괴로움과 수치심을 느끼지 못한 사람은 도덕적 감수성을 가졌다고 볼 수 없다.

덕은 실천을 통해 얻게 되는 것처럼 도덕적 감정을 가져봄으로써 중용의 감정을 가질 수 있는 성향을 계발해야 한다. 올바른 행위나 감정에서 즐거움을 느끼고 바르지 못한 행위나 감정에서 괴로움과 수치심을 느낄 수 있는 도덕교육, 즉 옳고 선한 삶에 관해 느끼고 의욕하고 열망하는 도덕적 감수성을 기르는 교육에 힘써야 할 것이다.

결 언

아리스토텔레스는 "인간은 습관의 형성을 통해서 도덕을 얻는다."고 하였으며, 덕이 있는 행동을 반복적으로 실천함으로써 덕이 있는 사람이 된다고 하였다. 그리고 덕을 함양하기 위해서는 올바른 감정을 갖는 것, 즉 올바른 감정의 상태에 있어야 한다고 하였다. 덕은 올바른 행동을 선택하는 능력일 뿐만 아니라 올바른 감정을 가지는 능력이다. 아리스토텔레스는 도덕적 덕을 습득하려면 선을 추구하는 일을 행동으로 익혀 습관화하는 일과 감정, 정서, 욕구를 적절히 다스리면서 옳고 좋은 일을 지향하는 실천 의지 및 이성적 원리와 실천적 지혜가 모두 길러져야 한다는 것을 역설하고 있다.

아리스토텔레스는 초기의 도덕교육이 규범의 습관화를 넘어서 그 것을 행하는 데에 즐거움을 느끼는 성향을 길러야 한다고 주장하였 다. 초기의 도덕교육은 고귀하고 옳은 것을 행하는 데에 즐거움을 느 끼게 하고 수치스러운 행동에 싫어함을 갖도록 습관화해야 한다고 하였다. 이러한 습관화는 고귀한 것을 행하는 것에 습관화 하는 과정 과 고귀한 것을 행하는 데에 즐거움을 느끼도록 습관화하는 두 종류 의 과정을 포함하고 있다(박승렬, 1999: 118).

학생들이 어려서부터 고귀한 행위, 즉 덕을 행하는 데에 즐거움을 느끼게 해 주는 것은 덕을 즐겨 실천하는 습관을 길러 주는데에 도 움을 줄 것이다. 이러한 습관은 덕을 실천함에 있어서 망설이거나 머 뭇거리지 않고 바로 실천하는 데에 부담을 주지 않는다. 반대로 어릴 때부터 덕이 있는 생활, 고귀한 것을 사랑하는 습관에 길들여지지 않 고 정욕에 따라 무절제하게 자라난 사람들은 도덕적 의무를 회피하 려는 경향이 있으며, 덕을 실천함에 있어서 기쁨을 느끼기보다는 고 통을 느끼게 될 것이다(황성수, 2011: 44). 그러므로 교사는 학생들 에게 기본생활습관과 예절 및 규범과 덕목을 몸에 익히도록 가르쳐 서 어린 시절에 덕의 습관화가 이루어지도록 지도하여야 한다.

2. 칸 트

칸트(I.Kant, 1724~1804)는 의무론적 윤리체계의 대표자이며 현대 도덕철학에 지대한 영향을 끼친 학자로서, 선의지를 도덕의 가장 중요한 개념으로 생각하였으며 옳음과 그름을 윤리학의 근본 개념으로 믿었다. 그는 행위의 규칙을 위한 의무의 근거를 실천적인 순수 이성의 개념 속에서 찾았으며 정언 명령을 내세워 그의 윤리설을 설명하였다. 칸트 윤리학은 인간이 도덕적인 존재가 되려면 타당한 도덕법칙이 명령하는 바를 존중하고 그것에 따라야 한다는 것이다. 도덕법칙은 정언 명령으로서 인간의 이성에서 찾아야 하며, 그 도덕법칙을 따르는 내적 동기는 선의지이다.

칸트의 사상은 피아제와 콜버그 등의 인지적 도덕 발달 심리학에 영향을 미쳤으며, 도덕적 이성의 계발 및 합리적 가치 판단력 향상과 자율적 도덕인 육성을 지향하는 형식 중심의 도덕교육론 발전에 기여하였다(이택휘, 유병열, 2000: 144).

선의지와 도덕법칙

선의지
칸트의 윤리학은 모든 인간 존재가 따라야할 절대적인 도덕법칙이 있다고 본 의무론적 윤리설을 대표한다. 절대적인 도덕법칙은 칸트에게 있어서 '의무'로 규정되며 이 의무는 반드시 따라야만 하는 당위

명령으로 인간에게 다가온다. 칸트에 따르면 이러한 의무에 대한 개념 안에 선의지가 포함된다는 것이다.

칸트는 그의 『도덕 형이상학의 원리』에서 "그 자체로서 선한 것, 즉 본래적 선의 가치를 가진 것은 오직 선의지 뿐이다."고 하여 윤리학의 과제를 선의지의 탐구에 두었다. 선의지는 우리의 마음속에서 옳다고 믿는 것을 행하고자 하는 순수한 동기를 가지고 규칙과 원칙에 따라 행동할 수 있는 능력이며, 옳은 행동을 옳다고 여기는 이유에서만 선택을 하는 의지를 말한다. 그것은 행위의 결과를 고려하는 마음이나 또는 자연적인 경향을 따라서 옳은 행동에로 쏠리는 의지가 아니라, 단순히 어떤 행위가 옳다는 바로 그 이유로 말미암아 그 행위를 택하는 의지인 것이다. 그리고 선의지와 의무의 두 개념이 밀접한 관계를 갖고 있다. 따라서 선의지란 의무 그 자체를 존중하는 마음에서 의무를 수행하고자 하는 뜻이라고 말할 수 있다. 오직 의무를 존중하는 동기에서 의무에 맞도록 하는 행위만이 칸트로서는 도덕적 가치를 인정할 수 있는 행위이다. 의무에 배치되는 행위는 비록 아무리 유익하더라도 도덕일 수 없다. 또한 의무에 부합하는 행위일지라도 그것이 의무에 대한 존중을 동기로 삼지 않을 경우에는 도덕적인 행위가 될 수 없다.

선의지는 도덕법칙을 따르려는 의지이다. 선의지란 오직 어떤 행위가 옳다는 이유만으로 실천하고자 하는 의지이다. 칸트는 선의지가 모든 행동의 옳고 그름을 평가할 수 있는 기본적 전제임을 밝히고 있다. 그러나 인간은 신처럼 완전하고 절대적인 선의지를 소유하고 있지는 않고 있다. 인간은 이성적 존재이면서 언제나 악한 행동을 할 수 있는 여러 경향성(감정과 본능적 욕구들)의 유혹에 굴복하기 쉬운 존재이다. 즉 인간은 감성적 욕구와 경향에 따라 살 수 있는 존재라는 것이다. 그래서 인간에게만 '도덕적 의무'가 부과되는 까닭이 바로 여기에 있다. 따라서 도덕법칙은 인간에게 하나의 명령이자 의무로 다가온다(강영안, 2000: 78).

　도덕적으로 올바른 행동은 절대적으로 선한 선의지의 지배를 받아야 한다. 도덕적인 행동이란 자율적인 선의지에서 나온다. 선의지란 도덕법칙을 따르려는 의지를 가리킨다. 칸트의 윤리에서는 도덕법칙이 먼저 설정되고 이 법칙에 부합하는 행위가 선한 것이 된다. 그러므로 선의 의미는 도덕법칙에 의해서, 도덕법칙을 통해서만 규정되기에 도덕법칙이 선의 개념에 앞서 있다는 것을 의미한다. 칸트는 우리가 도덕법칙을 알 수 있다는 것은 경험에 앞서서 또 경험과 상관없는 보편적이고 필연적인 도덕적 진리를 우리에게 알려 줄 수 있는 순수이성이 있기 때문이라는 것이다. 즉 도덕법칙을 직관과 사고를 통해 선험적으로 인식하고 절대적으로 확신하기 때문이다. 이렇게 도덕법칙은 우리의 이성(자유의지)을 통해 자명하게 드러나므로 직접적으로 의식할 수 있다(박찬구, 2008: 121).

　칸트는 오직 선의지만이 독자적인 선이며, 의무를 위한 의무의 수행만이 순수한 의미에서 도덕적이라고 보고 있다. 즉 도덕적 가치는 의무를 존중하는 동기에서 의무에 맞도록 행하는데 있다. 비록 의무에 부합된다 하더라도 그 의무에 대한 존중을 동기로 삼을 때만 진정한 도덕적 행위가 된다(김영진 역, 1989: 121). 그러므로 우리의 행위가 참으로 도덕적 가치가 있는 행위가 되도록 하자면 단지 '의무에 어울리게' 행동하는데 그치지 않고 오직 '의무에서 나온' 행동을 해야 한다는 것이다(강영안, 2000: 57).

　의무론적 윤리설에 따르면 선의지만이 옳고 그름을 증명할 수 있는 유일한 기준이다. 이 선의지에 대한 의미는 3가지의 명제로 되어 있다. 첫째 명제는 한 개인이 선의지에 합당하다는 인간으로 불리기 위해서는 어떤 행위에 대한 동기나 이유에 선의지가 있어야 도덕적 행위가 된다. 둘째 명제는 선의지의 도덕적인 가치에 대한 것으로 선의지가 있다면 도덕적으로 좋은 사람이라고 판단하기에 충분한 까닭은 선의지가 무조건적인 가치를 지니고 있기 때문이다. 셋째 명제는 한 사람이 선의지에 의해 동기 유발될 때, 정신 상태를 지배하는 내적 태도는 친절이나 자선감, 사랑을 가진 경향성이 아니고 의무 자체를 위해 그의 의무를 행하려는 동기에 맞는 것이어야만 한다. 그러한 태도는 오직 도덕법칙을 준수하려는 존경심과 의무감인 것이다.

도덕법칙(정언명법)

도덕법칙이 모든 이성적 존재에게 보편타당한 명령이 되기 위해서는 일체의 경험적 요소를 배제한 선험성을 지닌 무엇이어야만 한다. 칸트는 도덕의 선험적인 최상 원리가 곧 정언명법이라고 주장하며, 인간에게 의무로 다가올 도덕법칙이라고 보았다.

규칙을 만들기 위해 도덕적 의무로서 모든 인간에게 보편타당하게 구속력을 가지려면 최고 원리의 척도 또는 도덕의 궁극적 기준, 즉 선험적인 도덕법칙을 만족시켜야 한다. 칸트는 이 도덕법칙을 정언명법(정언명령)이라고 부른다. 정언명법은 선에 대한 명령으로서 인간을 구속하는 도덕 명령이다. 한 사람이 어떤 행위를 자신의 도덕적 의무로 받아들일 때 그가 의식적으로나 또는 무의식적으로 인식하는 것이 바로 이 원리이다. 이러한 정언명법(무조건 명령)은 아무런 조건 없이 도덕법칙에 순종할 것을 요구한다. 칸트는 하나의 규칙이 도덕 규칙이 되려면 반드시 정언적으로 규정되어야 하며 가언적으로 규정되어서는 안 된다고 하고 있다. 도덕적 의무의 형식은 무조건적인 것으로서 "당신은 이러저러한 행위를 조건 없이 해야 한다."는 형식을 취한다. 칸트가 『도덕 형이상학 원론』에서 도덕 법칙으로 제시한 정언명령은 다음과 같이 두 가지로 표현된다.

제1명령 : "네 의지의 준칙(격률)이 언제나 동시에 보편적 입법의 원리가 될 수 있도록 행동하라."

제2명령 : "너 자신과 다른 모든 사람의 인격을 결코 단순히 수단으로서만 대하지 말고 언제나 동시에 목적으로 대하도록 행위하라."

칸트는 이 정언명법을 보편화 가능성의 원리, 인격성의 원리, 자율성의 원리의 세 가지 측면에서 논의하고 있다(김기순 역, 1989: 179-181).

첫째로, 어떤 준칙이 도덕규칙이 되려면 그것은 일관성 있게 보편화 가능해야 한다. 보편성을 갖기 위해서는 개인이 만든 준칙이 모든 사람에게 적용될 수 있고 또한 그 규칙을 받아들일 수 있다는 사실을 전제로 하고 있다.

둘째로, 인간을 다른 목적을 위한 수단으로 이용해서는 안 되며, 언제나 목적 그 자체로 대우해야 한다. 도덕 법칙이 되기 위해서는 인간 상호간에 수단이 아니라 목적 자체로 대해야 한다. 이 명령은 우리가 다른 사람들을 단지 수단으로서만 대우하는 것을 금지하고 있는 것이다.

셋째로, 어떤 규칙이 도덕법칙이 되려면 각자가 그 준칙을 보편적으로 입법화시킬 때 각자의 의지에 따라서 자신에게 부과될 수 있는 규칙이어야 한다. 보편적인 입법자로서의 개인이 그의 성향에 관계없이 구속하는 행위규칙의 근원이 되는 의지의 개념을 칸트는 의지의 자율이라고 하였다. 여기에서 목적의 왕국으로서 자신이 입법자가 되는 동시에 피입법자가 된다(김영진 역, 1989: 125-126).

이러한 칸트의 윤리 이론의 특징은 다음과 같이 요약될 수 있다. 첫째로 행위의 선·악은 행위의 결과가 아니라 오직 그 행위를 낳은 의지일 뿐이다. 그러므로 이 세상에서 참으로 선하다고 말할 수 있는 것은 오로지 '선의지' 밖에 없다. 둘째로 도덕적 명령 혹은 의무는 어떤 다른 목적을 달성하기 위한 수단으로서가 아니라 그 자체가 목적인 무조건적 명령 혹은 의무이다. 그러므로 행복도 결코 도덕에 우선하는 목적이 될 수 없다. 셋째로 우리의 의지가 무조건 따라야 할 도덕적 원칙은 보편성을 담고 있어야 한다. 칸트의 보편주의 이념은 인간 존엄성의 이념과 일맥상통하는 것으로 모든 인간이 동등하게 고려되어야 하고, 인격을 지닌 존재로서 그 자체로 존중되어야 한다는 정신을 담고 있다(박찬구, 2008: 119, 130).

칸트 윤리학에 대한 비판과 해명

칸트 윤리에 대한 대표적인 비판들 몇 가지를 검토하여 보고 해명하고자 한다(박찬구, 2008: 138-145).

첫째, 칸트 윤리는 단지 형식적이라는 비판이다. 칸트의 이른바 도덕법칙은 우리의 실제 삶에 있어서 구체적인 행위의 규칙들을 제공해 줄 수 없다는 이유로 비판을 받아 왔다. 그러나 칸트는 도덕법칙이 단지 형식적이라는 잘 알고 있었다. 그가 제시하는 도덕법칙은 도덕의 최고 원리, 즉 어떤 준칙이 도덕적인지 아닌지를 가릴 수 있는 최소한의 기준을 제시하고 있다. 이러한 도덕법칙이 우리에게 요구하고 있는 것은 우리의 준칙이 보편화 가능한지를 스스로 검사해 보라는 것이다. 우리의 이해관계가 걸린 일을 판단할 때 그 공정성 여부를 검사하고자 하는 것이 보편화 가능성 검사이다. 칸트의 도덕법칙은 행위에 대한 구체적인 규칙들(준칙)을 제공하는 데 있는 것이 아니라 그것을 검사하는 틀(형식)을 제공하는 데 있었던 것이다.

둘째, 칸트 윤리는 결과를 무시한다는 비판이다. 칸트의 윤리는 선의지를 강조하는데, 이는 행위의 도덕성을 가리는 데 있어서 동기에만 주목할 뿐 결과를 무시한다는 이유로 비판을 받아 왔다. 이러한 비판은 오해에서 비롯된 것으로 행위의 결과를 무시하는 윤리는 있을 수 없으며, 행위는 결과를 낳는 것이기 때문에 어떤 결과에 대해 어느 정도의 범위까지 책임을 져야 하느냐가 관건이다. 도덕성은 오로지 행위 주체가 책임질 수 있는 영역과 관련되며, 그것은 행위 자체에 의하여 결정되는 것이 아니라 행위의 근거가 되는 의지, 즉 행위의 준칙에 의해서 결정되는 것이다. 우리는 결과를 예측할 수 있는 인간 능력의 한계점을 알고 있기 때문에 칸트의 도덕법칙을 따르는 것이다.

셋째, 칸트 윤리는 도덕적 가치를 판단함에 있어 인간의 이성적 측면을 강조한 반면 상대적으로 인간의 경향성(욕망, 관심, 동정심, 감정, 다양한 취향 등) 및 행복과 같은 감정적 측면을 경시하고 있다는 비판을 받는다. 즉 인간의 자연스런 감정과 욕구 및 행복을 도덕에 반하는 것으로 여김으로써 도덕을 너무 딱딱하게 만들었다는 것이다. 칸트는 어떤 행위가 경향성으로부터 또는 행복을 얻으려는 동기에서 행해질 경우에는 도덕적 가치가 없다고 주장한다. 그러나 칸트는 단지, 경향성이나 행복의 동기는 무엇이 의무인지를 결정하려고 할 때 고려되어서는 안 된다는 것을 강조할 뿐이다. 그는 도덕법칙과 양립할 수 있는 한 자신의 행복을 추구하는 것은 바람직한 일이며 의무일 수도 있다고 본다. 또한 칸트는 의무와 일치되는 것에 대한 타고난 경향성(예컨대 동정심)은 비록 그 자체로 도덕적 준칙을 산출할 수는 없지만 그런 준칙의 효과를 크게 촉진시킨다고도 말한다.

넷째, 칸트 윤리는 지나치게 엄격하여 너무 이상적이고 엄격한 도덕주의를 표방함으로써 현실과 괴리되어 있다는 비판을 받아왔다. 즉 도덕적 기준이 너무 높아 평범한 사람들이 실천하기 어렵다는 것이다. 이러한 비판은 도덕의 본질을 이해하지 못한 주장이다. 도덕은 원래 당위이기 때문에 현실에 대해서는 하나의 이상으로 다가올 수밖에 없다. 유교에서 바라는 인간상이 성인군자인 것처럼 칸트 윤리에서도 절대적인 두덕법칙은 추구해야 할 이상이다.

다섯째, Kant의 윤리설은 도덕 규칙들의 상충문제와 예외의 문제

를 합당하게 처리할 수 없다는 비판이 있다. '거짓말해서는 안 된다'
것과 '살인을 해서는 안 된다'는 것을 모두 정언 명령으로 주장한 칸
트의 윤리학 체계 내에서는 이 두 의무 규칙의 충돌 상황에서 우리
에게 어떠한 선택을 내려할 것인지에 대해 실천적 지침을 주지 못한
다(이태하, 2009: 80-82).

칸트 윤리학의 도덕교육적 의의

칸트 윤리학이 현대를 살아가는 우리들에게 주는 도덕교육적 의의
와 함의를 살펴보면 다음과 같다(안영순. 2011: 62-85).

첫째, 인간 존엄성에 대한 의식이다. 인간의 존엄성은 민주주의 사
회의 기본 가치이자 보편적 도덕원리이다. 칸트는 자신과 타인에 대
하여 인간이 목적 자체로 대우를 받아야 할 인격적인 존재임을 강조
한다. 이러한 인간존중 이념은 생명존중윤리 교육의 필요성을 강하게
요청하고 있다.

둘째, 도덕적 자율성과 책임의식이다. 칸트는 인간을 자율적 이성
을 지닌 도덕적 주체로 보았고 그것의 본질은 자유라고 규정하였다.
인간은 자신의 행위에 대해 도덕적 책임을 질 수 있는 자유의지를
가지고 있는 자율적 존재이다. 칸트가 말하는 도덕적 주체는 자율성
의 주체로서 인격을 가진 자이다. 칸트의 윤리학은 다른 어떤 윤리이
론보다 인간의 도덕적 자율성과 책임의식을 강조하고 있다.

셋째로 윤리공동체의 이념이다. 윤리공동체는 자유와 평등이 조화
된 정의로운 도덕공동체의 이념을 의미한다. 칸트가 말하는 목적의
왕국은 이상적인 도덕공동체, 즉 윤리공동체의 이념을 제시하고 있
다. 목적의 왕국의 구성원들은 자신의 인격이나 다른 모든 사람의 인
격을 목적으로 대우하고 결코 수단으로 사용하지 않는다. 칸트의 윤

리공동체는 도덕 교과에서 지향해야 할 이상적인 공동체의 이념이다.

결 언

레비나스에 따르면 칸트의 가장 큰 발견은 '순수' 실천 이성의 존재였다. 단순한 실천 이성이 아니라 수단과 목적이나 자연에 대한 지식에 제약되지 않고 오직 그 자체로, 선험적으로, 경험을 벗어나, 의지를 명령하고 움직이는 능력, 즉 '순수' 실천 이성이 인간에게 있다는 것이다. 실천이성이란 도덕법칙을 존중하며, 도덕적으로 행동하라고 스스로에게 부과하는 명령을 가리키고 있다. 이것을 증명하고 보여주는 것이 칸트 도덕 철학의 핵심이다.

칸트에 따르면 도덕적 주체는 자율성의 주체이다. 어떤 다른 법을 따르지 않고 스스로 설정한 법을 따른다는 말이다. 그리고 이러한 주체를 인격이라 부른다. 이 인격은 스스로 법을 설정하며 스스로 자신의 행위에 책임질 수 있는 자란 뜻이다. 자율성의 주체는 정언명법에 따른다. 이 정언명법은 경험적 인간이 보편적 도덕 법칙의 부름에 응해서 아무런 조건 없이 도덕 법칙에 순종할 것을 요구한다. 이 명령에 귀 기울이고 이 명령에 순종하며 이 명령에 따라 책임질 때에 비로소 도덕적 주체가 된다(강영안, 2000: 10).

칸트에게 있어서 도덕적 행동이란 도덕 법칙에 대한 자발적인 존중으로부터 나온 자율적인 행위이며, 아무런 조건이나 제약 없이 그 자체만으로 선한 선의지에서 비롯된 행위로서, 오직 의무로부터 나온 행위, 즉 의무 의식에 따른 행위라는 특징을 지닌다.

칸트의 의무론적 체계는 자율성과 보편성을 결합하여 윤리적 보편주의를 지향하고 있으며, 누구든지 정언명법을 절대 명령으로 무조건 따라야 한다는 윤리적 절대주의를 지향하고 있다.

<참고 문헌>

강영안,『도덕은 무엇으로부터 오는가』, 서울: 소나무, 2000.

고미숙, "도덕교육에서 습관의 의미",『도덕윤리과교육 27호』, 한국도덕
　　　　윤리과교육학회, 2008. 12.

권승혁, "고대희랍사상에 나타난 국민윤리교육 탐색",『새마을 연구』,
　　　　창간호, 한국교원대학교 새마을연구소, 1991.

김태길.『윤리학』. 서울: 박영사, 1992.

박영주, "아리스토텔레스 실천적 지혜의 초등도덕교육적 의의", 한국교원
　　　　대학교 교육대학원 석사학위논문, 2009.

박승렬, "아리스토텔레스 윤리학의 초등도덕교육적 함의", 한국교원대학교
　　　　대학원 박사학위논문, 1999.

박재주,『동양의 도덕교육사상』, 경기: 청계출판사, 2003.

박재주,『서양의 도덕교육사상』, 경기: 청계출판사, 2002.

박찬구,『개념과 주제로 본 우리들의 윤리학』, 경기: 서광사, 2008.

서홍교, "칸트의 도덕교육론",『도덕교육학 연구』, 제2집, 2001.

신득렬,『행복의 철학』, 서울: 학지사, 2007.

안영순, "칸트 윤리학의 도덕교육적 함의", 한국교원대학교 대학원 석사
　　　　학위논문, 2011.

유병열,『도덕과교육론』, 경기: 양서원, 2011.

이태하,『다원주의 시대의 윤리 - 이론과 적용』, 서울: 민지사, 2009.

이택휘, 유병열,『도덕교육론』, 서울: 양서원, 2000.

황성수, "아리스토텔레스 행복론의 초등도덕교육적 의의", 한국교원대학
　　　　교 교육대학원 석사학위논문, 2011.

Aristotle., 최명관 역,『니코마코스 윤리학』, 서울: 서광사, 1990.

James Rachels., 김기순 역,『도덕철학』, 서울: 서광사, 1989.

Kant, I., 조관성 역,『칸트의 교육학 강의』, 서울: 철학과 현실사, 2007.

Arrington. Robert L., 김성호 역,『서양윤리학사』, 경기: 서광사, 2009.

Taylor, P.W., 김영진 역,『윤리학의 기본원리』, 서울: 서광사,1989.

제**03**장

도덕교육의 심리학적 기초

1. 정신분석 이론

프로이트와 무의식의 세계

19세기 중엽 심리학이 독립된 과학으로 독일에서 출발했을 때 심리학의 과제는 정상 성인의 의식을 분석하는 것이었다. 그러나 프로이트(Sigmund Freud : 1856~1939)는 전혀 다른 방향에서 전통적인 의식의 심리학을 거부하였다. 그는 마음을 빙산에 비유하여 물 위에 떠 있는 작은 부분이 의식이라면 물속의 훨씬 큰 부분을 무의식으로 비유할 수 있다고 했다. 이 광대한 무의식의 영역에서 추진력, 정열, 억압된 관념 및 감정들을 찾아야 할 것이며, 이것들이 인간의 의식적 사고와 행위를 통제하는 보이지 않은 힘이라고 말했다. 이런 관점에서 볼 때 의식의 분석에만 한정했던 심리학은 인간의 심층에 깔린 동기를 이해하는 데에는 전혀 부적합한 것이다. 프로이트는 40

여년에 걸쳐 자유연상의 방법으로 무의식을 탐구했고 최초로 포괄적인 성격의 이론을 발전시켰다. 그는 1900년에『꿈의 해석』을 시초로 1916년의『정신분석입문』, 1923년의『자아와 이드』까지 수십 권의 저서를 남겼으며 융(Carl Jung)과 아들러(Alfred Adler)등의 유능한 제자들을 길러 내었다(이상노, 이관용, 1992: 32-35).

프로이트의 커다란 업적이라고 할 수 있는 것은 바로 무의식의 발견이다. 무의식이란 '의식에 영향을 미치기는 하나, 꿈이나 정신분석의 방법을 통하지 않고는 의식화되지 않는 의식'을 말한다. 프로이트는 인간 정신세계의 깊숙한 곳에 숨어있는 무의식이 우리의 행동과 정서를 규정한다고 단언하였다. 그는 이 무의식이 실수, 꿈, 강박행위 등으로 나타난다고 하였다. 행위의 당사자가 자신의 행위 동기를 전혀 알지 못하는 무의식은 인간의 정신생활에 각별한 힘을 가지고 있다고 보았다(강성률, 2005: 270).

프로이트에 따르면, 무의식은 두 가지로 나뉜다. 하나는 충동과 감정에 따라 제멋대로 움직이는 '이드'이다. 또 하나는 도덕적, 사회적 질서가 내면화되어 있는 초자아이다. 무의식을 이루고 있는 이 두 가지 요소는 서로 다투고 대립하는 긴장 관계에 있다. 예를 들면, 이드가 남의 물건을 보고 무조건 탐내는 어린아이 심성 같은 나의 일부라면, 초자아는 "그러면 안돼"하면서 타이르고 달래는 도덕적인 나의 일부이다(남경태, 2013: 41-42).

인간관 및 도덕성의 개념

프로이트 정신분석이론의 인간관에 대한 기본 가설을 보면 첫째, 정신분석이론은 과거를 중시하고, 무의식을 강조하며, 발달단계에 따른 변화를 중시한다. 프로이트는 생물학적 결정론자로서 인간의 모든

면(행동, 사고, 감정, 포부)은 법칙의 지배를 받으며, 강력한 본능적인 힘에 의해 결정된다는 입장이 확고하였다. 이에 따라 인간을 하나의 폐쇄된 에너지 체계로 인식하였으며, 인간의 행동이란 스스로 알지 못하는 무의식적인 힘에 의해 결정된다는 입장을 견지하고 있다.

둘째, 프로이트는 인간을 비합리적인 존재이며, 비도덕적인 존재로 인식하였다. 그에 따르면 인간은 근본적으로 비합리적이다. 의식의 영역 밖에 존재하는 비합리적이고 통제할 수 없는 본능이 인간 행동을 동기화한다. 따라서 인간이 스스로의 운명을 통제하는 합리적인 존재로 보는 관념은 하나의 신화에 불과하다는 것이다. 인간은 천부적으로 적개심에 불타는, 사회화되지 않은, 비도적적인 존재로서 이기적이고 반사회적이다(김태훈, 2005: 18-20).

다음으로 정신분석이론에서의 도덕성의 개념을 보면 첫째, 정신분석이론은 내면화의 과정을 통해 문화적 규준들에 순응하는 성향을 도덕성의 정의적 요소와 관련하여 설명하고 있다. 아동이 옳고 그른 것에 대한 부모의 기준을 내면화하여 그것을 위반했을 때, 죄책감, 수치심 같은 도덕정서를 경험하게 되는 것을 도덕적으로 성숙해지는 것으로 본다.

둘째, 초자아는 아동들이 자신들과 가까운 성인들의 규준을 내면화함으로서 형성되기 시작한다. 즉 초자아는 부모나 성인들의 기준을 내면화함으로써 형성된다. 프로이트는 이러한 초자아가 구성되었을 때 비로소 도덕성이 형성된 것으로 보았다. 초자아는 양심과 자아 이상으로 구성되며, 양심은 사회에서 해서는 안 되는 것을 표상하며, 나쁘고 악한 일에 대한 고발자, 검열자이며 금기의 저장소이다. 자아이상은 적극적인 도덕가치 곧 '해야 한다'를 대표한다. 선한 일을 찾아서 솔선하여 하게 되며, 적극적인 이타심을 가지게 되며, 도덕 가치를 준수하게 한다(김태훈, 2005: 24-28).

인성(성격)의 구조

프로이트는 인성의 발달이 유아와 아동기에 기본적으로 형성된다고 주장하였다. 정신분석학에서는 본능적 충동을 중시하는 관점에서 인간은 쾌락을 추구하고 고통을 피하며 어떤 비합리적인 충동에 의해 움직여지는 존재로 규정하고 있다. 인간 본성에 관한 프로이트의 관점은 '결정론'으로 인간의 행동은 비합리적인 힘, 무의식적 동기, 생물학적 및 본능적 충동에 의해 결정되며 특히 생후 6년간의 경험이 중요하다고 한다.

프로이트의 정신분석학적 도덕심리학을 이해하기 위해선 먼저 그가 주장하는 인성 이론 즉 성격 구조를 알아야 한다. 프로이트에 의하면 인성은 이드(원자아, 원초아, id), 자아(自我, ego), 초자아(超自我, superego)라는 세 부분으로 구성된다. 그러나 이들 세 부분은 분리된 요소가 아닌 전체로서 기능한다. 따라서 이들은 서로 밀접한 관계를 가지며 상호 작용한다.

이드는 유전적이며 본능적인 욕구와 충동(성욕과 공격욕)의 총체를 가리키며 대부분 무의식 속에 자리하고 있는 정신에너지의 근원이다. 여기서 주의할 점은 이드와 무의식은 다르다는 점이다. 이드에 속한다고 하여 모두 무의식은 아니며, 또한 자아나 초자아에 속한다고 하여 모두 의식은 아니다. 이드는 우리가 타고난 모든 본능과 욕구로 되어 있다. 프로이트는 이드를 동물과 같은 본능적 충동의 전형(무의식적인 성적 본능)으로서 묘사하고 있다. 본질상 이드는 우리가 원초적으로 하고 싶은 욕망들을 의미한다. 이러한 욕망들은 대부분 꿈, 환상, 그와 유사한 무의식적 사고 현상을 통해 나타날 수 있다. 이드가 유아기 및 아동기 초기에 있어서 결정적인 역할을 하며, 바로 그 시기가 개인의 전체적인 발달에 있어서 가장 결정적인 시기라고 가정하고 있다(추병완 역, 1999: 30).

이드는 자아와 초자아가 분화되는 모체이다. 이드는 긴장의 감소와 욕구의 즉각적인 만족을 중요한 특징으로 한다. 유기체가 긴장 수준이 높아지면 이드는 즉시 긴장을 발산하도록 작용하여 에너지의 수준을 낮춘다. 그리하여 유기체가 고통이 없는 상태로 유지하도록 한다. 따라서 이드는 쾌락원리에 의해 움직인다. 쾌락 만족을 추구하고 고통과 긴장을 회피하고자 하는 것이 이드의 운동 법칙이다. 이러한 이드는 즉각적이고 비합리적이며 충동적인 특징을 가지고 있다. 이드가 바라는 것은 모든 욕구를 만족시키는 것이고, 긴장이 없는 쾌감의 상태를 누리는 것이다. 이러한 이드는 주변 환경과 상관없이 어떤 대가를 치르더라도 소망 충족의 원리를 따른다. 이드의 시선은 욕구 쪽만 보기 때문에 외부 환경에 대해선 장님이 된 것 같다. 이드는 욕구 충족에 대한 관심으로 온통 지배당하고 있어서 환경을 고려할 겨를이 없다. 마치 외부 환경과 단절된 것처럼 보인다. 그러나 환경을 전혀 보지 못하거나 완전히 단절된 것은 아니다(Joseph Sandler, 이무석, 유정수 공역: 2005: 57)

자아는 어린아이가 외부 세계를 경험하면서 적응해 나가는 과정에서 이드의 일부가 차츰 세월을 거치며 변한 것이다. 자아는 욕구를 어느 시기에, 어느 정도까지 안전하게 충족시킬 것인가를 결정하고 조절한다. 이러한 자아는 의식적이기 때문에 합리적 사유와 계획 및 기억의 능력을 가지고 있다. 자아는 외부 세계를 잘 알기 때문에 본능이 충동질할 때 이것을 현실적인 방법으로 안전하게 본능을 충족시키는 방법을 제공해 주거나 현실 원칙에 따라 소망 충족을 보류하거나 저지한다. 자아는 이드의 활동을 지속적으로 통제하는데 도움을 주는 의식적이고 합리적인 인성의 집행자이다. 이드는 마음의 주관적 실재만 아는데 비해 자아는 마음속의 사물과 외부 세계의 사물을 구별할 수 있는 능력을 가진다. 자아는 감등을 조정하고 외적 환경과 조화를 시도함으로써 욕구를 만족시키고 긴장을 해소한다. 이드가 말이라면 자아는 그 말 등을 탄 기수로서 말을 제어하고 조정한다. 이드가 무의식 속에서 활동하는데 반해 자아는 대체로 의식 속에서 활동한다. 그래서 이드가 쾌락원리에 의해 움직이는데 비해 자아는 현실원리(실재원리)에 의해 움직인다. 이드의 뜨거운 욕망과 충동이 사회의 냉엄한 현실에 부딪혔을 때 무엇을 하여 욕구를 만족하고 긴장을 해소하는가를 사려 분별하는 것이 바로 자아이다. 자아는 이드 조직의 일부이다. 자아의 모든 힘은 이드로부터 나온다. 그러므로 자아는 이드와 분리되어 존재하지 못한다. 자아는 독립적일 수 없는 것이다. 자아는 이드와 환경 사이에 존재하면서 이드에 대한 반대 세력이지만 한편으로는 이드의 친구이다. 자아는 스스로 충분한 힘을 가지고 있지 못하다. 자아는 초자아에 의해 더욱 그 힘이 강화된다.

초자아는 인성의 각 부분에서 가장 나중에 발달하는 도덕 영역이다. 초자아의 많은 부분이 무의식 속에 묻혀있지만 의식적인 면도 있다. 초자아는 실제보다는 이상을 표상하고 쾌락보다는 완전성을 추구한다. 초자아는 옳고 그름의 문제를 지향하고 사회적 태도와 가치를 구현하며 개인의 양심을 구성한다. 초자아의 주요 기능은 이드의 충동을 억제시키고 실제적 목적을 도덕적 목적으로 대체하도록 설득시키고 완전성을 추구하는 일이다. 초자아는 그 사회의 가치 규범이나 도덕 규칙이 개인의 내부에 자리 잡음으로써 형성되는 것이다. 이 때 그 자리를 잡는 과정에서 사회의 여러 기관 중에 특히 부모가 매우 중요한 역할을 한다. 초자아는 아동들이 아주 일찍부터 그들의 행동에 대해 시인이나 칭찬, 격려를 받거나 비난, 질책, 벌을 받게 되는 과정에서 계발된다. 이러한 초자아는 허용과 금지의 내면화된 체계라고 할 수 있다. 프로이트에 의하면 이드의 억제를 가능하게 하는 것은 부모의 도덕적 표준이 '동일시'에 의하여 인성의 한 부분에 자리 잡게 됨으로써 초자아가 형성된다고 한다. 정상적이고 순응적인 발달이 이루어질 경우에 아동들은 부모나 다른 사회적 권위나 요인들로부터 자아이상과 양심을 발달시킨다(이택휘 외, 1997: 88-89).

초자아의 세계

초자아는 보통 양심, 죄책감, 혹은 도덕성이라고도 부른다. 초자아
는 누구에게나 있는 것이며, 잘못된 일(불법적이거나 비도덕적이거나
불친절한 일)을 하지 못하도록 머릿속에서 울려 퍼지는 목소리로 인
지될 수 있다. 초자아는 아무도 눈치 채지 못하는 상황에서도 해서는
안 되는 일을 했을 때, 때로는 그런 일을 저지르지 않았을 때조차도
자신을 응징하는 내면의 소리이다. 우리는 그럴 만한 일이 특별히 없
는데도 강렬한 죄의식을 느끼거나 막연하고 불길한 느낌을 받곤 한
다. 초자아는 자주 우리에게 무언가를 하라고 지시하거나 금지하지만
우리는 그 과정을 알아차리지도 못한다. 따라서 초자아는 자아보다
이드에 훨씬 가깝다. 초자아는 우리의 감정, 소망, 행동에 사실상 지
대한 영향력을 행사한다(Priscilla Roth, 이세진 역, 2004: 8-9).

초자아는 어린아이가 부모와 사회의 규칙들을 체득하면서 자아로
부터 발전된 것으로, 개인의 마음에서 강력하고 독자적인 힘을 발휘
하게 된다. 초자아는 죄의식 및 죄와 관련된 좋지 못한 기분을 낳을
수 있기에 위력이 있으며, 우리의 행동은 물론 생각까지도 지시할 수
있다. 이러한 초자아는 기본적인 규칙과 사회의 법을 준수하도록 도
와준다. 그러나 때로는 인격의 가장 강력한 부분이 되며, 심지어는
가장 파괴적인 부분이 될 수도 있다.

유아기와 유년기의 경험을 통해 규칙을 어기면 죄책감을 느끼는
성향, 즉 초자아라고 불리는 비판적 대리자를 내면에 확립하게 되는
데, 이것은 부모의 금지와 동일시 한다는 점이다. 즉 아이들의 초자
아는 내면에서 들려오는 부모의 음성과 같다. 가끔은 그 음성이 '착

한 일'을 했다고 칭찬해 주지만, 대체로 초자아가 나쁜 행동이라고 여기는 일에 대해 꾸짖거나 혹독하게 벌을 내리는 경우가 더 많다. 한때 부모의 것이었던 이 권위 있는 음성은 이제 자신의 일부가 되어 자신(자아)의 다른 부분에 맞서면서 요구를 해 온다. 프로이트는 부모가 단순히 두려움의 대상만이 아니라 깊은 애정의 대상이기도 한다는 점을 자주 강조하지만, 그가 기술하는 초자아에서 도출되는 도덕의식은 사랑보다는 두려움에 기반을 둔다. 어릴 때 아버지의 준엄한 꾸지람을 두려워했듯이, 어른이 되어서는 엄격한 초자아의 힐책을 두려워하는 것이다(Priscilla Roth, 이세진 역, 2004: 19-21).

이러한 초자아는 어디에서 찾을 것인가? 첫째로 내면적이고 완벽하고 의식적인 경우에서 찾을 수 있다. 대부분의 사람들은 초자아의 목소리가 자신의 생각 속으로 파고들었던 경험을 떠올릴 수 있다. 누구나 일상적인 유혹에 넘어가서 일상적인 방식으로 스스로를 책망하고 징계했던 경험이 있을 수 있다. 어떤 이들은 보통 사람들보다 훨씬 더 마음깊이 죄의식에 사로잡혀 스스로 벌을 받아 마땅하다고 생각한다. 우리는 잘못한 일이 무엇인지 알고 있으며 죄책감을 느낀다는 사실과 그 이유를 알고 있다.

둘째로 내면적이고 의식적이지 않은 부분, 즉 무의식의 경우에서 찾을 수 있다. 우리의 자각 안에 있지 않은 것은 무엇이든 무의식이라 할 수 있다. 무의식이란 개인이 의식적으로 떠올릴 수 없는 생각이나 감정들을 포함하고 있으며, 자신이나 사회에 의하여 용납될 수 없는 감정이나 생각 혹은 충동들이 억압되어 있는 곳이다. 우리가 일상생활에서 어떤 행동을 할 때 자신도 모르게 무의식의 영향을 받으며, 우리의 기분도 대체로 무의식에서 나온다. 초자아의 가장 광범위한 부분은 바로 무의식이다. 초자아는 무의식적으로 활동하고 있는 것이다. 의식적으로는 죄책감을 느끼지 않아도 무의식적으로 느껴지는 죄책감 때문에 자기 자신이 응징을 당할 수 있다. 실제로 우울증은 무의식적 죄책감의 징표로서 나타난다. 우울감은 막연하게 불행하다는 기분, 열광이나 기쁨의 부재 등으로 나타날 수 있다. 죄의식을 느끼게 하는 초자아는 우울한 기분을 자아낼 수 있다. 삶의 활력소가 사라지고 인생이 의미 없이 보이는 것이 초자아의 공격 때문일 수도 있다.

셋째로 초자아가 자기 외부의 타인에게 위치하는 경우에서 찾을 수가 있다. 때때로 사람들은 초자아를 자기 외부의 타인에게로 투사한다. 이 말은 곧 비난의 목소리를 타인에게 위치시켜서 마치 다른 사람들이 자신을 꾸짖는 것처럼 느끼게 된다는 뜻이다. 누군가 나를 미워하며 못살게 구느니, 비판하느니 하며 불만을 토로하면서 죄책감을 피하는 것이다. 즉 타인이 곧 죄책감을 느껴야 할 장본인이 되는 것이다(Priscilla Roth, 이세진 역, 23-29, 2004: 38).

정신적으로 건강한 사람의 초자아는 대체로 스스로를 선하게 여기도록 돕는 작용을 하며, 실제로 나쁜 짓을 했을 때만 죄책감을 자아내어 스스로를 처벌한다. 건전한 초자아는 아이를 애정으로 대하되 잘못된 것은 확실히 알려주는 부모와 같아서 규칙을 분명히 적용하지만 위반을 용서할 줄도 알며 그 처벌도 누그러뜨릴 수 있다. 초자아는 나쁜 짓을 했다면 잘못했다는 것을 알고 고치려고 노력한다. 이때 초자아는 나쁜 짓을 했다는 점을 분명히 한 뒤에 용서한다.

우리 모두는 내면의 심판자와 더불어 살아간다. 우리의 초자아는 잔인하고 가혹할 수도 있으며, 상대적으로 관대하고 온화할 수도 있다. 그것은 우리 내면에서 경험될 수도 있고 타인에게 투사될 수도 있으며, 타인에게로 표적을 돌려 우리 자신이 아닌 그들을 엄중하게 심판할 수도 있다. 한 개인의 초자아는 부모나 인생에서 나타났던 주요한 존재들과의 관계로부터 발달하며 이 관계를 반영한다(Priscilla Roth, 이세진 역, 2004: 72).

도덕성의 형성

정신분석학에서의 도덕성의 형성은 동일시, 내면화 등을 통해 초자아가 형성되는 과정으로 설명될 수 있다. 초자아는 유아기에 부모와의 관계에서 부모가 가지는 도덕적 관념을 동일시에 의해서 물려받음으로써 형성되지만, 이후에는 교사나 사회의 중요한 인물들까지 동일시의 대상에 포함된다. 프로이트는 부모, 특히 아버지 쪽의 권위적, 심판적, 비판적, 응징적 면모를 경험함으로써 초자아가 형성된다고 한다. 어렸을 때부터 부모에게 물려받은 판단(옳고 그름을 생각하는 방식 전체)은 우리 내면에 자리 잡고 하나의 권위로서 굳어지게 되어 우리 자신의 초자아가 되는 것이다.

프로이트는 소포클레스의 비극에 등장하는 인물의 이름을 따서 '오이디푸스 콤플렉스(Oedipus complex)'라는 용어를 사용하였다. 그는 초자아가 오이디푸스의 상속자라는 입장을 취한다. 즉 오이디푸스 콤플렉스의 극복 과정에서 초자아가 형성된다는 것이다. 이것은 남성이 부친을 증오하고 모친에 대해서 품는 무의식적인 성적 애착을 말하는데 그리스 신화 오이디푸스[2]에서 따온 말이다.

아이들은 일반적으로 4~5세경에 오이디푸스 콤플렉스를 경험한다. 그리고 이 콤플렉스의 해소는 아이들의 인성 및 도덕성 발달에 중요

---

2) 오이디푸스는 테베의 왕 라이오스와 이오카스테(에피카스테)의 아들이다. 라이오스는 이 아들이 "아비를 죽이고 어미를 범한다."는 신탁(信託)을 받았다고 하여 복사뼈에 쇠못을 박아서 산중에 내다 버린다. 그러나 이 아이는 이웃나라 목동에 의해서 코린토스의 왕자로 자라고 숙명적으로 아버지를 살해하고 만다. 당시 테베에서는 스핑크스라는 괴물이 나타나 수수께끼를 내어 풀지 못하면 사람을 잡아먹고 있었다. 이에 여왕은 이 괴물을 죽이는 자에게 왕위와 자신을 바치겠다고 한다. 오이디푸스는 수수께끼를 풀어 스핑크스를 죽인 후 테베의 왕이 되고, 모친인 이 여왕과 결혼하여 네 자녀까지 낳는다. 그러나 이 왕가의 불륜이 사단이 되어 테베에 나쁜 병이 나돌게 된다. 뒤늦게 오이디푸스는 그 원인이 자기 자신임을 알고 두 눈을 뽑고 방랑의 길에서 죽는다. 여왕도 자살하고 자녀들은 왕위를 둘러싼 골육상잔으로 모두 죽고 만다(두산세계대백과사전).

하게 작용한다. 오이디푸스 콤플렉스는 아이가 자신과 다른 성의 부모를 온전히 차지할 수 없으며, 앞으로도 차지할 수 없으리라는 것을 깨닫기 시작하면서부터 겪는 갈등을 가리킨다. 아이들은 자기를 보살펴주는 어머니에게 강한 애정을 품으며 남자 아이의 경우 어머니에게 느끼는 애정이 강할수록 점점 아버지를 적대시하고 질투심을 가지면서 그를 제거해 버리고 싶은 충동까지 느끼게 된다. 그러나 절대적인 힘을 가진 아버지를 어찌할 수 없다는 좌절감에 두려움이 등장한다. 이번에는 거꾸로 아버지가 아들의 비밀을 알아차리고 자기 자신을 거세해 버릴지도 모른다는 공포에 휩싸인다. 이 거세 불안의 공포로 아들은 어머니에 대한 애정과 아버지에 대한 적대감과 경쟁심이 억압된다. 이 과정에서 어린 아들은 그 보상으로 아버지의 훌륭한 점과 매력적인 모습을 받아들여 자신도 아버지와 같은 존재가 되고자 하는데 이것이 바로 동일시이다. 동일시는 자기가 의미 있다고 여기는 인물의 태도, 행동, 인성 특성 등을 닮아가는 것을 의미한다. 그리고 아버지를 동일시하는 과정에서 아들은 아버지가 제시하는 허용과 금지의 체계, 사회 규범을 수용하여 자신의 행위를 규율하는 준거로 삼게 되는데 이것이 내면화이다. 내면화는 그러한 인물들이 제시하는 행위 규범이나 가치 등을 받아 들여 판단과 행위의 준거로 삼게 되는 현상을 말한다. 초자아는 바로 이 내면화된 금지와 제약들이 발전한 것이다. 프로이트는 이러한 경향은 남근기(男根期:3~5세)에 분명하게 나타나고 잠재기(潛在期:6~11세)에 억압되고 해소된다고 한다. 정신분석학에서의 도덕성의 발달은 오이디푸스 콤플렉스를 극복하는 과정에서 억압과 동일시, 내면화라는 메커니즘을 통해 이루어지는 초자아 형성으로 설명된다. 여자 아이들은 일렉트라 콤플렉스(Electra complex)3)의 극복 과정을 통해 형성된다고 한다. 여자 아

---

3) 미케네의 왕 아가멤논은 트로이를 공략한 후 10년 만에 궁전으로 개선하였으나, 그 날 밤 그의 아내 클리타임네스트라와 간부 아이기스토스 손에 살해된다. 아버

이들은 어머니를 미워하고 아버지에 대한 애정을 품게 되는데 남자아이와 비슷한 과정을 거치면서 초자아를 형성한다는 것이다(이택휘외, 1997: 91).

도덕교육에의 적용

초자아의 발달은 전 생애에 걸쳐서 이루어지지만 결정적 발달은 4,5세경부터 시작해서 11,12세 사이에 이루어진다. 초자아의 발달은 주로 부모, 교사, 학교와 같이 아동들에게 즉시적으로 영향을 주는 권위자의 행동, 말, 태도 등에 의해 이루어진다. 그 중에서도 부모의 행동이 가장 크게 중요한 영향을 미친다. 유아의 기억 속에서 부모상(父母像)이 부정적(힐난, 체벌)인 것보다는 긍정적(권위, 전능성)이면 성년이 됐을 때에 정서적인 안정감과 건전한 사회관을 갖게 되는 성격을 형성하게 된다. 부모가 자녀들의 초자아 형성 과정에서 유의해야 할 점은 선과 악, 옳고 그름에 대한 생각을 일관성 있게 강조하고 행동하는 일이다. 그래야 만이 아이들은 부모의 말과 행동을 내면화하여 자기의 것으로 만든다. 내면화된 부모의 가치 체계는 그들의 가치 체계의 표준이 된다. 따라서 부모가 일관성 없는 사고와 행동을 한다면 자녀들의 초자아 형성과 발달에 어려움을 겪게 된다. 부모 또는 교사는 아동들을 지도하는 과정에서 그들을 학대, 거부하는 경향이 있다, 이 경우에 학대와 거부는 권위자에 대한 증오와 적대감을 증대시키고 부모와 교사 등의 권위적 존재에 대한 공격적, 파괴적 성

지를 암살한 자로부터 모진 학대를 받아오던 그의 딸 일렉트라는 사랑하는 아버지의 원수를 갚기 위해 어머니를 죽인다는 그리스 신화에서 스위스의 심리학자 보드윈이 만들어낸 용어이다. 그리스 신화 오이디푸스 콤플렉스의 여성판이다(두산세계대백과사전).

향을 길러 주는 일이 된다. 정신분석이론에 의하면 아동의 도덕성 발달은 부모, 교사가 어느 선에서 적절하게 그들의 욕구를 억제 또는 허용하느냐의 기술과 방법에 달려 있다. 아동에 대한 사랑과 신뢰, 그리고 존중에 기초하는 적절한 통제와 허용은 건전한 초자아와 인성 및 도덕성 발달에 도움을 줄 수 있다(남궁달화, 1996: 62, 65).

프로이트는 초자아를 두 개의 부분에 의해 수행되는 것처럼 설명하기도 한다. 즉 초자아는 양심과 자아 이상으로 구성된다. 우리에게 하지 말아야 할 것을 일러주고 그러한 요구를 어겼을 때 죄의식을 가지게 함으로써 벌을 주는 부분이 양심(良心)이라면, 우리로 하여금 도덕적 열망을 가지고 도덕적 가치를 실현하는 행동을 할 때 긍지와 자부심을 가지게 하는 부분은 '이상적 자아(理想的 自我)'이다(임병덕 외, 1998: 70). 양심은 죄책감을 가지게 함으로써 개인을 벌한다. 자아 이상은 자부심을 느끼게 함으로써 개인을 보상한다. 악한 행동을 했을 때는 양심이 작용해서 죄책감을 가지게 한다. 선한 행동을 했을 때는 자아 이상이 작용하여 칭찬해 준다(남궁달화, 2008: 64).

정신분석이론에서는 양심의 형성(죄책감)을 도덕성의 중요한 요인으로 보고 있지만, 여기에 못지않게 중요한 것은 바로 긍정적인 자아 이상(ego-ideal)의 육성이다. 죄책감 또는 양심은 도덕성의 소극적 측면이다. 그것은 내면화된 금지의 소리이기 때문이다. 그런데 자아 이상은 적극적으로 선행과 선의지를 증진시키고자하는 내부의 격려자이다. 따라서 양심 내지는 죄책감과 자아 이상이라는 두 경험은 아동의 도덕성 발달에 모두 필요하다. 도덕 교육은 지나친 죄의식보다는 긍정적인 자아 개념을 가지고 성공적인 삶을 살아가는 그런 사람을 길러 내는 데에 관심을 가져야 할 것이다.

도덕발달이론에 관한 프로이트의 공헌에도 불구하고 그의 이론 체계에 대한 많은 비판이 쏟아졌다. 프로이트의 이론은 너무 막연하고 부정확하기 때문에 검증 능력을 결여하고 있어서 비과학적이라는 비판이 있다. 프로이트의 이론은 성(性)과 공격 욕구를 너무 강조하고 있다는 비판을 받고 있으며, 동시에 인간 본성에 대하여 부정적이며 비관적인 관점을 취하고 있어서 인간의 존엄성을 무시하고 있다는 비판을 받고 있다. 또한 프로이트의 이론은 인간이 성과 공격 본능에 의해 그리고 어린 시절의 경험에 의해 지배된다는 결정론적 시각이 너무 강하여 아동기 이후의 능동적인 대처 능력을 과소평가하고 있다는 비판을 받는다. 그리고 인간의 정의적인 측면만을 강조하여 감정을 지나치게 중시하고 있으며 이성과 지성의 역할을 간과하고 있다는 비판을 받는다(추병완, 2008: 43). 그러나 학생들의 도덕성 발달의 기제를 이해하는데 도움을 제공하고, 정의적 측면의 도덕성을 이해하고 발달시키는데 도움이 된다는 점, 그리고 도덕성 발달에 있어서 부모와 교사의 역할이 중요함을 강조한 점에서 그 의의가 크다고 할 수 있다.

2. 행동주의 사회학습이론

행동주의 도덕 심리학

정신분석이론에서는 인간을 조종하는 힘이 그의 내부에 존재하는 것으로 보았다. 그러나 행동주의 심리학자들은 그 힘이 인간의 외부, 즉 환경에서 오는 것으로 보았다. 말하자면 인간을 사회적 환경의 힘에 의해 예속되는 존재로 파악하였다.

행동주의 심리학에서 인간의 발달은 모두 학습이라는 개념과 관련되어 있기 때문에, 행동주의 심리학을 일컬어 학습 심리학이라고 부르기도 한다. 이 이론에 의하면 도덕적 행동은 학습된 반응이며, 도덕적 행동은 우리가 좋은 환경 속에 있을 때에 학습된다. 여기서 좋은 환경이란 도덕적 행동의 적절한 모델들이 존재하고, 사회적으로 바람직한 행동이 강화를 받고 사회적으로 나쁜 것이라 여겨지는 행동은 처벌을 받는 그런 환경을 의미한다(추병완, 2008: 45).

행동주의 도덕 심리학은 인간의 본성이 본래 백지와 같은 것이어서 사회는 개인의 경험을 통해 그 백지 위에 무엇이라도 쓸 수 있는 것으로 보고 있다. 개인이 경험하는 환경 여하에 따라 인간은 이렇게도, 저렇게도 만들어질 수 있는 것으로 보는 것이다. 행동주의 도덕 심리학에서 도덕이란 정신분석이론에서와 마찬가지로 인간의 외부에 이미 존재하고 있는 전통, 관습, 가치, 행위규범 등을 가리키는 것으로 파악된다. 따라서 이 이론에서의 도덕성은 사회적으로 규정된 가치 및 행위규범을 내면화하여 충실히 실천해 가는 성향으로 파악한다. 그리하여 도덕적 인간이란 그 사회의 지배적인 행위규범을 잘 받아들여 내면화하고 그 사회에서 요구하고 기대하는 행동을 잘 실천하면서 살아가는 인간으로 규정한다(이택휘 외. 1997: 103).

이 장에서 설명하는 행동주의 사회학습이론이란 스키너를 중심으로 하는 행동주의와 반두라를 중심으로 하는 사회학습이론을 함께 다루기 위한 용어로 제시한 것이다.

인간관 및 도덕성의 개념

행동주의 이론의 인간관은 기본적으로 기계론적 모형에 속한다. 이 모형은 인간의 발달을 근본적으로 외적인 사건에 대한 반응으로 본다. 인간은 능동적인 유기체로서보다는 수동적인 존재로 간주한다. 성장과 발달의 추진력은 유기체 내부에 있는 것이 아니라 환경과 같은 개인의 외부에 있다고 본다. 인간의 행동은 기본적으로 외적 자극에 대한 반응의 결과이다. 인간은 주변 환경 요소의 영향에 따라 행동한다. 인간 행동에 정신이나 영혼은 생각할 필요가 없다는 것이다.

행동주의 이론에서 도덕성의 개념을 보면, 인간의 도덕성은 타고난 것이 아니다. 도덕적 행동은 사회적 환경들과 직면하는 동안 점진적으로 학습하게 된다. 모방과 조건반사의 법칙에 따라 자기통제 능력을 몸에 익혀간다.

행동주의자들은 가치중립적인 입장에 서며, 윤리적 판단을 정당화하거나 합리적 근거를 추구하는 작업에 반대한다. 또한 행동주의는 도덕적인 사건에 영향을 미칠지도 모르는 보이지 않는 영혼과 같은 초자연적 힘이나 무의식적 동기와 같은 것을 배제한다.

개인의 도덕발달은 생물학적으로 결정된 단계와 직접적으로 연관되지 않으며, 어떤 단계나 순서에 따라 발달하지 않는다고 한다. 행동주의 이론은 도덕 판단보다는 도덕 행동을 중시하며, 도덕 판단과 도덕 행동이 별개의 것이라고 주장한다. 그러므로 행동주의는 특정한 행동을 보며 그 사람의 도덕성을 언급하며, 그러한 행동을 통해 인간의 도덕성에 접근한다. 따라서 행동주의는 인간의 내적인 사고 과정에는 별 관심을 두지 않는다. 인간의 도덕적 행동은 외적 환경들에 의해 영향을 받는다고 믿는다(김태훈, 2005: 210-216).

도덕성의 형성과 발달

조건화에 의한 도덕적 행동

행동주의 심리학에서 보는 인간의 변화와 성장은 모두 학습이라는 개념과 관련지어 설명한다. 따라서 행동주의 도덕 심리학에서 도덕성의 형성과 발달은 학습과의 관련 속에서 해명하게 된다. 행동주의 심리학에서 학습이란 자극(stimulus : S)과 반응(response : R) 사이의 결합에 의한 일정한 행동 양식의 습득으로 규정된다. 이 이론을 자극·반응 결합설 또는 S-R 이론이라고 부른다. 그러면 도덕적 행동과 모든 행동의 학습은 어떻게 이루어지는가? 이에 관해 행동주의 이론으로서 파블로프(I.P.Pavlov)의 고전적 조건화 이론이 있다. 그는 소화액 분비에 관한 실험을 하던 중에 조건 반응 현상을 발견하게 되었다. 개에게 고기를 주면서 동시에 벨을 울리는 일을 반복하다가 어느 시점에서 고기를 주지 않고 벨만 눌러도 개는 침을 흘린다. 이 때 벨을 조건 자극이라 하고 벨소리에 따라 나타나는 침 흘리는 현상을 조건 반응이라고 한다. 파블로프의 개는 일련의 과정을 거치면서 벨 소리에 의해 조건화된 것이다. 즉 개는 벨소리와 관련된 일정한 행동을 학습하게 된 것이다. 이렇게 조건 자극에 대해 일정한 조건 반응을 하도록 된 현상을 조건화라고 한다. 고전적 조건화 이론에서 도덕적 행동의 예를 들어보면 인사 예절을 들 수 있다. 아동이 인사를 잘해서 칭찬을 받으면 유쾌한 느낌을 갖게 되는 반면 인사를 잘하지 않아 꾸중을 듣게 되면 불쾌감을 느낀다. 이러한 일이 반복되다 보면 칭찬을 하지 않아도 인사를 잘하게 되고 스스로 기쁨과 자랑스러움을 느끼게 되어 도덕성이 형성된다. 파블로프의 이론에서 보면 이 아동은 인사를 잘하도록 조건화된 것이다. 달리 말하면 인사를 잘하는 도덕성이 형성하게 되었다고 한다(이택휘 외, 1997: 105).

강화에 의한 도덕적 행동

파블로프의 고전적 조건화 이론은 인간의 문제 해결 행동에 대해 설명하기 어렵다. 그리하여 손다이크(Edward L. Thorndike)의 도구적 조건형성 이론이 대두하게 되었다. 그는 학습자가 많은 반응을 해보는 가운데 그 중에서 성공적으로 문제를 해결한 반응만을 학습하게 된다는 것을 발견하였다. 학습자의 성공적인 반응이 성공을 가져다 준 도구로서 기능하였기 때문에 이를 특히 도구적 조건형성 이론이라고 하며, 일명 시행착오에 의한 학습이라고도 한다. 새로운 행동의 획득은 시행과 착오를 반복하는 가운데 우연히 성공한 행동을 계속함으로써 바람직한 학습효과를 가져오게 된다. 손다이크는 고양이의 문제상자 실험과 쥐의 미로 실험을 통해 이를 확인하였다. 학습자가 반응에 대해 성공했을 때란 보상이 주어졌을 때만 학습이 이루어짐을 의미한다. 반응 뒤에 보상, 만족스러운 결과가 학습 여부를 좌우한다는 원리를 효과의 법칙이라고 한다.

행동주의 심리학의 학습이론은 스키너(B. F. Skinner)에 의해서 더욱 체계화되었다. 스키너의 관심은 자발적이고 유목적적인 인간 행동의 학습을 설명하고자 하였다. 파블로프의 실험에서는 자극이 먼저 주어지고 그에 따른 반응이 일어날 때 보상이 뒤따랐다. 그러나 인간은 능동적으로 어떤 목적을 갖고 행동하고 학습하는 경우가 더 많다.

스키너에 의하면 대부분의 인간 행동은 자발적으로 방출되며, 행동 결과에 따라 더하거나 덜하게 된다. 스키너는 자신이 고안한 스키너 상자(Skinner box)에 배고픈 비둘기를 넣어 두고, 비둘기가 상자 안에서 환경을 탐색하다가 레버에 올라가는 행동을 하면 먹이가 주어지도록 하였다. 이러한 행동을 반복하는 가운데 비둘기는 먹이가 먹고 싶을 때에는 언제나 레버에 오르는 행동을 학습하게 되었다. 스키너는 비둘기가 환경에 조작을 가하여(레버에 오르는 것) 결과를 만들어 내는 행동(먹이를 나오게 하여 그것을 먹는 것)을 학습하였다는 점에서 이를 조작적 조건화라고 불렀다. 이 실험에서 비둘기가 레버에 오르는 행동을 학습하게 된 것은 그 행동에 따른 보상, 즉 먹이가 주어졌기 때문이다(추병완, 2008: 51).

스키너의 실험에서 비둘기가 특정 행동을 학습하게 된 데에는 그 행동에 따른 먹이, 즉 보상이 주어졌기 때문에 이 보상을 일컬어 강화라고 한다. 유기체의 행동 뒤에 주어지는 보상, 즉 강화는 학습을 가능케 하는 요인이다. 스키너 이론의 중추적인 개념은 강화의 원리이며 특히 조작적 강화이론이라고 불린다. 이러한 강화의 이론이 프로그램 학습의 원리가 되고 있다. 도덕적 행동도 칭찬, 보상, 시인, 격려, 미소, 신체적 접촉 등의 사회적 강화 요인에 의해 형성됨을 설명하고 있다(이택휘 외. 1997: 104-107).

관찰 및 식별과 모방에 의한 도덕적 행동

행동주의 학습 이론에 의하면 모든 행동의 학습은 강화 또는 벌을 매개로 자극과 반응의 결합으로 설명되었다. 그러나 사회학습이론가인 반두라(A. Bandura), 시어즈(R. R. Sears) 등의 학자들은 인간의 행동 변화와 학습이 강화와 벌에 의하지 않고 시범 행동을 관찰하고 모방함으로써 이루어질 수 있음을 강조하고 있다. 반두라는 타인의 행동을 관찰하는 것에 의해서도 학습이 일어날 수 있다고 주장하였다. 이러한 사회적 반응들은 모델링 혹은 관찰학습이라고 한다. 아동들은 그들의 삶에 있어서 중요한 사람들을 관찰하는 것에 의해서 사회적 행위들을 학습한다. 반두라는 개인에 대한 환경의 효과와 행동주의적 자극−반응식의 관점을 거부하였다. 그의 논제는 개인적 요인과 환경적 요인 그리고 행동이 서로 결합하여 작동하는 과정을 의미하는 '상호적 결정론'으로 이루어져 있다. 예를 들면 공격적인 아이들은 자신들의 행동을 통해서 적대적인 환경을 만들어내고, 이와는 달리 우호적인 반응 양식을 지니고 있는 아이들은 우호적인 사회적 상황을 만들어 낸다.

반두라와 월터스는 그들의 연구에서 공격적이거나 폭력적인 행동을 관찰한 아동들이 그러한 관찰을 하지 않은 아동들에 비하여 공격적으로 행동할 경향성이 더욱 크다는 것을 보여 주었다. 영화나 텔레비전에서 공격적인 행동을 관찰한 아동들은 공격적으로 행동할 경향성이 더욱 크다는 것이 그들의 주장이다(추병완 역, 1999: 62−64).

반두라에 의하면, 아동들이 모델들에 대한 관찰의 결과로서 새로운 종류의 행동만을 배우는 것이 아니다. 아동들은 모델의 행동을 통해 잠재적인 성향을 들어내기도 한다. 예를 들면 공격적인 행동을 보인 모델을 관찰한 아동들은 그보다 훨씬 더한 공격적 반응을 나타낸다는 것이다. 텔레비전이나 영화에 방영된 폭력은 아동들에게 억제되어 왔던 공격적 반응들을 자극시키는 효과를 발휘할 수 있다(김태훈, 2005: 277).

반두라는 외적 자극과 반응 사이에 인간의 능동적인 인지적 특성이 매개됨으로써 학습이 이루어진다고 주장한다. 이를 사회학습이론이라고도 하는데 도덕적 행동의 학습이나 도덕성의 형성과 발달은 관찰과 모방, 동일시에 의해 이루어진다고 한다. 대체로 행동이나 동작 등 불연속적인 반응의 재생인 경우는 모방이라고 하고, 반면에 모델의 상징적 표상, 동기, 가치, 이상, 정서 등을 수용한 경우에는 이를 동일시라고 부른다. 아동들은 관찰을 통해서 아이디어와 정보를 얻고 나중에 그들의 행동 지침으로 삼는다. 관찰과 모방에 의한 학습의 경우, 사람들은 모델의 행위 결과가 좋은 보상을 받을 때, 모델의 지위가 매력적이고 존경과 신뢰의 대상이 되는 정도가 높을수록 더욱 잘 모방한다. 이 모든 관찰과 모방에 의한 학습 과정에서 인지적 매개가 중요한 작용을 한다. 즉 모델을 관찰했다는 것만으로 행동의 변화가 일어나는 것이 아니라 그 모델이 자신에게 주는 의미를 인지적으로 파악하여 의식적으로 수용했기 때문에 학습이 일어나는 것이다(이택휘 외. 1997: 109).

관찰학습에서는 대리 강화와 자기강화가 중요한 구성 요소이다. 예를 들면 칠판청소를 하는 교사를 도와준 학생은 교사로부터 직접 강화를 받고 그것을 목격한 학생들은 교사가 칠판 청소를 할 때 기꺼이 도와주려는 대리 강화를 받는다. 자기 강화는 그들 스스로 수행 기준을 마련하고 자신의 수행에 대해 보상하거나 비판을 가하는 개인들에 의해 의식적으로 만들어지는 것이다. 이러한 자기 강화는 일종의 자아 효능감이라고 할 수 있다. 이 자아 효능감이 강할수록 인내력이 강화되고 도덕적 표준을 위반하려는 압력에 더욱 잘 저항하게 된다.

반두라의 사회학습이론에서는 아이들의 도덕적 행동 결정의 요인으로 사회적 학습경험을 들고 있다. 따라서 아이들에게 사회적 학습경험을 어떻게 제시하는가 하는 것은 중요하다. 그런데 아이들은 성장함에 따라 인지적 능력도 변하고 그들이 처하는 사회적 환경도 변할 수밖에 없다. 그러므로 아이들을 가르치거나, 모델을 보여주거나, 강화를 할 때, 아이들의 연령에 따라 그 내용을 다르게 해야 하는 것은 당연하다. 즉 아이들의 행동은 초기에는 주로 외적으로 통제되는데, 아직 말을 못하는 어린아이일 경우에는 부모들은 물리적 개입이라는 수단에 호소하여야 하며, 아이가 성숙함에 따라 물리적 수단인 체벌보다 사회적 제재가 필요하게 된다. 성공적인 사회화는 외적 제재와 요구를 상징적이고 내적인 통제로 점차 대체하는 것이다. 한마디로 말해 교수와 모델제시, 강화에 의해서 도덕적 행위의 기준이 설정되면, 그 후부터는 자기 평가적 결과가 일탈행동을 제지하는 작용을 하도록 하는 것이다. 사회학습이론에서의 도덕발달과 판단은 인지적 도덕발달 단계론의 주장과는 다르다. 내적 요인으로서의 자부심, 만족감, 양심, 죄책감과 외적 요인으로서의 부모, 모델링, 강화뿐만 아니라 행위가 이루어지는 사회적 상황 등에 의한 상호작용에 의해 결정되는 복잡한 과정으로 간주한다(송석재, 2002: 105).

반두라는 외적 자극과 반응 사이에 인간의 능동적인 인지적 특성에 의한 학습을 강조하고 있는 자신의 후기 연구의 입장을 사회인지이론이라고 부르고 있다. 이 이론에서 행동에 대한 도덕적 사고의 영향력은 사고, 행동, 사회적 요인들 간의 상호적인 영향력을 포함하고 있다. 반두라는 복잡한 사회적 행위에 있어서 관찰 학습의 힘을 예증하였으며, 친사회적인 그리고 일탈적인 행위에 대한 연구에 공헌하였다. 그의 이론은 인간, 행위, 환경의 세 가지 요소들 간의 상호성에 근거하고 있다(추병완 역, 1999: 68).

이론에 대한 비판

행동주의 도덕 발달에 대한 비판

도구적 학습 이론은 보상과 벌의 중요성을 일깨워 주는 공헌을 하여 그 효과를 입증하였지만 보상과 벌에 의존한 학습은 진정한 도덕적 사고를 무의미하게 만들 수 있다는 비판이 있다. 도구적 학습 이론은 도덕성과 관련된 발달 요소들을 간과하였다는 점과 도덕적 반응에서 인지(認知)와 정의(情意)를 무시하였다는 점, 그리고 부모와 아동간의 상호 작용의 역할을 무시하였다는 점, 인간의 창조적 행위에 대한 설명이 빈약하다는 점 등을 지적받고 있다(김태훈, 2005: 238-239). 또한 행동주의 이론은 인간의 인지적 능력을 도외시 하였다는 점과 인간에게 학습된 행동에 대한 사회적 환경의 중요성을 강조한 나머지 주체적 인간으로서의 모습을 간과하고 있다는 비판을 받는다.

사회학습 도덕 발달에 대한 비판

사회학습이론가들은 거의 전적으로 관찰 가능한 행동에 초점을 맞추었다. 따라서 도덕성 발달을 이해하는데 있어서 감정, 의향, 동기, 그리고 도덕 추론의 중요성 등을 간과하였다.

사회학습이론에서 관찰학습은 인간이 직접적으로 강화를 받을 필요가 없이 사회적 모델(부모, 교사, 연예인, 가수 등)들의 행동 유형을 관찰함으로써 학습할 수가 있다는 것이다. 관찰학습 이론은 모델링의 중요성을 보여 주었지만 발달 요소들의 역할을 무시하였다는 비판을 받는다. 또한 관찰학습 이론은 도덕성 발달을 단순히 내면화로서 단순화시켜 버렸다는 비판을 받는다. 이 이론은 정신분석 이론처럼 도덕성을 문화적 표준들의 내면화를 통해 발달된 하나의 자기 통제 메커니즘으로서 간주하는 한계를 지니고 있다(김태훈, 2005: 286-287).

도덕교육적 시사점

행동주의 도덕 심리학에서 도덕적 행동은 학습된 행동이며, 유기체인 인간의 환경을 중시하는 입장이다. 물론 인간은 적절한 환경의 산물이다. 인간의 성장에 있어서 개인의 내적 능력 못지않게 인간의 사회적 환경은 중요한 것이다.

스키너의 강화이론은 프로그램학습에 적용된다. 도덕교육에서 목표를 정하고 학습할 행동들을 세분화하여 단계적으로 강화를 주면서 습득하도록 하는 것이 가능하다. 인간의 도덕적 행동은 단시간에 무턱대고 형성되는 것이 아니라 점차적으로 습득되고 내면화되는 것이다. 따라서 도덕적 행동을 위한 덕목의 실천 프로그램을 몇 단계로 설정하여 한 단계씩 강화해 나가는 것이 필요하다.

반두라의 사회학습이론의 관점에서 보면, 도덕성의 발달은 부모와 교사와 같은 실존 인물뿐만 아니라 가상적인 인물과의 직접 또는 간접적인 접촉을 통하여 아동들이 모델의 태도, 가치, 사회적 행동들을 모방함으로서 새로운 반응을 획득해 나가는 과정이라고 할 수 있다. 반두라의 연구들은 아동의 도덕성 발달과 관련하여 텔레비전과 비디오 같은 영상물의 영향에 대해 세심한 배려를 할 필요가 있으며, 아동들의 사회적 환경을 바람직한 방향으로 개선하도록 노력해야 함을 시사하고 있다(임병덕 외, 1998: 68).

관찰학습은 인간의 생존과 발달, 행동 결정에 매우 중요한 학습방법이다. 인간은 예견 능력, 대리학습 능력을 지니고 있어서 직접 체험을 하지 않고도 모델링을 통해서 학습할 수 있고, 그러한 학습을 바탕으로 자신이 어떻게 행동하는 것이 바람직한지, 또 어떤 행동을 하면 왜 안 되는지를 알게 되며, 이를 통해 행동을 스스로 결정할 수 있게 된다(송석재, 2006: 250).

결 언

행동주의 이론에서의 도덕적 인간은 사회의 지배적인 행위 규범을 잘 받아들여 내면화하여 사회에서 요구하고 기대하는 행동을 잘 실천하면서 살아가는 인간이다. 행동주의 도덕 심리학에서의 도덕적 행동의 학습은 강화 또는 벌을 매개로 하는 자극과 반응의 결합으로 설명된다. 사회학습이론은 도덕적 행동의 학습 및 도덕성의 형성이 관찰, 모방, 동일시에 의해서도 이루어짐을 보여주고 있다. 이 이론들은 아동의 성격 특성이나 본성보다는 이미 설정된 행동 습관을 중요시하기 때문에 행동과학적 기법이 그대로 도덕교육에 투입된다.

행동주의 도덕 심리학은 그 사회의 관습과 행위 규범을 당연시하여 무비판적으로 받아들이게 한 점과 인간의 도덕적 성장에 있어서 환경적 요인을 지나치게 중시한 나머지 인지적 역할을 소홀히 하여 인간의 주체성과 내적 발달 능력을 무시하였다는 약점을 보여주고 있다. 그러나 이 이론은 상당히 과학적인 이론의 토대 위에서 도덕성의 형성 및 발달을 설명함으로써 도덕교육의 여건 조성 및 방법론에 공헌한 바가 많다는 강점이 있다(이택휘,유병열, 2000: 253-254).

정신분석이론은 사회적으로 규정된 가치 및 행위 규범을 내면화하여 도덕성을 형성하는 것으로 본다. 행동주의 도덕 심리학도 그 사회의 지배적인 행위 규범을 잘 받아 들여 내면화하고 기대되는 행동을 잘 실천하여 도덕성을 형성해 나가는 것으로 본다. 이들 두 심리학은 그 사회가 규정한 가치와 행위 규범에 따라 행동하는 인간을 도덕적 인간으로 보는 것이다. 즉 그 사회의 도덕규범에 적절히 적응하는 인간의 육성을 중시했다는 점에 공통점이 있다. 그리고 인간의 성장 과정에서 초기의 도덕 사회화의 중요성을 뚜렷이 했다는 점에도 공통점이 있다. 또한 환경을 중시한 점과 부모의 역할을 강조한 점도 중요한 공통점이다. 정신분석이론은 인간을 조종하는 힘이 내면세계에 존재하는 것으로 보고 어떤 내적 기제나 감정, 동기 등으로 설명하지만, 행동주의 이론은 그 힘이 인간의 외부 즉 외적, 사회적 환경에서 오는 것으로 보았다는 점에서 차이점이 있다.

<참고 문헌>

강성률, 『철학의 세계』, 서울: 형설출판사, 2005.

김동규, 『리비도의 발달과정과 성격형성론』, 서울: 교육과학사, 1995.

김태훈, 『도덕성 발달이론과 교육』, 경기: 인간사랑, 2005.

남경태, 『한눈에 읽는 현대철학』, 서울: ㈜ 휴머니스트 출판그룹, 2013.

남궁달화, 『도덕교육론』, 서울: 철학과 현실사, 1996.

남궁달화, 『현대도덕교육론』, 서울: 교육과학사, 2008.

송석재, 『반두라의 자기조절의 도덕교육』, 경기: 한국학술정보(주), 2006.

송석재, "Bandura의 도덕발달 이론에 관한 연구", 『도덕교육학 연구』,
        제3집, 2002.

이상노, 이관용 공역, 『성격의 이론』, 서울: 중앙적성출판사, 1992.

이택휘 외 4인, 『도덕과 교육의 이론과 실제』, 서울: 교육과학사, 1997.

이택휘, 유병열, 『도덕교육론』, 서울: 양서원, 2000.

임병덕 외 2인, 『초등학교 도덕과 교육론』, 서울: 교육과학사, 1998.

추병완, 『도덕발달과 도덕교육』, 서울: 도서출판 하우, 2008.

John M. Rich & Joseph L. DeVitis., 추병완 역, 『 도덕발달이론』, 서울:
        도서출판 백의, 1999.

joseph Sandler., 이무석, 유정수 공역, 『안나 프로이트의 하버드 강좌』,
        서울: 하나의학사, 2005.

Priscilla Roth., 이세진 역, 『초자아』, 서울: 이제이북스, 2004.

제 **04** 장

도덕교육의 교육학적 기초

1. 듀이와 도덕교육

교육사상 개관

듀이(John Dewey)는 1859년에 태어나 1952년에 타계할 때까지 40여권의 저서와 700여 편의 논문을 저술하면서 미국뿐 아니라 전 세계적으로 현대철학과 교육학, 특히 교육철학 분야에서 가장 큰 족적을 남긴 인물 중의 하나이다. 듀이의 철학은 종종 실용주의, 도구주의, 자연주의, 실험주의 등의 다양한 명칭으로 불리어진다. 이들 명칭으로 대표되는 철학적 주장들은 모두 듀이의 교육철학 속에 포함되어 있다. 도구주의는 실용주의에 포함되는 개념으로, 자연주의는 진보주의의 틀 속에서 설명될 수 있는 개념이다(김수천, 1989: 23).

19세기 말 미국의 퍼어스에 의해 창시된 실용주의는 제임스를 거쳐 듀이에 이르면서 그 절정에 도달했다. 영원불변하고 절대적이며 고정된 실재를 주장하는 전통철학의 경향과는 달리 실용주의에서 강조하는 핵심 개념은 변화이다. 실용주의에 의하면 이 세상에 변화하지 않는 것은 없으며, 진리와 가치도 변한다(상대주의). 진리나 지식은 절대불변의 것이 아니라 실험을 통해 과학적으로 발견되는 것이다(실험주의). 지식은 실생활에 유용할 때에 가치가 있다(실용주의).

듀이에 의하면 인간은 생물학적이고 사회적인 존재로서 환경과의 상호작용을 통해 경험을 얻는다. 이에 따라서 지식이란 인간이 환경에서 부딪히는 문제를 해결하고 환경에 적응하도록 도와줄 수 있는 일종의 도구를 의미한다(도구주의). 그러나 듀이는 문제해결을 통한 탐구의 결과보다는 그 결론에 이르게 되는 과정, 즉 문제해결과정에 의한 탐구방법의 의의를 강조하였다.

듀이의 철학은 강한 실용주의적 색채를 띠고 있다. 일반적으로 실용주의는 궁극적이고 절대적인 존재에 대한 추구를 부정하고, 자연과 인간의 변화 가능성을 강조하며, 지식이나 진리의 실용성을 중시하는 철학적 사조를 지칭한다(김수천, 1989: 24).

듀이는 진보주의의 발달에 큰 역할을 하였다. 진보주의는 아동 중심교육사조와 동일시되기도 한다. 아동들의 자유와 관심을 보장하고 전인적인 발달을 지향하는 것이 교육의 원리인 것이다. 이와 같은 교육관은 교사의 역할을 안내자, 보조자로 제한시킨다. 그런데 듀이가 교사의 역할을 과소평가하고 전통 교과의 존재 의의를 부정한 것은 아니다. 듀이가 아동의 자유와 흥미를 존중하는 것은 인정하나 아동보다 많은 경험을 소유한 교사의 지도를 경시하지 않았다. 또한 아동의 개성을 강조하는 교육에 동의하면서도 전통 교과의 가치를 부정하지 않았다(이성호, 1998: 1091).

듀이는 교육을 '경험의 끊임없는 성장 과정' 다시 말해 '경험의 계속적인 재구성 과정'으로 본다. 따라서 그는 교육을 '점진적인 변화', '단계적인 진보'라고 보는 일반적인 교육관과 일치한다고 할 수 있다.

듀이는 개인과 환경과의 상호작용에 의한 경험의 성장을 교육이라고
한다. 성장이라 함은 곧 경험의 재구성 및 재조직을 의미하며, 인간
은 이와 같은 재구성의 과정을 통해 성장한다는 것이다. 또한 경험이
란 단순히 수동적인 겪음이 아니라 행위와 그로 인한 결과에 대한
반성을 연결하는 것이어서 반성적 사고가 필요한 것이다.

행위의 성장으로서의 도덕

듀이에게 있어서 도덕이라는 것은 의미상에 있어서 행위의 성장이
다. 듀이는 교육을 경험의 성장으로, 도덕성을 행위의 성장으로 본다.
그런데 그에게 있어서는 경험과 행위가 개념상 구별되지 않는다. 이
것은 그가 교육을 행위의 성장으로, 그리고 도덕성을 경험의 성장으
로 본다는 말이다. 이 점에서 또한 교육과 도덕교육을 개념상 구별하
지 않는다는 말이 되기도 한다(남궁달화, 2008: 348).

듀이에 의하면 행위는 '습관'과 '충동'과 '지성'의 작용에 의해 이루
어진다. 그는 이 세 가지를 행위의 구성요소로 본다. 인간의 삶은 주
로 습관들에 의해 지배된다. 우리의 사고와 언어, 우리가 행동하고
우리의 신체를 사용하는 방식 등은 모두 상당한 정도로 습관적이다.
우리는 문화를 통해 습관을 형성한다. 문화란 습관의 사회적 전달을
의미한다. 습관은 사회적이고 문화적인 것이지만 동시에 그 습관을
강화, 변화시킬 수 있는 우리 자신의 선택의 산물로서 역동적이고 강
력한 행동방식이다. 따라서 습관은 자아를 구성하며 결국 의지라고
할 수 있다. 습관은 모든 행위에서 지속적으로 작동하여 성격을 구성
하며 개인들의 특징적인 사고와 행위 방식을 지속하게 한다. 일단 형
성된 습관은 자신을 영속화시켜 개인의 창조적 발전을 제한한다. 이
러한 습관을 움직여서 새로운 방향으로 변화하도록 하기 위한 자극

이 필요한데, 충동이 바로 그 역할을 담당한다. 습관은 충동에 의해 새로운 힘과 방향감을 제공받아야 한다. 듀이는 "충동은 낡은 습관에 새로운 방향을 부여하여 변화시키는 작인이다."고 하였다. 충동은 다른 요인들과 조화하여 하나의 연속적인 행동방식이 될 수 있다. 충동은 새로운 상황에 있어서의 새로운 요소와 일치하도록 습관을 재조직하며 지성에 의한 새로운 탐구가 작용하여 새로운 습관을 형성한다. 따라서 지성과의 조화를 이룬 충동은 습관으로 이어진다는 것이다. 습관과 충동은 상호 의존적으로 공존하지만 지성의 검토를 받아야 한다. 습관과 충동은 지성에 의해 반성적 사고 내지 심사숙고의 과정을 거쳐야 한다. 이것이 바로 습관이 경신되고 재조직되어 가는 과정이다. 심사숙고란 바람직한 행위를 선택하기 위해서 상황을 검토하고 결과를 예상하는 일종의 실험에 해당한다. 심사숙고를 통해 지성은 습관을 합리적인 방향으로 변화시키고 수정한다. 지성은 충동을 조절하고 통제하며 합리적인 방향으로 안내하는 역할을 담당한다. 결국 인간의 도덕적 행위는 인간성의 세 요소들, 즉 환경과의 지속적인 경험을 통해 후천적으로 습득되는 습관, 습관에 새로운 자극을 부여하여 변화와 재편을 유도하는 충동, 습관과 충동을 조절하고 안내하는 지성의 상호작용에 의해서 일어난다(박재주, 2003: 269-280).

듀이에 있어서 도덕성을 행위의 성장이라고 할 때, 도덕교육은 결국 행위를 구성하는 습관, 충동, 지성의 문제를 중심적으로 다루는 일이다. 그런데 행위는 습관과 충동과 지성이 상호 연관된 유기적 작용에 의해 이루어진다. 한편 듀이는 인간의 존재 모습을 유기체적 관점에서 습관으로서의 인간, 충동으로서의 인간, 지성적 존재로서의 인간으로 본다. 그는 이 세 가지를 동시에 인간성의 구성 요소로 본다. 이러한 맥락에서 듀이가 말하는 도덕교육은 습관과 충동을 지성화하는 일이다. "인간성에서 이끌어지는 현실적인 문제, 즉 습관, 충동, 지성에 의해 이루어지는 행위의 문제를 다루어야 하며, 도덕적 문제가 행위에 관한 것인 한, 탐구에 해당되는 문제이다."라고 말한다. 또한 듀이는 양자택일의 가능성이 있는 모든 활동은 모두 도덕의 문제가 된다고 말하고 있다. 그러므로 도덕적 문제는 양자택일의 가능성이 있는 행위에서 발생하며, 이러한 행위는 반성적 사고(숙고)에 의해 이루어져야 비로소 도덕적이 된다고 말한다(남궁달화, 2008: 349).

듀이는 도덕을 약의 처방전(處方箋)이나 요리책에 제시된 조리표(調理表)와 같은 일련의 규칙이나 행동의 목록으로 보지 않는다. 도덕은 양자택일의 여지가 있는 모든 문제 및 활동과 관련된다. 어떠한 행위가 도덕적이 되려면 반성적 사고에 의한 탐구가 이루어져야 한다. 듀이는 "모든 도덕적 상황은 상황마다 반성과 탐구가 요구되며, 각 상황은 그에 특유한 문제와 여건에 비추어서 처리되어야 한다."고 말한다, 모든 상황은 대체할 수 없는 그 자체의 선을 갖는 고유한 상황이기 때문이다. 따라서 특정한 상황에 적용될 수 있는 고정된 규칙이나 원리란 있을 수 없다. 그것은 고정된 원리이기보다는 지성에 의거해서 개별적인 경우에 주의하여 사실을 탐구하고 가설을 검증하는 것이다(남궁달화, 2008: 351).

이상에서 살펴본 바와 같이 도덕은 상황의 문제이고, 각 상황은 고유하므로 문제를 해결하기 위해서는 그 상황이 가지고 있는 특수한 사실 내지는 여건 등을 고려하는 반성적 사고에 기초한 탐구가 이루어져야 한다고 듀이는 말한다. 다시 말하면, 듀이는 도덕을 성인이나 사회가 제공하는 일련의 행위 목록 또는 규칙으로 보기 보다는 탐구의 방법으로 본다. 이러한 듀이의 관점은 도덕교육의 방법과 관련해서 이른바 '형식적 접근'의 측면을 보여준다. 도덕적 상황에서 발생된 문제를 해결하는 과정에서 요구되는 일련의 절차, 방법, 과정에 관심을 가지고 이루어지는 방법을 형식적 접근이라고 할 때, 듀이에 있어서 형식적 접근의 도덕교육은 다름 아닌 그가 제시하는 반성적 사고의 절차(단계)에 따라 과학적으로 문제를 해결하는 능력을 함양하는 일이라고 말할 수 있다(남궁달화, 2008: 352).

듀이의 도덕 교육

듀이는 도덕교육을 삶 자체에 대한 교육, 즉 생활교육이다고 하였다. 그는 "학교 그 자체가 사회생활의 한 형태요 지역사회의 축소판으로서 학교 밖 공동생활의 경험과 상호작용을 한다. 사회생활에 효과적으로 참여하는 힘을 기르는 교육은 모두가 도덕교육이다. … 삶의 모든 장면에서 배우려고 하는 관심은 가장 중요한 도덕적 관심이다."고 하였다. 듀이는 생활에 유효한 것은 모두 도덕적이기 때문에 현실생활과 동떨어진 고정된 덕목들은 도덕이 아니다고 하였다. 듀이에 의하면 모든 교육은 학생들로 하여금 사회적 삶에 더욱 능동적이고 의미 있게 참여할 수 있도록 만들기 때문에 도덕교육이다. 듀이는 사회적 삶과 유리된 교훈자적인 도덕교육의 잠재적 위험을 경고한다(박재주, 2012: 148).

듀이의 도덕교육과 교육은 같은 의미로 해석된다. 도덕의 과정이 교육의 과정이며, 도덕과 교육의 본연의 상태는 같은 것이다(김병길, 1980: 77). 듀이의 도덕교육은 사회 속에서의 생활교육을 말하며 교육이 생활이라는 그의 교육원리에 비추어 볼 때 도덕교육은 일반 교육의 범위 안에 존재하는 것이다.

듀이는 학교 교육의 목적을 인격 형성에 두고 있으며, 이것을 도덕교육의 목적으로 하고 있다. 인격 형성의 실현은 지식과 행위의 통합적 관계로 본다. 결국 듀이는 교육과 도덕 교육을 같은 의미로 해석하여 인격의 형성에 두고 있다(Dewey, 신현태 역, 1995: 139).

듀이의 도덕 교육의 목적은 어떠한 고정적이고 절대적인 것이 아니라 활동과정 자체 내에 내재해 있다. 듀이에게 있어서 생활이 계속적인 경험의 재구성, 개조 및 변형의 과정이며 이것이 곧 성장의 과정임을 고려할 때, 듀이의 도덕 교육의 과정은 곧 성장의 과정이고 도덕교육의 목적도 성장 그 자체를 의미한다. 학교 교육에서는 어떤 도덕적 문제 상황에서 그 상황을 관찰, 분석하고 예견되는 결과들을 비교, 평가할 수 있는 탐구능력, 즉 과학적인 지성을 길러주는 것을 도덕 교육의 임무로 보아야 한다.

듀이의 도덕교육 본질에 따른 학교의 역할을 보면 다음과 같다(이택휘, 유병열, 2000: 179-181)

첫째, 학교는 도덕적 실천과 행동, 습관을 기르기 위해 적절한 교육적 경험을 제공하는 곳이 되어야 한다. 학교 도덕교육은 지적인 것의 습득에만 치우칠 일이 아니라 구체적이고 실제적인 경험을 몸으로 실천하면서 행동해 봄으로써 도덕적 행동 양식과 습관을 형성하는 동시에 적극적인 인격의 힘이 길러지도록 해야 한다.

둘째, 학교는 학생들로 하여금 스스로 선택하고 선택한 것을 실행해 보며 그것을 행동으로 검증해 볼 수 있도록 충분한 실험의 기회를 제공하고, 그럼으로써 바른 판단이 훌륭한 인격의 통합된 요소가 되도록 해야 한다.

셋째, 학교는 학생들이 정서적 감수성과 반응력을 기를 수 있도록 해야 한다. 이를 위해 듀이는 학생과 학생, 교사와 학생 사이의 자유로운 사회적 상호작용의 기회를 제공하는 것이 중요함을 지적하였다.

끝으로 듀이는 이러한 모든 도덕교육 활동에 있어서 교사의 역할이야말로 결정적 요인이 된다고 보았다. 교사는 학생의 도덕적 성장을 촉진하고 돕는 사람으로서의 역할을 해야 한다. 따라서 듀이에게 있어 교사는 학생들의 도덕성을 발달시키기 위해 가치 있는 활동을 조직하고 통합하며, 전체적이고도 다양한 경험을 제공하여 도덕적 사고를 자극하고 도덕 판단의 과정을 발달시키는 사람으로 간주된다.

결 언

전통적인 도덕교육은 덕목의 일방적이고 반복적인 주입을 통하여 올바른 도덕적인 길을 선택하는 의지력을 기르는 것에 주목했다. 그러나 듀이에게 있어, 절대적인 선이나 고정적인 목적은 있을 수 없으며 개개의 선과 목적을 가진 상황들이 있을 뿐이다. 따라서 도덕교육에 필요한 것은 일련의 가치나 덕목의 주입이 아니라 도덕적 문제 상황에서 그 상황을 관찰하고 분석하며 예상되는 결과를 비교 평가할 수 있는 탐구력 내지 과학적인 지성을 길러주는 것이다. 다시 말해 특정한 도덕적 가치나 지식이나 덕목을 가르치는 일에 관심을 가져서는 안 된다. 가치(신념)체계를 가르치거나 덕목을 가르친다는 것은 학생들을 가치 체계와 덕목 목록 속에 가두어버릴 가능성이 높다. 그러므로 도덕교육은 학생들의 도덕적 성장에 관심을 가져야 한다. 학생들로 하여금 지금의 행위들이 더 지성적이고 사회적인 것이 될 수 있도록 그 성장을 돕는 것이어야 한다. 듀이에 의하면, 도덕은 당위의 문제라기보다 사실의 문제이다. 도덕이 당위의 문제라면 관습이나 권위와 같은 외부적인 힘에 의해 강요되며, 사실의 문제라면 반성적 사고에 의해 탐구된다. 지식교육과 도덕교육은 지성의 계발이라는 면에서 동일한 교육이다. 그래서 도덕교육은 인간이 올바른 지성적 선택을 통해 현실 문제를 개선하고 도덕적 성장을 이루어 낼 수 있도록 이끌어 가야 한다(박재주, 2012: 150-151, 154).

듀이의 도덕 이론에 의하면 인간의 도덕성은 구체적인 삶의 상황 속에서 부딪히는 문제를 지성에 의해 해결하는 과정을 통해 발달한다. 그러므로 특정한 도덕 가치나 덕목을 가르치기 보다는 학생들의 도덕적 성장을 돕는 일에 관심을 가져야 한다. 이를 위해서는 학생들에게 단순히 도덕적 가치규범을 잘 따르도록 하는 것을 넘어서서 도덕적 문제 해결과 합리적 의사결정에 필요한 기능 및 민주적 절차를 습득하도록 하는 것과 사회적 규칙을 새로 만들고 개선할 수 있는 지적 관점과 능력을 함께 갖추도록 지도해야 한다.

듀이는 교과를 통한 도덕교육이 아니라 생활을 통한 도덕교육을 강조하고 있다. 듀이는 도덕교육은 교과를 통해서보다는 일상생활을 통해서 이루어져야 한다는 견해를 제시하고 있다. 도덕교육은 삶 자체에 대한 교육으로서 생활교육이다. 사회생활에 효과적으로 참여하는 힘을 기르는 교육은 모두가 도덕교육으로 교육의 모든 장면을 통해서 공동체적 삶을 실천하는 것이다.

생활을 통한 도덕교육을 강조한 듀이의 견해를 받아들인다면, 도덕교육을 위하여 별도의 교과를 설정하고 수업 시간을 할애하여 도덕을 가르치는 일은 불필요한 것으로 된다. 듀이는 교과 또는 학문과 일상생활 사이의 연속성을 지나치게 강조한 반면, 그 양자 사이에 존재하는 엄연한 차이를 소홀히 취급하였다. 만약 그 차이를 존중한다면 '도덕교육은 교과를 통해서보다는 생활을 통해서 해야 한다'는 식의 주장은 아마 받아들이기 어려울 것이다(임병덕 외 1998: 27).

2. 구성주의와 도덕교육

구성주의의 개념

구성주의라는 용어는 피아제에 의해 발달 심리학에서 사용되기 시작하였다. 피아제는 사람들이 학습을 어떻게 하는가에 관한 자신의 이론을 기술하기 위해 이 용어를 사용하였다. 이것은 학습이 일어날 때 인간의 사고에서 발생하는 변화의 과정 혹은 지식의 구성을 언급하는 것이다. 피아제는 인간의 지식은 개인과 환경과의 상호작용에 의해 개인 내부에서 점차적으로 구성되는 것이라는 구성주의적 관점을 갖게 되었다. 따라서 구성주의는 지식이 어떻게 생성되고 존재하느냐의 문제, 다시 말해서 앎의 학문인 인식론에 이르게 된다(김태훈, 2005: 398).

구성주의는 인간의 지식이 형성되고 습득되는 과정에 대한 인식론적 이론이다. 구성주의는 인식의 대상은 무엇이며, 그러한 인식은 어떻게 이루어지는가에 대한 존재론적, 인식론적 철학에 근거를 둔 학문이다. 즉 지식의 생성과 존재에 관한 철학의 하나라고 할 수 있다. 구성주의는 하나의 패러다임으로 산업화 시대를 지배했던 실증주의와 과학주의로 대표되는 객관주의 인식론에 대한 한계와 문제점에 대한 대안적 인식론으로 등장하였다.

구성주의 인식론적 구조 이론의 기원은 "인간은 자기 스스로 만든 것을 가장 잘 이해한다."고 믿었던 18세기 이탈리아 철학자 비코

(Vico)로 보기도 한다. 1710년에 비코는 말하기를 "어떤 사람이 무엇에 대해 안다고 하는 것은 단순히 그 자신이 구성해 놓은 인식의 구조를 알 뿐이다."고 하였다. 비코는 '안다'는 것은 "어떻게 설명할 줄 안다."라고 설명하였다. 즉, 어떤 사람이 무엇을 안다고 하는 것은 그 사람이 그것에 대해 '이해하고 활용할 줄 안다'라는 뜻이다. 인간은 오직 자신이 구성한 내용에 대해서만 안다고 할 수 있다. 이러한 사상은 듀이(John Dewey)에게서도 찾아볼 수 있다. 듀이는 학습자 자신들에게 의미 있고 중요한 경험을 제공하는 상황에서 지식과 아이디어가 창출된다고 하였다. 이러한 상황은 서로가 정보 교환을 하면서 함께 지식을 만들어 가는 교실과 같은 사회적인 맥락에서 일어난다고 하였다(황윤한, 1998: 531).

구성주의는 지식의 형성과 습득을 개인의 인지작용과 개인이 속한 사회 구성원들 간의 사회적 상호작용에 비추어 설명하는 상대주의적 인식론에 그 기반을 두고 있다. 구성주의 이론을 교육적 범주에서 분류해 본다면 피아제(Piaget)의 이론을 중심으로 한 개인적 구성주의(급진적 구성주의)와 비고츠키(Vygotsky)의 이론을 중심으로 한 사회적 구성주의로 나눌 수 있다(김판수 외, 2000: 20-21).

개인적 구성주의에서는 개인의 인식 범위 내에서의 자신의 지식을 형성하는 과정을 중요시하며, 지식이란 개인에 의해 능동적으로 구성되는 것이지 외부 환경으로부터 수동적으로 받아들여지는 것이 아니라는 관점에서 개인 내의 인지적 과정을 중시한다.

사회적 구성주의에서는 개인적으로 의미 있는 지식의 구성은 타인과의 상호작용을 통하여 형성된다는 것을 강조하며, 지식이란 인간이 경험하는 실재의 세계가 존재하지만 사회적 공동체 내에서 그 타당성이 결정된다고 본다(김태훈, 2005: 398).

구성주의에 있어서 지식의 생성은 자신이 속한 사회의 구성원들에 의해 영향을 받으며, 지식은 기존 경험으로부터 개개인의 마음속에서 구성된다. 또한 지식은 역동적이며, 개인적이고 사회적으로 창출된다.

객관주의 인식론과 대비될 수 있는 구성주의 인식론의 특성을 종합해 보면 다음과 같다(김판수 외, 2000: 18-19).

첫째, 지식의 자주적 구성이다. 어떤 대상이나 사상을 안다는 것은 인간이 적극적인 활동을 통하여 만드는 것이며, 인간 자신이 그의 경험을 형성하고 협응시켜 나감으로써 자신에게 의미 있고 타당한 지식을 구성해나가는 것이 최종 목표이기 때문이다.

둘째, 지식의 상대성이다. 인간의 지식은 자신의 경험 세계 속에서 존재하며, 개인은 자신의 경험을 바탕에 두고 지식을 구성한다. 따라서 지식은 상대적이며, 다양한 관점이 인정되고, 끊임없이 수정되어 나가는 적응의 한 과정이다.

셋째, 지식의 생장 지향성이다. 인간 활동의 협응 과정에서 인간은 반성적 추상화를 통해 지식의 새로운 의미들을 추상화해 나간다.

넷째, 지식의 사회적 구성이다. 지식이란 사회 구성원으로서의 개인이 경험한 현실에 대하여 인지적으로 개별적인 해석과 의미를 부여하는 것이라고 본다. 우리가 진리라고 알고 있는 것은 결국 사회적 협상의 산물이며, 개개인이 가지고 있는 각각 다른 진리가 서로간의 대화의 결과로 공유되어 의미를 갖는다.

구성주의 학습 이론

구성주의의 핵심 아이디어는 학습은 학습자에 의해서 구성된다는 것이다. 다시 말해서 학습자가 기존의 학습을 바탕으로 새로운 지식을 창출해간다는 것이다. 한 개인이 다른 사람으로부터 정보를 수동적으로 전수받는 것이 아니라 능동적으로 구성한다는 것이 구성주의에서의 학습의 개념이다.

구성주의에서 의미하는 학습은 개인적인 이해에서 출발하기 때문에 개인적 경험과 흥미에 따라 지식의 가치를 판단한다. 따라서 학습자가 자신의 경험, 흥미에 따라 정한 학습내용을 자신이 스스로 구성해 나가는 과정이라고 할 수 있다. 이러한 구성주의적 학습관은 '자기 주도적 학습'을 통해 구현하려고 노력하고 있다.

구성주의자들은 교사들을 위한 어떤 특정한 학습 모형이나 특별한 교수 기술 또는 과정을 제시하는 것을 꺼린다. 학습자, 교사, 학습 내용, 주위 환경이 모두 다르기 때문에 수업의 형태도 모두 달라야 한다는 것이다. 따라서 다음과 같은 구성주의적 학습의 특성이 있다(황윤한, 1998: 541).

① 학습이란 학습자의 세계에 대한 개별적인 해석이다.
② 학습은 경험에 근거를 두고 의미를 형성하는 적극적 과정이다.
③ 학습은 다양한 관점과 타협함으로써 의미를 만드는 협동적인 활동이다.
④ 학습은 구체적인 상황과 맥락을 중시하는 실제적인 환경에서 일어난다.
⑤ 평가란 별도로 주어지는 활동이 아니라 학습 과제와 함께 주어져야 한다.
⑥ 학습자는 수업과 평가의 목표, 과제, 방법을 설정하는데 참여해야 한다.

구성주의는 객관주의를 절대로 배제하겠다는 뜻은 아니다. 또한 어느 패러다임이 더 우월 하느냐 아니냐로 접근해서도 안 된다. 객관주의가 주로 세부적인 기술이나 지식, 전략과 방법 등에 관심을 두고 있다면, 구성주의는 오히려 좀 더 넓은 범위에서 '학습 환경'이라는 것에 관심을 두고 있기 때문이다(추병완, 2002: 305).

도덕교육에서의 구성주의적 접근

개인적 구성주의

도덕교육에서 구성주의는 전혀 새로운 개념이 아니다. 도덕교육에서의 구성주의적 관점은 이미 인지발달적 접근법을 통해서 잘 나타나고 있기 때문이다. 인지발달적 접근법의 대표자라고 할 수 있는 피아제와 콜버그는 도덕적 지식의 구성 과정에 깊은 관심을 갖고 있었다. 즉, 그들은 일상적인 사회적 상호 작용으로부터 아동들이 도덕적 이해를 구성해 나가는 것이 중요하다는 입장을 견지하고 있다.

개인적 구성주의는 주로 개인 내의 인지적 과정에 초점을 맞추었기 때문에 인지적 구성주의라고도 불린다. 피아제를 중심으로 하는 개인적 구성주의 이론은 기본적으로 다음과 같은 가정 위에 기초하고 있다(김태훈, 2005: 399).

첫째, 유기체는 감정적·인지적·신체적 발달이 분리되어질 수 없는 하나의 전체 체계이다.

둘째, 인간의 발달은 유기체와 환경과의 상호작용을 통해 이루어진다.

셋째, 인간 상황에 의미를 부여하는 자기 나름의 내적 지식 구조들을 지니고 있다.

넷째, 지식은 물리적 및 사회적 환경과의 상호 작용, 혹은 대화를 통한 내부의 심리적 중심으로부터 진보한다.

다섯째, 아동은 점진적으로 지식을 재구성하는 한 사람의 철학자이다. 인간은 능동적으로 지식을 탐구하고 구성하는 인식 주체자이다.

드브리스와 잰(DeVries & Zan)은 피아제의 구성주의에 바탕을 둔 도덕교육을 제안한 바 있다. 그들은 피아제의 이론에 근거하여 구성주의 교육의 기본 원리는 상호 존중이 지속적으로 실천되는 사회 도덕적 분위기를 만들어내는 것이라고 주장한다. 여기서 말하는 사회 도덕적 분위기란 학교에서 아동들의 경험을 이루는 전반적인 인간관계의 망을 의미하는 것이다. 드브리스와 잰은 교실에서 교사가 아동들과 구성주의적 관점에서 상호작용하기 위해서는 협동적 관계가 중시되어야 한다고 주장하고 있다. 구성주의 교사는 아동 스스로가 자기를 규제하도록, 즉 자율적으로 행동하도록 도와주어야 한다는 것이다. 동시에 또래들의 상호작용을 중시해야 한다는 것이다. 교사와 아동의 협동적이고 상호 존중적인 관계가 아동의 도덕 발달을 촉진한다는 것이다(추병완, 2002: 306).

사회적 구성주의

사회적 구성주의는 개인적 구성주의를 수정, 보완하는 형태로 등장하였다. 사회적 구성주의는 학습자들이 자신의 지식을 주체적으로 구성한다는 점에서 개인적 구성주의의 관점과 일치한다. 그러나 사회적 구성주의는 인간이 자신의 주관적 지식을 사회와의 상호작용을 통하여 객관적 지식으로 수정해 간다고 본다(김판수 외, 2000: 34).

비고츠키는 인간은 능동적이고 주체적인 존재로 사회문화적 환경과의 상호작용을 통해 지식을 형성해 간다고 했으며, 언어가 인지발달을 주도한다고 했다. 비고츠키는 근접발달영역에 있는 아동들은 교수·학습과정을 거쳐야만 지적 발달을 이룰 수 있으므로 학습이 발달을 주도한다고 하였으며, 성인은 아동의 인지발달에 있어 발판 역할을 한다고 하였다. 즉 성인은 문제해결의 시범을 보이거나 문제의 일부를 해결해 주기도 하며, 피드백을 주고 교정을 해 줌으로써 학습을 도울 수 있다.

태펀(Tappan)은 비고츠키의 근접발달영역에 근거한 도덕교육의 방법을 제안하고 있다. 비고츠키는 아동은 자신에 비해 더욱 지식이 많은 그 사회의 성원들과의 협동적인 대화를 통하여 자신이 속해 있는 문화의 가치와 신념을 배우고 문제 해결 전략을 획득해 나간다는 사회문화 이론을 제시하였다. 비고츠키는 피아제와 마찬가지로 아동들이 그들에게 주어지는 것을 수동적으로 재생산하지는 않는다고 믿었다. 이를 위하여 그는 자발적 개념과 과학적 개념4)을 구별하였다. 그는 아동의 자발적인 개념이 체계성과 논리를 갖춘 성인의 추론을 만나는 지점을 설명하기 위하여 '근접발달영역'5)이라는 용어를 사용하였다. 비고츠키의 관점에서는 교사가 지식을 설명해 주거나 시범 보여 주는 것이 중요하게 된다. 아동은 교사의 시범을 토대로 하여 자기 나름의 지식을 구성하게 된다.

근접발달영역은 지식에 의하여 마음이 형성되는 과정을 설명해 주는 개념이며, 이것은 곧 교사에 의하여 전달되는 도덕적 지식이 도덕적 행동의 원천이 되는 것을 의미한다. 도덕발달은 근접발달영역의 두 수준 사이에서 일어나며, 그 과정은 교사의 안내로 학생이 도덕적

---

4) 자발적 개념은 학습자가 스스로 형성하는 개념이다. 학생이 매일 매일의 생활을 통해 자연스럽게 터득하는 개념이다. 구체적이고 직접적인 일상생활 가운데 습득하는 개념이 모여서 형성된 지식이며 아래에서 위로 올라가는 귀납적 과정을 통해 발달한다. 과학적 개념은 구조화된 학교환경에서 배워서 습득되는 형식적인 지식이다. 지식의 습득 및 활용과정이 의식적으로 이루어지며, 자발적 지식에 비해 추상적이고 체계적이다. 과학적 개념은 위에서 아래로 내려가는 연역적 과정을 통해 발달한다. 자발적 개념과 과학적 개념은 서로 상호의존적으로 발달한다.

5) 비고츠키에 의하면 아동이 남의 도움 없이 스스로 문제를 해결할 수 있는 영역, 즉 현재 아동이 알고 있거나, 할 수 있는 수준과 능력의 정도를 실제적 발달 수준이라 하고, 어른(부모, 교사)이나 또래 혹은 보다 능력 있는 사람의 안내를 받아 문제를 해결할 수 있는 영역을 잠재적 발달 수준이라고 하는데, 이 두 수준 사이의 거리를 근접발달영역(zone of proximal development : ZPD)이라고 말한다. 이 근접발달영역 안에서 정교한 교수활동이 일어나서 좋은 학습이 이루어지면, 오늘의 잠재적 발달 수준을 실제적 발달 수준으로 끌어 올리게 된다. 내일은 새로운 잠재적 발달 수준이 형성되고, 새로운 근접발달 영역이 만들어진다.
ZPD가 넓은 아동일수록 일반적인 수준의 도움만 제공되어도 스스로 과제를 쉽게 해결할 수 있으며 필요로 하는 도움의 양도 적다. 반면에 ZPD가 좁은 아동일수록 구체적인 도움을 많이 필요로 한다.

지식을 내면화함으로써 그 마음이 변화하는 식으로 이루어진다. 그러므로 근접발달영역에서 일어나는 도덕발달은 교사의 적극적인 안내에 힘입지 않고서는 나타날 수 없으며, 그 안내는 결국 다른 것이 아니라 학생이 도덕 교과를 통하여 학생 자신의 마음으로 전환시켜야 할 마음을 교사 자신의 몸으로 시범해 보이는 일이다(임병덕, 2001: 43-44).

태편에 의하면 도덕교육은 아동이 부모, 교사, 그리고 유능한 동료들의 도움을 받아 새롭고 높은 수준의 도덕적 기능을 할 수 있게 되는 안내된 참여를 포함하게 된다고 한다. 즉 비고츠키의 관점에서의 도덕교육의 핵심은 새로운 형식의 도덕적 사고·감정·행동이 아동에게 소개되고, 아동은 이렇게 새로운 방식에서 사고하고 느끼고 행동하기 위한 자신들의 시도에 있어서 도움과 안내를 받는다는 것이다. 안내된 참여의 결과로 말미암아 학생들은 새롭게 사고하고 느끼고 행동하는 방식을 갖게 되는 것이다.(추병완, 2011: 457).

도덕교육에서 흔히 비판받고 있는 것 중의 하나가 학생들에게 뻔한 것을 가르친다는 것이다. 도덕과 시간에 학생들에게 이미 알고 있는 내용과 지식을 가르침으로써 지적 호기심을 불러일으키지 못하고 있다는 것은 비고츠키의 관점에서 볼 때 근접발달영역에 미치지 못하고 있다는 것을 의미한다. 도덕과 교실수업에서 도덕적 지식을 가르칠 때에는 학생들이 알고 있는 내용을 가르치는 교육, 즉 훈련의 성격을 벗어나 근접발달영역에 속하는 것을 가르쳐야 한다.

도덕성 발달을 위한 구성주의의 교육적 접근

개인적 구성주의에서 도덕성 발달을 위한 교육적 접근 방법으로 제시되고 있는 것을 보면 다음과 같다(김태훈, 2005: 424-437)

첫째, 형성적 환경의 조성이다. 구성주의 관점에서 아동들의 도덕성 발달에 관심을 기울이는 교사는 아동들로 하여금 능동적인 학습자가 되도록 허용하는 학습 환경을 조성하는 것이라고 믿고 있다. 교사들은 교육환경을 조성하는 전략에 있어서 도덕공동체의 조성에 우선성을 부여한다. 형성적 교실환경은 도덕공동체로 대변할 수 있다. 교실은 아동들과 교사들이 민주적인 공동체를 창조하기 위해 함께 노력하는 작은 사회이다. 교사들은 도덕적 지식의 구성이 아동들 내부로부터 일어난다고 본다. 즉, 옳고 그름에 관한 이해가 아동 내에서 발달한다는 것이다. 도덕적 지식은 타인들에 의해 전달되고 아동에 의해 내면화되는 것으로 인식하지 않는다는 구성주의의 교육적 전략은 교사에 의해 지식을 제공하는 방식을 탈피하여 아동들이 스스로 도덕적 이해를 구성할 수 있는 형성적인 환경을 조성하는 것으로부터 시작한다.

둘째, 규칙 위반 행위에 대한 내적 통제이다. 교사들은 좋은 행동에는 보상을 하는 반면, 부적절한 행동에는 벌을 제공한다. 그러나 벌이나 보상과 같은 외적 통제에 의존하는 것은 아동들로 하여금 자율적인 사고를 하도록 하는데 방해가 된다. 규칙 위반 행위에 대한 내적 통제를 발달시킬 수 있는 전략을 보면, 규칙들을 최소한으로 유지하도록 하고 아동들에게 규칙을 준수하고자 하는 동기요소로서 보상과 벌을 사용하는 것을 가급적 피한다. 그리고 아동들과 함께 규칙들을 제정함으로써 그들로 하여금 왜 규칙이 중요한지를 이해하도록 한다. 또한 아동들이 스스로 세운 규칙을 유지할 수 있는 경험들을 계획하도록 한다. 아동들이 부적절한 행동을 하였을 때에 자신들의 잘못을 바르게 하는 기회를 갖도록 한다.

셋째, 협동적 관계의 유지이다. 협동은 사회적 관계를 유지하는 하나의 방법이며, 여기에는 상호 존중과 더불어 갈등이 존재한다. 아동들은 사회적 갈등을 통하여 다른 관점들을 경험하게 되고 자신들의 관점을 타인들의 관점과 비교하게 된다. 그리고 아동들이 자기중심적 사고에서 벗어나서 상호성과 객관성을 인식하고 사회적 관점의 다양성을 고려하게 된다. 협동적인 관계는 아동들의 도덕적 추론과 정서 및 성격을 발달시키는데 기여를 한다.

넷째, 안내자로서의 교사의 역할이다. 교사는 평가자, 조직자, 자극자, 그리고 협력자라는 역할을 해야 한다. 따라서 구성주의 교사들은 '훈육'이란 말을 사용하는 대신에 '안내'라는 말을 즐겨 사용한다. 교사가 아동들의 벗이자 협력자가 되어야 한다는 것은 교사와 아동들 간의 사회적 맥락을 강조한 것이다. 교사와 아동들간의 관계의 심리적 역동성에서 상호 존중은 아동들이 자율성을 행사하고 또한 발달시킬 수 있게 해준다. 구성주의에 따르면 협동과 자율성 관계는 아동들의 지식이나 도덕성의 구성을 증진시키는 경향이 있다.

도덕교육에 주는 시사점

구성주의는 도덕교육에 구체적으로 어떠한 시사점을 줄 수 있는가? 추병완은 구성주의에 입각한 도덕교육의 기본 원리를 다음과 같이 제시한다(추병완, 2000: 77-80).

첫째, 교사는 학생들과의 관계에 있어서 상호 존중적이며 비권위주의적인 관계를 형성해야만 한다. 교사는 학생들이 직면하는 도덕적 문제들을 스스로 해결하도록 고무시켜 주고, 아동의 도덕적 관점을 존중해 주어야 한다. 구성주의 관점에서의 도덕교육은 교사가 학생들과 협동적이며 안정적인 관계를 형성할 것을 강조한다.

둘째, 학생들의 자발적이고 일상적인 도덕적 질문들을 중시해야 한다. 지적 발달에 있어서 아동의 자발적이고 일상적인 지적 흥미를 중시하는 것이 효과가 있는 것과 마찬가지로, 도덕교육에서도 학생들이 생활 속에서 경험하는 다양한 도덕적 질문들을 중시해야 한다. 콜버그가 정의로운 공동체에서 생활 속의 도덕 딜레마를 중시했던 이유도 바로 거기에 있는 것이다. 그러므로 도덕교육에서는 실제 생활의 복잡함을 반영하고 있는 도덕 문제들에 초점을 두어야 한다. 도덕적 지식의 습득은 단순히 그 지식 자체의 습득에 한정되지 않고, 항상 그것이 습득된 상황에 관한 정보도 같이 습득된다.

셋째, 교사는 학생들이 도덕적 대화와 토론에 능동적으로 참여하도록 고무시켜 주어야 한다. 도덕적 대화와 토론을 통하여 학생들은 도덕 발달에 필요한 인지적 갈등을 느끼게 되며, 자기중심적인 사고에서 벗어나 타인의 역할을 취해볼 수 있는 역할채택 능력을 기를 수 있다. 대화나 토론 과정에 있어서 교사는 새로운 유형의 사고를 시범 보여 줄 수도 있으며, 학생들의 도덕 발달 수준에 부합하는 여러 형태의 수행 보조를 해 줄 수 있다.

넷째, 교사는 학생들이 협동하여 과제를 해결할 수 있는 기회를 많이 부여해 주어야 한다. 협동학습은 수평적인 의사소통에 바탕을 두고 있기 때문에 도덕 발달을 촉진시켜 줄 수 있는 좋은 기회가 된다. 즉, 협동학습은 학생들에게 상호 존중에 바탕을 둔 사회적 상호작용의 기회를 부여해 주기 때문이다.

다섯째, 도덕교육에서는 학생들의 반성적 추상화를 중시해야 한다. 학생들은 자신의 도덕적 경험과 그러한 경험에서 사용한 자신의 의도나 전략 등을 성찰해 봄으로써 보다 고차적인 도덕적 지식과 이해를 구성할 수 있다. 따라서 도덕교육에서는 자신의 도덕 경험을 이야기 해 보는 것, 도덕 저널을 기록해 보게 하는 것, 가치지를 기입해 보게 하는 것 등과 같은 다양한 성찰의 시간과 기회를 부여해 줌으로써 학생들의 반성적 추상화를 촉진시켜 주어야 한다.

끝으로, 교사는 학급과 학교가 민주적이고 도덕적인 풍토가 될 수 있도록 해야 한다. 교사는 학생들이 교실과 학교생활을 통하여 상호 존중과 안정적 분위기에서 다양한 민주적·도덕적 경험을 체험해 볼 수 있는 기회를 제공해 주어야 한다. 비고츠키의 표현을 빌려 말한다면, 민주적이고 도덕적인 학습 풍토는 학생들이 다양한 상호 작용과 수행 보조를 통하여 사회적으로 공유된 도덕적 지식을 구성해 갈 수 있는 바탕이 되는 것이다.

<참고 문헌>

권선영, "John Dewey의 도덕교육론에 관한 연구", 『초등도덕교육』, 제34집, 한국초등도덕교육학회, 2010. 12.

김병길, "John Dewey의 도덕교육론", 『교육철학』, 제2호, 한국교육철학회, 1980.

김수천, "John Dewey의 교육관 연구", 서울대학교 대학원 박사학위논문, 1989.

김판수 외 6인, 『구성주의와 교과교육』, 서울: 학지사, 2000.

김태훈, 『도덕성 발달이론과 교육』, 경기: 인간사랑, 2005.

남궁달화, 『현대도덕교육론』, 서울: 교육과학사, 2008.

박재주, 『서양의 도덕교육사상』, 서울: 청계출판사, 2003.

박재주, 『인격함양의 도덕교육』, 서울: 철학과 현실사, 2012.

이성호, "듀이의 교육사상", 『교육학 대백과사전②』, 서울대학교 교육연구소, 서울: 하우동설, 1998.

이택휘, 유병열, 『도덕교육론』, 서울: 양서원, 2008.

임병덕 외 2인, 『초등학교 도덕과 교육론』, 서울: 교육과학사, 1998.

임병덕, 『도덕(윤리)교과교육학 교재 개발 연구』, 한국교원대학교 부설 교과교육공동연구소, 연구보고 RR 99-Ⅲ-1(별책), 2001. 7.

추병완, 『도덕교육의 이해』, 경기: 도서출판 인간사랑, 2011.

추병완, 『열린도덕과 교육론』, 서울: 도서출판 하우, 2000.

황윤한, "21세기 교사를 위한 구성주의 철학과 구성주의자 교육", 『교육론전집』, 박병학교수 정년기념논문집, 광주교육대학교, 1998.

Chazan, B. 이구재, 강민석 역, 『현대도덕교육방법론』, 서울: 법문사, 1990.
Dewey, J. 신현태 역, 『듀이의 도덕과 교육』, 서울: 이문출판사, 1995.

제05장
도덕성 발달 이론

1. 피아제의 도덕성 발달 이론

피아제 이론의 배경

1896년 스위스에서 태어난 Jean Piaget(1896~1980)는 의심할 여지없는 세기의 아동발달심리학자이다. 그는 어린 시절부터 자연현상에 남다른 관심을 가지고 자연 속에 서식하는 새, 물고기 등의 행동을 즐거이 관찰하곤 하였다. 10세 때에 참새에 관한 논문을 발표하기도 했으며 고등학교 시절 연체동물에 관한 연구는 과학자들 사이에 호평을 받았다. 이렇게 어린 시절부터 생물학에 비범한 재능을 보인 그는 나이 21살인 1918년에 연체동물에 관한 논문으로 생물학 박사학위를 받았다. 그 후 피아제의 관심은 생명체의 신체구조의 발생으로부터 정신구조의 발생으로 옮겨갔다.

심리학을 공부하기로 결심한 그는 처음에 프로이트의 정신분석학에 심취하여, 1920년에 "정신분석학과 아동심리학."이라는 논문을 발표했으며, 그 다음 해에 프랑스의 파리로 가서 2년 동안 논리학, 인식학, 철학, 그리고 이상심리학 등을 연구하게 되었다. 그때 그는 파리에 있는 시몬(Simon)과 함께 지능문제에 관해서 연구하게 되었는데, 연구과제는 표준화 추론검사를 개발하는 것이었다.

표준화 추론검사는 아동들에게 동일한 문항을 주어 그들이 이에 반응하도록 요구된 검사이다. 여기에서 그는 중요한 사실을 발견하게 되었다. 즉 아동의 오답이 연령에 따라 비슷하다는 것을 알았다. 동일한 연령의 아동은 비슷하게 틀린 답을 하고 또 아동의 대답 유형도 연령에 따라 서로 다르다는 것을 알게 되었다. 그는 나이 든 아동이 어린 아동보다 단지 영리한 것이 아니라, 이들은 사고의 질이 서로 다르다는 결론을 내리게 되었다. 따라서 그는 아동의 지능문제가 아동의 사고구조를 규명하는 방향으로 연구되어져야 하며, 지능 연구의 방법으로서는 표준화 검사방법은 부적당하며 비구조화된 임상적 방법이 효과적이라고 판단하게 되었다. 이후에 피아제는 30여 년 동안 임상학 연구방법을 사용해서 아동의 인지과정을 이해하는 일에 몰입하였다. 그는 아동 심리학 분야에서 40여권의 책과 100편 이상의 논문을 발표하였다(장상호, 1991: 7, Mary Sime. 문용린 역, 1997: 207-210).

피아제가 사용한 인지 발달의 연구는 임상적(臨床的, clinical)이었다. 그는 아이들에게 문제를 제기하고 자유롭게 해결할 수 있도록 임상방법을 적용하였다. 그 결과 연령이 다르면 문제 해결을 위해 사용하는 추론의 형식이 다르다는 것을 알게 되었다.

피아제는 인간의 정신을 구성하는 지식 구조의 기원과 발달을 연구하는 사람이라는 뜻으로 자기 스스로를 발생적 인식론자라고 불렀다. 인식론은 원래 지식의 기원과 본질, 근거, 한계 등을 탐구하는 철학의 한 분야로, 철학자들은 내성(內省)과 사변(思辨)을 토대로 이 문제를 탐구하였다. 그러나 생물학의 배경을 가진 피아제는 인식의 문제가 순수한 철학적인 방법에 의해서 해명될 수 있다고 생각하지 않았다. 그는 객관적인 관찰과 자료의 수집을 통한 과학적인 방법으로 인식에 관한 다양한 주장들의 타당성을 밝히고자 하였다. 피아제는 생물학적 발달의 원리와 인간의 지적 성장의 원리가 동일한 것으로 보았으며, 유기체와 같이 인간의 인지구조도 점진적인 발생을 한다는 생각을 기초로 발생적 인식론을 창시하였다. 피아제가 말하는 발생적 인식론의 과제는 인간에게서 지식이 형성되고 발달되는 메커니즘을 밝히는 것이었다. 그는 생물학을 적용하여 지능의 발달과정을 연구하여, 정신적인 조작의 단계를 감각동작기, 전조작기, 구체적 조작기, 형식적 조작기로 세분하여 각각의 단계에서 나타나는 특징을 밝혀내었다.

피아제는 인간의 지적 구조가 선천적으로 주어졌다거나 혹은 그 반대로 환경에 의해서 전적으로 형성된다는 주장에는 동의하지 않았다. 인간의 지식과 지능은 개인과 환경간의 상호작용에 의해서 그 개인 내부에서 점차적으로 구성되는 것이라 하였다. 그래서 그의 주장은 '발생적 인식론'이라는 말과 더불어 '상호작용주의' 혹은 '발달적 구성주의'라는 말로 지칭된다(장상호, 1991: 22).

주요 개념

도식

도식(圖式 Schema 스키마, 세마)[6]은 주어진 자극에 대해 적합한

---

6) 프랑스 말의 세마란 일반적으로 어떤 대상이나 운동이나 과정이나, 조직체의 단순화된 기능적 표상을 부여하는 도형을 의미한다. 즉 어떤 사물의 본질적 특징을, 특히 그 전체적 기능에 대해서 단순화된 구도(構圖)가 현대 프랑스 말의 <세

반응을 하는 반응체계를 말한다. 도식은 생물학적인 지식에서 빌려온 개념으로 유기체가 가지고 있는 기존의 체제, 즉 이해의 틀을 의미한다. 따라서 도식(세마)이란 생물학적 구조에 비교될 수 있는 심리학적 구조라 할 수 있다. 즉 인간으로 하여금 사고를 조직하게 하고 환경에 적응하게 하는 심리적 구조이다. 인간 유기체는 환경을 변화시키고 환경에 적응하는 생물학적인 구조를 가지고 있다. 그런데 인간은 행동 및 사고를 조직하고 환경에 적응하는 성향이 연령에 따라 달라진다. 이것은 아동의 심리적 구조가 아동 자신의 경험적 활동에 의해 후천적으로 학습되어진다는 것을 의미한다. 따라서 도식이란 한마디로 환경에 대한 적응 기술로서 아동 자신의 경험적 활동에 의해 조직화된 규칙적인 행동 양식이라고 말할 수 있다. 그리고 이러한 도식은 평형화의 결과로 획득된다. 피아제에 의하면 세마란 지적 행동의 의미 있고 반복될 수 있는 심리적 단위이며, 일반화된 행동의 조직화이며, 인지발달이란 세마의 발달이라고 할 수 있다.

평형화 : 동화와 조절

피아제의 이론에서 평형화란 인지발달의 핵심 기제이다. 그는 아동의 사고는 두 가지 과정을 통해서 발달해 나간다고 한다. 즉, 동화와 조절의 과정이다. 동화7)란 새로운 정보가 들어왔을 때, 자신에게 구

마>의 어의(語義)이다(김재은, 『교사를 위한 피아제 입문 上』, 서울: 배영사, 1976, p.213).

이 세마 즉 도식은 인지구조의 한 단위를 기술하기 위하여 피아제가 사용한 용어로서 행동주의학파에서 말하는 소위 『습관』(habit)에 해당되는 말이다. 도식은 어떤 방법으로든 환경을 조작함으로써 이 환경에 적응하도록 하는데에 관련되는 지식과 기술들을 포함한다. 감각운동 도식(행동적 도식)은 사물을 신체적으로 조작하는 것과 관련되며, 언어적 도식은 언어를 이해하고 사용하는 것과 관련이 된다. 인지적 도식은 과거의 경험들과 연관된 사상(寫像) 및 기억들뿐만 아니라 사고와 문제 해결의 목적으로 이러한 경험들을 조작하는 데에 관련되는 논리적 및 기타 인지적 능력들을 포함시키고 있다(서울대학교 연구소편, 『교육학 용어사전』, 서울: 하우, 1994, p.219).

성되어 있는 도식이 이를 잘 받아들여 새로운 정보를 잘 융합시키는 것을 말한다. 이것은 기존 도식을 가지고 환경자극을 흡수하는 것으로써 도식의 확대와 양적 변화를 가져온다. 조절8)이란 자신이 가지고 있는 현재의 도식을 수정해서 새로운 정보를 현존하는 도식과 융합시키게 되는 과정을 말한다. 이것은 기존 도식을 자극에 맞게 수정하는 것으로써 도식의 수정과 질적 변화를 가져온다. 동화와 조절은 상보적인 형태로 동시에 일어나게 된다. 즉, 어떻게 할 것인가라는 문제에 직면했을 때, 이미 알고 있는 지식을 적용시키는 동화의 과정과, 무엇인가 새로운 방법을 획득하는 조절의 과정이 우리의 사고 과정에서 동시에 일어나고 있는 것이다.

인간은 자신의 심리적 구조를 일관성 있고 안정된 행동양식으로 조직하려는 경향이 있다고 피아제는 말하고 있다. 다시 말하면, 인간 유기체의 심리구조는 평형의 상태를 유지하려는 경향이 있다는 말이다. 여기에서 평형이란 개인의 정신적 활동과 환경간의 균형의 상태를 의미하며, 동화와 조절의 균형 상태를 말하기도 한다. 쉽게 동화될 수 없고, 조절할 수 없는 새로운 정보가 들어왔을 때, 개인의 심리 구조는 평형을 잃어버리게 된다. 평형을 잃어버린 상태의 개인의 심리구조가 다시 평형화되었을 때는 보다 높은 차원의 심리구조가 획득된 상태이다. 이것은 평형화를 통한 심리구조의 재구성이 이루어졌다는 뜻이다. 피아제는 이런 평형화의 원리를 인지발달의 주요 원

---

7) 동화는 이미 학습된 지식과 능력을 이용하여 자극 상황에 순응하는 과정을 설명하는 피아제의 용어이다. 동화한다는 것은 어떤 의미에서는 과거에 학습된 것을 흡수하고 사용하는 것으로써 과거에 학습된 반응들을 새로운 상황에 활용하는 것이라고 할 수 있다(『교육학 용어사전』, 위의 책, p.230).

8) 조절은 환경에서 오는 도전을 받음으로써 유기체가 지적인 구조적 변화를 가져오는 것을 의미한다. 피아제가 생물학에서 빌려온 용어로 유기체가 환경의 변화에서 살아남으려면 유기체 자신이 구조적 변화를 가져와야 한다. 어떤 문제가 기존의 지식을 적용하여 해결이 안 되면 이 기존 지식 체계를 변화시키는 것도 조절 작용이다.

리로 보고 있다. 피아제는 주체와 객체 사이의 동화와 조절이라고 하는 끊임없는 적응 과정에 의해서 내적 성장이 결정된다는 발생적 인식론의 기본적 관점을 유지하고 있다.

인지발달의 단계

피아제가 주장하는 인지발달의 4단계론은 개인의 지능이나 사회환경에 따라 각 단계에 도달하는 개인 간 연령의 차이는 있을 수 있으나, 발달 순서는 결코 뒤바뀌지 않는다고 가정하고 있다. 아울러 각 단계는 주요 행동양식으로 설명될 수 있는 전체적인 심리구조로 특징 지워진다. 각 단계는 전 단계의 심리적 구조가 통합된 것이며, 다음 단계의 심리적 구조에로 통합될 준비과정이기도 하다. 이 말은 각 단계의 사고과정은 서로 다르며 시간이 경과함에 따라 더욱 복잡하고, 객관적이며, 타인의 관점을 생각하는 방향으로 발전하게 된다는 뜻을 가지고 있다. 아동의 인지 발달의 단계를 요약하여 보면 다음과 같다(남궁달화, 1996: 16-25, Mary Sime, 문용린 역, 1997: 22-24).

감각 운동기(sensorimoter stage, 0~2세)

영아기의 유아는 보이지 않는 물체는 존재하지 않는다고 생각한다. 즉 물체의 항상성(恒常性)의 개념이 없다. 그러나 10~12개월이 되면 보이지 않은 물체도 계속 존재한다고 믿는다. 이 시기가 되면 더 이상 보이지 않는 물체를 찾게 된다. 공을 가지고 놀다가 영아가 보는 앞에서 이불 속으로 공을 숨기면 이불을 들치고 공을 찾아낼 수 있게 된다. 이것은 물체가 눈에 보이지 않아도 물체가 존재한다는 개념의 획득 때문이다.

12~18개월이 되면 조직 활동이 활발하게 되고 새로운 것들에 관심이 끌리는 시기이다. 자기가 가지고 놀던 인형, 공, 블록 등의 장난감을 다른 방법으로 사용하기 시작하고, 남의 흉내를 내기 시작한다.

18~24개월이 되면 사고가 시작되는 시기이며, 현존하지 않는 사람이나 대상에 대해 정신적 이미지를 형성하기 시작하는 시기이다. 따라서 이 시기의 영아는 자신을 다른 사람과 분리시켜 개인으로서의 자신을 조금씩 알게 된다.

감각 운동기 동안에 아동은 언어를 습득하기 시작한다. 2세 정도가 되면 말을 시작하고 의사소통이 가능해 진다. 이때부터 아동은 때로는 사고나 언어를 통하여 경험을 표현할 수 있으나 그것은 단지 흔한 행동 예컨대 놀기, 달리기, 장난감 같은 친숙한 대상에 대한 경험일 경우에 가능하다.

전 조작기(preoperational stage, 2~7세)

전 논리적 시대로 피아제는 이를 전 개념기와 직관적 사고기의 두 단계로 다시 구분하고 있다.

• 전 개념기(preconceptual stage, 2세~4세)

전 개념기의 유아는 개념 발달을 위해서 다양한 언어활동과 신체 활동에 참여하는 시기로서 2~4세 사이에 유아는 빠른 속도로 언어를 습득한다. 이 시기의 유아들은 자기중심적이며, 흔히는 잘못된 개념, 현실에 위배되는 개념들을 가지고 있다. 이 시기 유아들의 개념 획득에 가장 결정적인 것은 다양한 언어활동과 신체적 활동을 통한 경험이다.

• 직관적 사고기(intuitive stage, 4세~7세)

이 시기 동안은 많은 기본 개념들이 형성된다. 상징적 매체, 즉 언어가 개입되지 않은 직관에 의존하기 때문에 이 시기 유아의 사물에 대한 판단은 흔히 잘못된 것이 많다. 예를 들면, 마주 하고 있는 선생님이 "오른손을 드세요." 하면서 오른손을 들면 유아는 선생님의 말은 무시하고 선생님의 오른손은 자기의 왼손 방향에 있으므로 왼손을 들곤 한다. 또는 태양이 지구보다 더 작다고 생각한다. 따라서 이 시기의 아이들은 자아 중심적 사고를 하기 때문에 이치에 맞는 것은 아니다. 이 시기를 직관적 사고기라고 한다. 직관적 사고기에 있는 유아들은 사물을 분류할 수 있으나 그것을 항상 이해하는 것은 아니다. 또한 수의 개념을 사용하기 시작하며, 보존성의 원리를 어렴풋이 이해하기 시작한다.

구체적 조작기(concrete operational stage, 7~11세)

구체적 조작기에 이르면 아동의 추리 과정은 논리적으로 된다. 즉 아동은 구체적 문제에 적용할 수 있는 논리적 사고 과정을 발달시킨다. 이 시기의 아동은 특정 사실에 따라 사물을 분류할 수 있으며, 사물을 위계에 따라 분류하는 것이 가능하다. 이 시기는 양, 무게, 부피의 보존 개념을 획득할 수 있으며, 계열화, 분류와 같은 도식들이 나타난다.

구체적 조작이란 구체적 대상에 대해 이루어지는 논리적 작용을 가리킨다. 조작이란 가역이 가능한 정신작용이다. 더하고 빼는 것은 가역이 가능한 정신작용의 일종이다. 피아제는 구체적 조작을 할 수 있는 아동들의 논리적 사고의 특성으로 가역성의 개념을 제시하고 있다. 가역성이란 일단 변형된 형태가 그 반대 절차에 따라 다시 현재 상태로 되돌아 갈 수 있음을 말한다.

형식적 조작기(formal operational stage, 11세 이후)

이 시기에는 형식적 조작이 발달함으로써 아동이 갖는 사고의 질적 가역성은 그 정점에 이르게 되어서 가설, 연역적 사고가 가능하게 된다. 따라서 이 시기의 아동들은 모든 유형의 문제들을 논리적으로 사고하며, 가설적 문제와 언어적 문제를 해결할 뿐 아니라 더 나아가서 과학적 추리도 할 수 있다(추병완, 2008: 85).

형식적 조작기는 논리적 사고의 시대로 추상적인 사고가 가능하다. 추상적 사고란 융통성 있는 사고, 효율적인 사고, 복잡한 추리, 가설을 세우고 체계적으로 검증하는 일, 직면한 문제 사태에서 해결 가능한 모든 방안을 종합적으로 고려해 보는 일 등과 같은 것을 말한다. 모든 청소년과 모든 성인이 매사에 형식적 조작을 사용하는 것은 아니다. 또한 이 시기가 되면 청소년들은 도덕적, 정치적, 철학적인 생각과 가치문제 등을 이해하기 시작한다. 타인의 사고과정을 이해하고, 다른 사람들은 문제를 어떻게 보고, 어떻게 생각할까 등의 문제에도 관심을 갖게 된다. 형식적 사고기에는 형식(개념과 사고)은 구체적 증거로부터 추출된 일반화와는 달리 추상적 개념에 의한 사고로부터 얻어진다.

도덕 판단의 사례[9]

규칙에 관한 연구

피아제는 4세에서 13세 까지 규칙에 관한 연구로 구슬놀이에 관하여 실험하였다. 규칙에 관한 아이들의 반응은 대체로 그들의 지적 발달과 상응한다. 7세 이전에는 규칙을 절대적인 것, 신성불가침한 것으로 여기던 것이 7세 이후에는 규칙을 점차 상대적인 것으로 여기고 10세 이후에는 규칙의 상대성을 완전히 인식하게 된다. 규칙의

---

9) 임병덕 외 2인, 『초등학교 도덕과 교육론』,(서울: 교육과학사, 1998), 39-49.

상대성을 인정하는 것은 '머릿속에서' 다른 사람들의 입장에 설 수 있게 된다는 뜻으로 '가역적 사고'가 일어나지 않고는 불가능하다.

도덕적 책임감에 관한 연구

피아제는 실수, 훔치는 것, 거짓말에 관한 이야기를 만들어 아이들에게 들려주고 어느 쪽이 더 나쁜가? 왜 그런가를 물어 보았다.

먼저 실수에 관한 이야기를 들려주고 그 반응을 보면 다음과 같다.

존은 자기 방에 있다가 저녁을 먹으라는 엄마의 말을 듣고 식탁이 있는 방으로 가는데 문 뒤에 컵이 있는 줄 모르고 문을 여는 바람에 그만 문이 의자에 부딪쳐서 식탁에 있던 컵 10개가 모두 깨졌다.

헨리는 어머니가 외출하신 사이에 찬장에 있는 과자를 몰래 꺼내 먹으려고 찬장 속을 더듬거리다가 컵을 잘못 건드리는 바람에 컵이 하나가 굴러 떨어져서 그만 깨지고 말았다.

이 이야기의 반응을 보면 6세인 지오는 존이 더 나쁘며 그 이유는 더 많은 컵을 깨뜨렸기 때문이다고 했으며 9세인 그로스는 헨리가 더 나쁘며 그 이유는 존은 모르고 그랬지만 헨리는 일부러 그렇게 한 것이라고 하였다. 존은 행위의 결과에 헨리는 행위자의 의도에 판단의 근거를 댔다.

다음으로 거짓말에 관한 이야기를 들려주고 그 반응을 보면 다음과 같다.

한 어린이가 길에서 큰 개를 보고 몹시 놀랐다. 그래서 집에 돌아가자 엄마에게 황소만 한 개를 보았다고 말했다.

한 어린이가 학교에서 집으로 돌아와 엄마에게 100점을 받았다고 하였다. 그러나 그것은 거짓말이었다. 엄마는 아이를 칭찬하여 주었다.

이 이야기의 반응을 보면 6세인 펠은 황소만 한 개를 보았다고 한 아이가 더 나쁘다고 했다. 그 이유는 그런 개는 없다는 것이다. 8세인 루어는 100점 맞았다고 한 아이가 나쁘다고 했다. 그 이유는 황소만 한 개도 없지만 거짓말을 한 것이 더 나쁘다는 것이다.

공정성에 관한 연구

피아제는 벌과 보복적 정의, 집단적 책임, 천벌, 권위에 관한 공정성의 연구에서 연령에 따라 도덕적 인지구조가 차이가 있음을 알아내었다. 먼저 어떤 벌이 마땅한가? 에 대한 아이들의 생각은 다음과 같았다.

한 어린 아이가 방에서 놀고 있었다. 어머니는 그 아이에게 집에 빵이 없으니 저녁에 먹을 빵을 사오라고 하였다. 그 아이는 즉시 가지 않고 조금 있다가 가겠노라고 대답하였다. 그러나 그는 가지 않았다. 결국 저녁 시간이 되었지만 식탁에는 빵이 없었다. 아버지는 화가 나서 다음과 같은 세 가지 벌 중 한 가지를 주려고 생각하였다. 첫째 벌은 내일 하루 종일 바깥에 못 나가게 하는 것이다. 마침 내일은 축제가 있어서 구경할 것이 많은 날이기 때문이다. 둘째 벌은 그날 저녁을 주지 않는 것이다. 남은 빵이 있어서 어른들은 겨우 먹을 수 있기 때문이다. 셋째 벌은 아이가 한 것과 똑같이 아이가 하는 부탁을 들어주지 않는 것이다. 아이가 선반 위에서 장난감을 꺼내 보려고 애쓰면서 아버지에게 내려달라고 부탁하지만 거절한다.

이 이야기의 반응을 보면 7세 반인 블라는 축제 구경을 못 가게 한다는 것이다. 그 이유는 축제 구경이 재미있기 때문이다는 것이다. 9세인 바움은 셋째 벌이 마땅하다고 하였다. 아이가 엄마를 도와주지 않았으니까 엄마도 아이를 도와주지 않아야 한다는 것이다. 12세인 부는 저녁을 주지 않는 것이 가장 마땅하다고 하였다. 그 이유는 빵을 사오지 않았기 때문이다는 것이다. 아이가 가장 싫어하는 벌은 축제 구경을 못 가게 하는 것이겠지만 이것은 빵을 사오지 않은 것과 아무 상관이 없다는 것이다.

나이 어린 아이들은 벌은 아이의 행동과 상관없이 권위자인 '어른이 마음대로' 줄 수 있다고 생각하지만 나이 든 아이들은 잘못에 대한 알맞은 보상 즉 아이의 잘못을 보상하는 방향으로 주어져야 한다고 생각하는 경향을 보여 공정성에 더 비중을 두고 있다.

다음으로 공정성이 갈등을 일으킬 때 아이들이 보인 반응은 아래와 같다.

큰 아이와 작은 아이가 오랫동안 걸어서 산에 올랐다. 점심때가 되자 배가 고파진 아이들이 가방에서 먹을 것을 꺼냈다. 그러나 그들은 둘이 만족하게 먹을 만큼 양이 충분하지 않다는 것을 알았다. 어떻게 해야 할 것인지 결정하지 못했다.

아이들의 반응을 보면 9세인 로브는 큰 아이에게 더 줘야 한다고 했다. 그 이유는 그 애가 더 크기 때문이다는 것이다. 10세인 쉬모는 작은 아이가 작기 때문에 더 먹어야 한다는 것이다. 10세인 블라는 누구나 똑같이 먹어야 한다고 하였다. 그리고 작은 아이가 좀 더 먹는 것은 공정하지만 큰 아이가 크기 때문에 좀 더 먹는 것은 공정하지 않다는 것이다. 아이들의 반응은 어릴수록 공정성에 대하여 획일적인 생각을 하지만 나이가 들수록 정상 참작의 여지를 인정하고 있다는 경향을 보여 준다.

피아제의 도덕성 발달 단계

피아제의 도덕성 발달 단계는 크게 타율적 도덕성 발달 단계와 자율적 도덕성 발달 단계로 구분할 수 있다. 이를 정리해 보면 다음과 같다(임병덕 외, 1998: 49, 서강식, 2010: 85-86).

• 전 도덕적 단계
피아제에 따르면, 학령 전 아이들은 사회의 규칙에 대한 관심이 없거나 규칙이 있다는 것조차 자각하지 못한다. 공기놀이를 하는데 있어서 이 시기의 아이들은 놀이에서 이기고자 하는 의도를 가지고 규칙에 따라 공기놀이를 하는 것이 아니다. 그들은 공기놀이 그 자체를 즐기는 편이며 재미있다는 데에 그 놀이의 의미를 둔다. 이 시기의 후반기인 4~5세에 이르면 아이들은 규칙에 따라 놀이하는 손위 아이의 행동을 주시하여 모방함으로써 규칙의 중요성을 깨닫게 되고, 손위 아이들처럼 공기놀이를 해 보려고 한다. 그러나 도덕전 단계의 아이들은 아직 규칙이란 어떻게 해야만 하는가에 대한 합의라는 것을 이해하지 못한다.

• 타율적 도덕성(사실적 도덕성)의 단계

6~10세의 아동들은 타율적 도덕성의 단계 즉, 도덕 실재론의 단계에 속하는데, 이 시기의 아동들은 규칙을 언제 어디서나 반드시 따라야 할 것으로 여긴다. 따라서 '다른 사람에 의해 만들어진 규칙을 따르는 것'을 도덕으로 보며, 성인의 명령에 따르는 것은 옳은 것으로 받아들인다. 그리고 규칙과 신념에 대한 강한 존중감을 발달시키고 그것에 항상 복종해야만 한다고 생각하게 된다. 아동들은 규칙이란 권위적 인물이 일방적으로 부과하며 매우 신성하고 변경될 수 없다고 생각한다. 어른에 대해 거짓말을 하는 것은 나쁘다고 생각하나 아동 상호간의 거짓말은 그리 나쁘지 않다고 생각한다. 또한 아동들은 행위자의 의도(동기)보다는 행위의 객관적 결과를 가지고 옳고 그름을 판단하기 쉽다. 자신이 나쁜 행동을 하면 마땅히 벌을 받아야 한다고 생각하는 것이다. 이 시기의 아동들은 규칙을 위반하면 어른, 부모, 교사 또는 신으로부터 벌을 받는다는 내재적 정의를 믿고 있다. 내재적 정의란 나쁜 일 그 자체에 벌이 내재되어 있으므로 잘못을 저지르면 반드시 벌을 받게 되어 있다는 것이다.

• 자율적 도덕성(상대적 도덕성)의 단계

10~11세에 이르러서 아동들은 사회 규칙들이 변경될 수 있으며, 규칙이 사람들의 동의 여하에 따라 바뀔 수도 있는 임의적 합의라는 사실을 깨닫게 된다. 또한 규칙이란 사람들의 욕구에 따라 위배될 수도 있는 것이라고 느끼게 된다. 아동들은 사람들이 필요에 따라 규칙들을 위반할 수도 있음을 알게 된다. 응급환자를 싣고 과속을 하거나 신호를 위반하고 교통 법규를 어겼다고 할지라도 그를 범죄자라고 생각하지 않는다. 이제 아동들은 행위의 객관적 결과 그 자체보다는 남을 속이거나 규칙을 어긴 데 있어서의 행위자의 의도(동기)에 기준을 두고 판단한다. 즉 결과보다는 동기나 사건의 정황을 고려하여 도덕 판단을 하는 주관적 책임의 특성을 나타낸다.

이 시기의 아동들은 상호적 처벌을 선호한다. 상호적 처벌이란 징벌 결과를 범죄에 맞춤으로써 규칙 위반자로 하여금 위반의 의미를 깨달아 다시는 그런 일을 반복하지 않게 하는 조치를 뜻한다. 또한 이 시기의 아동들은 내재적 정의를 더 이상 믿지 않는다. 규칙을 위반하더라도 남에게 탐지되지 않으면 처벌을 받지 않을 수도 있음을 경험을 통해 알게 되기 때문이다(추병완, 2008: 90).

이상에서 살펴본 피아제의 연구들은 아동의 도덕발달이 '타율적 도덕성'에서 '자율적 도덕성'으로 나아감을 보여준다. 나이가 어릴수록 규칙을 절대시하고 도덕적 책임의 근거를 행위자의 의도보다는 행위의 결과에서 찾으려 하고 어른의 권위에 복종하고 천벌을 인정하는 경향이 있다. 이러한 경향을 파악하여 '타율적 도덕성'으로 규정한다. 나이가 들수록 아동들은 규칙의 상대성을 인정하고 도덕적 책임의 근거를 행위자의 의도에서 찾으며, 내재적 정의의 개념에서 벗어나 처벌에 대해 객관적 관점을 지니고, 공정성과 권위에의 복종을 구분하는 경향이 있다. 공정성에서도 융통성 있는 사고를 하게 된다. 이러한 경향을 특징짓는 용어가 바로 '자율적 도덕성'이다. 피아제의 도덕성 발달이론은 기본적으로 도덕성의 발달을 지적 발달과 관련해서 탐구하는 입장을 취한다. 그는 도덕성을 도덕적 판단능력으로 보고 도덕성 발달을 그의 지적 발달의 한 부분으로 취급하였다. 그래서 도 덕성은 지적 인지구조가 도덕적 사태에 적용된 것에 불과하다고 본 다(임병덕 외, 1998: 49).

결 언

피아제에 의하면 도덕성의 발달은 '자기중심적 사고'에서 벗어나서 다른 사람의 관점에서 자아와 대상을 볼 수 있게 되는 '가역적 사고' 로 나아가는 지적 사고의 발달이 있어야 가능하다는 것이다. 가역적 사고란 현재의 조건이나 상태를 과거의 그것들로 되돌려서 생각할 수 있는 사고 능력이다. 대체로 7세 이후부터는 이러한 가역적 사고 에 의한 조작이 일어나기 시작한다. 가역적 사고의 출현은 자기와 타 인의 입장을 바꿔 놓고 생각할 수 있는 상호성의 자각이 일어나기 시작한다. 따라서 도덕의 시작이 타인에 대한 배려에서부터 시작된다 는 점에서 보면 가역적 사고의 출현은 대단히 중요한 의미를 갖는다 (이택휘 외, 1997: 118-120).

피아제는 도덕문제를 다룸에 있어 분명히 구별되는 사고 단계가 있다고 보았다. 즉 질적으로 차이가 나는 도덕적 추론과 판단을 한다 는 것이다. 이를 도덕 판단의 단계라고 부른다. 도덕성의 단계는 위 계화되어 있으며 동시에 그 발달 체계가 계열화되어 있다. 위계화는 높은 단계와 낮은 단계가 있다는 의미이며 계열화는 어떤 도덕적 단 계에 이르면 다음 단계로의 발달을 하며, 보다 낮은 단계로 퇴행하는 수는 없고 또한 단계를 건너 뛰어 넘을 수도 없으며 한 단계씩 순차 적으로 발달한다는 의미이다. 이것을 인지적 도덕발달이론이리고 부 른다. 인지적 도덕발달에서의 도덕성은 도덕적 삶과 관련하여 무엇이 옳고 그른지, 무엇을 마땅히 해야 하는지, 그리고 그 이유와 정당한 근거는 무엇인지 사고하고 판단하는 능력으로서 도덕적 사고·판단 능력으로 규정된다.

피아제는 일체의 도덕성은 규칙의 체계로 되어 있으며 도덕성의 본질은 개인이 규칙에 따라 합리적으로 판단하는 능력이며, 아동의 도덕 판단은 그의 내부에 자리 잡고 있는 인지구조의 한 표현이라고 주장하면서 도덕성 발달 단계는 타율적 도덕 단계로부터 자율적 도덕 단계로 이행·발달한다고 보고 있다.

2. 콜버그의 도덕성 발달 이론

콜버그의 생애

콜버그(Lawrence Kohlberg)는 1927년에 뉴욕 주에서 태어났으며 부모는 부유한 실업가였다. 콜버그는 명문 사립고등학교 출신으로 대학 진학을 포기하고 17세의 어린 나이에 선원생활을 시작하여 20세가 될 때까지 세계여행을 여행하였다. 이후 이스라엘 건국운동을 돕기 위해 귀환자의 수송비행기 부조종사로 활동하였다. 21세가 되어 시카고 대학에 입학하여 2년 만에 1949년 학사 학위를 받았다. 같은 대학의 박사 과정에 입학한 콜버그는 피아제 이론에 심취하게 되어 발달관계에 입각한 도덕성을 규명하려는 새로운 착상을 하였다(최옥채 외, 2015: 88).

콜버그는 자신의 논문계획서대로 피아제의 도덕발달 2단계(타율적, 자율적 단계)를 10~16세 소년들에게 확장시켜 적용하는 도덕발달의 단계 구조를 만들고, 이를 시카고 지역 소년들을 통해서 검증해냈다. 이렇게 해서 박사 과정 9년 만에 1958년 박사학위 논문을 마쳤다. 이때부터 그는 논문 작성에 참여했던 소년들을 3년마다 면담하면서 그들의 도덕발달을 주술에 걸린 듯 20년이 넘도록 추적하였다. 콜버그는 1987년 보스턴 항구의 해변에서 생을 마감할 때까지 도덕발달과 도덕교육에 몰두하였다.

콜버그는 박사학위를 받고 곧 이어서 교수생활을 시작하게 되는데 제일 먼저 초빙되는 곳이 예일대학교이었다. 이어서 모교인 시카고

대학교(1962)로 옮겨 8년을 봉직한 후에 다시 하버드 대학교 (1968)로 초빙되어 죽을 때(1987)까지 이곳에서 연구와 교육에 몰두하였다. 그는 하버드의 대학 안에 「도덕교육연구센터」를 설립하고 도덕성 발달 및 교육연구를 추진해 나갔다(문용린, 1988: 102).

콜버그 이론의 개관

콜버그의 도덕발달에 대한 연구는 크게 세 가지 과제로 분리되어 추진되었다. 하나는 도덕발달단계의 타당화 과제, 둘째는 단계 평정을 위한 채점 과정의 표준화 과제, 그리고 셋째는 도덕교육이론의 정립과 실천과제이다.

도덕발달 단계를 타당화하기 위한 노력은 박사학위 논문에서 제안된 도덕발달의 6단계를 메타윤리학(meta-ethical)과 발달심리학적 관점에서 동시에 타당화 하려는 노력으로 전개되었다.

콜버그의 단계와 위계(Stage and Sequence, 1969), 사실에서 당위로(From Is to Ought, 1971), 도덕단계와 도덕화 과정(Moral Stages and Moralization, 1976) 등의 세 논문이 메타 윤리학적 정당화를 위한 대표적 저작이라면, 발달심리학적 관점에서의 경험적 정당화는 튜리엘(E. Turiel) 등이 주도한 도덕발달의 문화간 연구를 통해서 이루어졌고, 튜리엘(1966)과 레스트(1968)의 단계 계열성을 입증하는 실험을 통해서도 이루어졌다.

도덕발달 단계의 타당화 노력은 1981년경 20년 종단연구의 종료와 더불어 일단 마무리되기에 이른다. 콜비(Colby)와 그의 동료들은 20년 동안 53명의 미국 남자들을 종단적으로 연구한 결과, 피아제의 단계 발달의 특성을 보여 줌으로써 콜버그의 도덕발달 단계이론의 타당성을 입증해 주었다. 피험자들 중에 4%만이 하향적 단계 이동을 보였을 뿐이며, 단계를 건너뛰는 현상은 나타나지 않았다. 그리고 평균적으로 한 개인의 사고 활동 중 약 67%가 동일한 단계 내에서 이루어졌으며, 그 나머지 사고는 그 단계와 인접한 단계에서 이루어졌다. 단계 위계성과 일관성에 대한 문화간 타당성은 터키인에 대한 종단적 자료와 이스라엘 키부츠(집단농장의 한 형태: 자치조직 공동체)의 남·여에 대한 자료에서 발견되었다. 이로써 콜버그와 그의 이론적 동료들은 단계 타당화에 자신감을 갖게 된 것으로 보인다. 그래서 이들은 1980년 초반 이후부터는 단계 타당화를 위한 노력보다는 자신들의 이론을 정당화하고 여러 곳으로부터 쏟아지는 비판에 대한 응답에 더 몰두하였다(L. Kohlberg, 문용린 역, 2000: 17-18).

도덕발달단계의 평정을 위한 채점과정의 표준화 과제는 콜버그가 몹시 노심초사하여 매달린 과제였다. 왜냐하면 그의 학위논문 출간 이후 그의 이론에 쏟아진 비판의 핵심에는 언제나 단계 평정의 애매성과 비객관성에 있었기 때문이다. 콜버그는 더 객관적이고 더 정확한 채점방법을 구안하기 위한 노력을 끈질기게 시도하여 1975년 그는 <주제평정방법 Issue Rating Method>을 자신 있게 제안하지만 여전히 불완전성 때문에 심각한 비난에 직면하게 된다. 그래서 콜버그는 콜비(A. Colby)를 주축으로 하여 채점과정을 표준화하기 위한 10년 프로젝트를 결심하게 되고 마침내 1983년에 이르러 500페이지가 넘는 <표준채점요강>을 완성하기에 이른다. 이 채점요강은 지금까지 도덕발달을 연구하는 학자들에 의해서 별로 큰 문제점을 지적 받지 않고 사용되고 있다(L. Kohlberg, 문용린 역, 2000: 266).

도덕교육이론의 정교화와 실천을 위한 과제는 시카고 대학의 제자였던 블랫(M. Blatt)과 함께 시작되었다. 블랫의 박사학위논문이 바로 콜버그가 주장하고 있는 도덕발달 단계를 학교 교실수업을 통해서 상향 이동 시킬 수 있음을 실험을 통해서 보여준 것이다. 블랫은 초등학교 6학년과 중학교 1학년생(11~12세) 열두 명을 대상으로 일주일에 한번씩 4개월간 가설적 딜레마를 통한 도덕발달 단계의 촉진을 위한 실험연구를 실시하여 참가자 1/2 이상의 학생이 발달 단계가 상승하였음을 확인하였다. 그러나 가설적 딜레마를 중심으로 하는 교실수업 접근법은 인지발달에 비중을 둔 나머지 정서 감정적 측면을 소홀히 하고, 판단과 행동의 관계에 대해서도 소홀하였다는 비판을 받았다. 콜버그는 그러한 비판을 수용하고, 심리학자의 오류[10]를 범했다는 점도 인정하였다. 그리하여 가설적 딜레마 중심의 교실수업 접근법이 아니라 실제 삶의 문제를 토의하고 합의하는 과정을 통해 도덕성을 향상시키는 '정의 공동체 접근법'을 제시하였다. 이 접근법에서는 가설적 딜레마 보다는 실제적 문제를 다루며, 표면적 교육과정 보다는 잠재적 교육과정에 의존하고, 참여 민주주의의 실천에 중점을 두고 있다. 콜버그가 실제로 '정의공동체' 학교로 운영한 대안학교는 공동체 구성원들의 도덕성 발달을 촉진하는 것을 목적으로 하였다는 점에서, 촉진의 방법으로 인지를 자극하는 토의 및 논의가 중심이 되었다는 점에서 그가 전기에 시도한 것과 본질적으로 다르지 않다는 점에 유의해야 한다(남궁달화, 2008: 181. 217-218).

이러한 정의 공동체 접근은 학생들의 추론과 행동 모두에 영향을 줄 수 있는 상호 협동적인 민주적 공동체(개방적 토론, 인지 갈등 자극, 규칙 제정과 책임감 부여, 집단의 유대감과 공동체 발달 등)를 마련하는데 중점을 둔 것이다.

도덕성 발달의 의미

도덕성 발달을 인지적 도덕발달이론에 기초하여 정의하였을 때, 도

---

10) 심리학자가 심리학적 실험·연구에 의해 발견한 이론과 방법을 교육 현장의 실제(학교와 교실)에서 교사에 의해 그대로 적용할 수 있다고 믿는 오류이다.

덕성은 도덕적 삶과 관련하여 무엇이 옳고 그른지, 무엇을 마땅히 해야 하거나 하지 말아야 하는지, 그리고 그 이유와 정당한 근거는 무엇인지를 사고하고 판단하는 능력, 즉 도덕적 사고·판단 능력으로 규정하고 있다(이택휘 외, 1997: 117). 콜버그는 이러한 도덕성의 개념을 개인과 사회와의 상호 관계에 바탕을 두고 있는 통합된 도덕성 개념을 옹호하고 있다. 따라서 그는 도덕성의 사회적 성격을 강조하고 있으며 도덕성의 본질을 사회적 상호작용주의로 이해하고 있다.

콜버그가 생각하고 있는 도덕성 발달의 핵심적 요소는 인지(認知)이다. 그의 도덕발달이론에서 인지는 도덕발달의 구조적 특징이고 핵심이다. 그래서 그는 도덕 판단을 인지적인 것으로 보고 있다(남궁달화, 1996: 54).

콜버그의 인지적 도덕발달 이론에 의하면 도덕성 발달은 한 수준 높은 도덕 발달 단계로의 이행이며, 이 때 인지구조는 새롭게 조직되는 것이 아니라 이전 단계를 포함하면서 인지구조의 재구성을 이루게 된다. 따라서 도덕성 발달이란 사고의 어떤 특징적인 형태들이나 구조들을 발달시키는 측면에서의 판단의 방식과 구조이다.

콜버그에 있어서 도덕성은 도덕 판단에만 관련될 뿐 행동과는 직접적인 관련이 없다. 도덕이란 용어가 기본적으로 의미하는 것은 판단의 유형 또는 의사결정의 유형이지 행동, 정서, 혹은 사회 제도의 유형은 아니다. 그리고 도덕 판단은 도덕 행위의 선행조건이다. 도덕 판단은 도덕 행위의 필요조건이기는 하지만 충분조건이라고 볼 수는 없다. 콜버그는 도덕발달을 도덕적 규범을 정당화하고 도덕적 행동을 강화시켜주는 인지구조의 변화로 보고 있다. 이렇게 볼 때 콜버그의 도덕발달 이론은 도덕적 추론의 인지발달론이라고 할 수 있다. 도덕 판단을 결정해 주는 것은 바로 추론 능력이다. 도덕적 판단을 할 때 감정이나 죄의식 같은 정서적 요인도 작용하지만, 도덕적 상황을 판단하는 인지적 요소가 핵심적 역할을 한다(김교환, 2009: 30).

콜버그는 도덕 발달을 보편적이고 자연적인 현상으로 보고 있다. 그리고 도덕성 발달의 핵심적 요소를 인지로, 도덕성의 근원을 사회적 상호작용으로 보고 있기에 인지적 접근의 도덕교육을 강조하고 있다. 콜버그가 도덕성 발달의 사회·환경적 결정요소로서 제시하는 것은 역할 채택을 위한 기회이다. 콜버그는 역할 채택의 기회 제공은 인지의 자극과 함께 도덕성 발달을 촉진하는 기본 원리로 작용한다고 주장한다. 콜버그는 '도덕적'이라는 말을 도덕적 '판단' 또는 도덕적 판단에 기초한 '결정'을 가리키는 것으로 사용한다. 그가 제시하는 도덕성의 발달 단계도 도덕적 판단의 단계를 가리킨다. 콜버그는 형식주의적 입장에서 정의(正義)를 모든 도덕 판단의 공통적 척도로 정당화한다. 그는 정의만이 도덕성의 형식적 규정에 대한 요구를 충족시킬 수 있는 유일한 도덕 원리라고 본다(김윤하, 1987: 6).

도덕성 발달단계 이론

인지발달론적인 입장에서 도덕성에 관한 연구 활동의 시작은 피아제(1932)의 『아동의 도덕 판단』에서 비롯된다. 피아제는 '도덕적 이야기 기법'을 사용하여 아동들이 옳고 그름을 어떻게 판단하고 있으며, 도덕적 결정과 그 이유는 무엇인지를 알아보았다. 피아제의 도덕적 이야기 기법은 도덕 판단을 연구하는 방법을 제공했고, 가설적인 도덕적 갈등사태에 의한 임상적인 관찰법과 면접법을 소개함으로써 도덕 발달의 이론적 구성에 기여했다. 그리고 그는 갈등사태(딜레마)를 사용하여 도덕성을 측정하는 기법에 대한 이론적 기반을 콜버그에게 제공하였다.

콜버그는 피아제의 이론을 보다 확장하여 도덕발달 단계와 도덕교육의 실제를 보여 주었다. 그는 각 개인마다 도덕적 문제의 이해와 판단에 적용하는 인지적 틀을 지니고 있다고 가정하고 이러한 인지적 구조의 성숙이 도덕 발달의 핵심임을 강조하고 있다. 즉 개인이 인지적으로 성숙해 감에 따라 도덕적 문제를 판단하는 인지적 구조가 발달하게 되고, 이에 따라 점차 성숙된 도덕 판단과 행동이 가능해지는 것으로 보았다. 콜버그는 도덕적 사고와 추론 방식이 성숙되어 가는 과정을 3수준 6단계로 나누어 기술하였으며, 그의 여섯 도덕성 발달단계는 서로 논리적으로 유기적인 관계를 맺고 있어 각 단계의 핵심적 개념의 획득은 그 다음 단계의 인지 구조 획득의 선행조건이 된다. 그리고 누구나 상황이나 맥락에 관계없이 동일한 발달단계들을 동일한 순서로 거쳐 나가는 것으로 가정하고 있다. 따라서 도덕성 발달 수준에서의 개인 차이는 있을 수 있으나 근본적으로 도덕 발달이 진행되는 과정은 누구에게나 동일하다고 본다(이훈구, 오경자, 1994: 142).

콜버그가 도덕성 발달단계를 측정하기 위해 사용하였던 딜레마 제시 내용 중 그 유명한 하인즈(Heinz) 딜레마를 소개하면 다음과 같다(남궁달화, 1995: 87-88).

유럽에서 한 부인이 암에 걸려 거의 죽어 가고 있었다. 의사가 생각하기로는 그녀를 구할 수 있는 하나의 약이 개발되어 있었다. 그 약은 같은 읍내에 살고 있는 어느 약사가 최근에 발견한 라듐 성분의 약이다. 그 약은 만드는 데 비용이 많이 들기는 했으나 약사는 약 값을 비용의 10배나 매겼다. 그는 4백 불을 주고 산 라듐으로 작은 한 알의 약을 만들어 4천 불의 값을 매겼다. 그 부인의 남편인 하인즈는 그가 아는 모든 사람을 찾아가 돈을 빌리고 적법한 모든 수단을 다 시도해 보았으나 약값의 절반인 2천 불밖에 구하지 못했다. 그는 약사에게 그의 아내가 죽어 가고 있다고 말하면서 약을 싸게 팔든지, 아니면 나머지는 외상으로 팔아 달라고 간청했다. 그러나 약사는 '안돼요, 나는 그 약을 개발했고 약을 팔아 돈을 벌려고 해요'

라고 대답했다. 모든 적법한 수단을 다 강구해 본 하인즈는 절망하게 되었다. 마침내 그는 약사의 가게에 침입하여 아내를 위해 그 약을 훔칠 생각을 하고 있다.

　　질문 : 하인즈는 약을 훔쳐야 하는가?
　　　　 - 왜 훔쳐야 하는가? 또는 왜 훔쳐서는 안 되는가?

콜버그가 제시하는 3수준 6단계의 도덕성 발달이론을 정리하여 요약하면 다음과 같다(L. Kohlberg, 김봉소 외, 1985: 490-494. 남궁달화, 1995: 29-39).

인습이전 수준(제1단계와 제2단계)

첫 번째 수준은 인습이전 수준이다. 이 수준은 구체적인 개인의 관점을 취하며, 아동은 단순히 행동에 의해 주어지는 보상과 처벌을 통해 도덕 판단을 한다. 그리고 사회 규범과 선과 악, 정의와 부정으로 매겨진 이름을 맹목적으로 따르면서 행위를 물리적, 쾌락주의적 결과에 따른다.

제1단계
이 수준에서의 첫 번째 단계는 벌과 복종에 기초하는 제1단계이다. 제1단계의 도덕성은 규칙과 권위에 문자 그대로 복종하는 것이다. 옳은 행동을 하는 이유는 벌의 회피와 권위자의 우월한 힘 때문이다. 어떤 행위의 옳고 그름은 그 행위의 결과에 의해 판단한다. 그리고 행동의 물리적인 결과에 의해서 선, 악을 결정한다. 따라서 구체적인 규칙과 법질서를 무조건 따르는 것을 옳은 행위로 본다. 이 단계는 처벌이나 고통을 피하기 위해서 권위의 명령에 복종하기 때문에 진정한 의미의 규칙에 대한 개념은 없으며, '하라는 대로 하는 도덕'이다. 이 단계에 있는 사람은 다른 사람의 관점에서 추론하는 것이 아니라 자기중심적인 관점에서 추론한다. 제1단계에 속하는 사람들의 하인즈 딜레마에 대한 반응을 보면 다음과 같다.

하인즈는 그 약을 훔쳐야 한다. 약을 훔치지 않는다면 아내는 화가 나서 남편을 혼낼 것이기 때문이다. 또한 그 약값은 처음부터 4백 불밖에 안 되는 것이니까 4천불을 훔치는 것이 아니므로 훔쳐도 괜찮다.

하인즈가 약을 훔쳐서는 안 된다. 만약에 훔치면 경찰이 붙잡아서 감옥에 보낼 것이기 때문이다. 그리고 하인즈가 가게에 들어가서 비싼 약을 훔치는 것은 약제사에게 손해를 끼치는 것으로 안 된다.

이 단계는 자아 중심적 관점을 취한다. 이 단계의 사람은 다른 사람들의 관점을 고려하지 못한다. 즉 다른 사람들은 그와 관점이 다르다는 것을 인식하지 못한다. 그래서 다른 사람들의 심리적 관점에 의해서보다는 물리적 결과에 의해서 행동을 판단한다. 권위자의 관점과 자신의 관점을 혼동하고 있다.

제2단계

이에 비해 두 번째인 제2단계의 도덕성은 도구적 상대주의적 단계로서 옳은 것은 공정하고 동등한 교환과 거래 및 상호성에 두고 있다. 그러므로 옳은 행동이란 자신의 욕구나 타인의 욕구를 도구적으로 만족시켜 주는 것이다. 이 단계는 구체적 개인주의와 관련하여 개인적 이해관계에 기초하기 때문에 옳은 것은 상대적이라고 여긴다. 이것은 '눈에는 눈(eye for eye)' 식의 도덕성으로 여겨지는 단계이다. 그래서 인긴관계를 시장(市場)의 관계와 같은 것으로 본다. 그들

은 "네가 내 등을 긁어 주면 나도 네 등을 긁어 주겠다."는 식의 상
호성을 갖으며 신의를 지킨다든가 감사를 느낀다든가 공정을 기한다
든가 하는 생각과는 거리가 멀다. 그리고 그들이 원하는 것을 얻기
위해 다른 사람과 협동한다. 시험 커닝에 있어서도 "내가 그 학생의
답안지를 보고 썼다고 해서 누가 손해를 본 것은 아니지 않는가?"라
고 하여 커닝이 자기 자신을 해치고 있다는 것을 이해하지 못하고
손해를 구체적인 것으로만 이해한다. 제2단계에 속하는 사람들의 하
인즈 딜레마에 대한 반응을 보면 다음과 같다.

> 하인즈는 그 약을 훔쳐야 한다. 아내를 사랑하고 있고 또한 아내가
> 필요하기 때문이다. 그 부인에게는 그 약이 반드시 필요하다. 하인즈는
> 아내를 살려야 하기 때문에 약을 훔치는 것은 괜찮다. 하인즈가 약을
> 훔치고 싶어서 훔치는 것이 아니라 아내를 살리기 위해선 그 방법 밖
> 에 없었기 때문이다. 약을 훔쳐서 교도소에서 복역한 뒤에 출감하여 아
> 내와 살게 된다면 교도소 생활이 그리 괴롭지는 않을 것이다.

> 하인즈는 그 약을 훔치지 말아야 한다. 하인즈가 만일 붙잡혀서 감옥
> 에 들어간 후에 출감하기 전에 아내가 사망한다면 아무런 이득도 없을
> 것이다. 그의 아내가 만일 죽는 다해도 그것은 그의 잘못이 아니고 암
> 때문이므로 약을 훔쳐서는 안 된다. 그리고 약제사는 나쁘지 않으며 돈
> 을 벌려고 했을 뿐이다.

이 단계는 구체적인 개인주의적 관점을 취한다. 이 단계에 있는 사
람은 자신의 이익 및 관점과 다른 사람, 권위자의 이익 및 관점을 구
별한다. 그러므로 옳은 것은 상대적이라고 의식하며 구체적 개인주의
입장을 취한다. 이 단계의 사람들은 자신의 욕구를 만족시켜 주는 것
을 옳은 행위로 본다. 이들은 인간관계를 시장에서의 거래관계와 같
은 것으로 본다. 거래관계가 이루어지지 않는 한, 각자는 자기의 이

익을 취한다. 일단 거래관계가 이루어지면 상호이익을 위해 무엇인가를 한다. 그 과정에서 서로간의 갈등이 있을 수 있다. 그들이 그러한 갈등을 서로의 이익을 수단적으로 교환함으로써 해결한다. 이 단계의 사람들에게도 상호성, 공정성의 요소들이 나타난다. 그러나 그들은 이들 요소를 항상 물리적・실용적 방식으로 해석한다.

제1단계와 제2단계의 공통점은 모두 도구적이라는 점에서 같다. 전자는 외부의 요구에 만족하기 위한 도구적 반응이며, 후자는 자기 자신의 필요에 만족하기 위한 도구적 반응이기 때문이다.

인습 수준(제3단계와 제4단계)

두 번째 수준은 인습 수준이다. 이 수준은 사회 구성원으로서의 관점을 취하며 아동은 사회 규범을 이해하고 무엇이 옳고 그른지를 좀 더 객관적인 관점을 가지고 판단하게 된다. 그리고 구체적인 결과에 의해 판단하기보다는 개인이 속해 있는 가족, 국가 등의 기대에 의해 판단한다. 따라서 개인의 가족, 집단, 또는 국가의 기대를 유지하는 것이 그 자체로서 가치 있다고 여긴다. 이러한 태도는 적극적으로 사회 질서를 유지하며 지지하고 정당화하는 충성과 이에 참여하는 사람들과 집단에 일체감을 가지려고 하고 있다. 이 수준에서는 제3단계와 제4단계가 있다.

제3단계

제3단계는 개인 상호간의 일치 또는 착한 소년, 소녀의 단계로서 올바른 행동이란 다른 사람을 기쁘게 하고 도와주는 행동, 그리하여 다른 사람들이 승인하는 행동이다. 아동들은 자신에게 중요한 사람의 기대와 관련지어 행동하기 시작한다. 옳은 것은 다른 사람들과 그들의 감정에 관심을 가지고 동반자에 대한 충성과 신뢰를 간직하고 규칙과 기대에 따라 좋은 역할을 하는 것이다. 옳은 행동을 하는 이유는 다른 사람들을 돌보면서 자기 자신의 눈으로 보아도 그리고 다른 사람의 눈으로 보아도 착하다는 것이 필요하기 때문이다. 왜냐하면, 만약에 자신이 다른 사람의 입장에 놓이게 되면 그는 자신으로부터 착한 행동을 원할 것이기 때문이다(황금률: 남에게 대접을 받고자 하는 대로 너희도 남에게 대접하라). 이 단계는 집단 구성원과의 조화로운 관계를 유지하는 것이 행위의 동기가 되고 있으며, 다른 사람들과의 관계를 예상하면서 자신의 관점(조망)을 취한다. 그러나 사회전체에 미치는 영향과 관련하여 옳고 그름을 판단하는 일반화된 사회 체제적인 관점을 고려하지는 못한다. 제3단계에 속하는 사람들의 하인즈 딜레마에 대한 반응을 보면 다음과 같다.

하인즈는 약을 훔쳐야 한다. 그는 좋은 남편으로서 해야 할 일을 했을 뿐이다. 하인즈가 약을 훔치지 않으면 가족들은 그를 비인간적인 남편이라고 비난할 것이다. 따라서 하인즈가 약을 훔쳐도 그가 나쁘다고 생각하지 않을 것이다. 하인즈가 아내를 사랑하지 않는다 하더라도 남편으로서의 도리를 다해야 하기 때문에 훔쳐야 한다. 하인즈는 약을 훔쳐서 아내를 구하지 못하면 죄책감을 느낄 것이다.

하인즈는 약을 훔치지 말아야 한다. 비록 부인이 죽는다고 하더라고 그 남편을 비난할 수 없다. 남편은 부인을 사랑하지 않는다거나 합법적으로 할 수 있는 일을 모두 하지 않은 것은 아니기 때문이다. 하인즈가 약을 훔치면 가족과 친지들에게 불명예를 주기 때문에 기분 나쁠 것이다. 하인즈는 다시는 누구도 대하지 못할 것이다.

이 단계는 대부분의 사람들이 갖고 있는 고정적인 가치 기준에 동조하는 것이 중시된다. 인간관계는 단순한 교환의 수준을 넘어서서 상호 신뢰관계를 유지하는 것을 의미한다. 따라서 애정과 신뢰에 바탕을 둔 인간관계의 형성이 도덕성의 요소가 된다. 이 단계는 비인지적 도덕성으로 이타적 속성을 지닌 것으로 보인다.

제4단계

제4단계는 법과 질서의 단계로서 사회체제 유지에 관심을 둔다. 올바른 행동이란 자신의 의무를 수행하고, 권위에 대한 존경을 보여주고, 주어진 사회질서 자체를 유지하는 것이다. 옳음은 사회적인 기준과 법, 의무, 그리고 기대와 관련지어 정의한다. 그래서 행위의 동기나 결과보다는 규칙의 준수 여부가 중요시된다. 이 단계에서는 법과 규칙을 사회질서와 평온을 유지하고 인권을 보장하기 수단으로 본다. 그러나 법의 체제나 믿음이 기본적 인간의 권리들과 갈등을 빚은 상황들을 다루기에는 적절하지 못하다. 즉 법과 생명의 가치가 갈등을 일으킬 때에 둘 사이에서 선택하기가 곤란하다. 인간의 생명이 신성한 것이고 법의 목적도 생명의 신성함을 지키는 경우가 많음을 인정하기 때문이다. 이 경우에는 인권이나 공리의 원리에 따라 도덕 판단을 하는 제5단계에 도달하여야 그 해결이 가능하다. 제4단계에 속하는 사람들의 하인즈 딜레마에 대한 반응을 보면 다음과 같다.

하인즈는 약을 훔쳐도 괜찮다. 만약 남편이 아무것도 하지 않아 부인이 죽었다면 그것은 남편의 책임이다. 그 약제사에게 나중에 약값을 치르겠다는 생각으로 그 약을 훔쳐도 괜찮다. 하인즈는 결혼을 할 때에 아내를 사랑하고 아껴주겠다고 서약을 했다. 결혼은 사랑일 뿐 아니라 의무이기도 하다. 따라서 하인즈는 그 약을 훔칠 수도 있다. 하인즈가 아내에 대한 의무를 다하지 않아서 아내를 죽게 한다면 그는 항상 죄의식을 느낄 것이다. 약제사는 그 약에 대해 그만큼 높은 값을 매길 권리가 있는가? 아니다. 그만큼 많은 이득을 취하는 것은 사람들에 대한 의무와 책임을 저버리는 것이다.

하인즈는 약을 훔쳐서는 안 된다. 자신의 부인을 살리려고 하는 것은 남편으로서 당연하지만 약을 훔치는 것은 항상 잘못이다. 하인즈가 그 약을 훔치면 자신이 도둑질을 하고 있다는 것을 잘 알 것이다. 하인즈가 절망에 빠져서 약을 훔칠 때에는 잘못을 저지르고 있다는 것을 모르고 있겠지만 교도소에 갔을 때에는 자신이 잘못했다는 것을 알고 법을 어긴 것 때문에 죄의식을 느낄 것이다. 하인즈는 약제사의 정당한 재산을 훔칠 법적인 권리가 없다. 하인즈는 법에 의해 보장된 개인의 재산권을 침해해서는 안 된다.

이 단계는 사회적 관점과 개인 간의 협약 또는 동기를 구별한다. 이 단계에 있는 사람은 자기가 속한 집단의 관점을 넘어 전체 사회의 관점을 취하여 규칙 및 법의 준수에 관심을 갖는다. 또한 체제 안에서 의무와 관련해서 개인적 관계를 고려하지만 사회 체제의 법과 질서를 더 중시한다.

후인습 수준(제5단계와 제6단계)

세 번째 수준은 후인습 수준 또는 원리의 수준으로 사회적 규범을 넘어서는 관점을 취한다. 이 수준에 도달한 사람은 권위자의 명령보다는 자신이 옳다고 생각하는 도덕 정의와 원칙에 따라 행동하고자 한다. 그리고 도덕적 인습이나 집단의 권위와는 관계없이 타당성 있는 도덕적 가치와 원리를 적용하게 된다. 이 수준은 원리적 도덕성인 제5단계와 제6단계가 있다.

제5단계
제5단계는 사회계약적 법률 존중의 단계로서 공리주의적 요소가 다분히 있다. 옳은 행동이란 전체 사회에 의해 비판적으로 검토되고 동의된 개인의 일반적 권리 및 표준과 관련해서 정의된다. 올바른 행동은 개인의 기본권에 비추어, 또 사회 전체가 원칙상 합의할 수 있는 도덕기준에 비추어 정의된다. 따라서 타인의 권리를 침해하는 일을 피하며 자유, 평등, 계약의 원리를 지향한다. 그리고 모든 사람의 권리와 가치를 보호하기 위해 법을 준수한다. 이 단계에 있는 사람은 개인적 권리와 사회적 의무를 합리적으로 조절하려는 노력을 한다. 이 단계는 사회에서 동의한 가치에 의해서 옳고 그름이 결정된다. 따라서 사회적 유용성의 합리적 고려와 관련해서 법률의 개정 가능성에 대해서도 강조한다. 그리고 계약은 인간의 기본권의 보장을, 상호 합의는 서로간의 의무를 전제로 한다. 따라서 어떤 사람이 자진해서 자기 스스로를 노예로 팔았다 해도 상대방은 그를 노예로 가질 도덕적 권리는 없는 것이다. 이 단계는 인간 평등의 존중과 사회공동체 존중의 유지 모두에 관심을 가지며, 개인의 생명이나 자유와 같은 기본적 권리를 침해할 때에는 도덕적 타당성을 잃게 된다고 본다. 제5단계에 속하는 사람들의 하인즈 딜레마에 대한 반응을 보면 다음과 같다.

하인즈는 약을 훔쳐도 괜찮다. 이 상황에서 약을 훔치는 것은 정말로 옳지는 않지만 그렇게 할 수도 있다. 생명의 가치는 개인 재산의 가치보다 우선하기 때문이다. 따라서 인간의 생명이 위태로울 때에 약을 훔치는 것은 정당화될 수 있다고 생각한다. 이 경우는 약사가 약에 대해 가지고 있는 어떤 권리보다도 우선한다고 생각한다. 약제사가 약값을 그렇게 비싸게 매길 권리를 법적으로 가지고 있을지는 몰라도 도덕적 권리는 없다고 생각한다.

하인즈가 약을 훔치는 것이 꼭 옳다고는 말할 수 없다. 그가 약을 훔친 것에 대해서 전적으로 비난할 수는 없으니 아무리 그렇다고 하더라도 법률은 지켜야 한다. 이 상황에서 하인즈가 약을 훔치는 것은 궁극적으로 모든 사람들에게 최대의 선을 가져올 것인가를 고려해야 한다. 하인즈는 약을 훔칠 의무는 없다. 왜냐하면 훔치는 것은 남편과 아내 사이의 보통 계약에는 없는 행위이기 때문이다.

이 단계는 개인의 가치와 권리를 사회보다 우선하는 관점을 취한다. 즉 가치와 권리를 사회적 결속이나 계약보다 우선하는 합리적 개인적 관점을 취한다. 이 단계에 있는 사람은 법이 사회 계약의 기본 정신에 위배될 때에는 꼭 지켜야 할 의무는 없다고 보는 것이다. 그리고 도덕적 관점과 법적 관점을 고려하면서 그 과정에서 양자가 갈등할 수 있음을 인식하면서 양자의 통합이 어렵다는 점을 알게 된다.

제5단계에서 인권과 공리가 서로 충돌할 경우에는 이상적인 역할 채택을 통하여 모든 사람의 입장을 고려하는 공정한 입장에서, 즉 보편적인 도덕원리에 입각해서 결정을 내리는 제6단계에 도달하여야 그 해결이 가능한 도덕판단을 할 수 있다(조성민, 2013: 18).

제6단계

제6단계는 보편적 윤리적 원리의 단계로서 개별적 인간의 존엄성, 사회 정의 등의 보편적 원리에 입각하여 도덕 판단을 하게 된다. 올바른 행동은 자신이 스스로 규정한 도덕적 정의와 원리에 따른 양심의 결단으로 정의된다. 이 단계는 가역성, 보편화 가능성, 일관성으로서의 공정성의 원리와 인격 존중의 원리에 따라 사고한다. 그러므로 양심과 상호 신뢰와 존경을 지향한다. 양심적 판단은 정의의 원리와 보편성이 중요시된다. 제6단계 사고에 깔린 윤리적 원칙들은 어떤 사회적 계약의 합의라도 초월하는 것이다. 따라서 법이 원칙과 다를 때에는 원칙대로 한다. 그 원칙은 정의의 보편적 원칙, 인권의 상호성과 평등성, 개인으로서의 인간의 존엄성에 대한 존중이다. 이 단계에서는 개인이 어떤 입장에 처해 있건 간에 합리적 인간이라면 누구나 선택하게 될 원리에 따라 행동한다. 도덕 발달의 최고 단계인 6단계는 하버드대학의 철학자 롤즈(John Rawls)의 영향을 강하게 받았으며, 보편적 원리로서 정의의 원리를 최고의 행위 원리로 채택하였다. 제6단계에 속하는 사람들의 하인즈 딜레마에 대한 반응을 보면 다음과 같다.

하인즈는 약을 훔치는 것은 도덕적으로 볼 때 괜찮다. 이 상황은 훔치느냐 아니면 아내를 죽게 내버려두느냐 하는 선택이 강요되고 있다. 어차피 선택은 이루어져야 하며 훔치는 것은 도덕적으로 옳다. 하인즈는 생명을 보존하고 존중하는 원리에 비추어 행동해야 한다. 인간의 생명은 그가 누구이든지 간에 어떤 도덕적 가치나 법적 가치보다 우선한다. 인간의 생명은 어떤 개인에게 가치 있든 없든 간에 관계없이 내재적 가치를 가진다. 한 인간의 내재적 가치는 정의 및 사랑의 원리가 중심이 되기 때문이다. 인간 생명의 가치는 도덕적 행위자로서의 이성적 존재인 인간에게 절대적인 도덕적 '당위'를 제공하는 근원인 것이다. 그래서 아내가 아닌 친구나 타인의 생명의 가치도 같은 것이다.

하인즈가 약을 훔치는 것이 옳은 것인지 확실히 말하기 어렵다. 왜냐하면 그 약을 필요로 하는 다른 사람이 있다면 그 사람도 마찬가지로 그 약에 대한 동등한 권리를 갖는다. 만약 그 약이 희귀해서 한 번 복용할 약밖에 없다면 누가 그 약을 차지할 것인가를 보다 공정한 방식으로 결정해야 할 것이다. 하인즈는 죽어 가는 자신의 아내를 살릴 수 있는 그 약이 필요한 다른 사람을 고려하느냐 하지 않느냐를 결정할 처지에 있다. 하인즈는 자신의 아내에 대한 특정한 감정을 고려하지 말고 나머지 사람들의 생명의 가치를 고려해서 행동해야 한다.

6단계는 보편적인 정의의 원리, 즉 인권의 동등성과 인간의 존엄성에 대한 존중을 규정하는 보편적인 윤리적 원리에 입각하여 옳고 그름을 판단하는 단계이다. 이 단계에서는 개인이 어떤 입장에 처해 있건 간에 합리적인 인간이라면 누구나 선택하게 될 원리(칸트의 정언명령이나 롤스의 정의의 원리)에 따라 행위 또는 제도의 정당성을 평가한다(조성민, 2013: 188).

그런데 콜버그가 주장하는 도덕발달 단계 중 최고의 단계인 6단계에 대한 경험적 입증은 찾을 수 없었다. 즉 그의 20년 종단 연구에서 6단계의 특징을 지닌 사람은 나타나지 않았고, 미국, 이스라엘, 터키에서 진행된 비교문화 연구에서도 발견되지 않았다. 그러나 경험적으로 입증되지 못했더라도 철학적 입장에서 최고 수준으로 개념화될 수 있는 이상적인 모습의 도덕 판단 유형은 얼마든지 그려질 수 있는 것이다(L. Kohlberg, 문용린 역, 2000: 271).

이상에서 살펴본 콜버그의 인지 도덕 발달 단계는 다음과 같은 네 가지 특징을 가지고 있다(L. Kohlberg, 김민남 역, 1988: 36. 남궁달화, 2008: 174-175. L. Kohlberg, 문용린 역, 2000: 60).

첫째, 여섯 단계들은 각각 질적으로 다른 사고방식을 가진다. 물론 단계가 다른 사람들 간에 비슷한 가치를 공유할 수 있다. 그러나 이 경우 가치에 대한 그들의 사고방식은 질적으로 다르다.

둘째, 각 단계는 구조화된 전체를 형성한다. 즉 사고의 조직화된 체계이다. 단계가 변화하면 도덕적 문제의 전체 계열에 대한 사고방식을 재구성하게 된다. 즉 하나의 과제를 해결하는데 나타난 단계 반응은 단지 그 과제에 대한 지식과 친숙성에 따라 결정되는 특정한 반응이나 태도를 나타내는 것이 아니라 사고를 조직하는 방식 즉, 추론의 구조를 드러내는 총체적인 사고방식이다.

셋째, 단계들은 불변의 위계, 순서를 형성한다. 다음 단계는 앞 단계가 개발된 이후에 개발된다. 개인은 단계를 뛰어 넘을 수 없으며 단계 이동은 다음 단계에로 일어난다. 이 단계들은 다양한 모든 문화권에서도 계열의 보편성을 가진다. 즉 도덕 판단의 단계는 모든 문화권에 적용되는 보편적인 것이다. 따라서 문화적 요소는 발달을 가속화하거나 지체시키거나 중단시킬 수는 있지만 발달의 순서를 변화시키지는 않는다.

넷째, 단계는 위계적 통합체로 구성되어 있다. 단계는 하나의 공통적 기능을 수행하기 위해 점차 분화되고 통합되는 구조들 간의 질서를 형성한다. 높은 단계의 사고는 낮은 단계의 사고를 그 속에 포함하고 있어서 한 단계로부터 다음 단계로 발달될 때 낮은 단계의 구조들을 통합하고 포용한다.

콜버그의 도덕성 발달단계 이론 비판

콜버그의 인지적 도덕 발달 이론은 수많은 학문적 관심과 동시에 비판을 들어 왔다. 콜버그와 그의 이론을 비판하는 사람들 중 어느 누구도 도덕 추론에는 여러 단계가 있다는 것과 그 단계를 이해하는 데 인지발달론적 접근이 유용하다는 점을 부인하지는 않는다(문용린 역, 2000: 18). 콜버그의 도덕성 발달단계 이론에 대해서 비판하는 내용을 정리해 보면 다음과 같다(L. Kohlberg, 문용린 역, 2000: 19-21, 272-274. Devitis, et al. 추병완 역, 1999: 136-140).

윌리엄스(N. Williams)는 발달 단계와 단계 자체에서의 논리적 순서에 대하여 비판하면서 단계들이 보다 정확하게 기술될 필요가 있음을 지적하였다. 그는 5단계와 6단계의 구별이 분명하지 못하고 3단계와 4단계는 계열적인 단계라기보다는 오히려 평행적인 것이거나 혹은 대안적인 것이라고 한다.

심프슨(Simpson)은 개인들이 불변의 계열을 이루고 있는 단계들을 통해서 발달해 간다는 콜버그 주장에 이의를 제기하고 2, 3, 4단계에서만 타당한 것이라고 주장한다. 또한 단계들이 문화적으로 보편적이지 않다고 주장한다. 연구된 문화권에서 인습 이후의 수준을 발견하지 못했기 때문에 상위 단계는 서구 문화의 영향을 받은 도시 문화에서 발견된다면 그것은 문화적 편견을 지니고 있다는 것이다. 이것은 콜버그의 이론이 심리학적 근거에 기초하여 문화적 보편성을 주장하는 데에 대한 비판이다. 도덕 발달이 역사적 맥락과는 무관하게, 그리고 특정한 문화적 맥락을 떠나 이루어진다고 보는 것이 과연 타당한지에 대해 의문을 갖는다. 그리고 도덕성 발달 채점 기준이 문화적 보편성을 가지고 있는가하고 의문을 제기한다.

길리건(Carol Gilligan)은 『또 다른 목소리로』라는 책에서 콜버그가 여성들의 강력한 대인 관계적 지향에 근거하여 3단계를 여성들이 선호한다는 사실을 밝혀 왔다는 점에 주목하지만 전통적으로 타인의 요구에 대한 배려와 민감성이 도덕 발달에 있어서 결함이 있는 것으로 채점되고 있다는 사실에 유감을 나타내면서 콜버그의 채점 체계가 여성에 대한 편견을 지니고 있다고 주장한다. 그것은 콜버그 발달 단계 이론 자체가 남성에 의해 공식화되었기 때문에 채점 도구에서도 배려지향을 3단계 추론으로 잘못 나타내고 있다는 것이다. 길리건은 여성들이 배려와 책임 지향의 사고 양식을 많이 사용하고 있으며 남성들은 정의를 더 많이 사용하는 경향이 있다고 보고한다. 그리고 콜버그 이론이 정서나 의지의 측면을 배제하고 추론과 인지적 활동만으로 정의된 점에 비판한다.

설리번(E.V Sullivan)은 콜버그의 6단계 정의 추론 개념을 비판한다. 그는 콜버그의 6단계 추론 개념이 계몽주의 영향을 받았기 때문에 <도덕적 인간>의 모델을 보편적이라기보다는 편협한 모형이다고 한다. 6단계 인간의 개념은 추상적 형식주의라는 인지적 입장에 기반을 두기 때문에 이데올로기적이고 구조주의적이다. 따라서 인간의 도덕적 이해를 불가능하게 한다고 주장한다. 도덕 단계가 도덕적 정서나 의지적 요소를 배제한 채 순전히 도덕 추론과 인지적인 측면으로만 정의 내리는데 대한 반론이다. 콜버그 이론은 감정과 도덕적 상상력, 책임감과 같은 도덕 판단 과정에서 중요한 역할을 하는 심리적 요소들을 포함하고 있지 못하다는 것이다. 그리고 콜버그 이론은 서구 자본주의의 허위의식의 표현이며, <구조>를 너무 경직되게 정의하여 변화하는 세계 속의 다양한 도덕적 삶을 이해하는 데는 한계가 있다는 것이다.

하버마스(J. Habermas)는 콜버그가 주장하는 도덕 발달의 방향과 발달의 종착점에 대해서 정의 추론과 개인의 권리에 치우친 발달 단계를 주장하고 있으며, 공동체적 이상으로서의 보호와 배려, 책임감 등이 무시된다고 비판한다. 즉 콜버그가 견지하는 도덕적 성숙의 개념이 정의와 개인의 권리 존중의 개념을 너무나 강조한 나머지, 이상적 공동체를 위한 개념들을 무시하고 있다고 지적한다.

콜버그의 인지적 접근은 도덕 판단이 과연 문화와 관계없이 불변적 순서로 발달하는가에 대한 회의적인 시각에서부터 개인의 자율적 도덕성을 사회질서와 전통의 가치보다 우위에 두는 것에 대한 비판에 이르기까지 많은 문제가 제기되어 왔다.

<참고 문헌>

김윤하, "Kohlberg 도덕교육관의 분석적 연구", 동아대학교 대학원 박사
        학위논문, 1987.
김교환, 『도덕교육의 통합적 접근』, 강원대학교 출판부, 2009.
남궁달화, 『콜버그 도덕교육론』, 서울: 철학과 현실사, 1995.
남궁달화, 『도덕교육론』, 서울: 철학과 현실사, 1996.
남궁달화, 『현대도덕교육론』, 서울: 교육과학사, 2008.
문용린, "콜버그의 생애와 사상", 『교육개발』, 10권 5호, 1988. 10월.
서울대학교 교육연구소 편, 『교육학 대백과사전2』, 서울: 하우동설, 1998.
이택휘 외 4인, 『도덕과 교육의 이론과 실제』, 서울: 교육과학사, 1997.

이훈구, 오경자,『도덕적 행동의 강화』, 서울 : 집문당, 1994.
임병덕 외 2인,『초등학교 도덕과 교육론』, 서울: 교육과학사, 1998.
서강식,『피아제와 콜버그의 도덕교육이론』, 경기: 인간사랑, 2010.
장상호,『Piaget 발생적 인식론과 교육』, 서울: 교육과학사, 1991.
조성민,『도덕 윤리교육의 윤리학적 접근』, 경기: 교육과학사, 2013.
채옥채,『인간행동과 사회환경』, 경기: 양서원, 2015.
추병완,『도덕발달과 도덕교육』, 서울: 도서출판 하우, 2008.
Devitis, J,L., & Rich, J,M., 추병완 역,『도덕발달이론』, 서울: 백의, 1999.
Kohlberg, L., 김봉소, 김민남 공역,『도덕발달의 철학』, 서울: 교육과학사,
      1985.
Kohlberg, L., 김민남 역,『도덕발달의 심리학』, 서울: 교육과학사, 1988.
Kohlberg, L., 문용린 역,『콜버그 도덕성 발달이론』, 서울: 아카넷, 2000.

제06장

도덕교육의 쟁점

1. 이성과 습관

도덕적 관습

우리가 한 사회 속에 태어난다는 것은 도덕적 관습(慣習, custom)을 문화의 내용으로 하는 세계에 태어나는 것이다. 따라서 우리의 도덕생활은 기본적으로 관습과 습관에 의해 주어진 도덕과 더불어 출발한다. 우리 삶의 대부분은 관례 또는 관습이 요구하는 행동과 감정이 몸에 배게 되는 과정이요 특별한 의식이나 반성 없이 살아온 대로 살아가는 과정이다. 인간의 도덕생활이 오로지 관습으로만 규정될 수는 없겠지만 관습이 도덕성의 중요한 자리를 차지하고 있음은 분명한 사실이다. 관습에 의해 주어진 도덕적 규범들은 종교적 생활에서 형성된 것일 수도 있고 제도적 전통과 더불어 성립된 것일 수도 있다.

우리는 어떤 도덕적 규칙이나 도덕적 이상을 염두에 두고 의식적으로 거기에 맞추려고 노력하면서 사는 것이 아니라 자신의 자아(自我) 한 부분으로서 '도덕성' 그대로 삶을 사는 것이다. 이러한 도덕성은 사회의 관습과 전통의 산물로서 자아형성(自我形成)의 일부이다. 이 자아는 사회의 지배적인 행위 양식 곧 관습과 전통에서 형성되므로 저절로 이루어지는 것이다. 즉 사회의 주어진 문화와 생활양식에 따라 이루어지는 일체의 삶의 과정 전체를 통해 자아가 형성되고 도덕성도 생기는 것이다(김안중, 1991: 77).

관습이란 어느 일정한 사회 내부에서 사람들이 오랫동안 지켜 내려와서 일반적으로 인정되고 습관화되어 온 규범이나 생활 방식이다. 이러한 관습은 사회의 모든 구성원이 공유하게 되며, 한 사회가 특징적으로 나타내는 생활방식으로서의 행위의 전통이다. 이 행위의 전통은 인간의 삶과 그 삶의 주체인 개인에 대해 안정성을 부여하는 것이다. 이 점에서 행위의 전통은 항구에 정박한 선박의 닻과 같은 것이다. 그것은 삶의 위기 상황에서도 흔들리지 않게 해주며 표류하지 않게 해준다(김안중, 1991: 78-79).

도덕 관습에 비해 습관(習慣, habit)은 어느 정도 개인적인 것으로 심사숙고나 주저함이 없이 자동적으로 하게 되는 행위 또는 반응양식이다. 습관은 신체 동작에 주로 적용되나 어떤 조건이 일정하게 지속됨에 따라 갖게 되는 사고방식이나, 표현 방식, 태도 등에도 적용되는 용어이다(서울대학교 교육연구소 편, 1994: 415)

일반적으로 습관이란 일종의 삶의 기술로서 어떤 행동을 오랫동안 반복적으로 지속하는 과정 속에서 거의 자동적으로 나오게 되는 행동방식으로 이해되어 왔다. 그런데 도덕교육에서 습관은 도덕적 행동을 지속적으로 반복하기 때문에 도덕적 인간을 지향하는데 중요한 사항으로 고려된다.

습관화된 도덕적 행동이란 행위자가 크게 의식적으로 생각하지 않고도 실천하는 도덕적 행동으로서, 그의 품성과 생활 속에 비교적 고정화된 방식으로 자리 잡고 있는 행동 양태라고 할 수 있다. 이런 의미에서 습관화된 도덕 행동은 일관성과 지속성을 특징으로 한다. 그것은 행위자가 늘 애써 생각하고 의식적으로 노력하지 않아도 도덕 행동을 가능케 함으로써 덕스러운 삶을 사는데 큰 도움을 준다(도성달 외, 2001: 159).

　도덕교육에서 습관(관습)을 비판적 반성 및 사고(지성)가 배제되어 있는 자동적인 반복적 행위로 볼 것인가? 습관을 능동적, 적극적으로 이해하여 이미 습관에 인지적 측면을 내포하여 사고(지성)가 내재한 것으로 보아야 하는가? 에 따라 습관의 위치는 달라진다.

이성과 습관의 관계

　도덕교육은 습관의 도덕교육에서 시작할 수밖에 없다면, 어떻게 여기서 이성의 도덕교육 즉 반성적 도덕성의 형성이 가능한가? 하는 의문이 생긴다. 다시 말해 '습관'에서 '이성'이 나올 수도 있다는 의미이다. 그런데 습관에 따른 삶의 원리와 이성에 따른 삶의 원리는 서로를 개념적으로 배척하는 모순 관계에 있다. 그러나 이성과 습관은 도덕교육의 과정에서 모두 중요한 요소가 되는 것이다.

　피터스(Peters)는 아동들은 합리적인 행동 양식이나 다양한　언어를 이해할 수 없음에도 불구하고 '습관과 전통의 마당'(Courtyard of Habit and Tradition)을 거쳐 '이성의 궁전'(Palace of Reason)으로 들어갈 수 있으며 또 그래야만 한다는 것이다. 습관의 형성을 강조하는 것은 어느 정도 이성적 측면, 즉 비판적 사고를 중지시키는 것이 되고 이성의 사용을 강조하는 것은 습관 형성에 대한 반항이요 배척이 되는 것이다. 이것이 바로 도덕교육의 패러독스이다.

한편 아리스토텔레스는 "옳은 행위를 함으로써 옳게 된다."고 하여 도덕교육의 패러독스를 드러내고 있다. 즉 관례적 도덕의 실천을 습관화함으로써 반성적 도덕을 형성할 수 있다는 것은 역설이라고 할 수 있다(이민철, 1986: 5-6).

피터스는 아리스토텔레스의 전통을 계승하는 입장에서 이성과 습관의 관계를 주도한 사람으로 평가받고 있다. 피터스에 의하면 아동의 초기 교육에 있어서는 아동의 발달상의 이유로 습관의 교육을 하는 것이 불가피하다. 그런데 피터스는 습관에 입각한 삶과 이성에 입각한 삶은 서로를 개념적으로 배척하는 관계에 있다는 도덕교육의 역설을 해소하기 위해 습관 속에도 이성이 들어있으며 습관은 이성의 필요충분조건이 아니라 필요조건이라는 입장을 취한 것으로 볼 수 있다. 피터스에 있어서 이성과 습관의 관계는 시간상의 선후관계를 의미한다(최혜경, 2001: 60).

아리스토텔레스가 습관을 강조하는 것은 '이성적 판단'과 대립되는 '습관'이 아니다. 그것은 구체적인 도덕 판단의 내용이 들어 있는 것으로서의 습관(예: 정직한 습관, 중용의 습관)을 말한다. 이런 뜻에서 '습관 형성'은 곧 '도덕성의 형성' 그 자체를 말하는 것에 가깝다. 어른들이 아동들에게 어떤 행동을 습관화시키는 일은 '도덕적인 진공상태'에서 이루어지는 것이 아니다. 아동들에게 어떤 특정한 행동을 하도록 가르치는 까닭은 그 행동이 그 사회에서 바람직하다고 생각하기 때문이며, 그러한 행동이 품고 있는 도덕적인 의미는 그 사회 구성원으로서 그 아이가 이해해야 되는 것이기 때문이다. 아리스토텔레스가 습관의 중요성을 강조할 때의 습관이란 어떤 사회적, 문화적 의미가 빠진 공허한 것으로서의 습관을 말하는 것이 아니다. 그것은 사회적 의미가 부여된 도덕적 선악의 판단 그 자체 또는 그런 판단이 들어있는 내용을 담은 습관이다. 즉 '맹목적인 습관'이 아니라 그 아동이 속한 사회에서 도덕적으로 바람직하다고 생각되는 '내용을 담은 습관'이다. 다시 말해서 선악의 판단이 이미 들어 있는 도덕적으로 좋은 습관을 말한다. 아동들은 도덕적으로 좋다, 나쁘다는 것의 의미를 이해하지 못하면서 도덕적 행위를 습관화해 나가는 동안에 어느 때부터인가는 그 습관들이 가진 도덕적 의미를 이해하게 된다. 이러한 습관을 형성함으로써 '도덕성'이라는 것을 가지게 된다. 습관을 형성하는 과정은 언어(말)를 배우는 과정과 꼭 마찬가지로 반복과 훈련에 의해서 가능하다. 아동들은 어른들과 그 사회가 주는 것을 무비판적으로 받아들인다. 즉 무비판적인 수용에 의해서 '언어'를 배움으로써 '세상'을 배우듯이 어른들이 제시하는 덕목들을 비판 없이 '습관화' 함으로써 '도덕성'을 획득하게 된다(조난심, 1982: 26-31).

도덕적 습관이라는 것은 그 행위가 도덕적이어야 하기 때문에, 그 습관에는 비판적 반성이 개입되어 있다는 점이다. 아리스토텔레스는 도덕적 덕은 습관의 결과로 생긴다고 주장한다. 그에게는 우리가 어렸을 때부터 어떤 습관을 갖게 되는가에 따라서, 덕이 있는 사람이 되는가, 그렇지 않은가에 큰 영향을 미치게 된다는 것이다. 아리스토텔레스는 실천을 통해서 습관이 형성된다고 주장했지만, 습관화는 단지 기계적인 행동이 아니라 판단과 이성을 행사하는 것으로 이해되어야 한다. 우리는 도덕적 습관이라고 하였을 때, 그것이 단지 동일한 행동을 기계적으로 반복하는 것으로 보아서는 안 될 것이다. 덕있는 행위는 환경에 대한 판단, 반응적인 정서, 어떻게 행동할 것인가에 대한 결정이 결합되어 있다. 다시 말해서 도덕적 행동을 하기 위해서 우리가 이전에 한 행동을 계속해서 똑같이 반복적으로 하는 것이 필요한 것이 아니라, 그 상황에 맞게 판단을 내리고 선택하고, 그 상황에 부응하는 정서를 갖고, 도덕적 행동을 하는 것이 필요하다는 점이다. 이러한 도덕적 행동이 지속적으로 이루어지는 과정 속에서 도덕적 습관이 형성된다. 도덕적 습관은 "어떤 행위에 대한 순전히 기계적인 반복이라기보다는 계속적인 시도를 통해서 행동을 정교화

하는 것이다."라고 셔면은 지적하고 있다. 도덕교육과 관련한 습관이
라는 것은 반복적인 실천을 통해서 형성되지만, 그 행동에는 반성과
인지적 사고가 개입되어 있는 것으로 보아야 한다.

듀이는 습관에는 지적, 정서적 성향이 있으며 행동경향성이 있다고
하였다. 즉 우리의 습관에는 지적, 정서적, 행동적 성향이 모두 내재
해 있다는 것이다. 습관은 지적인 사고를 함께 내재함으로 우리는 상
황에 따라 융통성 있게 효율적인 방식으로 행위를 하게 된다. 습관을
형성하는 동안 정서적 성향과 태도가 형성하게 되고, 인지적, 정서적
성향과 행동하려는 경향성은 서로 영향을 미친다. 우리는 도덕적 습
관을 형성하도록 하면서, 단지 도덕적 행동만이 아니라 마음의 습관,
사고의 습관도 형성하게 되며, 여기에는 태도와 성향이 내재되어 있
다(고미숙, 2008: 204-206).

습관은 초기교육에서 뿐만이 아니라 인간의 도덕적인 삶과 도덕교
육에서 행위의 원천과 기준이 될 수 있다. 도덕교육에서 중요한 것은
우리의 삶의 기반을 지탱해 주고 있는 습관의 의미를 회복하는 것이
다. 습관의 의미를 회복하는 것은 사회의 관례와 전통이 인간의 삶에
서 중요한 의미를 갖는다는 점을 인식하고 그것을 볼 수 있는 안목
이 필요하다는 것이다.

도덕교육에서 습관은 단순한 행위의 반복이 아니며 그 안에 어떤
식으로든지 이성을 포함하고 있다고 보아야 한다. 습관은 '행위의 전
통'으로서 인간의 도덕적 삶의 기준이 된다. 이 기준은 이성의 힘을
이용하여 다시 습관을 올바른 방향으로 변형시켜 나간다. 따라서 이
성과 습관은 떨어져 있는 것이 아니다. 습관은 개인 안에 들어와 있
는 사회의 관례이며 전통이다. 이성과 습관은 도덕교육의 양 측면으
로서 올바른 인간의 형성이라는 목적에 이르는 상이한 경로라고 할
수 있다. 도덕교육에서 행위 전통으로서의 습관은 이것을 추구하는
과정에서 이성의 힘이 필요하다. 도덕교육에서 이성과 습관은 동일한

목적을 이루기 위한 상이한 양상 또는 다른 경로라고 할 수 있으며 표리관계를 이루고 있다고 말할 수 있다(최혜경, 2001: 64-65).

관례적 도덕과 반성적 도덕

오우크쇼트(M, Oakeshott)는 '바벨탑'11)이란 그의 논문을 통해 서양의 도덕생활이 직면하고 있는 합리주의적 경향을 제시하였다. 서양인은 이성의 권위를 인정하고 전통과 습관을 무시함으로써 도덕생활은 위기에 빠져 있다고 하였다. 이러한 합리주의적 도덕생활의 위기는 서구 문명의 위기로서 서양인의 도덕적 삶을 지배해 온 '이상의 추구' 또는 '완전성의 추구'에서 기인하고 있다고 하였다. 오우크쇼트의 '바벨탑' 이야기는 신화의 상징성이 말해 주고 있듯이 완벽성을 추구하는 합리주의자는 신의 노여움을 사서 사회로부터 격리된다는 것이다. 따라서 서양의 합리주의자들은 신과 동등한 존재가 되고자 하는 열망으로 바벨탑을 쌓았던 사람들과 다르지 않다는 것이다(양희인, 1993: 94-95).

오우크쇼트는 '바벨탑'에서 '도덕생활에서의 습관과 관례의 위치'라

---

11) 구약성서《창세기》제11장에 나오는 벽돌로 하늘 높이 피라미드형으로 쌓아올렸다는 탑. 인류역사의 초기, 즉 대홍수가 휩쓸고 지나간 후 노아의 후손들은 다시 시날(바빌로니아) 땅에 정착하기 시작하였는데, 이곳에서 사람들은 벽돌을 구워 성을 쌓고 꼭대기가 '하늘에 닿는 탑'을 세우기로 하였다. 성경에 기록된 그들의 탑 건축 목적은 세계에서 가장 큰 규모의 탑을 쌓아올려 자기들의 이름을 떨치고 홍수와 같은 여호와의 심판을 피하기 위해서였다. 여호와께서 이를 괘씸하게 여겨 탑을 건축하는 사람들의 마음과 언어를 혼동시켜서 멀리 흩어지게 함으로써 탑 건축이 중단되게 하였다. 그래서 이 지명을 바벨(Babel), 또는 바빌론(Babylon)이라고 불렀다. 그 뜻은 '그가 (언어를) 혼잡하게 하셨다(창세기 11:9)'는 내용이다. 성서의 이야기는 노아의 홍수 이후 또다 시신을 배반히여 신에게 도전하려는 인간의 오만에 대한 신의 심판을 말하고자 한 것이다.(출처: 두산세계대백과사전)

는 문제를 다루고 있다. 그는 여기서 두 가지 관념형의 도덕성을 제시한다. 그 하나는 '행동과 감정의 습관(관례적 도덕성)'으로 규정되며, 다른 하나는 '도덕적 기준의 반성적 작용(반성적 도덕성)'으로 규정된다. 오우크쇼트는 이 글에서 관례적 도덕성에 대비하여 반성적 도덕성이 안고 있는 문제점을 지적하고 후자가 서구사회의 도덕적 기반을 잠식한 문제를 다루었다(임병덕 외, 1998: 96).

행위 전통이나 관례를 습관적으로 따르는 도덕성 즉 '감정과 행동의 습관'으로서의 도덕성은 한 사회 속에서 관례에 따라 습관적으로 행동하면서 살아가는 것으로 사람들과 더불어 살아가는 것 이외의 다른 방법이 불필요하다. 우리가 행위의 습관을 배우는 것은 모국어를 배우는 방법과 동일하다. 이러한 관례적 도덕성은 우리의 삶의 역사에 뿌리를 두고 있기 때문에 우리의 도덕생활에 안정성을 가져다준다. 한 개인이나 한 사회에서 관례적 도덕성이 삶의 기반을 이루고 있는 경우에는 근본적인 대변혁이 일어날 수 없다. 행위 습관이 일부 파괴되는 경우가 있다고 하더라도 그것이 전체로 파급되는 일은 일어나지 않을 것이다. 사실 관습이라는 것은 정황에 민감하게 대처하는 속성을 가졌다고 볼 수 있다. 반면에 반성적 도덕성은 '도덕적 규칙의 반성적인 준수'라는 형태를 취하고 도덕적 이상과 도덕적 규칙은 모두 반성의 산물이며 그것을 추구하고 준수하는 활동 또한 반성의 성격을 띤다. 반성적 도덕성에 입각한 도덕생활의 특징은 도덕적 이상과 규칙을 먼저 머릿속으로 결정해 놓고 그것을 행동으로 번역한다는 데에 있다. 이러한 반성적 도덕성은 도덕적 이상이나 규칙에 관한 지식을 체계적으로 준수하는 지적 훈련의 성격을 가진다. 이것은 도덕적 이상을 구체적 상황에 맞게 번역하고 그 이상이 나타나는 '교육받은 상태'를 이루기 위한 적절한 수단을 강구하는 훈련이다. 전통적인 습관과 관례에 얽매어 있던 사람들에게 각자가 존엄성을 가진 목적적인 존재로서 자신의 도덕적인 삶을 살아갈 수 있는 이념을 추구하는 것이다. 도덕의 문제를 다룸에 있어서 개인의 이성을 중시하는 입장이다(임병덕, 1997: 21-22).

그러나 관례적 도덕성과 대비하여 드러나는 반성적 도덕성의 취약성은 한마디로 안정성의 결여이다. 관례적 도덕성은 끊임없는 변화와 자기 수정을 통해 전면적인 변혁을 모면해 주지만 반성적 도덕성은 설정된 이상과 목표를 수정하지 않고 완전성을 지향하여 혁명도 불가피하게 된다. 따라서 한 가지 도덕적 이상에 대한 과도한 추구는 결국 다른 도덕적 이상을 도외시하게 된다. 즉 정의(正義)의 실현을 열심히 추구하다 보면 자비(慈悲)를 잊기 쉽다는 것이다(임병덕 외, 1998: 99).

오우크쇼트는 '반성'이 '습관'의 영역을 침범하고 대치하는 경향을 우려한다. 그는 도덕생활에서 도덕적 이상이나 규칙이 행위의 습관을 대치한다는 사실에 비판의 초점을 맞추고 있다. 반성적 도덕성이 도덕적 행위 전통의 안전성과 유연성을 손상시키면 우리의 도덕생활은 위기에 봉착할 수밖에 없다. "행위가 요구되는 장면에 사변과 비평이 등장한다." "도덕적 행위 습관보다는 방어 논리를 갖춘 도덕적 이데올로기를 가지는 것이 중요하게 된다."는 오우크쇼트의 발언은 행위의 습관이 요구되는 장면에서 반성이 그 역할을 대신하는 것으로 비평이 시(詩)의 자리를 찬탈하고 신학이론이 신앙생활을 대치하는 것만큼이나 위험한 것이라는 것이다(임병덕 외 1998: 100).

오우크쇼트가 이성을 버리고 습관을 따라 살라고 설파한 것은 아니다. 관례와 습관의 파괴라는 불행한 사태는 이성의 사용 그 자체에서 비롯된 것이 아니라 이성의 그릇된 사용에서 비롯되는 것이다. 따라서 이성의 올바른 사용을 위하여 '행동의 도덕적 의미를 이해하는 것' 즉 '윤리학적 사고'에 대해 생각해 볼 필요가 있다. 윤리학적 사고는 이성의 올바른 사용을 보여주는 훌륭한 예시가 될 수 있다. 그 이유는 사회의 도덕적 전통이 개인의 습관으로 정착되고 관례적 도덕이 정당성을 확보하는데 도움이 되기 때문이다. 그러므로 윤리학적 사고는 관례와 습관의 진정한 의미를 드러냄으로써 그것의 지위를 더욱 확고한 것으로 만든다. 오우크쇼트의 표현을 빌리면 '반성적 도덕성'은 행위의 처방이요 '윤리학적 사고'는 행위의 설명이다(임병덕 외 1998: 105).

결 언

　오우크쇼트는 습관의 형성이 이성의 발달을 위한 수단이 아니라 그 자체로서 의의를 가진다는 것을 시사한다. 습관은 행동의 단순한 반복을 의미하는 것이 아니라 그 안에 인지적 사고와 반성이 내재되어 있다. 습관의 도덕교육이 필요한 이유는 피터스의 언급에서도 알 수 있듯이 습관을 통해 이성에 도달할 수가 있기 때문이다. 그러므로 이러한 습관을 형성한다는 것은 이미 이성적 측면에서 도덕적 판단을 받은 것들이기 때문에 도덕성을 형성하는 그 자체가 되는 것이다. 왜냐하면 옳고 그름에 대한 도덕적 판단이 내려진 덕목, 규범들을 습관화하는 것이기 때문에 습관에는 이성이 포함되어 있다고 할 수 있다. 다시 말해 습관은 이미 그 자체로 선악의 판단을 포함하고 있으며, 그러한 습관이 형성되고 반복될 때 올바른 도덕성을 함양해 나갈 수 있기 때문이다.
　습관 속에는 이미 사회적으로 바람직하다고 여겨지는 가치와 규범을 포함하고 있다. 그 자체로 이미 선악의 판단이 포함된 것, 즉 도덕적인 판단을 내포하고 있기 때문에 습관과 이성은 서로 상호적인 관계를 가진다. 그러므로 이성과 습관은 선후관계라기 보다는 서로 동시에 일어나는 상호관계이며, 순환적인 흐름을 통해 발달해 나간다는 의의를 가진다.

오우크쇼트는 '관례적 도덕(습관적 도덕)과 반성적 도덕(합리적 도덕)'의 논의에서 이성과 습관의 패러독스에 대한 해답을 찾고자 하였다. 이성 쪽에 이미 습관(전통)적인 요소가 들어 있으며, 습관(전통) 쪽에는 이미 이성적인 요소가 깃들어 있기 때문에 그것들을 사실적으로는 구분할 수 없는 것이다. 따라서 도덕교육에서 합리적인 접근이나 전통적인 접근은 따로 분리될 수 없으며 통합적인 방식으로 함께 다루어야 하는 것이다.

도덕적 습관과 행동에는 이미 이성이 포함되어 있다. 이성적 활동 즉 반성적 활동은 그 이성을 더 많이 드러내어 도덕적 습관과 관습적 행동을 더욱 높은 수준으로 끌어 올려준다. 이렇듯 이성은 습관에 개입하고 평가하며 습관은 이성으로 수렴한다. 그러므로 습관(내용)과 이성(형식)의 발달은 상호작용의 관계로서 통합적 접근이 가능하다고 본다.

습관의 도덕교육은 관례적 도덕교육으로서 내용적 접근을 하고 있다. 즉 인간이 지녀야할 덕목을 가르치며 인간의 덕스러운 행동을 습관화하는 교육이다. 이러한 습관의 도덕교육은 아직 이성이 발달하지 않은 아동들에게 도덕적 행위 수행 능력을 길러주기에 좋은 방법이다. 아동들은 타율적 도덕성 단계에 머물고 있어서 스스로 올바른 가치와 행동을 인지하고 도덕적 판단을 하기에는 아직 미숙한 수준에 있기 때문이다.

2. 내용과 형식

교과교육에서 내용과 형식

교과교육에서 내용과 형식이라는 말은 상호 대비되는 의미로 사용될 수 있다. 내용이란 알맹이로서 속에 들어있는 것을 의미한다면, 형식은 그 거죽에 있는 것으로서 껍데기를 의미한다. 보통의 경우에 내용과 형식은 서로 분리되지 않는다. 껍데기인 형식에는 그 속에 무엇인가 알맹이인 내용이 있기 때문이다. 이와 같이 형식과 내용은 분리될 수 없지만, 우리는 관념적으로 형식과 내용을 분리하여 생각한다. 예컨대 우리는 어떤 사람을 보고 형식만 차린다거나 형식에 치우친다고 말할 때가 있다. 이때에 우리는 그 사람의 행동 중에서 형식에 해당되는 것과 내용에 해당되는 것을 머릿속으로 분리하면서 그 사람은 알맹이가 없는 겉치레만 한다는 것을 말하고자 한다(이홍우, 1995: 174).

도덕교육에서 도덕성의 내용을 가르친다는 것은 특정한 사회에서 요구되는 도덕적 규범들과 가치 덕목들을 학생들에게 가르치고 내면화시키는 것이다. 이러한 도덕교육은 구체적인 도덕적 내용이나 세계관을 가르치는 것을 의미한다. 그리고 도덕성의 형식을 가르친다는 것은 도덕성을 이루고 있는 형식적 특질, 특히 도덕적 판단과 관련된 합리적인 능력 등을 길러 주어야 한다는 것이다. 이러한 도덕교육은 학생들로 하여금 도덕적 문제 사태에 대처할 수 있는 절차와 방법에 관한 능력을 가르치는 것을 의미한다.

콜버그는 도덕성 발달 이론을 통해 내용과 형식을 구분하였다. 죽어가는 아내를 위해 약을 훔칠 것인가 말 것인가라는 하인즈(Heinz) 딜레마에 대해 초등학교 저학년 학생 A와 고학년 학생 B가 똑같이 '약을 훔쳐서는 안 된다'는 도덕 판단을 내릴 수 있다. 그러나 두 학생이 그러한 판단을 내리는 이유와 근거는 서로 다르다. A는 약을 훔치면 경찰서에 잡혀가고 결국은 감옥에 가게 될 것이므로 훔쳐서는 안 된다는 이유와 근거로 판단을 하고, B는 약을 훔치는 것은 법을 어겨서 사회 질서를 어지럽히게 되므로 훔쳐서는 안 된다는 이유와 근거로 판단을 한 것이다. 여기에서 우리는 도덕 판단의 내용은 같으나 그 형식은 다르다는 것을 볼 수 있다. 콜버그는 도덕성의 발달에서 어떤 도덕성의 내용(정직, 성실, 신념)을 내면화시키느냐가 중요한 것이 아니고 어떠한 형식으로 도덕 판단 능력을 기르느냐가 중요하다고 하였다(조난심, 1998: 1058).

도덕의 형식과 내용의 차이를 과학의 경우를 들어 알아보면, 우리는 '과학'이란 무엇이냐의 질문에 두 가지 종류의 대답을 할 수 있다. 첫 번째로 "과학이란 세계와 우주의 물리적 구조에 관한 것이다."라고 답할 수 있다. 이것은 과학의 내용과 관련해서 정의한 것이다. 두 번째로 "과학은 이론과 가설을 설정하고 이들을 실제적 실험에 의해 검증하여 전개되는 특정한 유형의 탐구이다."라고 답할 수 있다. 이것은 과학의 형식과 관련해서 정의한 것이다. 이 두 가지 과학의 정의에 의해 '과학교육'의 해석이 다르게 나타날 수 있다. 내용과 관련해서 과학을 정의하는 사람들은 과학교육을 과학자들의 발견이나 결론으로 이루어진 특정한 주제 및 움직일 수 없는 사실의 전달로 볼 것이다. 형식과 관련해서 과학을 정의하는 사람들은 과학교육을 과학적 방법 및 사고방식에 입문시키는 것으로 볼 것이다(남궁달화 역, 1996: 48).

형식과 내용간의 이와 같은 특징은 도덕의 영역에도 똑같이 적용 가능하다. 어떤 사람들은 도덕을 내용과 관련해서 정의한다. 따라서 도덕적 이슈 및 문제는 정의의 추구, 타자의 이익 고려, 또는 인간의 행복 및 복지의 촉진 등의 특정한 주제들을 다루는 것이라고 말한다. 어떤 사람들은 도덕을 형식과 관련해서 정의한다. 예를 들면 자신의 특정한 행동을 일반적, 보편적 원리에 호소함으로써 정당화하는 과정에서 도덕적 판단이 이루어지고 도덕적 결정에 이르는 방식 속에 도덕성이 반영된다는 주장이다. 여기서 내용적 견해는 도덕교육을 주로 특정한 주제를 전달하는 데에 관심을 두는 것으로 본다. 형식적 견해는 도덕교육을 학생들이 습득할 필요가 있는 특정한 사고방식 및 추론을 강조하는 것으로 본다(남궁달화 역, 1996: 49).

내용의 도덕교육

아리스토텔레스는 도덕적인 덕은 습관의 결과로서 생긴다고 하면서 덕목의 실천을 강조하였다. 이와 같이 도덕의 사회적 관점이나 전통적인 도덕교육 방법을 강조하는 것은 내용 중심의 도덕교육이다. 사회적인 규범이나 가치를 학생들에게 내면화시키는 일에 중점을 두는 내용 중심의 도덕교육은 개인과 사회가 지켜야할 규범과 관습을 전승시키는 일을 주된 목적으로 한다.

도덕교육에서 내용을 중시해야 한다는 입장은 덕의 윤리를 부각시킨 윤리학자들의 논의에서 찾을 수 있다. 카(D. Carr)는 인간의 도덕적 삶을 보다 풍부하게 다룰 수 있는 관점은 도덕적 판단 능력과 합리적인 논의 절차에 초점을 맞추는 입장이 아니라 정직, 성실, 용기, 절제와 같은 바람직한 인간이 갖추어야 할 좋은 성품들에 초점을 맞춘 덕목론적 접근이라고 보았다(조난심, 1998: 1059).

도덕성이 내용으로 구성된다고 하는 사람들은 그 시대에 필요한 가치 덕목을 가르쳐서 그 사회의 도덕적 전통에 입문시키는 것을 도덕교육으로 본다. 내용 중심의 도덕교육을 주장하는 사람들은 도덕적 습관을 구성하는 기본 규칙들은 전통적인 사상, 관습, 행동 등을 담고 있는 덕목들이므로 반드시 아이들에게 전달되어야 한다고 생각한다. 이러한 생각은 아이들에게 그러한 덕목들을 전달하는 과정에서 주입식 접근을 배제하기 어렵다. 아동들은 덕목을 이해하여 스스로 사고하고 판단하여 그 덕목을 수용하고 따를 것인가를 결정할 수 있는 자율적 도덕성 발달 수준에 이르지 못했기 때문이다(남궁달화, 2006: 736-737, 2008: 366).

가치 덕목이나 규칙을 아동들에게 가르쳐서 도덕 습관을 형성시켜야 할 필요성을 피터스(R. S. Peters)에 의하면, 첫째로 기본적인 규칙(예 : 교통규칙)을 익혀 준수하는 습관은 사회생활을 하기 위해 필요하다는 실제적인 이유이다. 둘째로 타율적인 단계의 아동들은 규칙은 변경될 수 있고 이유가 있다는 점을 이해할 수 없다는 심리적인 이유이다. 셋째로 도덕성의 자율적 단계에 이르기 위해서는 인습적인 도덕 전통에 입문되어 있어야 가능하다는 철학적인 이유이다(R.S. Peters, 남궁달화 역, 1993: 46).

피터스는 아이들은 습관과 전통의 마당을 지나 이성의 궁전에 들어갈 수 있고, 그리고 들어갈 수 있어야만 한다고 하였다. 그렇다면 어떤 방법으로 습관을 형성해야 이성의 궁전에 들어가는가? 도덕 습관은 주로 모방에 의해서 형성된다. 그러나 이러한 모방은 그들이 본받아 배울 수 있는 모범 행동이 제공되어져야 한다. 아동들은 본대로 배우고(모방하고), 들은 대로 행동하는 경향성이 크다. 도덕 습관은 어른들이 보여주는 행동(모범)을 아동들이 내면화하고자 동일시하는 과정에서 형성된다. 따라서 아동들이 바람직한 행동을 하였을 때 그에 따른 적절한 강화는 그 행동의 반복 가능성을 높여서 습관을 형성할 수 있도록 작용한다. 우리는 동일시, 모방, 내면화, 강화(시인, 칭찬, 보상), 벌(비난, 부인) 등은 내용의 도덕교육에서 도덕 습관 형성을 위해 사용되는 기본적인 방법이다. 반대로 세뇌, 주입, 지나친 벌이나 비난, 권위주의적인 태도는 습관의 마당을 거쳐 이성의 궁전에 들어가는데 방해가 된다. 주입식은 규칙에 비판적, 자율적 태도의 채택, 즉 자율적 도덕성을 기르는 이성의 작용을 어렵게 하기 때문이다(남궁달화, 2008: 358-366).

내용의 도덕교육 접근법으로 대표되는 것은 덕목주의이다. 덕목주의는 어떤 덕목의 언어적인 의미를 일러주고 일상생활을 통해 그것을 실천하도록 촉구하는 도덕교육의 방식이다. 또한 학생들에게 정직, 성실, 배려와 같은 덕목들을 강조하여 가르치자는 주장이다. 덕목주의는 무엇보다도 먼저 덕목의 선정이 요구된다. 덕목의 선정은 한 사회나 국가에 의해 도덕적 가치로 합의되고 있다는 가정 하에서 이루어진다. 이렇게 선정된 덕목은 교사에 의해 아동·학생들에게 전달되어 내면화되리라고 기대된다. 내면화된 덕목은 도덕성으로 작용하여 아동·학생들의 생활 속에서 행동으로 나타날 수 있을 것으로 보기 때문이다. 그러나 덕목주의는 도덕교육의 접근과정에서 덕목에 대한 아동·학생들의 자유로운 사고와 선택 판단 결정에의 기회와 참여를 원칙적으로 제약하게 된다. 선정된 덕목은 이미 사회에 의해 도덕적 가치로 인정되었다는 생각 하에서 그것에 대한 정당성의 논의보다는 전달을 목적으로 하기 때문이다(남궁달화, 1999: 252).

내용의 도덕교육에서는 학생들에게 그 사회의 기본적인 규범을 내면화함으로써 그 사회의 성원이 되는 자질을 형성하게 해야 한다. 예를 들면 우리가 정직이나 준법과 같은 덕목을 소개하거나 가르칠 때에 이러한 규범들이 왜 우리 사회에서 지켜져야 하는가를 이해하게 하고, 그러한 덕목을 적절한 사태에서 옳은 방식으로 준수하도록 하는 것이다.

내용의 도덕교육은 자라나는 학생들을 기존의 사회 규범에 일치시키는 것, 다시 말해 주어진 사회의 규범이나 이상에 일치하는 행위를 하도록 개인들을 도덕적으로 사회화시키는 것을 포함하고 있다. 도덕적 사회화를 중시하는 사람들은 학생들에게 전통적 가치들을 직접 가르칠 것을 제안하고 있다. 그들은 도덕교육의 내용은 한 사회에서 중요시 여겨져 왔던 도덕적 가치들이 되어야 한다고 주장한다. 또한 그들은 도덕적 습관과 도덕적 행동에 직접 초점을 두고 있다는 데에 특징이 있다. 도덕교육은 판단이나 결정과 같은 과정에 초점을 두는 것이 아니라 도덕교육을 받은 사람들의 구체적인 행동, 즉 결과에 초점을 두어야 한다고 주장하고 있다. 따라서 이들은 도덕적 가치들을 전수하는 과정에 있어서 주입식 접근은 어쩔 수 없는 것이라고 주장하고 있다(박병기, 추병완, 1996: 56).

한편 정신분석이론과 사회학습이론에 의한 도덕교육의 접근도 내용의 도덕교육으로 볼 수 있다. 정신분석이론은 사회적 금지행위, 즉 도덕적 규범의 위반에 따르는 죄의식, 양심의 가책 등과 같은 도덕적 정서·감정의 계발에 관심을 가진다. 사회학습이론은 사회·도덕적 규범(행동)을 아동·학생들에게 자극하고 강화함으로써 도덕적 행동을 가능케 하는 행동통제능력의 계발에 관심을 가진다(남궁달화 역, 1996: 125).

내용의 도덕교육은 어린아이들의 도덕성 발달 단계로 보아 그들에게 적합한 접근 방법이고, 이러한 도덕교육은 후일의 형식(이성)의 도덕교육을 위한 준비로서도 필요하다고 보았다. 도덕교육에 있어 내용의 학습은 필수적인 것이며, 그 내용은 문화적 전통과 도덕규범에 기반을 두어야 한다. 유치원이나 초등학교에서는 규범에 따른 구체적인 행동 습관을 길러 주어야 한다. 도덕적 습관은 합리적 도덕생활을 위한 하나의 필수적인 준비 과정으로 요구되는 것이다. 내용의 도덕교육은 그 사회의 전통을 담고 있는 인습(因襲)적 수준에서의 도덕적 삶을 살아갈 수 있도록 이끌어 주는데 적절한 접근법이다. 이러한 도덕교육은 자연히 도덕 습관의 형성에 관심이 있으며, 그 습관은 일종의 삶의 기술이다.

형식의 도덕교육

도덕교육의 형식적 접근은 도덕원리의 안내를 받아 일련의 절차 및 방법을 사용하여 도덕 문제를 합리적으로 사고하고 판단(해결)하여 행동하는 능력인 도덕적 자율성 형성에 관심을 가진다. 도덕적 자율성은 사회에서 지켜지는 도덕 규칙들에 대해 스스로 수용하거나 새로운 도덕규칙을 스스로 수립하여 실천할 수 있는 개인의 능력이다고 할 수 있다. 이 자율성은 칭찬이나 비난 등에 의해서가 아니라 스스로 원하고 선택하는 내적 이유가 동기로 작용하고, 가역적(可逆的) 사고 및 역지사지(易地思之)가 가능한 합리적 사고를 하고, 용기와 결단성을 갖춘 의지력이 있어야 한다. 내용의 도덕교육은 모방, 동일시, 시인, 강화 등에 의해 기본적 규칙인 도덕성의 내용을 타율적 방식에 의해 다룬다. 형식의 도덕교육은 토의, 사고 및 판단, 추론에 의해 절차적 규칙인 도덕성의 원리(형식)를 자율적 방식으로 다룬다(남궁달화, 2008: 372).

형식 중심의 도덕교육은 개인이 성인이 되었을 때에 도덕적 판단과 의사 결정을 스스로 하고, 그 판단의 근거가 되는 도덕 원칙이나 목적까지도 스스로 생각하고 결정하게 하는 교육을 의미한다. 이러한 교육은 이성의 사용과 자율성의 함양을 강조한다.

형식 중심의 도덕교육은 도덕의 원리를 내용으로보다는 형식으로 보는 측면에 일차적인 관심을 가지고 접근하는 도덕교육이다. 형식은 도덕적 문제에 대처하는 과정에서 도덕의 원리를 문제해결을 위한 절차 또는 방법으로 활용하는 접근이다. 여기서 형식, 절차, 방법, 과정은 같은 개념의 다른 표현이다. 이때 도덕의 원리는 문제해결의 과정에서 그 문제가 가지고 있는 구체적인 내용에 크게 관계없이 문제해결을 위한 절차적 안내로 작용한다. 도덕성의 개념도 정직, 책임, 효도 등의 구체적인 내용으로서보다는 도덕적 문제를 해결할 수 있는 능력 및 자질로서 본다.

이처럼 형식적 접근은 내용적 접근이 구체적인 규칙이나 덕목의 실현인 행동을 모방하는 '도덕적 습관 형성'에 관심을 가지는데 비해, 도덕원리의 안내를 받아 일련의 절차 및 방법을 사용하여 도덕적 문제를 합리적으로 사고하고 판단하여 행동하는 능력인 '도덕적 자율성 형성'에 관심을 가진다(남궁달화, 2008: 372).

콜버그는 도덕교육의 목적을 도덕적 사고와 판단 능력을 기르는데에 두고 특정한 덕목이나 내용의 전수에 목적을 두지 않는다. 그는 도덕성의 개념을 도덕적 판단 또는 관점의 형식적 특성과 관련해서 공정성, 비개인성, 이상성, 보편화가능성, 규정성, 우선성 등으로 정의한다. 콜버그는 도덕원리를 행동의 규칙이라기보다는 선택을 위한 일반적인 안내, 사회적 갈등을 해결하는 원리 등으로 설명한다. 콜버그의 이와 같은 도덕원리의 개념은 도덕적 갈등을 해결하고 도덕적 선택 및 행동 대안에 대처하는 절차 또는 안내의 세트라고 풀이한다. 콜버그에 있어서 유일하게 참된 도덕원리는 정의이다. 그러므로 정의는 도덕의 문제를 해결해 주는 절차적 원리와 방법으로 작용한다(남궁달화, 1999: 254).

콜버그는 도덕교육의 목적은 각 개인들이 도덕적 추론의 단계(도덕 판단 수준)들을 발달시킴으로써 자율적인 도덕 행위자가 될 수 있도록 도와주는 것이라고 생각하였다. 콜버그는 구체적인 덕목들의 내용보다는 도덕적 추론의 과정을 강조함으로써 도덕 사회화 보다는 도덕성 발달을 중시하는 관점을 가지고 있다. 그래서 도덕 교육의 목표는 학생들을 하나의 도덕 철학자로 생각하여 그들 스스로 도덕적으로 사고하여 판단하고, 그러한 판단의 결과에 따라서 행동할 수 있도록 도와주는 것이다. 비록 콜버그의 도덕교육에 대한 관점이 전기 이론인 '도덕성 발달 단계 이론'과 후기 이론인 '정의로운 공동체 접근' 사이에 차이점을 나타내고 있기는 하지만, 도덕적 선택과 결정을 내리는 과정 자체를 중시했던 콜버그의 입장은 전기 이론에서부터 후기 이론에 이르기까지 변함이 없었다(박병기, 추병완, 1996: 65).

뒤르켕은 사회나 시대가 다르면 도덕(규칙)도 다르다고 하면서 "아이들에게 도덕적으로 영향을 미치기 위해서는 특정한 덕목들을 잇달아 가르칠 것이 아니라 일단 형성되면 어떤 생활 사태에도 쉽게 적용할 수 있는 '일반적 성향'을 적절한 방법에 의해 형성시켜주어야 한다."고 말했다. 일반적 성향이란 뒤르켕이 제시하는 도덕성의 3요소를 말한다. 그가 제시하는 도덕성의 3요소는 개인이 도덕규칙의 권위를 인정하고 존경하여 그것을 일관성 있게 준수하는 〈규율정신〉, 개인이 사회집단의 이익을 위해 사회집단에 헌신하는 〈사회집단에 대한 애착〉, 개인이 도덕규칙을 선의 가치체계로 이해하고 그것을 자발적으로 받아들이는 〈자율성〉을 가리킨다. 뒤르켕은 도덕적 행위자가 되기 위해서는 언제, 어디에서나, 그리고 누구에게나 도덕성의 3요소가 요구된다고 하였다. 뒤르켕이 제시하는 도덕성의 3요소는 형식의 도덕교육에 해당됨을 알 수 있다(남궁달화, 1999: 253, 2008: 307. 376).

월슨은 인간의 평등사상 및 인간의 존중사상에 기초한 인간의 개념을 도덕원리로 주장한다. 그는 다른 사람의 이익을 나의 것과 동등하게 고려하는 태도인 '타인의 이익에의 관심'을 도덕적 인간이 되기 위한 가장 기본적인 도덕성의 요소로 생각한다. 월슨은 도덕문제에서 타인의 이익을 고려하는 도덕적 행동을 할 수 있으려면, ① 그 문제에 관련된 사람들이 가지고 있는 정서 감정이 무엇인가를 인식

(EMP)할 수 있어야 하고, ② 그 문제에 관련된 사실적 지식 및 사회적 기술(GIG)이 무엇인가도 알 수 있어야 하며, ③ 그러한 사실들에 기초해서 도덕원리인 사람의 개념(PHIL)을 준거로 하여, ④ 도덕적 문제를 인식, 사고, 판단하고 판단대로 실천(KRAT)해야 한다고 말한다. 윌슨에 있어서 도덕의 원리를 형식으로 하는 도덕교육은 타인에 대한 이익에의 관심을 도덕적 문제해결의 과정에서 문제해결을 위한 절차적 원리와 방법으로 활용하는 접근을 의미한다(남궁달화, 2014: 252-253).

헤어(R.M. Hare)는 도덕성을 도덕적 언어로 본다. 도덕언어는 '옳은' '그른' '마땅히 …을 해야 한다'등이다. 이러한 도덕언어는 도덕판단에서 사용된다. 도덕언어에 의해 이루어진 도덕 판단은 규정적이다. 그러나 도덕 판단은 규정적인 것만으로는 충분하지 못하고 보편화 가능할 수 있어야 한다. 다시 말해, 도덕 판단은 규정적이고 보편화 가능하게 이루어져야 한다는 뜻이다. 헤어에 있어서 도덕교육은 아이들이 도덕언어를 이해하여 규정적이고 보편화 가능한 도덕 판단을 할 수 있도록, 그리하여 스스로의 도덕원리를 형성하고 선택할 수 있도록 부모나 교사가 그들을 도와주는 일이다. 헤어가 주장하는 도덕언어와 규정성 및 보편화 가능성 등은 형식 중심의 도덕교육의 입장에 있다고 말할 수 있다(남궁달화, 2008: 369. 2014: 212).

듀이는 도덕적 규칙들과 특정한 가치 덕목들을 가르치는데 중점을 두고 있었던 인격교육을 비판한다. 듀이에 의하면, 인간의 도덕성은 구체적인 삶의 상황 속에서 부딪히는 문제를 지성에 의해 해결하는 과정을 통해 발달한다. 듀이는 도덕은 상황의 문제이고 각 상황은 고유하므로 문제를 해결하기 위해서는 그 상황이 가지고 있는 특수한 사실 내지는 여건 등을 고려하는 반성적 사고에 기초한 탐구가 이루어져야 한다고 말한다. 듀이에 의하면, 도덕은 성인이나 사회가 제공하는 일련의 행위 목록 또는 규칙이기 보다는 탐구의 방법이다. 이러한 듀이의 관점은 도덕교육의 형식적 접근의 측면을 보여준다. 듀이에 있어서 형식적 접근의 도덕교육은 그가 제시하는 반성적 사고의 절차(단계)에 따라 문제를 과학적으로 해결하는 능력을 함양하는 일이라고 말할 수 있다(남궁달화, 2008: 352. 2014: 182).

도덕교육의 형식적 접근은 도덕적 추론의 특징인 도덕적 결정 과정에서 이루어져야 하는 어느 정도의 자주적 판단과 자유로운 선택의 필요에 관계된다. 이것은 자기 자신의 구두끈을 매는 것처럼 구체적인 기술을 가르치는 것은 아니다. 아이들이 그들 스스로가 결정하고 결론을 내리는 기회를 제공하는 데에 힘써야 할 것이다. 자율적 도덕적 행위자가 되기 위한 방법의 교수는 다음과 같다(남궁달화 역, 1996: 127).

첫째, 가치의 중립적 접근이다. 도덕적 행위자는 권위자의 말을 맹목적으로 수용하거나 또는 그것이 다수의 견해이기 때문에 그것에 따른다는 식으로 선택과 판단을 할 수 없다. 그러므로 가치중립성은 아이들의 독자적 판단의 중요성을 강조한다. 아이들 스스로가 증거를 검토하고 그들 자신의 정보에 근거하여 결론에 이를 수 있도록 지도할 것을 주장한다.

둘째, 가치명료화 접근이다. 이 접근법은 대화 및 토의에 의해 아이들이 그들의 가치가 무엇이며 왜 그들이 그것을 가치로 간직하고 있는가에 대해 생각해 보도록 지도할 것을 목적으로 한다. 가치명료화는 자유로운 선택을 많이 강조한다. 한 사람의 가치는 각 대안의 예측 가능한 결과를 주의 깊게 반성한 결과로서 일련의 대안들로부터 선택되어져야 한다.

셋째, 도덕적 추론의 방법이다. 이 접근법은 콜버그의 토의수업 방법에서 찾을 수 있다. 아이들의 인지적 도덕성의 발달을 위해 그들에게 역할 채택의 기회를 제공하고 인지적 불균형을 일으켜 인지 갈등을 경험하게 함으로써 한 단계 더 높은 도덕적 사고로 끌어올리게 하는 것이다. 아이들에게 도덕적 추론을 실제로 해보게 하는 방법으로는 공정한 것과 공정하지 않은 것으로 간주되는 것은 무엇이며, 왜 그런가를 기회 있을 때마다 아이들과 토의하는 것이 있다. 예를 들면 "두 아이의 똑같은 잘못에 대해 똑같은 방식으로 벌주는 것은 반드시 공정한가?"와 같은 구체적인 일상생활에서의 사례들을 아이들에게 사용할 수 있다. 도덕적 딜레마에 대한 토론을 학생들의 도덕 성장을 촉진하기 위한 주요한 수단으로 활용할 수 있다.

결 언 : 내용과 형식의 통합

피터스(R. S. Peters)는 "콜버그가 내용과 형식의 구별을 분명히 했다. 그러나 그는 내용의 학습보다는 형식의 발달에만 관심이 있다. 따라서 그의 이론은 한 면만을 강조하고 있다."고 말함으로써 콜버그를 비판하는 동시에 내용과 형식의 결합 가능성을 시사하고 있다. 콜버그에 의하면 발달은 아동과 그의 사회 환경과의 상호 작용에 따라 이루어지는 것으로 본다. 피터스는 콜버그가 "아동들 스스로가 발달하는 것처럼 상호 작용을 너무 대단한 것으로 보고 있다."고 함으로써 내용의 학습을 경시한 그를 비판한다. 피터스는 합리적 도덕성의 발달을 위해서는 내용의 학습이 필요하다는 것을 강조하고 있다(최정근, 1996: 389).

피터스는 도덕교육에서 내용과 분리된 형식의 강조는 도덕성 학습의 측면이나 그것의 적용의 측면에서 볼 때 불합리하다고 한다. 도덕적 원리를 배운다거나 그것을 적용한다는 것은 특정한 덕목들이나 특정한 상황을 제외하고는 상상하기 어렵다고 보기 때문이다. 피터스는 도덕교육에서 내용과 형식을 통합하는 관점을 전개하고 있다. 피터스는 콜버그가 내용의 도덕교육을 '덕목 보따리' 정도로 소홀히 취급하는 것을 비판한다. 피터스는 구체적인 내용을 바탕으로 사고의 형식을 배울 수 있다고 보기 때문에 내용의 도덕교육을 소홀히 다루지 않는다.

피터스는 형식의 도덕성, 즉 이성의 궁전에 도달하기 위한 과정으로서 내용의 도덕교육이 필요하다고 주장한다. 학생들에게 공동체의 삶과 관습의 세계(내용의 도덕)에 들어가게 하는 것은 자율적 도덕성의 세계(형식의 도덕)에 들어가게 하는 기초로서 중요하기 때문이다. 그는 교육에서 내용과 형식을 통합해야 한다고 말한다. 내용의 도덕교육만을 강조하게 되면 학생들의 도덕성 발달이 타율적 수준에 머물게 되고, 형식의 도덕교육만을 강조하게 되면 도덕적 전통과 관습의 기초가 없는 공허한 상태에서 스스로 도덕 판단을 해야 하는 어려움을 초래하게 된다.

도덕교육은 학생들의 지적, 신체적, 사회적 발달에 따라 아동 초기의 어린 시기에는 그 사회의 도덕적 전통과 관습, 즉 그 사회의 기본적 가치들을 전수해 주는데 초점을 맞추는 반면, 이성적 능력이 어느 정도 발달한 아동 후기에 이르게 되면, 도덕 원리와 규칙에 대한 합리적인 이해를 점차적으로 도모하여 도덕적 사고와 판단 능력을 기르는 순서로 진행하여야 할 것이다. 이것은 결국 아동 초기에는 인습적이고 타율적인 도덕성을 형성하고, 아동 후기부터는 합리적이며 자율적인 도덕성을 형성하는 것을 의미한다.

습관과 전통의 마당을 거쳐 이성의 궁전에 들어가야 한다는 피터스의 말은 도덕교육의 역설이라고 할 수 있다. 습관과 이성, 내용과 형식, 타율과 자율의 관계는 대립적이고 역설적 관계로 본다. 그러나 기본적 도덕규칙에 입문되지 않고는 규칙의 존재 이유, 정당성을 고려하는 도덕원리를 운용할 수 없다. 내용은 형식 없이는 구현될 수 없다. 형식도 내용 없이는 작용될 수 없다. 내용이 없이 절차와 방법을 사용하는 생각 즉 사고, 판단, 추론을 할 수 없다. 또한 타율적 도덕성 단계를 거치지 않고 원리의 도덕성인 자율적 도덕성 단계에 입문될 수 없다. 남궁달화는 내용과 형식의 관계를 상보적·보완적 관계로 볼 수 있을 때 규칙(내용)을 통해 원리(형식)를 깨달을 수 있다고 생각한다. 또한 타율성과 자율성의 관계를 상보적·보완적 관계로 볼 수 있을 때 인습의 도덕성을 거쳐 합리적 도덕성에 입문할 수 있다고 생각한다. 마찬가지로 도덕교육의 쟁점도 상보적·보완적 관계로 살펴보게 되면, 습관과 이성의 역설적 관계를 해소할 수 있고, 동시에 내용과 형식을 통합할 수 있는 방법이 된다고 생각한다(남궁달화, 2008: 384-385).

<참고 문헌>

고미숙, "도덕교육에서 습관의 의미", 『도덕윤리과교육 27호』, 한국도덕윤리과교육학회, 2008. 12.

김안중, "관습의 의미와 도덕교육", 『교육진흥』, 중앙교육진흥연구소, 1991, 봄호.

남궁달화, 『도덕교육론』, 서울: 철학과 현실사, 1996.

남궁달화, 『인성교육론』, 서울: 문음사, 1999.

남궁달화, "도덕교육에서 내용과 형식간의 논란과 그 해소를 위한 통합적 방법", 『교과교육 활성화 방안』, 한국교원대학교부설 교과교육 공동연구소, 2006.

남궁달화, 『현대 도덕교육론』, 서울: 교육과학사, 2008.

남궁달화, 『도덕교육사상』, 서울: 학지사, 2014.

도성달 외, 『윤리학과 덕교육』, 성남: 정신문화연구원, 2001.

박재주, 『인격함양의 도덕교육』, 서울: 철학과 현실사, 2012.

박병기, 추병완, 『윤리학과 도덕교육①』, 서울: 인간사랑, 1996.

양희인, "도덕적 삶에서의 습관과 이성의 관련 : 오우크쇼트의 도덕교육론", 『도덕교육연구』, 제5집, 한국교육학회 도덕교육연구회, 1993.

임병덕 외,『초등학교 도덕과 교육론』, 서울: 교육과학사, 1998.

임병덕, "오우크쇼트 도덕교육론에서의 이성과 습관의 관계",『사회과학 연구』, 제2집, 한국교원대학교 사회과학연구소, 1997.

이민철, "도덕교육의 내용 - 관례적 도덕성과 반성적 도덕성의 관계", 서울대학교 대학원 석사학위논문, 1986.

이홍우,『교육의 목적과 난점』, 서울: 교육과학사, 1984.

이홍우 외,『교육과정이론』, 한국방송통신대학교출판부, 1995.

조난심, "도덕교육과정."『교육학 대백과사전 2』, 서울대학교 교육연구소 편, 서울: 하우동설, 1998.

조난심, "도덕교육에서의 이성과 습관", 서울대학교 대학원 석사학위논문, 1982.

최정근, "도덕교육 방법론 소고",『변환기의 국가와 윤리』, 김택환 교수 정년 기념 논문집, 한국교원대학교, 1996.

최혜경, "도덕교육에서의 습관의 의의", 한국교원대학교 대학원 석사학위논 문, 2001.

Straughan, R., 남궁달화 역,『도덕철학과 도덕교육』, 서울: 교육과학사, 1996.

Peters, R. S., 남궁달화 역,『도덕발달과 도덕교육』, 서울: 문음사, 1993.

제07장

도덕사고와 행동

1. 도덕 사고와 행동

도덕 사고와 도덕 행동의 관계

도덕적 사고와 행동에 대해서 인지발달론과 사회학습이론은 서로 상반된 견해를 가지고 있다. 인지발달론의 입장에서는 도덕적 사고와 행동은 상호 밀접히 관련이 되고 있음을 주장하면서 "도덕적 사고와 행동이 서로 독립된 관계라는 것은 잘 선전된 신화에 불과하다."라고 결론을 내린다. 즉 도덕적 사고와 행동은 상호 밀접히 관련되어 있음이 분명하다고 한다. 그러나 사회학습이론의 입장에서는 "도덕적 사고의 행동에 대한 예언력은 비록 통계적으로 의의 있을지라도 실제적으로는 매우 미미하다."라고 결론을 내린다. 사회학습이론가들은 도덕적 행동은 도덕적 사고에 의해서 결정되는 것이 아니라 일반 능력(성격, 지능, 적성 등)과 사회적 학습의 결과에 의해서 결정된다고 주장한다(박용헌, 문용린, 1990: 134).

도덕적 사고와 행동의 관계를 연구한 블라지(Blasi)의 종합 평론에 의하면, 검토된 75개의 연구 중에서 57개(76%)의 연구가 도덕적 사고(판단)와 행동 간의 유의미한 상관관계를 보였다고 한다. 한편 레스트는 DIT를 사용한 연구들을 종합 평론한 연구에서 도덕적 사고와 행동의 유의미한 관련을 보고한 바 있다. 그러나 유의미한 상관관계의 발전에 실패한 연구도 많이 있다(박용헌, 문용린, 1990: 134). 그래서 이들 관계에 대한 확실한 결론을 얻기가 쉬운 일이 아니다. 도덕적 사고와 행동의 관계는 아마도 콜버그의 이론에서부터 설명하는 것이 이해하기가 쉬울 것이다.

콜버그의 의무판단과 책임판단

콜버그는 "도덕적 사고가 행동에 미치는 영향은 이 사고 자체가 도덕적 상황에 대한 인지적 해석을 포함하기 때문에 생겨나는 것이다." 고 하여 도덕적 사고가 행동을 결정하는 것은 주어진 사태에서의 옳고 그름, 그리고 의무에 대한 해석이라는 것이다. 콜버그의 기본 가정은 도덕적 사고의 성숙은 도덕적 행동의 성숙을 예견한다는 것이다. 여기서 도덕적 사고란 도덕적 덕목의 유추를 의미하는 것이 아니라 도덕적 딜레마 상황에서 이루어지는 한 행동의 정당화 방식에 의해서 추정되는 사고의 한 유형을 의미한다. 콜버그에 의하면 도덕적 행동은 도덕적 사고를 전제 조건으로 한다. 도덕적 사고만 제대로 되었다면 그에 합당한 행동은 자동적으로 예견된다는 것이다. 도덕적 사고와 행동과의 관련성은 도덕 판단이 성숙함에 따라 행동이 도덕적으로 성숙해지는 현상과 일치한다. 그 예로 시험 부정행위는 도덕 판단 수준이 높아질수록 줄어든다는 사실을 든다. 즉 도덕 판단 수준이 높을수록 커닝에 대한 유혹을 더 잘 이겨낼 것이라는 가설이 지지되는 것이다. 그러나 한편으로는 허시(Hersh)와 라이머(Reimer) 등이 도덕 판단 수준이 높아진다고 해서 반드시 커닝에 대한 유혹을 더 잘 이겨내는 것은 아니다고 기술하고 있다. 결국 도덕적 사고와 도덕 행동 사이에는 통계적으로는 유의미한 상관관계가 있다고 하였으나 그 상관의 강도는 매우 약하다고 할 수 있다. 결론적으로 성숙한 도덕 판단은 성숙한 도덕 행위를 위한 필요조건은 되지만 충분조건은 아니다(문용린, 1987: 16-17).

그런데 1980년대에 들어오면서부터 콜버그와 캔디(Candee)는 도덕적 사고와 행동의 사이에 두 가지 새로운 판단 과정을 제시한다. 도덕 판단은 도덕 행위에 필요한 두 가지 심리적 기능을 가진다. 의무 판단과 책임 판단이 그것이다. 도덕적 사고는 구체적인 도덕 사태와 관련되어 있는 의무와 책임 판단의 매개 과정을 통해 행동에 영향을 준다. 의무 판단이란 구체적 상황에서 무엇이 도덕적으로 옳은가에 대한 판단을 말하며, 책임 판단이란 사람이 옳다고 판단한 바에 따라 행동할 책임의 판단을 말한다. 책임 판단은 도덕적 사고의 발달과 관련되어 있다. 즉 도덕적 사고가 발달한 경우일수록, 어떤 문제 사태에서 밝혀진 의무 판단의 결과를 수행해야할 책임을 더 강하게 느낀다는 것이다.

의무 판단은 도덕 규칙이나 원리로부터 도출된다. 칸트(Kant)의 의무론적 정언 명령이나 밀(Mill)의 최대선이라는 공리주의 원리의 적용이 의무판단의 예가 될 것이다. 이 의무 판단은 도덕 추리의 결정 기능으로 이바지한다. 의무판단은 "어떤 행위를 하는 것이 옳은가?"라는 질문에 대답한다. 책임 판단은 도덕적으로 선하다, 악하다, 책임이 있다. 비난받을 만하다 등에 대한 판단이다. 이러한 책임 판단은 의지의 선택 행위이다. 결국 의무 판단의 결과에 따라 행동할 책임의 수용 여부에 대한 지각을 의미한다. 책임 판단은 "나에게 그

것이 왜 옳은가? 나는 왜 그것을 해야만 하는가? 옳은 것에 따라 행동할 책임을 지는가?"라는 질문에 대답한다. 책임판단의 기능은 도덕적으로 선하거나 옳은 것이 어느 정도까지 자기에게 엄밀히 필요한가를 결정하는 일이다. 의무판단은 정당함에 대한 일차적인 판단으로, 책임판단은 의무 판단에 따라 행동하려는 의지의 이차적 확언으로 인식될 수 있다(L. Kohlberg, 김민남 역, 1988: 548).

도덕적 의무 판단은 어떤 대상이나 사태에 대해 우리가 취하고 선택해야 할 의무(주로 '해야 한다, 해서는 안 된다'와 같은 술어로 표현되는)를 규정한다. 그러나 어떤 도덕적 의무 판단은 여전히 아직 추상적이며 원리적인 규정이다. 도덕 원리는 절대적, 보편적 세계에서 도출되지만 행동은 상대적, 주관적 세계에서 이루어진다. '무엇을 해야 한다'는 의무 판단이 행동으로 나아가기 위해서는 '바로 나 자신이 지금 그것을 행해야 할 책임이 있음'을 규정하는 책임 판단으로 전환되어야 한다. 그러나 자신이 무엇을 실천해야 할 책임이 있다고 판단하였더라도 그것을 실천하는 행동 기술(技術)이나 방법 그리고 수단에 대한 구체적 지식과, 실천에 대한 의지를 형성하지 않는다면 그것은 실천되기 어렵다(박상국, 2001: 21-22).

도덕 판단과 도덕행동에 관한 상관관계를 연구한 결과를 정리해 보면 다음과 같다(문용린 역, 2000: 84-86).

1960년대 말기와 1970년대 초기에 이루어진 콜버그의 논문들이 도덕 판단과 도덕적 행동 간의 상관관계를 보고한 많은 연구에 주목하였는데, 1980년에 블라지(Blasi)는 그 동안의 여러 연구를 총평하여 다음과 같은 결론을 내렸다. 즉 콜버그의 척도를 사용한 대부분의 연구는 정직, 유혹에 대한 저항, 이타적 혹은 친사회적 행동을 비롯하여 일반적으로 도덕적 행동이라고 부르는 것과 상위단계의 도덕 판단 간에는 상관관계가 있다고 보고했다는 것이다. 그러나 그 연구들이 도덕 판단과 도덕행동 간의 관계에 대한 이론적 조명은 거의

하지 못했다고 결론을 내렸다.

블라지(Blasi, 1980)의 총평과 콜버그와 캔디(Candee, 1983)의 연구에서 도덕단계와 도덕행동 간의 관계를 보면, 더 상위단계의 도덕 판단을 하면 할수록 딜레마 상황에서 선택한 도덕적 행동 선택과 실제 행동이 더 잘 일치할 것이라는 것이다. 맥나미(McNamee, 1978)는 그녀의 연구의 표집 대상이었던 3단계와 4단계 피험자 대부분은 약물 중독된 부랑인이 도움을 청하는 상황에서 도와주는 것이 옳다고 생각한다는 사실을 밝혔다. 그러나 이렇게 의무론적 선택은 일치할지라도, 실제로 그 부랑인을 돕는 비율에서는 3단계 피험자보다는 4단계 피험자가 더 높았다는 것이다.

콜버그와 캔디는 레스트(Rest, 1983)의 연구와 블라지(1980)의 총평에 근거하여 도덕행동은 세 단계를 통해 일어난다고 가정하였다. 첫째 단계는 주어진 상황에서 옳음 또는 정의로움에 대한 의무론적 판단을 하는 과정이고, 둘째 단계는 도덕적 상황에서 이러한 의무판단을 실행할 책임이 자신에게 있다고 판단하는 과정이며, 셋째 단계는 그것을 행동에 옮기는 과정이다. 도덕단계와 도덕행동 간의 일치도가 단계가 높아질수록 일관되게 증가하는 현상은 도덕단계가 높아질수록 의무판단과 이러한 판단을 행할 책임판단 사이의 일치도가 일관되게 증가한다는 가설로 설명된다.

단계가 높아질수록 의무판단과 책임판단 사이의 일치도가 일관되게 증가한다는 이러한 가설적인 관계는 콜버그식 가상적 딜레마들에 대한 반응을 조사한 헬카마(Helkama, 1979)의 연구에서 관찰되었다. 연구 결과를 보면, 3단계와 4단계에 있는 피험자 중 50%가 하인즈는 약을 훔쳐야 한다고 응답했지만(의무판단), 그 50%중 28%의 피험자만이 하인즈가 약을 훔치지 않아서 아내가 죽는다면 그에게 책임이 있다고 반응하였다(책임판단). 그러나 5단계에서는 50%이상의 피험자들이 아내가 죽는다면 하인즈에게 책임이 있다고 반응하였다. 이처럼 5단계에서의 의무판단과 책임판단 사이의 일치도는 인습단계(3,4단계)에서의 일치도에 비해 두 배 가량 높게 나타났다.

이와 같이 콜버그의 도덕 위계에서 한 개인의 도덕단계가 높아 감에 따라 가상적 상황이든 실생활 상황이든 간에, 책임판단과 의무판단 간의 일치도는 점점 더 증가한다. 도덕단계가 높아질수록 더 규범적으로 되는 것은 높은 단계들이 낮은 단계보다 도덕적 의무 및 책임과 비도덕적 의무 및 책임을 더 잘 구별하기 때문이다.

이처럼 우리는 도덕단계가 두 가지 방식으로, 즉 의무판단과 책임판단을 통해 도덕행동에 영향을 준다고 본다. 도덕단계가 높은 피험자일수록 각자의 의무론적 선택이 도덕원리에 의거한 선택에 더 잘 일치할 것이라 기대할 수 있다. 또한 많은 사람들의 의무론적 선택이 쉽게 일치하는 상황에서는 단계가 높아질수록 의무론적 선택과 책임판단 간의 일치도가 증가하기 때문에 도덕단계와 도덕행동 사이의 단선적 관계를 기대할 수 있다.

레스트의 4구성 요소

레스트는 도덕적 사고 또는 판단 능력은 도덕 행동의 설명에 한정된 역할을 행사할 뿐이다고 하면서 도덕적 사고는 행동을 결정하는 수많은 요인 중의 하나일 뿐이다는 것이다. 도덕 행동은 도덕적 사고와 같은 단일한 심리적 변인의 함수가 아니라 수많은 다른 요인들의 종합적 함수라는 것이다. 그에 의하면 인간의 행동에는 서로 독립된 네 가지 심리적 과정이 포함되어 있다. 제1요소는 민감성 차원으로 어떤 상황을 도덕적 상황으로 파악하는가 아닌가 하는 측면이고, 제2요소는 판단력 차원으로 도덕 판단의 수준이 어느 단계에 도달했는가이며, 제3요소는 의사결정 차원으로 도덕적 가치와 다른 가치 중에서 어느 가치를 선택하는가 하는 것이고, 제4요소는 자아강도 차원으로 선택한 도덕적 행동을 결행할 의지가 어느 정도 있는가 하는 것이다. 따라서 이 네 가지 요소가 함께 작용하지 않으면 기대하는 도덕행동은 발현되기 어렵다고 생각한다. 레스트는 하나의 도덕적 행동이 실제로 일어나기 위해서는 네 가지 심리적 과정이 작동되어야 한다는 4구성 요소 모형을 제시하고 있다(문용린, 1987: 18-19).

제1구성 요소

제1구성 요소는 어떤 상황에 대한 해석으로 도덕 민감성이다. 즉 도덕 사태의 인지와 해석이다. 부딪힌 상황을 도덕적으로 인지하고 해석하는 것이다. 주어진 상황을 도덕적 사태로 파악해야 도덕적 행동이 나올 수 있다. 상황에 도덕적으로 반응한다는 것은 특정한 행동이 필요할 때 재빠르게 반응해야 하고 적절하게 그 사건들을 설명할 수 있어야 한다는 것이다. 그러나 사태의 애매성은 도덕적 행동의 표출을 막는 큰 장애 요소라는 점이 방관자 효과[12]를 통해서 입증된바 있다. 사태의 인지에는 상당한 개인차가 있다. 이 과정에서는 도덕적 감수성이 중요하다. 즉 상황을 해석하는데 결정적인 것은 공감 능력이다.

상황을 해석한다는 것은 어떤 행위 과정이 가능한지를 상상하는

---

12) 뉴욕시에서 키티 제노비스(Kity Genovese) 사건이라는 끔직한 살인사건이 38명의 사람들이 보고 있는 상태에서, 더구나 목격자들이 아무런 조치도 취하지 않는 동안에 일어났다. 퇴근길에 그녀는 강도를 만나 지갑을 뺏겼다. 강도는 그녀를 칼로 계속해서 찔러대서 그녀는 소리를 질렀다. 그 강도는 지갑을 가지고 달아나다가 얼마 후 다시 돌아와서 그녀를 여러 번 다시 찔렀다. 그리고 20분 후에 범인은 세 번째로 다시 왔고 그녀를 더 찔렀으며 죽음을 확인했다. 이 사건은 38명의 사람들이 목격하고도 아무도 이 사건에 개입하지 않았다. 긴급한 상황에서 방관자가 된 목격자들은 그들이 목격한 것은 연인들 간의 싸움이라고 생각했으며, 강도에 의해 칼에 찔렸다는 것을 정확히 몰랐다. 그들은 상황에 대한 그들의 해석에 있어서 혼란을 겪었다. 이러한 혼란 때문에 어떤 행동도 나타나지 않았다(문용린 역, 2007: 492).

것과 각 행동이 관련자들의 복지에 어떻게 영향을 미치는지에 대해 행위 결과를 추적하는 것과 관련이 있다. 사람들은 자기 자신에게 "이것은 도덕적인 문제이다."라고 말하기도 하고 그 사례에 적용되는 특정한 도덕규범이나 원리에 대해 생각해 보기도 한다. 그러나 이것은 필수적이지도, 필연적이지도 않다. 많은 사람들은 비교적 간단한 사태를 해석하는 데에도 어려움을 겪는 경우가 있으며, 타인의 복지와 필요들에 대한 민감성에 있어서도 사람들 사이에 현저한 개인차가 있음을 알 수 있으며, 우리가 어떤 상황을 반추하거나 숙고하기 전에 누군가에 대해 강한 반감을 느낄 수도 있고 즉각적인 공감을 느낄 수도 있다. 제1구성 요소는 우리가 특정한 상황에서 무엇을 할 수 있는가를 확인하는 것과 그 행동이 어떤 결과를 초래하는지 이해하는 것, 그리고 문제에 대한 자신의 원초적 감정을 확인하고 이해하는 것을 포함한다(문용린 외 역, 2008: 26-28).

제2구성 요소

제2구성 요소는 어떤 행동이 도덕적으로 옳은지 그른지를 판단하는 것이다. 어떠한 행동이 옳고 공정하며 정의로운지에 관해 사고하는 과정이다. 또한 주어진 상황에서 어떤 행동이 가능하며 이상적인 것일까에 대해 사고하는 과정이기도 하다. 즉 이상적 도덕 행동을 추리하여 주어진 사태에서 무슨 행동을 할지 결정하는 것이다. 콜버그의 도덕 판단력(사고)은 여기에 해당된다. 이 과정에서는 도덕적 사고력(판단력)이 중요하다.

제2구성 요소는 사람들이 행위 과정 중 도덕적으로 옳은 것을 어떻게 판단하는지에 관한 것으로 인지발달 심리학자들이 이러한 분야에 기여하였다. 인지발달론자들의 설명에 의하면 사회 상황에서 무엇이 도덕적으로 옳은지를 판단해야 할 때, 협동과 공정성이 도덕 판단을 이끈다는 점이다(문용린 외 역, 2008: 32).

그러나 제2구성 요소로서 이상적인 도덕 판단의 결정은 다른 가치와 동기에 의해서 압도되어 제3구성 요소로서 선택되지 못할 경우가 있다. 로렌스(Lawrence, 1979)의 연구에 의하면 보수 교단의 신학생들의 도덕 추리는 높은 단계에서 전개되지만, 이 추리된 도덕 의무감은 실제 문제 사태에 부딪혀서는 종교적 이데올로기에 압도되어 버린다는 사실을 밝힌바 있다(문용린, 1989: 152). 이 연구는 이데올로기에 의한 순종이 개인의 도덕적 직관들을 간과해 버릴 수 있다는 점을 암시한다. 따라서 믿음 체계와 이데올로기, 그리고 동기가 개인들의 도덕 사고와 판단보다 우위에 있게 되어 사람들이 도덕적 행동에 옮길 방안의 결정에 영향을 미칠 수 있다는 것이다.

제3구성요소

제3구성 요소는 도덕적 가치와 이와 경쟁하는 다른 가치(도덕적 가치가 아닌) 사이에서의 선택 과정이다. 도덕적 가치가 우선적으로 의사 결정되는 과정이다. 다시 말해 행동에 옮길 방안의 결정이다. 사람들은 쾌락, 승진, 예술, 음악, 지위 등과 같은 것을 가치 있게 여길 수 있다. 이러한 가치들이 선택된 도덕적 가치와 충돌하게 된다. 도덕적으로 옳고 바른 일이라 할지라도 이것이 자기의 신체적 또는 경제적 위협이 된다고 하면 그 행동을 해야 할지 망설여진다. 예를 들면 아동들의 도덕적 판단은 이기심 때문에 행동으로 연결되지 못한다. 제1, 제2의 구성 요소를 거치면서 특정의 도덕 행동이 정해졌다 해도 도덕적 가치와 경쟁 관계에 있는 다른 여러 가치나 동기에 의해 압도되어 그 행동의 표출이 억제되어 버리는 경우가 있다. 이 과정에서는 도덕적 의사 결정에 따라 도덕 행동이 좌우된다고 볼 수 있다.

사람들은 공정성이나 도덕성 외에도 그들의 일, 예술, 오랫동안 열심히 일했던 프로젝트의 성과와 같은 다양한 것에 가치를 둔다. 이러한 가치들은 도덕 가치와 갈등을 일으켜서 사람들이 도덕적으로 행동하는 것에 방해가 되기도 한다. 그런데 사람들은 무엇 때문에 다른 가치들보다 도덕 가치들을 우선시하고 선택하는가? 무엇이 다른 가치를 포기하고 도덕적 가치를 선택하도록 동기화시키는가? 이에 대해 레스트(Rest)는 다른 가치 대신 도덕적 가치를 선택하는 이유를 다음과 같이 정리하였다(문용린 외 역, 2008: 37).

첫째, "양심은 우리 모두를 겁쟁이로 만든다." 즉 부끄러움, 죄책감, 공포가 도덕성을 동기화한다.

둘째, 도덕적이기 위한 특별한 동기는 존재하지 않는다. 사람들은 단지 강화와 모델링에 의해 도덕성이라 부를 수도 있는 사회적 행동을 학습한다.

셋째, 협동적이고 바람직한 사회를 만드는 이해관계에 대한 사회적 합의는 도덕성을 동기화시킬 것이다.

넷째, 도덕적 동기화는 자기보다 더 위대한 것(높은 권력, 신 등)에 대한 경외와 복종에서 나온다.

다섯째, 공감은 이타적 동기화를 위한 기초이다.

여섯째, 정의롭고 서로 돌보는 공동체에서 살아가는 경험은 도덕적 수행을 이끈다.

일곱째, 도덕적 대상으로서 청렴의식과 자아정체성에 대한 관심은 도덕적 행동을 동기화한다.

이 구성 요소에서는 인지와 정서 사이에 많은 상호 작용이 있음을 알 수 있다. 바람직한 목표나 결과를 상상하는 것은 일종의 인지적 표상을 가지고 있음을 암시하며 이를 갈망하는 것은 그에 대한 긍정적 정서를 가지고 있다는 것을 의미한다. 즐거운 기억, 최근의 성공 경험, 무엇인가 받은 것 같은 행복한 기분을 누린 사람들이 더 긍정적이고 관대하며 협동적이다. '밝은 면에서 찾은 긍정적인 효과'라는 연구에서 좋은 기분은 돕기와 협동의 이익을 강조하는 인지 활성화에 영향을 미치며, 나쁜 기분은 돕기의 불이익을 강조하는 인지 활성화를 높인다고 서술하였다(문용린 외 역, 2008: 38).

제4구성 요소

제4구성 요소는 마음먹은 도덕적 행동을 실제로 수행하는 단계이다. 즉 의사 결정된 특정의 도덕적 행동을 실제의 행동으로 옮기는 과정이다. 자기 규제력이 강한 사람이 유혹에 대한 저항성이 강하고, 주의집중력이 높은 사람이 사고와 행동의 일관성이 높다고 한다. 목표지향성이 뚜렷한 사람은 마음먹은 대로 행동을 실행해 낼 확률이 높다고 한다.

이 구성 요소는 구체적인 행동의 순서를 이해하고, 장애와 예상치 못한 어려움을 헤쳐 나가며, 피로와 좌절을 극복하고 마음의 혼란과 다른 유혹에 저항하며, 궁극적인 목표를 바라보게 하는 것이다. 인내, 결의, 능력, 인성은 이 구성 요소에서 성공을 이끌어내는 귀인들이다. 심리학자들은 이런 과정들이 '자아강도' 또는 '자아조절'을 포함한다고 말한다. 굳은 결심, 인내, 의지, 강한 인성과 자아강도는 좋게 이용될 수도 있고 나쁘게 이용될 수도 있다. 자아강도는 은행을 털 때, 마라톤을 준비할 때, 콘서트에서 피아노를 연주할 때, 대량학살을 일으킬 때처럼 여러 상황에 쓰일 수 있다(문용린 외 역, 2008: 39).

레스트의 4구성 요소 모형은 도덕적 감수성(민감성), 도덕적 판단력, 의사 결정력, 행동 실천력이 그 핵심이다. 콜버그의 이론은 인지적 측면을 강조하고 있지만 레스트의 4구성 요소 모형은 인지적, 정의적 측면을 모두 포괄하고 있다는 데에 차이점이 있다.

도덕 판단이 행동에 이르는 과정

도덕적 판단은 이성에 의해 내려지고 그것의 행동은 육체에서 행해진다. 이성적 판단이 우리의 복잡한 두뇌를 거쳐 신경계를 타고 다양한 전이 물질에 의해 감각과 근육을 통해 행동으로 표출된다. 우리는 많은 경우에 성공적으로 이성의 판단을 수행하지만, 또 다른 경우에 행동을 도덕적 판단과 일치시키는데 실패한다. 그것이 실패한다는 것은 도덕적 인식이나 판단 과정에 문제가 있었거나, 도덕적 판단을 실천 판단으로 변환시키지 못했거나, 도덕적 의지나 정서, 욕구를 형성하지 못했거나, 전달 과정에 관련되는 신체적 이상이 있었거나, 기타 다른 상황적 조건들이 도덕적 행동을 방해했기 때문일 것이다(박상국, 2001: 96).

적어도 논리적으로 볼 때, 도덕적 판단과 행동 사이에는 양자에 다리를 놓아주는 동기의 작용인 도덕적 의지가 요구된다. 도덕과 관계하여 의지란 자신의 활동과 행동을 도덕 판단에 따라 의식적으로 조절하는 능력이라고 정의할 수 있다(남궁달화, 1996: 367).

'나는 지금 저 노인에게 자리를 양보해야겠다.'는 도덕적 실천 판단은 이성에 의한 도덕 원리에 따른 도덕적 의무와 책임, 자신의 행동 명령이며, 이는 오성에 의한 구체적 행동 표상 및 감성적 결단을 포함하는 실천적 의지와 직접 연관된다. 도덕적 실천 판단은 인지적인 측면에서는 실천 명령과 행동 계획이지만, 정의적인 측면에서는 실천을 다짐하는 실천적 의지를 나타낸다. 도덕적 실천 판단은 인지적인 도덕 판단에 정의적인 의지가 개입함으로써 일어나는 마음의 결정이다(박상국, 2001: 48).

도덕적 의지는 이성에 의하여 어느 정도 연기하거나 제한하여 형성되는 의지로서 도덕관념에서 비롯되는 정서와 욕구를 통제한다. 도덕적 의지는 원리로부터 자신의 행위를 이끌어 냄으로 곧 도덕적 실천 판단을 형성하는 실천적 이성이 될 수 있다(김병옥, 1986: 148).

도덕 판단이 행동에 이르는 과정은 다음과 같이 진행된다. ① 주어진 상황 파악과 자신의 도덕관념을 반성하여 주어진 상황에 대한 도덕적 평가, 즉 도덕적 가치 판단을 내린다. ② 도덕적 가치 판단으로 부터 도덕적 행동을 해야 함을 의무로 인식하는 객관적인 도덕적 의무판단을 형성한다. ③ 객관적 의무 판단으로부터 자신의 책임을 규정하는 도덕적 책임 판단을 형성한다. ④ 자신의 책임을 규정하는 책임 판단으로부터 구체적 실천적 의지를 포함하며, 구체적인 활동 선택을 포함하는 도덕적 실천 판단을 내린다(박상국, 2001: 94).

도덕적 행위는 다양한 요소들의 통합에 의해 발현된다. 이성에 의한 도덕적 판단은 도덕적 행동의 필수 조건이기는 하지만, 도덕적 지식이 아무리 많더라도 여전히 그것만으로 행동은 일어날 수 없다. 그것은 다른 많은 요소와 조건을 필요로 하는 것이다. 도덕적 판단에서부터 행동에 이르는 과정에서 어떤 한 요소가 독립적으로 움직이는 때는 없다. 지(知), 정(情), 의(意) 각각이 사물이나 사건과의 관계 속으로 '홀로' 그리고 '독립적'으로 작용하는 것은 아니다, 지, 정, 의는 '동시에' 그리고 '함께' 하나의 마음을 구성한다. 이미 도덕적 인식의 과정에서부터 지, 정, 의는 함께 작용한다. 도덕적 행동에 있어 이성이 도덕적 판단을 내리는 과정에 도덕적 지식, 감정, 의지, 그리고 육체적, 사회적 조건들이 함께 작용하며 영향을 미친다. 또한 도덕적 행위는 신체에 의해 강화되거나 약화되기도 한다. 신체적 이상이나 허약은 도덕적 행동의 장애가 될 수 있다(남궁달화, 1999: 18).

도덕 사고(판단)가 도덕적 행동에 이르도록 하기 위한 도덕교육에의 적용을 보면 다음과 같다(박상국, 2001: 96-97).

첫째, 도덕적 행동을 지향하는 도덕 교육은 통합적으로 진행되어야 한다. 인간의 행위, 특히 도덕 행위는 이성, 감성, 오성, 신체, 물리적, 정신적 환경의 통합이다. 또한 습관과 이성, 타율과 자율, 주관과 객관, 개인과 사회의 통합이기도 하다. 이런 점에서 도덕 행위의 연구는 철학과 윤리학, 심리학과 사회학, 행동주의와 생리학 내지 신경과학적 연구를 포함한다. 그 이유는 도덕 행위는 다양한 요소들의 통합에 의해 발현되기 때문이다.

둘째, 도덕관념 및 도덕적 판단과 실천의 과정에 관계되는 감성 체계, 즉 의지, 정서, 욕구와 충동의 연결을 강화하는 교육이 필요하다. 도덕적 판단이 곧 신체적 동작으로 곧장 연결될 수 없기 때문이다. 따라서 행위자의 도덕관념이나 도덕적 판단이 어떻게 도덕적 의지나 정서, 욕구를 형성할 수 있는가 하는 연구가 필요하다.

셋째, 도덕적 행동의 성취를 종국적 목적으로 하는 도덕 교육에서 신체적인 측면이 고려되어야 한다. 실제적인 도덕적 행동의 증진을 위한 도덕 교육은 가능한 한 어린 시기에 도덕적 행동에 대한 신체적 적응 훈련을 필요로 한다. 즉 어린 시기의 도덕적 동작의 실천적 기술과 그것의 반복 훈련은 차후 도덕적 행동에 대한 신체적 거부감을 줄여줄 것이다. 그 다음으로 행위자의 신체적 상태에 대한 고려가 포함되어야 한다. 일부의 비도덕적 행동이 뇌 손상, 호르몬 이상 분비, 생리 증후군 등의 신체적 이상과 관계된다는 사실을 아는 것은 비도덕적 행위와 그것의 치유에 대한 이해의 폭을 넓히는데 도움을 줄 것이다. 도덕 교육에서 신체적 상태가 뇌, 신경, 감각, 근육 등의 활동과 관계되며, 그것들을 건강한 상태로 유지하고, 도덕적 행동의 신체적 기술과 힘을 증진시키는 것이 실제적인 도덕적 행위의 가능성을 높일 수 있다는 것을 이해해야 할 필요가 있다.

2. 지행의 합일과 괴리

지행의 합일과 괴리는 인간이 덕이란 항목에 관하여 고찰하기 시작했을 때부터 거론되고 심각하게 논의되어진 문제이다. 그만큼 지행의 합일과 괴리는 인간에게 있어서 참으로 풀기 어려운 문제이다. 먼저 지행합일에 대하여 살펴보고자 한다. 지행합일이란 '앎과 행함이 서로 하나이며 일치하는 것'을 의미한다. 지행합일을 주장하는 대표적인 학자로는 서양의 소크라테스와 동양의 왕양명이 있다.

소크라테스의 지행합일설

소크라테스(Socrates BC 470~399)는 고대 그리스 철학자로 지행합일론을 주장한 것으로 잘 알려져 있다. 그는 옳은 것을 알았을 때 비로소 바르게 행하게 된다고 생각하여 덕과 앎을 동일시하였다. 도덕적 지식을 제대로 알기만 하면 반드시 그에 맞는 행동을 하게 된다. 따라서 도덕적인 행동을 하지 않은 사람은 도덕적 지식을 가지고 있지 않다는 것이다. 지행합일에 대한 소크라테스의 이러한 견해는 소크라테스가 직접 말한 바는 없다. 플라톤의 대화편에 나오는 소크라테스의 대화를 분석해서 얻은 결론에 해당할 뿐이다. 소크라테스가 사람들과 대화를 할 때, 거짓과 탐욕이 없고 맑고 깨끗함을 소유하고 있는 상태, 즉 사람들의 인간됨을 중시하였다. 소크라테스가 중시하는 인간됨이란 사람들의 영혼 속에 거짓과 탐욕이 전혀 없는 티 없이 맑고 깨끗함을 소유하고 있는 상태를 말한다. 그가 최종적으로 기르려는 대화자의 마음이 신과 같이 흠이 없는 완전무결한 마음이 되면 완전한 도덕적 지식을 소유하게 되어 도덕적 행동을 하지 않을 수 없다는 것이다. 도덕적 행동을 하지 못한다는 것은 아직 도덕적 지식을 제대로 소유하지 못했다는 것이다. 소크라테스의 지행합일론 은 바로 이러한 배경에서 주장된 것으로 볼 수 있다(이영문, 2012: 87-88).

소크라테스는 가장 현명한 사람은 자신이 아무 것도 모른다는 것 을 아는 사람이다고 하였다. 그는 보편적 진리를 발견하고 그것을 실 천해야 하며, 그릇된 행위는 무지(無知)에서 비롯된다고 주장하였다. 즉 무엇이 옳은지 아는 사람만이 옳은 일을 한다는 지행합일설을 내 세웠다. 소크라테스의 견해에 따르면, 나쁜 짓을 하는 사람은 그가 하는 일이 실제로 나쁜 것임을 몰랐기 때문에 그렇게 한 것이고, 그 렇게 한 행위가 진짜로 나쁘거나 자신에게 해롭다는 사실을 알았다 면, 그런 행위를 하지 않았을 것이라는 것이다(김영균, 2004: 74).

소크라테스가 일생을 통하여 추구하였던 것은 단지 지식을 위한 지식이 아니고, 알면 반드시 행하는 지식이었다. 누구든지 선을 알기 만 하면 행하지 않을 수 없다. 왜냐하면 선을 알고서 기꺼이 악을 행 하는 사람은 없을 것이기 때문이다. 모든 악은 인간이 선을 모르는 데서, 즉 무지에서 나온다. 소크라테스가 말하는 지식이라는 개념은 "잘 아는(知) 목수가 좋은(善) 목수이다."에서처럼 앎(知)과 좋음(善) 이 일치해 있는 지식이다. 좋은 목수, 즉 기능이 좋은 목수가 되기 위 해서는 많이 알아야 한다. 이와 같이 앎과 좋음이라는 두 가지 의미를 동시에 가지고 있는 지식이 곧 덕(德)인 것이다(강성률, 2005: 45).

소크라테스는 아는 것과 행하는 것을 상호 관련시키면서 선을 아 는 것은 선을 행하는 것이며, 따라서 '지식은 덕'이고 '무지는 악덕'

이라고 했고, 완전히 알면 반드시 실천에 옮기게 된다고 했다. 지(知)와 덕(德)의 합일 내지 지(知)와 행(行)의 일치를 믿었던 소크라테스는 "누구나 참으로 알면서 악(惡)을 결심하지는 않는다. 모든 악은 불충분한 지식에서 온다."고 하였으며, 그 자신이 "어떤 사람에게 대해서도 고의로 부정을 행한 일은 없다고 확신한다."는 말을 남기었다(최재희, 1980: 43)

소크라테스에 따르면, 무엇이 올바른지 아는 사람은 그 앎으로 인하여 그것을 행할 것이며, 무지한 사람은 그릇된 일을 행하게 될 것이니, 결국 악한 행위는 무지나 지적 오류의 산물이며 아무도 자발적으로 악을 행하지는 않는다. 소크라테스는 덕이 곧 지식이라고 하면서, 지식은 곧 덕의 필요조건이자 충분조건이라고 한다. 따라서 덕과 지식이 일치한다는 소크라테스의 주장은 그의 지행합일설을 재확인해준다. 소크라테스에 따르면 선과 악에 대한 지식은 우리로 하여금 그 선을 행하고 그 악을 피하고자 하는 동기를 유발하기에 충분하다(이주강, 2012: 250, 252).

소크라테스에게 있어서 '지식' 즉 '안다'는 말은 정확히 말하면 '깨닫는다' 또는 '발견한다'는 말로서 행위와 유리된 인간의 인지적 특성을 설명하는 말에 불과한 것이 아니라 그의 삶과 행위에 변화를 유발하는 능력을 가진 인간의 기능을 의미한다. 다시 말해 소크라테스가 말하는 지식의 개념은 인간의 삶을 변화시키고 실천적 행위를 유발할 수 있는 능력을 갖고 있는 개념이다. 소크라테스의 명제인 '인간은 아는 대로 행동한다'는 말은 실제로 인간이 아는 대로 행동한다는 것이 아니다. 여기서 '안다'는 말은 도덕적인 사고의 결과를 말한다. 누군가가 어떤 도덕적인 문제에 대해 신중하게 사고하고 난 후에 어떤 결론에 도달했다면 그는 자신의 결론대로 행동할 것이다. 소크라테스는 플라톤이 기술하는 『대화편』을 통해서 도덕적 사고의 성숙과 거기에 따른 도덕적 행동의 실천이 중요함을 보여주고 있다.

그는 '대화'라는 교육방법을 통해서 지식으로서의 덕을 행동으로서의 덕으로 변화시키고자 하였다. 여기에서 소크라테스의 지행합일설이 의미를 갖는다(이영문, 2008: 248-250, 255-256).

왕양명의 지행합일설

왕양명(王陽明 1472~1528)은 중국 명대 중기의 대표적인 철학자, 정치가로서 이름은 수인(守仁)이다. 성리학에 대한 반발로 나온 양명학의 학자인 왕양명은 송대 육구연(陸九淵)의 심학(心學)에서 주자학에 대한 대안을 찾았다. 특히 육구연의 '심즉리(心卽理) : 마음이 바로 진리(이치), 내 마음이 곧 이치.'라는 주장에 흥미를 가졌다. 왕양명은 마침내 리(理)는 본원적인 것으로 밖에 있지 않고 인간의 마음속에 존재한다고 주장하기에 이르렀다. 이러한 견해는 다시 지행합일설(知行合一說)로 발전하여, 인식과 실천은 마음의 두 측면으로서 분리될 수 없으며, 따라서 지식은 단순히 인식으로 끝나서는 안 되고 반드시 행동으로 옮겨져야 한다고 주장하였다. 왕양명의 지행합일 사상은 마음의 움직임이 곧 이(理)의 구현이라는 생각에서 나왔다. 그래서 앎이란 실천의 시작이며 실천이란 앎의 완성이라고 하였다.

왕양명의 지행합일 사상은 그의 언행을 기록한 전습록(傳習錄)을 통하여 알 수 있다. 그의 제자인 서애(徐愛)와 지행의 문제를 가지고 주고받은 문답에서 왕양명의 지행합일 사상을 다음과 같이 요약하여 볼 수 있다(차미란, 2004, 106-109).

"오늘날 사람들이 부모에게는 마땅히 효를 행해야 하고, 형제간에는 우애가 있어야 한다는 것을 알고 있기는 하지만 그것을 실천하지는 못한다"고 할 때 아는 것과 행하는 것은 본체로서의 지(知)와 행

(行)이 아니라 왜곡된 형태로서의 지와 행이다. 왕양명은 지와 행이 이와 같이 왜곡된 모습으로 나타나는 가장 큰 이유는 개인의 이기적 욕망에서 찾는다. 그에 의하면 효를 행하고 우애가 있어야 한다는 것을 알고 있기는 하지만 그것을 실천하지 못한다는 말에서 지와 행은 이미 이기적 욕망에 의하여 분리된 지와 행일뿐, 본체로서의 지와 행이 아니다. 따라서 본체로서의 지와 행에는 지행의 괴리라는 것이 있을 수 없다.

왕양명에 의하면, 지와 행이 분리된 상태는 이미 자신이 말하는 지행의 본체를 뜻하지 않는다. 어떤 사태를 도덕적 사태로 파악하는 것, 또는 인간으로서 마땅히 따라야 할 행위의 원리를 아는 것이 도덕적 지식이요, 그 도덕적 지식이 요구하는 바를 그대로 따르는 것이 도덕적 행위라는 점에서, 도덕적 지식과 도덕적 행위는 결코 별개의 것으로 분리될 수 없다(임병덕 외, 2001: 86).

왕양명은 지(知)와 행(行)을 별개로 분리하면서, 지가 행에 시간상 선행한다고 생각하는 것은 지의 본래의 성격, 그리고 지와 행의 관계를 그릇되게 파악한 것이라고 보았다. 효를 실천한다는 것은 효라는 것이 어떤 것인지를 먼저 알고 나서 그 다음에 그것을 행동으로 실천하는 것이라든가, 효에 관하여 알고는 있지만 행동으로 실천하지는 않는다고 말하는 것은 모두 지와 행을 별개의 것으로 분리하여 파악한 것이다.

왕양명은 "만일 어떤 사람이 효(孝)와 제(弟)에 관하여 알고 있다면, 그는 반드시 그 이전에 효와 제를 행했어야 한다. 그 경우에 비로소 그를 가리켜 효와 제를 아는 사람이라고 일컬을 수 있다. 단지 효와 제에 관하여 이것저것 말할 수 있다고 하여 효와 제를 안다고는 말할 수 없다."고 하였다. 왕양명의 이 말에서 시사되는 것은 행(行)이 지(知)에 시간상 선행한다는 것이다. 이렇게 보면, 왕양명의 지행합일설은 주희(朱熹)의 선지후행설(先知後行說)을 정반대로 뒤집어 놓은 선행후지설(先行後知說)을 주장하는 것처럼 생각된다. 여기에서 행(行)이 지(知)에 시간상 선행한다는 것은 효를 먼저 행동으로 실천하고 나서 그것에 관한 지식을 추구한다는 뜻으로 해석되어서는 안 된다. 그런 해석은 지와 행을 분리된 것으로 보기 때문이다.

행(行)이 지(知)에 시간상 선행한다는 점을 부정하지 않으면서 지와 행이 논리적 관계를 맺고 있다고 보는 것이 왕양명의 지행합일에 대한 입장이다. 이러한 입장은 왕양명이 말하는 진지(眞知) 혹은 양지(良知)를 통해서도 설명될 수 있다.

왕양명은 "양지란 맹자가 말한 옳고 그름을 가려내는 마음이며, 사람이 모두 갖고 있는 것이다. 옳고 그름을 가려내는 마음은 생각하지 않아도 알 수 있으며, 배우지 않아도 알 수 있다. … 이것이 바로 하늘이 부여해 준 성(性)이며, 내 마음의 본체(本體)이다."라고 하였다(『傳習錄』 上). 이와 같이 양지를 하늘이 부여해 준 마음의 본체, 옳고 그름을 가려내는 마음이라고 생각했으며, 선(善)도 알고 악(惡)도 아는 것이 양지(良知)이다고 하였다(조현규, 2007: 272).

왕양명은 "지(知)가 진실되고 정성스러우며 독실한 곳이 바로 행(行)이며, 행(行)의 의미가 밝게 드러나고 세밀하게 검토되는 곳이 바로 지(知)이다."라고 하였다(『傳習錄』 中). 그러므로 알지 못하고서 실행하는 것은 명행(冥行) 즉 멋모르는 행동이고, 알고서도 행하지 않는 것은 망상(妄想) 즉 헛된 생각이다. 왕양명은 좋아하고 싫어하는 감정마저도 모두 행(行)이라고 생각했다. 곧 행(行)은 동기를 포함할 뿐만 아니라 어떠한 의향이나 생각마저 포함한다. 결국 왕양명의 지행합일에서는 지(知)와 행(行)은 본래 떨어질 수 없는 것이다. 즉 앎은 행함을 포함하고, 행함은 앎을 포함한다는 것이다. 왕양명의 지행합일을 정리해 보면, 첫째로 그는 앎을 행함의 시작이라 보았고 행함은 앎의 완성이라고 보았다. 둘째로 앎과 행함은 함께 나아간다. 즉 지행병진(知行竝進)한다는 것이다. "아름다운 색을 보는 것은 앎에 속하고, 그것을 좋아하는 것은 행함에 속한다. 오직 아름다운 색을 보았을 때 이미 저절로 좋아하는 것이지, 이것을 본 뒤에 또 하나의 마음이 일어나서 좋아하는 것은 아니다."라고 하여 어떤 색을 아름답다고 '생각하는 것'(知)과 그것을 '좋아하는 것'(行)은 동시에 일어난다고 하였다. 셋째로 앎과 행함은 곧 양지(良知)를 회복하자는 것이다. 사람은 능히 양지로 하여금 물욕에 가려지지 않도록 할 수 있으며, 양지가 자연히 드러나게 할 수 있다는 것이다(조현규, 2007: 276-277).

왕양명은 고통과 고통을 아는 것, 배고픔과 배고픔을 아는 것의 관계를 가지고 지와 행의 관계를 설명한다. 왕양명에 의하면, 스스로 고통을 겪어 보아야 비로소 고통이 무엇인지를 알며, 추위가 무엇인지를 알려면 이미 스스로 추위를 겪어 보아야 한다. 그리고 배고픔을 알려면 이미 스스로 배고픔을 겪어 보았어야 한다. 어떤 사람이 고통, 추위, 배고픔을 아는 것은 그가 고통, 추위, 배고픔을 직접 경험하는 일(즉, 행위)과 결코 분리될 수 없다, 이 점에서 지와 행은 분리될 수 없으며, 분리될 수 없는 것 그것이 곧 지행의 본질적인 모습이다. 이와 같이 지와 행은 개념상 분리될 뿐 사실적으로 분리되는 것이 아님을 보여준다(임병덕 외, 2001: 87).

왕양명의 지행합일은 흔히 지식[知]과 행위[行]가 분열되어 있는 현실이기 때문에 알면 반드시 행하고 지행을 합일시켜야 한다는 당위(當爲)를 뜻하는 실천 강조의 명제로 해석하기 쉽다. 그러나 본래의 뜻은 그의 '심즉리(心卽理)'설의 논리를 지식과 행위라는 도덕의 영역으로 연역한 것으로서 단순한 실천 강조론 이라기보다는 깊은 철학적 논리인 것이다. '심즉리'설에서는 이(理) 또는 양지(良知)는 처음부터 마음속에 존재하는 것으로서 외계(外界)로부터 지식의 획득은 필요치 않고, 행위는 양지를 실현시키는 존재로만 보는 것이다. 규범은 이미 마음속에 내재하고 있으므로 행위는 그 표현에 지나지 않고 양자는 별개의 것이 아니라 처음부터 하나인 것이다.

왕양명과 소크라테스의 사상에서 지행합일이란 지행의 괴리를 극복하여 양자의 일치를 이룬 상태를 가리킨다기보다는 지행의 괴리 그 자체에 대한 부정, 즉 '지와 행 사이에는 괴리가 없다'는 뜻으로 이해하여야 한다. 이 말은 '지와 행은 본래 하나이다.' '진정한 지식은 행동으로 실천되지 않을 수 없다.' 뜻으로 설명된다. 이것은 지와 행이 괴리되어 있다면 그것은 지와 행의 본래의 성격에서 벗어난다는 것, 진정한 지식은 반드시 행동으로 실천될 수밖에 없으므로 행동으로 실천되지 않은 지식이 있다면 그것은 진정한 지식이 아니라는 것을 함의한다(차미란, 2004: 98).

소크라테스나 왕양명의 입장에서 볼 때, 도덕에서의 지식을 오로지 특정한 도덕규범을 지키는 행동과 결부된 것으로 한정하는 것은 도덕에서의 지식의 의미를 대단히 편협하게 규정하는 것으로 진정한 지식이 아니라는 것이다. 그들이 말하는 '지행합일'에서 지식은 특정한 규범에 관한 지식을 가리키는 것이 아니라 특정한 내용이 없는, 또는 모든 내용을 담고 있는 그야말로 궁극적 지식에 해당한다. 소크라테스가 말하는 '좋은 것 그 자체에 관한 지식' 또는 왕양명이 말하는 '본체(本體)로서의 지식'은 바로 그와 같은 궁극적 지식을 지칭한다(차미란, 2004: 104).

지행합일에 관한 관점

지행합일의 관점에서 보면, 지와 행이 괴리된다고 하는 것은 사고의 혼란 때문에 나온 잘못된 주장이며 알면서도 행하지 않는 경우는 있을 수 없다는 것이다.

이영문은 이 관점에서 지와 행이 일치되고 있는 경우를 부정행위에 대한 예로 설명한다. 학생이 시험을 볼 때 부정행위를 하는 것이 나쁘다는 것을 알면서도 실제로 부정행위를 한다. 그 부정행위를 하는 학생은 부정행위와 관련된 여러 지식을 알고 있다. 즉 남의 눈을 속이는 것은 나쁘다는 도덕적 지식과 좋은 시험 성적은 자신에게 매우 유리한 결과를 가져온다는 지식을 가지고 있다. 그 학생은 이 모든 지식을 동원하여 부정행위에 대한 최종적인 판단에 도달하여 행동할 것이다. 결국 부정행위와 관련된 지식에 기반을 두는 최종적인 판단과 그 판단에 따라 수행하는 행동 사이에는 아무런 괴리가 없다고 주장한다. 또한 확실한 지식이 있으면 그 아는 바대로 행동하게 되어 지와 행에는 괴리가 없다고 주장한다. 즉 확실하게 알면 그 아는 바대로 행동하게 된다는 것이다(이영문, 1993: 47-50).

이홍우는 지행의 괴리 문제를 특이한 방식으로 해석하고 있다. 그는 지행의 괴리란 없거나, 아니면 적어도 별로 심각하게 문제되지는 않는다는 것이다. 도덕적 관점에서 문제 삼는 사람은 곧 행동할 것이며, 지행의 괴리가 일어나는 것은 도덕적 관점이 결여되어 있기 때문으로 본다. 도덕적 관점에서 사태를 보는 능력과 태도가 없을 때에 학생들은 그냥 되는 대로 행동해 버리기 때문이다(이홍우, 1984: 210-211).

이처럼 지와 행 사이에 괴리가 없다는 관점을 취하고 있는 이들은 주로 아는 것을 자기들의 주장에 맞는 독특한 방식으로 해석하여 주장을 강화하고 있다. 이들 주장에는 조금씩 차이는 있었지만 모두 지와 행 사이에는 괴리가 없다는 관점이다.

최병태는 위의 지행합일을 주장한 사람들은 지(知)를 자기들의 주장에 맞는 의미를 지닌 것으로 해석하여 자신들의 주장을 강화했다고 다음과 같이 비판하고 있다(최병태, 1996: 264-266).

이영문과 같이 지와 행 사이에는 괴리가 없다고 보는 입장에서는, 앎이란 그 사람의 행동이 있게 한 최종적인 판단까지를 가리킨다. 결국 지(知)라는 것은 어떤 사태에 대한 모든 가능한 지식을 동원하여 결론지어진 최종적인 판단이 되는 것이다. 따라서 시험을 보던 학생에게 있어서, 앎이란 부정행위가 나쁘다는 것만을 의미하는 것이 아니다. 부정행위가 나쁜 것인지는 알지만 선생님께 들키지 않는다면 자신에게는 이득이 될 것이므로 '부정행위를 해야겠다.'라고 판단하는 것까지가 바로 앎이 되는 것이다. 그러나 이러한 주장은 안다는 것을 잘못 해석한 결과이다. 만약 어떤 사람이 잘못된 행동을 한다고 하자. 여기서 우리가 지와 행에 괴리가 존재한다고 말할 때는 그 사람이 그 행동을 하면 안 된다는 것을 아는 것과 그 행동을 하는 것 사이의 괴리를 말하는 것이다. 그런데 위의 주장은 '물론 그 행동은 나쁘지만 나에게 이익이 될 것이며 그래서 나는 나쁜 행동을 할 것이다.'라는 것을 지식으로 본다. 그래서 나쁜 일이지만 나에게 이익이 되는 방향으로 행동하는 것이 오히려 지와 행의 일치를 가져오는 일이 된다. 이처럼 최종적인 판단까지를 지(知)로 본다면, 사람마다 지(知)의 의미가 달라지며 그 기준이 모호해 질 수 있다. 따라서 부정행위의 사례에서 지(知)는 '부정행위를 하면 안 된다'라는 것이다. 그러므로 부정행위를 했다는 것은 자신의 이익이나 욕망에 이끌려서 아는 것과 행하는 것 사이에 괴리가 존재하게 되는 것이다.

사실상 '지행의 괴리' 문제에서의 핵심은 지(知)를 어떻게 올바르게 해석하느냐에 달려있다. 지(知)와 행(行)에 관한 개념을 정의하는 개념적인 문제에서, 사실에 관한 지식과는 달리 규범에 관한 지식, 혹은 당위에 관한 지식은 그 기준이 분명하지 않기에 논란이 야기되는 것이다. 어떤 행동을 유발시키는 요인에는 여러 가지가 있으며 지식만이 절대적인 것은 아니다. 우리는 대개 아는 바대로 행하지만 때로는 욕망이나 이익에 이끌려 아는 것과는 다른 행동을 하기도 하는 것이다. 이에 대해 최병태는 우리가 어떠한 것을 해야 한다는 것을 안다는 것은 그 사람이 그렇게 행동하지 못할 때 수치심이나 죄책감을 느끼는 상태에 있다는 것을 의미한다고 주장하고 있다. 다시 말해서 아는 것과 행하는 것 사이에는 분명히 괴리가 존재하며, 우리가 수치심이나 죄책감을 느끼는 것이 바로 그 증거라고 설명하고 있다.

지행이 괴리되는 이유와 극복 방안

도덕에서 지식과 행동 사이의 괴리나 단절이 일어나는 이유를 일반적으로 제시한다면, 의지력의 결핍을 비롯하여 용기의 부족, 이기심, 나태함, 습관화의 부족, 도덕정서의 결핍 등등 그 어떤 것이든 지행의 괴리가 일어나는 원인은 지식과는 무관한 요소로서 행동의 추진력에 해당하는 것에서 찾아진다(차미란, 2004: 102).

지행이 괴리되는 이유, 즉 도덕 판단이 행동으로 연결되지 못하는 이유 중의 하나는 도덕 판단과 관련된 강한 도덕정서를 느끼지 못하기 때문이다. 즉 지적 판단은 잘하지만 도덕 행동을 발현시키는 강한 정서적 연민, 동정심, 측은지심 등이 발휘되지 않기 때문이다. 불쌍한 사람, 위급한 상황에 처한 사람을 돕는다는 것은 연민, 또는 동정심을 얼마나 강력하게 느끼는가에 달려 있을 것이다. 그러한 정서를 강하게 느끼면 느낄수록 그 사람은 도덕 판단 과정을 거치지 않고도 곧바로 도덕 행동을 실천에 옮길 것이다(이돈희, 권균, 2002: 200-201).

도덕 지식과 행동이 일치한다는 것은 실천하기가 어려운 문제이기에 동양에서는 '지행일치'된 인간을 군자(君子)라 불렀다. 지행의 괴리를 극복하기 위해서는 도덕 지식과 그 지식을 실천하려는 정서 감정과 의지가 얼마나 일치 가능한가 하는 점이 중요하다. 예를 들면, "사촌이 땅을 사면 배가 아프다."는 속담이 있다. 사촌이 땅을 사는 것은 좋은 일이며 축하를 해주어야 한다는 것은 누구나 이성적으로 잘 알고 있다. 그러나 정서 감정은 이성과 달리 진심으로 축하해 주기 보다는 시기와 질투심에 사로잡히고 있는 것이다. 이처럼 정서 감정이 욕망적 충동에 사로잡히거나 시기 질투와 같은 악의 경향성으로 나아갈 때에는 이성의 조절력이 필요하다. 또한 이성이 도덕 판단에만 그치는 차가운 도덕성에만 머무르고 만다면 정서 감정이 이성을 감싸 안아서 뜨거운 도덕성으로 발현되도록 도와주어야 한다. 그러므로 도덕 지식과 행동이 일치하려면 이성적인 도덕 판단뿐만 아니라 정서 감정이 조화롭게 발달되어야 한다(이상재, 2004: 218).

논어(論語)를 보면 "공자가 말씀하시길 나는 열다섯 살에 학문에 뜻을 두고, 서른 살에 자립하게 되고, 사십에 사물의 이치에 대해서 의혹을 갖지 않게 되고, 오십에 천명이 무엇인지를 알게 되고, 육십에 모든 사리에 다 잘 통하게 되고, 칠십에 내가 하고 싶은 대로하여도 규범에 넘지 않게 되었다."라는 구절이 있다(김종무 역, 1989: 36). 여기서 주목을 끄는 것은 공자가 나이 칠십에 도달했다고 하는 경지, 즉 하고 싶은 대로 하여도 규범을 넘지 않는 상태, 이성과 욕망 사이에 갈등이 없는 상태이다. 이 상태는 공자가 도덕규범에 어긋나는 어떠한 나쁜 욕망도 가지고 있지 않고 좋은 욕망만 가지고 있어서 자신의 욕망에 따라 행동을 해도 그 행동이 항상 옳기 때문에 어떤 갈등이나 죄책감도 느끼지 않는 상태이다(최병태, 1996: 275).

항상 자신이 하고 싶은 대로 행동해도 도덕과 규범에 어긋남이 없는 지행합일(知行合一)의 상태, 바로 이것이 우리가 지행(知行)의 괴리를 극복할 수 있는 방안이 아닌가 한다. 즉 옳은 욕망만을 가지고 있어 자신이 원하는 대로 행동해도 도덕과 규범에 어긋남이 없는 상태에 이르도록 스스로를 훈련하는 것이다. 그러기 위해서는 어렸을 때부터 욕망을 잘 훈련해서 아예 나쁜 욕망이 안 생기도록 하고 좋은 욕망만을 갖도록 우리 자신을 수련해야 할 것이다. 하지만 이런 경지에 이르는데 공자조차도 칠십 년이 걸렸다는 것에서 알 수 있듯이 이것은 보통 사람에게는 바랄 수 없을 만큼 힘든 일이다. 따라서 차선책으로 나쁜 욕망이 생기더라도 그것을 잘 완화시키고 누그러뜨

릴 수 있는 의지와 자제력을 평소에 꾸준히 기르는 것이 좋은 방법
일 것이다.

아리스토텔레스는 도덕 교육에서 습관을 강조하였는데, 그 이유는
지행의 괴리에 있다. 습관이 형성되어 있지 않은 행위자는 비록 그가
합리적인 선택을 했더라도 다른 욕구에 쉽게 굴복할 것이기 때문이
다. 아리스토텔레스는 사람들이 숙고 끝에 내린 선택과는 다르게 행
동하는 현상을 의지의 약함으로 해석하였다. 의지가 약한 사람은 선
택에 의해 행동하는 것이 아니라 본능적 욕구에 따라 행동한다는 것
이다.

<참고 문헌>

강성률, 『철학의 이해』, 서울: 형설출판사, 2005.
김영균, "소크라테스의 아크라시아 부정과 주지주의", 『철학연구』, 제64집,
    철학연구회, 2004.
남궁달화, 『인성교육론』, 서울: 문음사, 1999.
남궁달화, 『도덕교육론』, 서울: 철학과 현실사, 1996.
문용린, "도덕적 사고와 행동의 관계", 『새교육』, 한국교육신문사, 1987. 6.
문용린, 『도덕과 교육』, 서울: 갑을출판사, 1989.
박상국, "도덕적 판단이 행동에 이르는 과정의 고찰", 한국교원대학교 교육
    대학원, 석사학위논문, 2001.
박용헌, 문용린, 『정의의 교육』, 한국방송통신대학교 교재, 1990.
이상재, "리꾀르의 악의 상징적 해석을 통한 인간이해와 도덕교육", 한국교
    원대학교 대학원 박사학위논문, 2004.
이영문, 『지식교육과 인간교육』, 원탑문화, 1993.
이영문, "소크라테스의 지행합일설과 도덕교육의 과제", 『초등도덕교육』,
    제28집, 한국초등도덕교육학회, 2008. 12.
이영문, "도덕교육에서 지행의 괴리 문제에 대한 소크라테스의 해법 연구",

『초등도덕교육』, 제38집, 한국초등도덕교육학회, 2012. 3.

이돈희, 권 균, 『도덕성 회복과 교육』, 서울: 교육과학사, 2002.

이주강, "소크라테스와 왕양명의 지행합일설에 관한 연구", 『원불교사상과 종교문화 52』, 원광대학교 원불교사상연구원, 2012. 6.

이홍우, 『교육의 목적과 난점』, 서울: 교육과학사, 1984.

임병덕 외 2인, 『도덕(윤리) 교과교육학 교재 개발 연구』, 한국교원대학교 부설 교과교육공동연구소, (연구보고 RR 99-Ⅲ-1(별책), 2001. 7

조현규, 『동양윤리사상의 이해』, 서울: 새문사, 2007,

차미란, "도덕교육의 목적으로서의 지행합일", 『도덕교육연구』, 제15권 2호, 한국도덕교육학회, 2004. 2.

최병태, 『덕과 규범』, 서울: 교육과학사, 1996.

최재희, 『서양철학사상』, 서울: 박영사, 1980.

Rest. J. R., 문용린 외 역, 『도덕발달이론과 연구』, 서울: 학지사, 2008.

Kohlberg, L., 김민남 역, 『도덕발달의 심리학』, 서울: 교육과학사, 1988.

Kohlberg, L., 문용린 역, 『콜버그의 도덕성 발달이론』, 서울: 아카넷, 2000.

William M. Kurtines & Jacob L. Gewirtz., 문용린 역, 『도덕성의 발달과 심리』, 서울: 학지사, 2007.

제**08**장
도덕지능과 도덕교육

1. 도덕 지능

학교 교사들은 교육 현장에서 여러 종류의 어린이들을 접하게 된다. 교사의 말에 절반은 말대꾸하면서 규칙을 어기고 눈치를 보는 등 착하지 못한 어린이가 있는가 하면, 친구에게 먼저 양보하고 다른 친구들이 하기 싫어하는 일을 자진해서 하는 어린이가 있는 것을 경험하게 된다. 봉사 정신이 뛰어나고 남을 배려할 줄 아는 어린이가 있는 반면에 남을 괴롭히고 피해를 주는 어린이도 있음을 목격하게 된다. 즉 착한 어린이와 나쁜 어린이가 있다는 것이다.

로버트 콜스(Robert Coles)의 말을 빌리면 도덕 지능이 높은 사람이 있고 낮은 사람이 있다고 한다. 즉 착한 사람과 나쁜 사람이 있다는 말이다. 이 책의 표현을 빌자면 '생각 없는 이기심' 때문에 사회는 병들어가고 '도덕적 역류' 현상이 나타나고 있는 것이다.

이 사회와 학교 교육 현상이 도덕적 위기를 맞고 있는 현실에서 도덕 교과가 착한 아이들, 즉 친절하면서도 다른 사람을 생각해 줄뿐만 아니라 배려할 줄 아는 아이들을 기르는데 중점을 두어야 한다. 즉 도덕 지능이 높은 어린이들을 길러 내는 일을 해야 한다.

도덕지능의 개념

도덕지능의 개념 정의는 학자들마다 특색 있게 나타나고 있지만 공통점도 보이고 있다. 여기서는 로버트 콜스(Robert Coles)와 미셸 보바(Michele Borba)의 도덕지능에 관한 개념을 살펴보기로 한다.

로버트 콜스의 『Moral Intelligence of Children』(1997) 이라는 책은 행동, 습관, 인격 등을 중심 개념으로 최근의 도덕 교육의 동향을 반영한 '인격 교육' 접근을 하고 있다. 도덕 지능이란 무엇인가에 대해 이 책에서는 한마디로 정의 내리고 있지 않지만 도덕 지능이 높은 아이들이란 착한 아이들, 친절하면서도 다른 사람을 생각해 줄 뿐만 아니라 배려할 줄 아는 아이들이다. 도덕 지능은 다른 사람의 입장에서 세상을 볼 수 있고 예의바르고 자비롭고 동정심이 많으며 온정적이고 돌보아 주는 사람이다. 이 아이들은 나이가 예닐곱 살밖에 안 되는데도 벌써 사려 깊고 정중한 태도를 가지고 있는데다가 자기 식으로가 아니라 다른 사람의 관점으로 세상을 바라볼 줄도 알고 다른 사람을 먼저 생각하고 배려하기도 하는 아이들이다(Robert Coles,정홍섭 역, 1997: 14).

도덕지능이 높은 아이는 착한 아이이다. 착한 아이란 무엇보다도 선이라는 개념을 진지하게 받아들이고 선하게 되기를 원하는 소년과 소녀들을 말한다. 황금률에 따라 생활하며, 다른 사람을 존중하고 자신의 가족과 이웃을 위해 몸과 마음을 바칠 각오가 되어있는 사람이 착한 사람이다. 또 착한 사람은 다른 사람들의 언행을 예의 주시할 뿐만 아니라 자신에 대해서도 윤리적인 긴장을 늦추지 않는 사람이다. 윤리적인 긴장은 싸움이나 해결하기 어려운 갈등, 복합적인 감정, 유혹과 유혹을 정당화하려는 움직임을 경계하게 해주는 것이다.

이러한 도덕 지능은 세상에서 다른 사람들과 함께 사는 방법의 학습을 통해 발달한다. 보고 들은 것을 마음속에 받아들여 습득된 학습의 결과로써 도덕 지능은 발달된다. 한마디로 도덕 지능이 발달된 사람은 선한 사람이다. 다른 사람들에게 친절하고 자신을 다른 사람에게로 확대하여 생각할 수 있는 사람이다. 도덕 지능이 발달된 사람은 자신과 마찬가지로 다른 사람을 존중하고 인간의 상호 관계를 깨닫고 그것을 실천하는 사람이다.

도덕 지능은 다양한 삶과 인간관계 속에서 타인을 배려하고 이해함으로써 더불어 살아가려는 윤리적 마음가짐과 도덕 지수라고 할 수 있다. 또한 도덕 지능은 선악에 대한 판단능력을 말한다고 볼 수 있다. 단순히 어른 말씀을 잘 듣는다든가, 규칙을 잘 지킨다든가 하는 차원과는 조금 다르다. 이 세상은 남과 더불어 살아가는 곳이며, 상대방을 이해하고 친구나 이웃에게 봉사하는 것이 바로 자신을 위한 것임을 깨닫고 행동함을 말한다. 따라서 세상이 자기만을 위해 존재하는 것으로 착각하고 자기중심적으로 행동하는 소위 왕자병, 공주병 환자가 바로 도덕지능이 낮은 사람이라고 할 수 있다.

로버트 콜스가 제시하는 도덕 지능은 일반적으로 사용되는 도덕성과 다르지 않음을 알 수 있다. 도덕지능은 착하고 친절하며 다른 사람을 생각하고 배려할 줄 아는 마음이며, 무엇이 옳고 그른지를 생각하고 판단하는 능력이다. 이러한 도덕 지능은 다른 사람의 눈을 통해 세상을 보고 경험함으로써 습득하게 된 지식을 행동으로 옮길 수 있는 능력이다.

미셸 보바는 『Building Moral Intelligence』(2001) 이라는 책에서 도덕지능은 옳고 그름을 생각하고 판단하는 능력이라고 정의한다.

그것은 확고한 윤리적 신념에 따라 행동함으로써 올바르고 부끄럽지 않게 행동한다는 의미이다. 이런 능력에는 다른 사람의 고통을 깨닫고 잔인하게 굴지 않는 능력, 자신의 충동을 조절하고 욕구 충족을 나중으로 미루는 능력, 판단하기 전에 편견 없이 경청하는 능력, 차이점을 받아들이고 이해하는 능력, 비윤리적인 선택을 판별하는 능력, 공감 능력, 부정부패에 대항하는 능력, 연민과 존경을 가지고 타인을 대하는 능력과 같이 생활에 필수적인 특징이 포함된다. 이런 것들이 바로 아이가 예의 바르고 친절한 인간이 되도록 도와주는 핵심적인 특징들이다. 도덕지능이 확립되면 옳고 그름을 판단하는 내적 능력을 발휘할 수 있고, 그것을 통해서 외적 영향들에 대항할 수 있게 되는 것이다. 도덕지능은 옳고 그름을 판단하는 능력으로 아이들이 예절바르고 친절한 인간이 되도록 도와주고 있으며, 아이가 부정적인 압력에 맞서는데 필요한 힘이 될 것이며 가족의 도움이나 안내가 없이도 올바르게 행동하는 힘을 주게 된다.

이 도덕지능은 교육을 통해 습득될 수 있다. 어린이들은 복잡한 도덕 추론을 하기 곤란하지만 도덕적 습관에 익숙하게 할 수 있다. 도덕적 습관이란 자제력을 발휘하고 공정하게 행동하며 남을 존중하고 감정을 이입하는 습관이다. 도덕지능의 습득은 의식적인 본보기를 보이면서 양육해야 가능한 일이다. 부모들은 아이들의 가장 중요한 첫 번째 교사이다(Michele Borba, 현혜진 역, 2005: 16-18).

미셸 보바는 공감능력, 양심, 자제력을 도덕지능의 토대를 이루는 핵심 덕목으로 규정하고 있다. 그녀는 아동들이 이 세 가지 덕목들을 확실하게 익히게 되면 존중심, 친절, 관용, 공정성의 덕목이 길러지고 더 나아가 겸손, 용기, 중용, 성실, 자비, 이타주의와 같은 수많은 덕목들이 획득되므로 궁극적으로 도덕적인 인간으로 성장할 수 있다고 보았다. 미셸 보바는 도덕지능의 이러한 구성 요소들이 아동들의 도덕 나침반이 되어 옳고 그름을 판단하게 하고 도덕적 성장의 촉진제가 된다고 보았다.

　로버트 콜스와 미셸 보바의 견해를 토대로 도덕지능의 개념을 정리하여 보면, '타인을 이해하고 배려하는 윤리적 마음가짐을 바탕으로 무엇이 옳고 그른지를 판단하며 행동할 수 있는 능력'이라고 할 수 있다.

도덕지능의 구성요소

　미셸 보바는 도덕지능의 구성요소로서 공감능력, 분별력, 자제력, 존중, 친절, 관용, 공정함의 7가지 덕목을 제시하였다. 이 덕목들은 아이들이 인생을 살면서 직면하는 윤리적 문제와 고난을 뚫고 나가도록 도와준다. 아이들을 올바른 길로 이끌고 도덕적으로 행동하게 도와줌으로써 도덕적 태도를 가진 사람으로 자라나게 한다.

　그녀가 제시한 7가지 덕목의 개념을 간단히 소개해 보면 다음과 같다(Michele Borba, 현혜진 역, 2005: 18-21).

　① 공감능력은 타인의 문제를 그들의 입장에서 생각하는 감정이입의 능력으로서 아이들에게 남의 기분을 생각하는 방법을 알려주는 핵심적인 도덕적 정서이다. 즉 다른 사람들의 요구나 감정에 좀 더 민감해지고, 상처를 입었거나 고통 받는 사람들을 그냥 지나치지 않고 배려하는 마음으로 대하도록 도와주는 덕목이다. 공감을 할 줄 아는 아동은 이해심과 남을 배려하는 마음이 많아진다. 아동들이 폭력과 약물, 잔혹성, 무례함으로 가득한 불안한 세계에 노출될 때 공감능력은 최고의 항생제가 될 수 있다.

　② 양심 또는 분별력은 옳고 그름을 판단하고 올바른 길로 이끌어주는 강력한 내면의 목소리로, 아이들이 나쁜 길로 빠질 때마다 직질한 죄의식을 심어준다. 또한 유혹에 직면했을 때도 올바르게 행동하

도록 도와준다. 양심은 가정이나 학교 현장에서 선(善)에 반(反)하는 힘에 지지 않도록 아이들을 강하게 만들어 준다. 또한 양심은 정직과 책임감, 성실성 같은 중요한 덕목 계발에 필요한 초석이며, 올바른 생활과 분별력 있는 윤리적인 행동을 위한 기초가 된다.

③ 자제력은 충동을 억제하고 행동하기 전에 생각하도록 도와줌으로써 올바르게 행동할 뿐 아니라 잠재적으로 위험한 결과를 초래할 조급한 선택을 하지 않은 아이로 키운다. 자제력은 아이들이 좀 더 현명한 선택을 할 수 있도록 충동을 조절하거나 억제할 수 있게 해 주는 강력한 내적 기제로서 자신과 타인에게 해를 줄 수 있는 행동을 일시적으로 막아주는 도덕적 힘이다. 일부 아동들은 거짓말, 도둑질 같은 행동을 나쁜 짓이라고 생각하지만 일시적인 충동으로 그런 짓을 저지르기도 하기 때문에 자제력을 길러야 한다.

④ 존중은 배려하는 마음으로 남을 대하도록 장려한다. 존중은 자기 자신이 대접받고 싶은 방식으로 남을 대하도록 이끄는 덕목이다. 이 덕목은 폭력과 부당함과 증오를 막는 기초가 된다. 존중은 다른 사람의 권리에 대해 배려하는 마음을 갖게 한다. 존중하는 마음이 일상화된 아동들은 다른 사람의 인격과 권리에 대해 배려하는 마음을 가지며, 생명을 존중하며 자기 자신도 소중하게 여긴다.

⑤ 친절은 남의 행복과 감정에 대한 자신의 관심을 표현하도록 도와준다. 이 덕목을 익히게 되면 아이들이 이기적이 되지 않고 남을 잘 배려하며 곤란한 처지에 있는 사람들에게 도움을 주고 고통 받는 사람들에게는 감동을 줄 것이다. 친절을 갖춘 아동들은 마음속 깊이 타인에게 친절하게 행동하는 것이 옳은 일이라고 가르쳐주는 내적 도덕성의 지침을 갖고 있다. 친절한 행동을 하는 아동들은 타인의 기분과 욕구에 관심이 있는 따뜻한 마음을 가지고 있다.

⑥ 관용은 다른 사람이 나와 다름을 인정하고 타인을 존중하도록 도와준다. 관대한 아동들은 누군가의 견해나 신념에 동의하지 않더라

도 그것을 존중해 주는 능력을 갖고 있다. 아동들이 관용을 베푸는 능력을 증진시키게 되면 선입견과 편견, 고정 관념과 증오를 거부하고 그 사람의 인격과 태도를 존중하도록 해 준다.

⑦ 공정함은 다른 사람들을 편견 없이 올바르고 정당하게 대하도록 이끌기 때문에 아이는 규칙에 따라 행동하고 판단을 내리기 전에 모든 측면을 고려한다. 공정함을 배운 아이들은 타인들에게 더욱 관대하고 예의바르며 이해심 많고 친절하다. 이런 아이들은 부당하게 대우받는 사람들을 변호하고, 인종과 문화, 외모, 경제적 지위, 성별, 능력이나 신념에 상관없이 모든 사람들을 동등하게 대한다.

도덕지능의 발달

도덕적 상상

로버트 콜스는 도덕 지능이 도덕적 상상(想像)을 통해서 발달된다고 보고 있다. 도덕적 상상은 우리가 목격한 과거의 경험을 마음속에서 재생하거나 과거의 경험으로 미루어 새로운 심상을 만드는 마음의 작용이다. 도덕적 상상을 자극할 수 있는 주요한 자원(資源)은 도덕적 행동에 대한 목격이다.

로버트 콜스는 "도덕지능은 규칙을 암기하거나 교실에서 토론을 한다고 길러지는 것이 아니다. 우리는 어떻게 다른 사람들과 같이 지내고 이 세상에서 어떻게 행동해야 하는가를 배우는데, 특히 주위에서 직접 보거나 들은 내용을 마음속 깊이 새겨두는 배움의 과정을 통해서 도덕적으로 성숙하게 된다."고 말하고 있다(Robert Coles, 정홍섭 역, 1997: 16). 그리고 아이들은 우리 행동의 '목격자'라고 말하고 있다. 아동들은 앞서 말한 대로 어른들, 주변 사람들의 행동을 목격함으로써 도덕적으로 성숙, 즉 도덕 지능이 높아진다는 것이다.

아이들은 어른들이 가진 도덕성이나 부도덕성을 유심히 지켜본다. 그리고 아이들은 어떻게 행동해야 하는지에 대해 언제나 주위에서 힌트를 얻으려고 한다. 그러한 힌트는 부모나 교사의 생활방식에서 얻게 마련이다. 우리가 어떻게 결정을 내리고, 어떻게 다른 사람들을 대하는가 하는 모든 것이 아이들에게는 행동의 힌트가 된다는 것이다. 그리고 우리의 행동은 마음 속 깊이 숨어 있는 은밀한 욕구나 가치관이 행동에 배어 나오기 때문에 우리가 생각하는 것보다 훨씬 많은 것을 아이들에게 보여준다.

로버트 콜스는 레오 톨스토이(Leo Tolstoy)가 쓴 「할아버지와 손자」라는 이야기를 통해서 목격·상상·황금률이 작용되는 예를 제시하고 있다(Robert Coles, 정홍섭 역, 1997: 23-24).

할아버지는 매우 노쇠해져서 다리를 움직일 수 없었고 제대로 보거나 듣지도 못했다. 이빨도 없어 식사할 때에는 입에서 음식물이 쉴 새 없이 흘러내렸다.

참다못한 아들과 며느리는 할아버지의 음식을 더 이상 식탁에 올려놓지 않았다. 난로 뒤에서 할아버지 혼자 먹게 했다. 처음에는 컵에 음식을 담아서 주었다. 그런데 할아버지가 컵을 들다가 바닥에 떨어뜨리고 말았다. 컵은 산산조각이 났다. 며느리는 늙은이가 집안 세간을 더럽히고 컵을 깬다고 투덜거리면서, 다음부터는 개수통에 밥을 담아 주겠다고 말했다. 할아버지는 아무 말 없이 한숨만 내쉴 뿐이었다.

어느 날 남편과 아내는 집에서 아들이 노는 모습을 지켜보았다. 아들은 마룻바닥에 앉아 나뭇조각을 가지고 무엇인가를 만들고 있었다. 아버지가 물었다.

"미샤, 뭣하고 있니?"

그러자 아들아이가 대답했다.

"아빠, 개수통을 만들고 있어요. 아빠와 엄마가 늙으면 밥 담아 드리려고요."

남편과 아내는 서로를 쳐다보았다. 어느새 눈에서 눈물이 흘러내리고 있었다. 늙은 아버지를 무례하게 대한 데서 오는 부끄러움과 자책감이 밀려들었다. 그 후로 아들과 며느리는 할아버지를 식탁에 앉히고 시중을 들어 드렸다.

우리나라의 고려장 설화에서도 위의 이야기처럼 아이들은 부모의 행동을 목격함으로써 그들의 행동을 배우고 익힌다는 것을 여실히 보여 주고 있다. 우리는 톨스토이 동화나 고려장 설화를 통해서 도덕적 상상력이 어떻게 움직이는지를 살펴볼 수 있다.

도덕적 역류

이렇게 '목격'이 중요한 만큼, 아이들은 '도덕적 역류'에 밀려서 이리저리 헤맬 수도 있다고 말하고 있다. 즉, 좋지 못한 아이들은 나쁜 수렁으로 점점 빠져들면서 주위의 다른 아이들이게도 해를 끼친다는 것이다. 따라서 좋지 못한 사람들의 특성들, 가치들에 대해서 알아야 한다. 좋지 못한 사람은 일반적으로 자기 욕구 충족적이며 파괴적인 성향을 가지고 있다. 그들은 충동적이고 요구하는 것이 지나치게 많으며, 좁은 자아의 울타리에 갇혀서 타인에게는 아주 무관심하다. 또한 물론 대부분의 사람들은 모두 자연스러운 자기 존중심과 때때로 빠지는 배타적인 자기 몰입 사이에 갈등을 경험하게 된다. 자신에게 너무 몰입하면 타인에 대한 책임과 의무를 잊어버리게 마련인 것이다. 이로 인해 자칫하면 '도덕적 역류'에 휩쓸려 들어가 행동의 중심을 잃고 자기중심적인 기분과 욕망에 따라 생활하는 잘못을 범하기도 한다는 것이다. 이 때 그들은 가족이나 이웃, 사회에 대한 윤리적인 책임을 망각하고 다른 사람의 권리마저 무시하게 되는 것이다. 이에 대해 조지 엘리엇은 <미들 마치>에서 '생각 없는 이기심'으로 표현하고 있다. 여기에서 생각 없는 이기심은 앞서 말했던 황금률에 따르지 않는 삶을 말한다. 즉 다른 사람과 만나는 일상적인 생활 속에서 감정이입은 절대적으로 필요하다. 그래야 황금률을 따를 수 있기 때문이다. 그러나 생각 없는 이기심을 따르는 사람들은 "언제나 너 자신만을 생각하라, 다른 사람들은 스스로 알아서 자신을 돌볼 것이다."라는 비뚤어진 규율을 신조로 삼고 살아간다는 것이다.

도덕적 갈림길

오늘날 아이들은 도덕적 위기, 도덕적 갈림길에 서 있는 경우가 있다. 도덕적 갈림길에 서 있는 아이들은 잘못된 도덕 판단을 하거나 그릇된 도덕관으로 인해 거짓말을 하고, 다른 사람을 괴롭히고, 친구를 무시하고, 다른 사람에게 냉소적 행위를 하며, 시험에서 부정행위를 하고, 약물과 마약을 복용하며, 너무 이른 성경험을 하여 방황하거나 외로움에서 헤어나지 못하고 있다. 이른바 도덕적 방향감각을 상실하고 있는 것이다.

저들은 왜 도덕적 갈림길에 서게 되었을까? 그들에게는 도덕적 어른, 즉 도덕적 행동의 모범을 보여주고, 도덕적 방향을 제시해 줄 수 있는 도덕적 권위자가 존재하지 않기 때문이다. 그들에게는 도덕적 행동을 목격할 기회가 없기 때문이다. 그들이 어디로 가야할지를 모르는 것은 도덕적 상상력이 메말라버렸기 때문이다. 그들에게 도덕적 상상력을 가능케 해 줄 수 있는 자극이 없기 때문이다. 그러나 로버트 콜스는 비행청소년들에게도 그들의 내부에 도덕적인 것이 있고, 그들도 또한 그러한 것을 갈망하고 있다고 말한다(남궁달화, 2008: 80-81).

참다운 도덕 지능-말을 행동으로 옮기기

도덕지능은 아이들을 도덕적인 사람. 즉 착한 사람의 '목격자'가 되게 함으로써 길러 질 수 있다고 하였다. 그런데 여기에 진정으로 착한 사람, 즉 도덕지능이 높은 사람이 되기 위해서는 반드시 짚고 넘어가야 할 것이 있다. 착한 사람이나 착한 아이가 되는데 필요한 요소의 목록을 작성하는 것과 실제로 생활하면서 착하게 살기 위해 노력하는 것 사이에는 커다란 차이가 있다는 것이다. 즉 도덕지능이 높은 아이, 즉 착한 아이가 되기 위해서는 '말을 행동으로 옮겨야' 하는 것이다. 즉 관대함이나 친절, 사려 깊음, 감수성, 동정심과 같은 명사는 행동의 품사인 동사로 옮겨져야 한다는 것이다. 다음은 배려와 사려 깊음에 대한 <별이 빛나는 시간>이라는 이야기이다(Robert Coles,정홍섭 역, 1997: 27-28).

먼 옛날 하늘에 별이 없던 시절이 있었다. 달만 외롭게 밤하늘에서 빛나고 있을 따름이었다. 외롭고 슬픔에 차 있었기 때문에 달빛마저 희미했다.

모든 별은 단 한 사람만의 것이었다. 별의 주인은 힘센 왕이나 사악한 마녀가 아니라 스텔라라는 이름의 작은 소녀였다. 스텔라의 어머니가 밤에 방의 불을 끄면, 그 순간 소녀의 방 천장은 크리스마스트리보다 더욱 반짝반짝 빛났다. 별빛이 반짝이는 천장 아래서 잠자리에 드는 것이 스텔라에게는 큰 행복이었다. 날마다 꾸는 꿈도 별처럼 밝게 빛났다. 어느 날 스텔라는 학교에서 어떤 남자아이와 여자아이가 주고받는 이야기를 우연히 엿들었다.

"나는 밤에 잠을 잘 수가 없어. 방이 너무 어두워서 무섭거든."

"나도 그래. 달이 있어도 아무 소용이 없어. 내 방은 벽장 속처럼 어둡기만 해."

스텔라는 마음이 편치 않았다. 별이 자기 방에만 있다는 사실을 그때까지 알지 못했던 것이다.

그 날 밤 어머니가 불을 끄자 스텔라 방의 천장은 또다시 도시의 불빛처럼 밝게 빛났다. 그러나 스텔라는 잠을 이룰 수가 없었다. 밤에 잠을 이루지 못하는 아이들이 마음에 걸렸기 때문이었다. 마음이 슬퍼졌다.

스텔라는 침대에서 내려와 창문을 열었다. 달이 하늘에 슬프게 걸려 있었다.

"달아, 왜 빛을 더 내지 못하니?" 하고 스텔라가 물었다.

"외롭기 때문이야. 이 긴 밤을 나 홀로 외롭게 보내야 하거든. 어떤 때는 겁이 나기도 한단다."

스텔라는 내심 깜짝 놀랐다. 저렇게 크고 아름다운 달이 작은 아이들처럼 겁을 내다니. 달이 다시 말을 이었다.

"나는 이제 지쳤어. 하늘 전체를 밝히는 것은 아주 힘든 일이야."

스텔라는 말없이 잠시 생각에 잠겼다.

"달아, 내 별이 너의 친구가 되면 어떨까?"

"암, 좋고말고. 나도 훨씬 행복해질 거야."

스텔라는 창문에서 물러나 별들을 쳐다보았다.

"너희들은 가서 달을 도와야 해. 너희가 없으면 나도 아주 섭섭할 거야. 그렇지만 매일 밤 창문 밖으로 하늘에 걸린 너희를 바라볼게."

스텔라의 눈에 눈물이 맺혔다. 눈물을 닦아 내면서 스텔라는 다시 말했다.

"이제 떠나도 좋아."

그러자 별들이 천장에서 떨어져 나와 빛을 뿜어내면서 스텔라의 주위를 맴돌았다. 이윽고 달을 향해 날아갈 수 있을 정도로 가속도가 붙자, 별들은 창문 밖으로 나가 하늘을 향해 부채꼴로 퍼지며 날아갔다. 스텔라가 지금까지 보았던 것 가운데 가장 아름다운 광경이었다.

그 날 이후로 밤이 훨씬 밝아졌다. 많은 친구를 가지게 된 달은 행복의 빛을 한껏 발했다.

밤하늘이 밝게 빛나자 할아버지와 할머니들이 현관 앞에 나와 앉아 옛날이야기를 나누었다. 젊은 남녀들도 손에 손을 잡고 거리를 활보했다.

무엇보다도 좋은 일이 스텔라에게 생겼다. 친구와 함께 밖에 앉아 별을 쳐다볼 수 있게 된 것이다.

<별이 빛나는 시간>이라는 도덕적 우화에서 착하다는 것이 무엇인

가에 대해서 이해를 했다면, 주인공 스텔라가 세상에 별을 주는 것, 즉 다른 사람들에게 무엇인가를 베풀 수 있는 행동을 해야 한다는 뜻이다. 즉 '말이 아닌 행동으로 옮기기'를 통해서 도덕 지능은 길러 지는 것이다.

도덕 교육의 상호성

도덕 교육의 현실은 부모나 교사가 자녀와 학생들에게 도덕 교육을 하고, 그들은 배우는 식만으로 이루어지고 있지 않다. 실제에 있어서는 어른들은 아이들에게 도덕 교육을 하고 있지만 반대로 아이들이 어른들에게 도덕 교육을 하고 있는 경우도 있다. 위에서 인용한 톨스토이 이야기에서도 이와 같은 도덕 교육의 상호성을 볼 수 있다. 콜스가 실제로 그의 아들로부터 도덕 교육을 받은 이야기를 다음과 같이 소개하고 있다(Robert Coles, 정홍섭 역, 1997: 20).

어느 날 아홉 살 된 아들이 사고로 큰 부상을 당했다. 나는 급히 아들을 차에 태우고 내가 근무하는 병원으로 가기 시작했다. 가는 도중에 노란 신호등은 물론 빨간 신호등도 무시하는 등 교통 규칙의 일부를 위반하며 차를 몰았다.

그 때 아들은 내게 "아빠, 조심해서 운전하세요. 부상을 치료하러 병원에 가려다가 더 큰 사고를 당하겠어요. 우리는 물론 다른 사람들도 다치게 할지 몰라요."라고 말했다.

나는 병원에 도착한 후 내가 근무하는 병원이고, 잘 아는 의사들이기에 순서를 무시하고 아들을 먼저 치료해 달라고 부탁하고 싶었다. 그러나 나는 병원에 오는 도중에 아들이 한 말이 생각나서 순서를 기다리기로 마음먹었다.

어른들은 아이들에게 '가치 판단'이나 '도덕적 성장' 등을 지도해야된다고 생각한다. 그러나 가정이나 교실에서 아이들과 부모, 교사와 아이들은 서로 반응하고 대화하면서 상대방에게서 많은 것을 배우고 느낀다.

결 언

도덕지능이란 무엇이 옳고 그른지를 판단하고 상대방을 이해하며 배려하는 능력이다. 도덕지능은 다른 사람의 입장에서 세상을 볼 수 있고, 그러한 경험을 통해 습득한 지식을 행동으로 옮길 수 있는 능력이다(남궁달화, 2014: 79).

로버트 콜스는 아이들의 도덕지능은 사회적 진공 상태 속에서 이루어지는 것이 아니라 아이들과 환경과의 역동적인 상호작용 속에서 참여 · 관찰 · 해석의 과정을 통해 발달하는 인지적, 정의적, 행동적 요인들의 산물이라고 보고 있다. 그에 의하면 아이들이 도덕적으로 성장하는데 밑거름이 되는 도덕지능은 규칙적인 암기나 추상적인 토론 및 가정에서의 순응교육 등으로 길러진다고 보지 않는다. 오히려 아이들은 주위에서 직접 보거나 들은 내용을 마음깊이 새겨두는 배움의 과정을 통해서 도덕적으로 성숙하게 된다는 것이다.

로버트 콜스가 말하는 도덕교육에서 도덕지능을 높이는 가장 기본적인 방법은 '목격에 기초한 상상'을 통한 행동의 모방이다. 아동기의 아이들은 목격과 상상을 통해 다른 사람과 사이좋게 지내는 방법을 배운다. 아이들은 부모와 선생님, 친구들의 행동을 통해 도덕적 행동이나 비도덕적 행동을 목격하고 모방한다. 아이들은 다른 사람들과 함께 지내면서 말하고, 행동하며, 살아가는 방식을 목격한 후, 누적적으로 그들의 행위 양식을 흡수한다. 결국 도덕교육은 가정과 사회에서 비공식적으로 이루어지는 '행동하는 인격'을 통해 이루어진다는 의미이다.

2. 도덕지능의 계발

도덕지능 계발 방법

모범과 본보기를 통한 계발

로버트 콜스는 가장 설득적인 도덕 지능 계발의 방법은 본보기에 의한 것이라고 말한다. 본보기로 작용하는 어른들의 행동은 아이들에게 목격되고, 그것은 그들의 도덕적 상상을 자극하여 도덕 지능의 발달을 촉진시킬 수 있기 때문이다. 로버트 콜스에 의하면, 우리의 자녀와 학생들은 우리들 성인이 살아가는 삶의 방식, 즉 다른 사람들과 함께 하고, 말하고, 지내는 방식 등을 목격한 후 서서히 그리고 누적적으로 그러한 것들을 흡수한다. 다시 말하면, 길게 볼 때 아이들의 도덕적 삶에 가장 크게 영향을 미치는 것은 매일 매일의 생활 속에서 그들이 목격하는 경험이다.

로버트 콜스는 도덕 또는 인격 교육의 실제는 조직된 학교의 교육과정으로서 보다는, 가정과 사회에서 비공식적으로 암암리에 이루어지는 '행동하는 인격'을 통해 이루어지고 있다고 말한다. 수업이나 책에서 배운 추상적인 도덕은 쉽게 잊어버리는 데 비해, 일상생활에서 목격을 통해 배운 도덕은 우리의 내부에 남아 있게 된다. 아이들은 삶 속에서 눈으로 볼 수 있고, 귀로 들을 수 있는 도덕 교육을 받는다. 그들의 부모가 말하는 것, 그것을 말하는 이유, 그들이 하는 것을 보고 듣고 배운다. 그러므로 가정과 사회에서의 도덕 교육은 일상생활에서 목격과 상상이 작용하는 우연한 '본보기'에 의한 것이다.

로버트 콜스에 있어서 도덕 지능 계발을 위한 가장 기본적인 방법적 원리는 '목격에 기초한 상상'이다. 도덕 교육은 모든 발달단계에 걸쳐 이 원리가 작용할 수 있도록 접근되어야 한다. 유아기의 아이들은 목격과 상상이 작용하는 '돼'와 '안 돼'를 배워야 한다. 아동기의 아이들도 목격과 상상을 통해 다른 사람과 사이좋게 지내는 방법을 배워야 한다.

부모나 교사가 할 수 있는 최선의 도덕교육은 아동·학생들에게 도덕적 행동의 모범을 보이는 것이다. 일상생활 속에서 아이들은 어른들의 도덕적 행동을 목격한다. 그들이 도덕적 사태에 처하게 되면, 그들은 과거에 목격했던 어른들의 도덕적 행동을 상상하여 그것을 본뜨는 행동을 함으로써 그들의 도덕지능을 계발시킨다. 어른들이 아이들에게 도덕적 행동의 모범을 보인다는 것은 결국 '선한 행동'을 보여주는 것을 의미한다. '선한 행동'은 '선한 사람'으로부터 기대될 수 있다. 선한 행동은 여러 가지로 설명될 수 있을 것이다. 그러나 그것이 무엇으로 설명되든 선한 행동은 '다른 사람에게 이익이 되게 하는 행동'이다. 여기서 '이익'이란 물질적으로나 정신적으로 보탬이 되는 것, 즉 도움이 되는 것을 말한다(남궁달화, 1999: 294).

내적 성찰을 통한 계발

안나 프로이트는 아동기를 '양심의 시기'라고 말한 바 있다. 아동기는 양심이 형성될 뿐 아니라 인격이 형성되고 통합되는 시기라는 것이다. 양심이란 우리 내부의 소리이다. 그런데 이 소리는 우리가 실제로 들어온 다른 사람들(부모를 포함)의 소리이다. 로버트 콜스에 의하면, 양심은 우리에게 해야 할 일과 하지 말아야 할 일을 작은 소리로 말해 준다. 때로는 큰 소리로 외치기도 하고 항상 우리의 정서와 사고 작용에 압력을 가한다(남궁달화, 1999: 280).

초등학교에 다니는 아이들은 여러 가지 점에서 유치원 아이들보다 유능해 진다. 그들은 의식적으로 멈춰서 세상을 바라본다. 세상에 대한 호기심으로 가득하여 혼자 중얼거리기도 하고, 조용하게 생각하기도 한다. 그들은 착한 사람이 되려고 노력한다. 또한 착한 것에 대해 생각한다. 선이란 무엇이며 그것은 삶에서 어떻게 표현되어야 하는가를 묻는다.

아동기는 아이들이 그들의 의견을 활발하게 제시하는 시기이다. 이는 언어 발달에 의해 가능해 진다. 아동기는 언어에 의한 내적 성찰이 활발하게 이루어지는 시기이다. 로버트 콜스가 전하는 내적 성찰에 관한 이야기 하나를 제시해 본다(Robert Coles, 정홍섭 역, 1997: 282-283).

초등학교 3학년 학생인 조안(Joan)은 수학에 남다른 능력을 가진 소녀이다. 담임선생님은 곧 실시하는 수학경시대회에 출전할 대표학생으로 조안을 추천했다. 선생님은 조안이 기뻐하고 고마워할 줄로 생각했다. 그러나 웬일인지 조안이 기뻐하는 기색도 보이지 않았고, 한참을 머뭇거리다가 조심스럽게 추천을 사양한다고 말했다. 선생님은 조안의 이러한 태도에 당황했다. 처음에 교사는 조안의 저러한 태도에 교사의 권위가 도전받는 것 같기도 하여 꽤씸한 생각이 들었다. 그러나 조안의 출전 거부 이유를 듣고 난 다음에는 그녀를 이해하게 되었다.

조안은 그녀가 다른 학생들보다 공부를 잘한다고 공개적으로 인정받고 주목받는 것을 원하지 않는다는 것이다. 그녀가 수학을 잘한다는 인정을 받는 것은 상대적으로 다른 학생들에게 위축감을 줄 수 있는데, 그녀는 그러한 것을 원하지 않는다는 것이다. 결국 교사는 조안이 여러 사람 앞에 잘난 사람으로 나서는 것을 좋아하지 않는다는 것을 알게 되었다. 교사는 이러한 조안을 조용하게 선을 실현하고 있는 아이라고 생각하게 되었다. 즉 조안이 자신의 뛰어난 능력을 자

랑하고 싶어 하지 않을 뿐 아니라 자신이 이기적인 것을 억제할 줄
아는 겸손한 아이라고 생각하게 되었다.

　로버트 콜스는 조안과 같은 겸손은 비록 나이든 어른이라 하더라
도 누구나 쉽게 성취할 수 있는 것이 아니라고 말한다. 그녀는 초등
학교 3학년이지만 내적 성찰을 통해 스스로의 삶의 방향을 발견한
사람이라는 것이다. 내적 성찰로부터 깨달은 것을 기꺼이 성인(聖人)
의 말씀과 연결시켜 실천할 줄 아는 사람이라고 말한다.

전통과 고전을 통한 도덕지능 계발

　도덕 교육에서 우리가 부모 또는 교사로서 아이들에게 덕목에 대
해 말하는 것은 중요하다. 우리는 참을성, 사려 깊음, 민감성, 책임성,
정직, 규칙준수, 양심, 친절, 관대 등의 덕을 아이들에게 가르쳐서 그
들의 인격 형성에 도움을 주어야 한다. 또한 아이들에게 조상들의
충, 효, 예와 같은 전통적인 덕목들을 이어갈 수 있도록 가르쳐야 한
다. 이러한 도덕적 전통과 덕목들을 합리적인 방법으로 제시하는 것
은 어린이들의 도덕 성장의 기초를 닦는 데에 도움을 준다.

　도덕 교과서는 도덕적으로 도움이 되는 것이라도 바른 것, 좋은 것
만을 골라서 그 내용을 구성하는 것이 바람직하다. 플라톤(platon)의
『국가론』에서는 아이들에게 나쁜 영향을 미칠 퇴폐 음악이나 문학
에 대해 검열 제도를 시행할 것을 제안하고 있다. 이러한 검열제도는
오늘날의 지식 정보 사회에서도 그대로 적용되어야 할 것이다(권승
혁, 1991: 277).

　도덕적 미담 사례나 도덕적 행동을 한 위인들의 사례를 제시하거
나 동서양에서 도덕적 함의를 풍성하게 지니고 있는 고전을 접하게
하는 것도 좋은 방안이다. 그러므로 "학생들의 지(知)와 행(行)이 일
치하도록 하는 묘안이 떠오르지 않으면 그들에게 고전(古典)을 접하
게 하라."는 방법이 도덕과 수업에도 적용되어야 하겠다(김안중,

1994: 77). 어린이들에게 고전이나 미담사례 및 위인들의 도덕적 행동을 본받도록 하는 것은 소홀히 다루기 쉬운 덕성(德性)의 교육에 중점을 두어야 함을 의미한다. 도덕적으로 훌륭한 삶을 산 위인들의 생각과 느낌과 정서를 어린이들 자신의 것으로 하는 경험을 갖도록 지도해 주는 것이 도덕 지능을 높여 주는 하나의 방법이다.

교실수업으로서의 도덕과 교육은 도덕적 행동(실제로 일어나는 도덕적 행동이나 상황)을 직접 다룰 수는 없기 때문에 '도덕적 행동'의 예시를 다루고 있다. 그러므로 도덕 교과서를 ① 훌륭한 본보기의 도덕적 행동을 한 인물을 살펴보기 ② 미담 사례에 대한 도덕적 정서 감정 나누기 ③ 도덕적 덕목을 잘 실천한 문학 작품 등으로 구성해 볼 수 있다. 여기서 훈계를 하거나 이론적인 논의를 하는 것은 바람직하지 않다고 본다. 왜냐 하면 어린이들에게 책을 읽어보게 함으로써 도덕적 상상을 자극하는 효과를 볼 수 있기 때문이다.

물론 영화나 연극도 도덕적 목격을 제공할 수 있다. 잘 만들어진 훌륭한 영화와 연극은 우리에게 자신의 내면을 들여다보도록 자극하고 삶을 영위해 갈 방법에 대해 고민하게 만든다. 영화나 연극에 나타나는 주인공의 대화는 도덕 지능에 관해 많은 깨달음을 준다.

덕목의 함양을 통한 도덕지능 계발

미셸 보바는 『도덕지능 계발』이라는 그녀의 책에서 도덕지능의 계발에 도움이 되는 7가지 덕목들을 구체적으로 소개하고 있다. 여기선 도덕지능의 필수 덕목이라 할 수 있는 공감능력, 분별력, 자제력을 함양할 수 있는 방안을 요약, 정리하여 본다(Michele Borba, 현혜진 역, 2005: 35-152).

공감능력의 함양

공감능력(共感能力)은 타인의 문제를 그들의 입장에서 생각하는 능력이다. 이 공감 능력을 터득한 아이는 이해심이 많아지고 남을 배려하는 마음이 커지게 된다. 그런데 많은 아이들이 공감능력 잠재력이 상당히 부족하여 남의 고통과 불안, 걱정, 분노를 잘 인식할 줄 모른다. 이러한 아이들에게는 타인의 감정에 반응하는 감수성을 길러주는 5가지 간단한 방법을 소개한다.

① 섬세하고 친절한 행동을 칭찬한다. 아이가 자상하고 사려 깊은 행동을 하는 것을 볼 때마다 그런 행동이 남을 얼마나 기쁘게 하는지 아이에게 알린다. "주영아, 네가 어린 동생을 돌봐주니까 엄마는 너무 행복해."

② 감수성의 결과를 보여 준다. 아이가 자신의 행동이 만든 결과를 볼 수 있도록 그런 행동을 지적해 준다. "지호야, 네가 할머니한테 선물 주서서 감사하다고 말했을 때 할머니께서 기뻐하시더구나."

③ 비언어적인 감정 단서들을 지적한다. 어떤 감정 상태에 있는 사람들의 얼굴 표정과 동작, 독특한 버릇들을 지적하게 되면 아이가 남의 감정에 민감해진다. "오늘 네가 놀고 있을 때 예찬이 표정 봤니? 무슨 걱정이 있는 것 같구나. 얼굴을 찌푸리고 있었거든. 별일이 없는지 그 애에게 물어보는 게 좋겠다."

④ "그 사람 기분이 어떨까?"라고 자주 물어본다. 아이의 감수성을 기르는 가장 쉬운 방법은 다른 사람의 기분이 어떤지 잘 생각해보게 하는 것이다. "할머니가 많이 아프시다는 소식을 들으면 아빠의 기분이 어떨 것 같니?" 이러한 질문은 아이가 잠깐 동작을 멈추고 다른 사람의 고민에 대해 생각하지 않을 수 없게 만들고 그들의 욕구에 대한 감수성을 길러준다.

⑤ '감정＋욕구' 공식을 활용한다. 감수성을 증진시키는 효과적인 방법은 아이들에게 다른 사람의 욕구와 감정을 찾아내는데 도움을

주는 질문을 하는 것이다. 그런 질문들은 사람들이 어떤 경험을 했을지 파악하는 능력을 키워주고, 아이들은 자신이 어떻게 도움을 줄 수 있을지 좀 더 신경을 쓰게 된다. "놀이터에서 울고 있는 어린 여자아이를 자세히 봐, 그 아이의 기분이 어떤 것 같니? 슬픈 것 같아요. 그 아이 기분이 좋아지려면 무엇이 필요할까? 아마 그 아이를 꼭 껴안아 줄 누군가가 필요할 것 같아요. 무릎에 상처까지 났으니까요."

다음으로 타인의 생각에 대한 공감능력을 계발하는 데는 역지사지(易地思之) 방법이 효과적이다. 이 역지사지 능력을 증진시키는 간단한 방법을 소개한다.

① 역할 바꾸기 놀이를 실시한다. 어떤 문제로 갈등이 생기면 관련자 모두 행동을 잠시 멈추고 서로 역할을 바꿔보면서 상대방의 기분을 생각해보자고 요청한다. 이 놀이는 모든 상황에서 아이들이 상대방의 생각을 이해하는데 도움을 준다. "유미가 항상 너를 따라다니는 이유가 뭘까? 외로워서 그럴 거예요. 친구 사귀는 법도 모르구요."

② 입장을 바꿔 생각한다. 입장을 바꿔서 네가 나라고 생각해 보라고 요구한다. 역할극이나 의자 바꾸어 앉기 놀이를 통하여 여러 사람의 입장이 되어 그 사람의 의견 및 생각을 표현해 볼 수 있게 하면 상대방에 대한 이해를 깊게 할 수 있다.

③ 상대방의 기분을 상상한다. 어떤 특별한 상황에서 상대방 기분이 어떨지 아이에게 상상해 보도록 한다. "네가 새로 이사 온 이웃이라고 치자. 너는 이 도시로 이사를 와서 아는 사람도 없어. 기분이 어떨 것 같니?" 이런 질문은 아이들이 다른 사람의 욕구와 감정을 파악하는 데 도움을 준다.

마틴 호프만(MArtin Hoffman) 박사는 부모들이 자녀의 공감능력을 좀 더 계발해 줄 수 있는 4가지 방법을 다음과 같이 소개하고 있다. 이 방법들은 아이들이 무례하게 구는 순간을 교육도구로 활용하여 다른 사람의 감정과 욕구에 민감해지고 공감능력의 씨앗을 잘 가

꿀 수 있게 도와준다.

① 무례한 행동을 지적한다. 아이가 불친절하게 행동할 때 마다 그 즉시 그 행동을 지적한다. "농구공을 던져줘도 못 칠거라고 소리치면서 병국이를 놀리는 것은 아주 잔인한 행동이란다."

② "어떻게 생각하니?" 하고 질문한다. 일단 무례한 행동을 지적했으면 왜 그런 행동이 용납될 수 없는지 아이를 이해시킨다. "수현아, 만약 병국이가 너한테 농구공을 던져줘도 칠 수 없을 거라고 소리쳤다면 어떤 기분이 들겠니? 너도 그런 대접을 받으면 좋겠니?"

③ 행동의 결과를 인지하게 한다. 아이들이 자신의 무심한 행동에 대한 영향을 깨닫게 도와주는 질문을 한다. 통찰력 있는 질문들을 통해 아이들이 상대방의 감정을 고려하도록 안내해 준다. "병국이 입장이 돼봐, 그 애가 어떤 생각을 하고 있는지 말해 볼래, 그리고 그 애는 너한테 무슨 말을 하고 싶을까?"

넷째, 무례한 행동은 용납할 수 없다고 말해주고 그 이유를 설명한다. 그런 행동의 나쁜 점과 용납할 수 없는 이유를 아이가 분명히 이해하는지 확인하는 기회가 있어야 한다. "그건 버릇없고 무례한 행동이란다. 사람들에게 예의바르게 행동하길 바란다."

분별력의 함양

분별력은 올바른 행동 방식을 알고 거기에 따라 행동하는 것으로 옳고 그름을 판단하는데 도움을 주는 내면의 목소리이다. 아이들은 부모로부터 '옳고 그름을 판단하는 능력'을 배운다. 그런데 아이들의 분별력 발달에 큰 타격을 주는 것으로는 폭력과 사악함을 조장하는 인터넷 사이트와 텔레비전, 폭력영화, 각종 오락 게임 등을 들 수 있다. 무엇보다도 청소년 폭력의 증가는 분별력의 위기를 보여 주는 심각한 징후이다. 아이들이 공격적이고 반사회적인 충동에 따라 행동하는 경향은 미성숙한 분별력으로 인한 것이며, 상당수가 '분별력의 혼란'을 겪고 있다. 따라서 아이들이 스스로 옳고 그름을 판단할 수 있는 분별력을 길러주는 방법을 소개하면 다음과 같다.

첫째로, 도덕발달을 위한 환경을 조성한다. 부모는 아이들의 가장 중요한 도덕선생님이다. 생활에서 평범하고도 짧은 순간에 일상적으로 하는 행동이 아이의 도덕심에 강력한 영향을 미칠 수 있다. 그러므로 부모는 강력한 도덕적 본보기가 되어야 한다. 아이들은 애착을 느끼고 존경하는 사람에게서 강력한 영향을 받으며 그 사람의 도덕적 신념까지도 모방할 가능성이 높다. 부모는 사랑과 배려하는 마음으로 아이들과 친밀한 관계를 형성해야 한다. 또한 부모는 도덕적 신념 즉 부모의 가치와 신념을 자주 말해 주어서 직접적인 도덕교육을 시켜야 한다. 부모들이 자신의 가치와 규칙에 대하여 구체적인 이유를 들어 분명하게 설명하면 아이의 도덕심은 높아지고 강화된다. 그리고 아이들에게 도덕적 추론과 질문을 사용한다. 아이들이 스스로에게 "이것은 옳은 행동인가?" "이렇게 행동하면 어떤 일이 일어날까?"라는 질문을 하도록 가르쳐서 자신의 행동이 가져올 결과를 추론하도록 한다.

둘째로, 분별력을 강화하도록 덕목들을 가르치고 올바른 행동을 알려준다. 우리는 아이들이 덕목에 대해 이해하고 믿음을 가지도록 도와줘야 한다. 그렇게 하면 아이들이 윤리적 행동 규범인 덕목을 진정으로 받아들일 수 있다. 덕목들을 가르치는 방법으로 아이들에게 가장 장려하고 싶은 덕목 6~8가지 정도 정하고, 매달 새로운 덕목을 1가지 선택하여 강조한다. 이 때 덕목의 뜻을 구체적으로 명시해 놓고 덕목의 가치와 의미를 설명한 다음에 덕목과 관련된 말과 행동을 가르친다. 그리고 일상생활 속에서 그 덕목을 잊지 않도록 강화한다. 또한 아이가 덕목을 실천할 수 있는 기회를 제공한다.

셋째로, 아이가 옳고 그름을 배우는데 도움을 주는 두덕적 훈육방법을 활용한다. 대부분의 부모들은 아이가 스스로 자신의 잘못된 행동을 깨닫고 그것이 왜 나쁜지 이유를 정확하게 알기를 원한다. 그래야만 그 행동이 도덕적 교훈으로 남을 수 있기 때문이다. 아이의 비행을 알게 되었을 때, 부모는 아이와 함께 그 행동이 왜 잘못된 것인지 함께 검토하는 시간을 가져야 한다. "네가 했던 행동은 옳은 것일까?"라고 물어 봄으로써 아이가 자신의 의견을 자유롭게 표현하도록 한 다음에 부모의 생각과 그 이유를 분명하게 얘기한다. 그 다음에 부모는 아이에게 자신이 한 행동의 결과를 반성하게 한다. "봐라, 네가 그 아이를 울게 만들었잖니?" "그 아이는 기분이 나쁠 거야."라고 말하면서 다른 사람이 받은 충격이나 피해자의 기분을 강조한다. 이런 방법은 아이의 친사회적인 행동뿐만 아니라 도덕 발달을 강화할 수 있다. 마지막으로 부모는 아이가 자신의 행동이 왜 잘못됐는지를 알게 하고 그것을 바로잡으려면 어떻게 해야 하는지 확실히 알려줘야 한다. 아이의 행동 때문에 누군가가 물질적 손해를 입었다면 돌려주거나 배상을 하고, 피해자에게 미안하다고 사과하도록 한다.

자제력의 함양

자제력은 옳다고 판단되는 일을 할 수 있도록 행동을 조절해주는 덕목이다. 또한 '안 돼'라고 말할 수 있게 하고 올바르게 행동하도록 도와주며 도덕적 행동을 선택할 수 있는 결단력을 제공한다. 오늘날의 아이들은 지난 세대보다 충동적이고 반항적이며, 화를 더 잘내고 폭력적이다. 그러면서 자주 불안해하고 겁도 많다. 그들의 나약한 자제력은 분명 도덕 발달을 방해하고 있다. 아이들에게 자제력이 있다면 스스로 행동을 선택하고 조절할 수 있다. 자제력은 충동적인 욕구 충족을 뒤로 미루고 다른 누군가를 위해 행동하도록 양심을 자극한다. 또한 어떤 행동이 불러올 위험한 결과에 대해 경고하고, 아이 스스로 판단해서 감정을 억제할 수 있도록 도와준다. 자제력을 갖춘 아이들은 "화가 나. 하지만 지금은 진정해야 돼." "숙제해야 돼요. 나중에 TV볼게요."라는 말과 행동을 한다. 아이들의 자제력을 키우기 위한 방법을 소개하면 다음과 같다.

첫째로, 부모가 자제력에 대한 본보기 역할을 잘 수행해야 한다. 로버트 콜스는 『아동의 도덕지능』에서 "아이들은 부모를 도덕적 나침반으로 삼는다." "부모의 행동은 살아있는 교과서이다."라고 하면서 우리가 훌륭한 역할 모델을 수행하고 있다면 아이들은 자제력이라는 덕목을 분명히 습득할 수 있을 것이라고 하였다. 자제력을 키우기 위해선 먼저 자제력의 의미와 가치를 가르쳐야 한다. 유혹이 널려 있는 상황에서 올바르지 못한 행동을 선택할 경우, 잠시 행동을 멈출 수 있게 도와주고, 곤란한 상황에서 벗어나 올바르게 행동하도록 도와주는 '자제력'이라는 용어를 자주 사용한다. 그리고 "생각한 후에 행동하라." "참을성이 있는 사람이 원하는 것을 얻을 수 있다." 등 자제력에 관련된 좌우명을 만들어 침실 벽이나 냉장고에 붙여둔다. 이런 방법으로 부모는 자제력을 갖춘 아이로 키우는 것에 전념해야 한다.

둘째로, 아이 스스로 동기부여를 할 수 있도록 격려한다. 부모가 아이의 자제력 발달에 도움을 줄 수 있는 방법은 많다. 보상이나 사회적 인정에 기대지 않고 스스로에게 보상을 주고 거기서 최대의 만족을 느낄 수 있도록 도와주는 것이 자제력 발달에 도움을 줄 수 있다. 아이들이 스스로 일을 해내도록 내적 칭찬을 하고, 아이가 올바른 행동을 했을 때 구체적으로 칭찬을 하되 항상 진실하게 칭찬해야 한다.

셋째로, 행동하기 전에 생각하는 법을 가르친다. 아이가 충동을 자제하도록 도와주는 것은 중요하다. 아이가 행동하기 전에 잠깐 멈출 수 있도록 도와주어야 한다. "잠깐 행동을 멈추고 가만히 있어." 문제가 발생하면 아이가 스스로 중단할 때까지 계속 그런 식으로 아이의 행동을 저지시킨다. 그 다음으로 충동을 억제하도록 아이들에게 생각할 시간을 주는 것이다. 즉 자신의 생각과 잘못된 선택을 할 경우 일어날 수 있는 결과에 대해 생각하게 하는 것이다. "네가 그렇게 하면 무슨 일이 일어날 것 같니?"라고 아이에게 물어봄으로써 생각할 시간을 갖게 된다. 마지막으로 아이가 올바르게 행동하도록 도와준다. 부모는 아이들에게 스스로 행동을 선택하는 방법을 배우게 한다. 아이가 자신의 행동을 계속 밀고 나가면 무슨 일이 생길지 생각하도록 도와준다. 그리고 행동에 대한 책임은 오로지 자신에게 있다는 사실을 아이가 인지하도록 도와준다. 도덕지능이 높은 사람들은 행동하기 전에 생각할 뿐만 아니라 자기 행동에 대한 책임을 진다.

결 언

아프리카의 고대 사회에 인간이 살았던 동굴 안에 새겨진 글귀를 해독해 본 결과를 보니 "요새 아이들은 버릇이 없어."와 같은 내용의 표현이 들어 있다는 사실을 매스컴을 통해 들은 적이 있다. 그 옛날 고대 사회에서도 어른들이 변화해 가는 젊은 세대를 이해 못하는 것은 오늘날의 어른들이 지금의 젊은 세대를 이해 못하는 것과 같은 것으로 예나 지금이나 젊은 세대를 바라보는 안목은 마찬가지이다.

오늘날의 어린이들과 청소년들은 "요새 아이들은 버릇이 없어."의 차원을 넘어서고 있다. 학교에서 공부도 잘하고 학교 밖에서도 인정받으며 인기도 좋은 어린이들이 지나치게 자기중심적이며 여러 가지 방식으로 다른 사람에게 냉담하고 이기적인 성격을 가진 것을 종종 볼 수 있다. 이런 어린이들은 언제나 자기가 우선이요. 자기 자신을 먼저 챙기는 데에 민감하여 돌 같은 마음씨를 가진 아이들인 것이다.

로버트 콜스는 도덕 지능이 '도덕적 상상'을 통해 발달한다고 강조하고 있다. 어린이들의 도덕적 상상은 그들이 목격한 행동을 통해서 이루어진다. 목격은 감정이입(感情移入 : empathy)과 역지사지(易地

思之 : role taking)가 수반된다. 따라서 도덕 지능 발달의 기본 원리
는 '목격에 기초한 상상'과 '황금률'이라고 말할 수 있다(남궁달화,
1999: 263). 도덕과 교육에서 도덕 지능을 높이기 위해서는 어린이
들의 도덕적 상상을 자극할 수 있는 다양한 자원을 제공해야 한다.
이러한 자원에는 도덕적 행동에 대한 목격, 영화, 연극, 문학, 도덕적
위인들의 삶 이야기, 미담 사례 등이 있을 수 있다.

<참고 문헌>

권승혁, "고대희랍사상에 나타난 윤리교육탐색."『새마을연구』, 한국교원
　　　대학교 새마을연구소, 1991, 창간호
김안중, "덕성의 교육.",『교육진흥』, 서울: 중앙교육진흥연구소, 1994, 여름호.
남궁달화,『인성 교육』, 서울: 문음사, 1999.
남궁달화,『현대도덕교육론』, 서울: 교육과학사, 2008.
남궁달화,『도덕교육사상』, 서울: 학지사, 2014.
문용린,『열 살 전에 사람됨을 가르쳐라』, 서울: 웅진싱크빅, 2007.
Michele Borba., 현혜진 옮김,『도덕지능』, 서울: 한언, 2005.
Robert Coles., 정홍섭 옮김,『도덕 지능』, 서울: 해냄, 1998.

제**09**장
정서와 도덕교육

1. 정서와 도덕교육

정서의 개념

정서(情緒, emotions)는 우리에게 여러 가지 현상과 사물에 대하여 의미를 부여하고 우리의 인격에 내재화된다. 그러므로 정서의 변화는 우리의 인격의 변화이며, 삶의 변화이며, 가치의 변화라고 할수 있다.

정서의 개념을 어원적으로 살펴보면, 정서의 어원은 '뒤흔든다' 라는 뜻을 가진 라틴어 'emovere'에서 유래하였다. 이 단어는 e(out)＋movere(move)로부터 파생되었다. 이것은 '한 장소로부터 다른 장소로 이동하거나 바뀌는 것'을 말한다(고미숙, 1998: 8). 따라서 정서는 '밖으로 움직여 나간다'는 뜻을 가진 단어이다.

정서와 가장 유사한 개념으로 사용되고 있는 것은 감정이다. 먼저사전적 의미를 보면, 정서는 어떤 일을 경험하거나 생각할 때에 일어나는 갖가지 감정, 또는 그런 감정을 유발하는 주위의 분위기나 기분이다. 감정은 어떠한 대상이나 상태에 따라 일어나는 기쁨, 노여움, 슬픔, 두려움, 쾌감, 불쾌감 따위의 마음의 현상이다(동아 새국어사전). 감정은 어떤 특정한 행위나 사건, 혹은 경험에 대한 느낌이나 반응으로 분노, 불안, 사랑의 느낌과 같은 주관적인 정신 상태이며, 공개적으로 표현되든 되지 않던 행동의 충동이다. 또한 심장 박동과 혈압이 증가하는 것과 같은 신체의 변화이다(S. L. Richard, 정영목 역, 1997: 216). 감정은 욕구, 심상, 사고 등과 관련되어 마음속으로 느껴지는 주관적인 의식 상태이며, 정서는 그 의식이 신체적 변화를 수반하며 객관적으로 관찰되어지는 정의적 상태이다. 또한 정서는 기쁨, 두려움, 분노 등의 감정이 표정, 태도, 행동 등으로 나타난 것으로도 정의된다(신용일 외, 1997: 108).

페트로프스키(A.V. Petrovsky)는 정서를 "개인이 자신의 생활에서 일어나는 사건이나 개인이 인지하고 활동하는 대상을 여러 가지 형태로 경험하는 태도이다."라고 정의하면서 개인이 경험하는 정서는 어떤 것에 대한 지각과 이해에 대한 그의 개인적 태도와 일치하게 나타난다고 한다(김정택 역, 1993: 354).

정서에 대하여 종합하여 보면, 정서란 어떤 대상이나 상황을 지각하고 그에 따르는 생리적 변화를 수반하는 복잡한 상태라고 할 수 있다. 또한 인지, 욕구, 감정, 신체적 감각, 동요 등의 복합체로서 지속적이고 지향적이며 개인의 성향을 반영하는 심리적 경험이다. 그것은 어떤 사건에 대한 자신의 태도와 가치를 드러내는 총체적이고 구조화된 심리적 반응이라고 말할 수 있다. 최근에는 정서가 여러 가지 감정들을 포괄하는 상위 개념으로 사용되고 있으며, 실생활에서 많은 사람들이 정서와 감정을 서로 혼용하는 경우가 많고 구별해서 사용하는 경우는 흔하지 않다.

우리가 경험하는 정서는 단순하게 일시적인 감정 현상에서 그치는

것이 아니라 우리의 견해와 믿음, 가치관과 판단을 드러내 주는 합리
적인 것이다. 그러므로 정서는 우리의 이해와 우리의 의식, 내면의
욕구와 의지를 함축한다고 말할 수 있다. 호프만(Hoffman)은 도덕적
정서가 인간행위의 가장 강력한 동기유발자라고 하면서, 도덕적 행동
을 유발시키며, 부도덕한 행동을 제거하는데 도움이 된다고 하였다.
오클리(J. Oakly)도 정서가 행위에 대한 동기가 될 수 있고, 정서에
의해서 우리가 감동받고, 움직여지고, 흥분되어진다고 말한다. 즉 정
서가 도덕적 동기로서 도덕적인 삶에 큰 영향을 미친다고 주장한다.

정서의 구성 요소에 대해 살펴보면, 정서는 ① 행복함, 기쁨 등의
쾌 감정과 두려움이나 슬픔 등의 불쾌 감정 및 흥분된 느낌을 경험
하는 것이며(감정적 요소). ② 특정 대상에 대한 지향성과 평가 작용
을 일으켜서 자부심, 모욕, 분노, 사랑 등을 인지하며 좋다, 나쁘다,
인정, 불인정 등의 개인적 평가를 드러낸다(인지적 요소). ③ 땀을
흘리거나 맥박이 빨리 뛰거나 얼굴색이 창백해지는 등 신체적 변화
를 나타내서 신체 여러 기관의 광범위한 생리적 조절이 이루어진다
(생리적 요소). ④ 정서 경험에 대한 표현성, 목표지향성, 그리고 적
응성을 가진 행동 경향을 유발하게 된다(행동 경향적 요소). 결국 정
서는 위의 네 가지 구성 요소가 상호 작용하여 총체적인 경험을 하
게 해준다(신응섭 외, 1997: 265).

정서 이론

감정 이론

전통적으로 정서는 어떤 종류의 단순한 느낌이나 생리적인 과정으
로 보았다. 감정이론의 대표적인 학자인 데카르트(Dcscartes)는 정
서를 어떤 인지적인 요소가 없는 느낌이라고 설명한다. 그의 설명에

의하면, 두려움은 세계에 대한 어떤 지식을 제공하지 않으며, 우리의 태도를 반영하지도 않으며 그것은 단지 하나의 느낌으로서, 우리의 생리적인 변화와 신체적인 운동을 나타낸다는 것이다. 공포, 부끄러움과 같은 정서는 '공포감', '수치심'과 같은 느낌 내지 감정과 동일시 된다. 즉 공포의 느낌이 없는 공포의 정서란 개념적으로 불가능하다. 감정이론에서 정서는 비인지적이고 비지향적이며 비자발적이고 수동적인 상태로 파악하고 있다(고미숙, 1998: 11-12, 2005: 116). 이러한 관점에서 정서는 도덕성의 영역에서 이성적이고 합리적인 것과는 무관한 것으로 배제되어야 하고 통제되어야 할 것으로 보고 있다.

생리적 이론

정서에 대한 생리적 이론은 제임스-랑그(James-Lange)이론에서 찾아볼 수 있다. 이들은 정서란 신체 경험에 뒤따르는 현상, 즉 신체 변화의 결과라는 것이다. 생리적 이론은 정서는 단지 우리의 신체에서의 생리적 변화에 대한 지각일 뿐이라고 하면서, 정서 경험이란 어떤 상황이나 환경으로부터 발생하는 신체 내부 변화에 대한 반응이라고 말한다. 제임스는 "내 심장이 고동을 치고 떨리기 때문에 나는 두려움을 느낀다." "내 눈물이 눈에서 솟구치고 목이 메므로 슬픔을 느낀다."고 하여 정서가 특별한 감각을 일으키는 생리적 반응의 결과로써 경험된다고 주장하였다.

제임스-랑그 이론의 핵심은 어떤 정서를 일으키는 자극에 따른 신체 반응은 의식적 사고나 느낌이 없이 발생하기 때문에 자동적이고, 어떤 사람이 신체반응을 기초로 하여 자신의 정서적 상태를 나중에 평가한다는 것이다(윤기현 외, 2013: 264). 이 이론은 우리의 신체적 변화가 우리에게 정보를 주어 그 정보에 따라 우리가 정서를 느낀다는 신체적 변화의 이론이다. 예를 들면 숲속 길을 걸어가다가 회색 곰을 만나면 신체적 변화(얼굴 상기, 심장 박동, 식은땀 분비, 동공 확대 등)

를 일으키고 이 신체적 변화가 우리로 하여금 공포라는 정서를 느끼게 한다는 것이다. 이러한 생리적 이론의 최근 연구는 신체상의 변화가 정서를 느끼게 해준다는 사실, 즉 정서의 판단이 신체적 변화로부터 온 정보에 의한다는 사실을 알게 되었다(이훈구 외 3인, 2003: 12, 13).

인지주의적 이론

정서는 인지적 판단을 토대로 한다는 관점으로서 솔로몬(Robert C. Solomon)은 정서가 '판단'이며 우리가 행하는 어떤 것이라고 주장한다. 솔로몬은 정서는 감정도 아니고 생리적인 변화에 대한 지각도 아니라는 것이다. 정서는 의도적인 것이며 '무엇인가에 대한' 것으로 특정한 대상을 갖는다. 정서는 나의 상황과 나 자신, 그리고 다른 사람들에 대한 나의 판단이다. 그리하여 정서는 가치와 이상이 투사되어 있으며, 우리의 견해와 믿음에 매우 의존적인 것이다. 예컨대 누군가가 나에게 잘못했고, 나의 기분을 상하게 했다고 믿기 때문에 나는 화가 나는 것이다. 나의 수치심도 좋지 않은 상황이나 사건에 내가 책임이 있다는 나의 판단인 것이다. 정서에 대한 인지주의적 관점은 어떤 대상에 대한 우리의 의도덕인 판단이 바로 정서라고 본다. 따라서 우리는 우리의 정서에 대해 책임을 질 수가 있다. 정서에 대한 감정이론이나 생리적 이론은 신체적인 동요를 수반하지 않는 정서가 가능하다는 것과 정서에 책임을 부여할 수 없다는 점에서 비판을 받고, 인지주의적 이론은 정서를 너무 합리적인 것으로 본다는 점에서 비판을 받는다(고미숙, 2005: 118-119).

정서와 이성

이성과 정서·감정은 분리되는 것은 아니다. 정서·감정들은 늘 이성에 의존하며, 이 두 가지는 그 본질상 분리될 수 없다. 정서·감정이 비합리적이거나 우리의 사고방식과 아무런 관련이 없다고 생각해선 안 된다. 우리가 일상생활에서 경험하는 일들은 모두 정서·감정과 관련이 있다고 해도 과언이 아니다. 사실 정서·감정들은 우리 삶의 현실들을 표현하며, 삶의 정상적이고 중요한 측면이다. 정서·감정과 이성은 따로 분리되어 노는 것이 아니라 함께 움직인다.

정신은 이성과 정서가 통합적으로 작용하는 총체로서 서로 분리해서 생각할 수 없다. 이성이 일관성과 합리성을 지니고 있는 반면, 정서는 활동성과 열정성을 가지고 있으며 이 양자는 서로 긴밀하게 협조하면서 통합되어 나타난다. 그래서 정서는 더 이상 일시적이며 비합리적이고 본능적, 충동적인 성향이 아니며 사랑과 배려와 자애에 따라 나타나는 이타적인 마음과 자기희생적인 태도와 같은 도덕적 열정이다. 동시에 정서는 우리에게 모든 활동에 필요한 의욕과 추진력을 제공함으로써 잠재 능력을 개발하고 어려운 난관들을 극복하도록 인도한다.

정서와 이성의 통합은 인간의 정신활동이 정서와 이성의 이분법적 원리에 의하여 이루어지지 않는다는 사실에 기초하여야 한다. 즉 정신작용은 항상 정서와 이성의 통합적 작용이며, 이 둘은 서로 분리되어질 수 없는 정신적 총체이다. 따라서 이러한 전제는 이성의 작용 속에 정서의 작용이 함께 이뤄지고, 정서의 작용 속에 이성적 작용이 함께 공존하고 있음을 시사한다. 정서는 이성적 측면인 인식과 이해, 재구성력을 갖고 있으며, 이성도 마찬가지로 정서적 측면인 열정과 태도 및 평가를 지니고 있다(R. S. Peters, 남궁달화 역, 1993: 92).

셰플러(Israel Scheffler)는 "인지가 없는 정서는 맹목적이고, 정서가 없는 인지는 공허하다."고 말한다. 그래서 적어도 어떤 정서들은 기원이나 결과에 있어서 본질적으로 인지적이라는 것이고, 실제로 인지적인 목적에 도움을 줄 수 있다는 것이다. 셰플러는 인지에 도움이 되는 정서로서 '합리적 열정'을 제시하고 있다. 합리적 열정이라는 개념은 피터스가 이미 지적한 개념이다. 피터스는 정서교육의 중요한 부분은 합리적 열정을 발달시키는데 있다고 주장한다. 피터스가 합리적 열정을 주장하는 이유는 이성의 삶 속에 열정이 있기 때문이다. 셰플러는 이성의 삶에는 적절한 정서적인 경향이 요구된다고 말한다. 합리적 열정은 올바른 행위와 판단의 습관이 될 뿐만 아니라 그것에 따른 올바른 정서를 가진다. 따라서 셰플러에 있어 합리적 열정은 지적인 양심을 구성하는 정서적인 성향들이다. 셰플러는 인지와 정서가 분리된 세계가 아니라는 점, 그리고 합리성과 열정이 서로 얽혀있다는 것을 주장한다. 그리하여 도덕성은 단지 이성의 문제도 아니고, 단지 정서의 문제도 아니며, 실제로 양자를 포함한다는 것을 우리에게 지적해 준다(고미숙, 1998: 65-68).

이성과 정서의 조화 속에 형성된 우리의 도덕성은 도덕적 문제 상황에 대한 냉철하고 현명한 판단과 더불어 상대방에 대한 따뜻한 배려가 우리의 가슴속에서 지지 기반으로 다져있는 것임을 의미한다. 정서는 더 이상 우리에게 편협하고 변덕적인 감정이 아니다 그것은 우리에게 타인을 향한 수용성과 개방성을 마련해주어 보편적인 인간애를 확립시킬 수 있는 원동력인 것이다.

이성과 정서의 조화는 서로의 입장에서 주장되어지는 긍정적 효과와 역할을 통합시키는 것이다 즉 합리적 정서와 활동적 이성을 고려해 보는 것이다. 우리가 도덕성에서 정서와 이성의 지위와 역할에 대하여 논의를 하는 궁극적인 목적은 우리가 도덕적 행동을 행하게 하는 데에 있다. 즉 이성과 정서의 도덕적 갈등은 이성만으로는 효과적으로 도덕적 행동을 인도할 수 없고, 정서만으로도 안전한 도덕적 행동을 이끌 수가 없기 때문이다. 예컨대, 정서가 도덕적 판단에 있어서 이성의 역할을 견지하고 보완할 수 있는 것은 이성의 합리적 고려나 합리적 설득만으로는 도덕적 행동을 실천하기가 어렵다는 점이다. 그러므로 도덕적 행동을 이끌어내는 도덕적 의지는 이성과 정서의 고유한 협력체이다.

피터스(R. S. Peters)는 인지와 정의의 통합에 대한 중요성을 강조하였다. 그는 도덕 판단에서 인지와 정의 어느 한쪽만이 핵심적인 역할을 한다고 보지 않았다. 도덕적 의지는 도덕적 열정을 겸비한 실천적 이성을 통해서 이루어지는 것이다. 행동으로 옮기기 위한 의지에 있어서 이성과 정서 중 어느 한 가지만 없어도 그것은 행동화되지 못할 것이다(윤은주, 2001: 86).

정서에는 자기 파괴적이거나 도덕적 행동에 대하여 나쁜 악영향을 끼치는 것도 있다. 이러한 정서들은 그 자체 안에 파괴적인 힘을 가지고 있어서 자아에게 상처를 가져다주며, 불필요한 긴장과 정력의 낭비를 초래한다. 따라서 이러한 정서들은 적절히 통제되거나 순환되지 않으면 안 된다. 우리는 이러한 정서에 대하여 주의를 기울여야 되며, 그것이 우리의 도덕적 성숙을 방해하지 못하도록 노력해야 한다. 정서의 장점은 최대한으로 살리고 결점은 보완하여 정서가 도덕성 발달에서 능동적이며 적극적인 역할을 다할 수 있도록 해야 한다.

칸트를 위시한 의무론적 보편주의자들이 정서가 도덕적 기초가 될 수 없다는 이유 중에 정서의 변덕성과 불합리성을 들었다. 이 점에 관하여 우리는 보편적이며 지속적인 정서의 고양을 기르도록 힘써야 하며, 이를 위해서 습관이나 헌신을 통해서 정서가 지속적 성향으로 될 수 있도록 해야 할 것이다. 또한 동정심이나 공감, 사랑 같은 보편주의적인 성격을 가진 정서를 갖도록 노력해야 한다. 이러한 태도는 우리를 이기적·편향적 태도에서 떠나 보편적이며 기독교적 황금률을 따르도록 우리를 도울 것이다(윤은주, 2001: 87).

전통적으로 정서는 이성(理性)만큼이나 도덕교육에 있어서 대접을 받지 못하고 소극적인 역할을 할 수밖에 없었다. 정서가 비이성적이며, 충동적이고, 비합리적이라는 전통적 관점을 버리고, 정서가 이성과 함께 정신의 총체작용으로서 우리의 합리적 삶뿐만 아니라 열정이 있고, 도덕적 온기가 가득한 삶으로 인도하도록 해야 한다. 정서는 우리에게 생명력 있고 열정 있는 삶을 살도록 도움으로써 우리의 잠재력을 최대한 발휘하도록 만들고, 자신에게 주어진 삶을 성실하고 진지하게 살아가게 한다. 그리고 여러 가지 어려운 난관들을 극복할 수 있는 의지와 결단력을 제공한다.

정서는 가치를 직관함으로써 가치 판단의 기준으로서 작용한다. 정서가 가치판단에 있어서 타당성을 갖기 위해선 정서적 경험을 기초로 한 이성적 숙고가 뒤따라야 한다. '합리적 열정'이나 '신중한 욕망'과 같은 어휘들은 도덕성 발달에서 이성과 정서의 조화로운 협력이 얼마나 불가피한가를 나타내며, 동시에 정서교육에서 다루어져야 할 것들이다. 도덕적 정서가 우리의 삶과 인격을 합리적 열정으로 인도할 때 우리의 도덕적 성숙과 완성을 이룰 수 있다. 따라서 정서는 도덕교육에서 긍정적인 역할을 할 수 있다.

정서교육의 목적

정서교육의 목적은 "적절한 때에 적절한 대상에 관해, 적절한 사람에게 적절한 동기를 갖고, 적절한 방법으로 정서를 느끼는 것이다."고 말한 아리스토텔레스의 주장과 같다고 할 수 있다. 이러한 정서교육의 목적을 달성하기 위해선 먼저 도덕적인 측면과 관련하여 적절한 정서 습관을 형성하고 폭넓은 도덕정서, 즉 공감, 감정이입, 보살핌, 도덕적 분노 등을 함양해야 한다.

정서교육의 목적은 격렬한 충동을 억제하고, 학생에게 정서적인 감수성을 발달시키며, 정서를 적절하게 표현하도록 하고, 자신이나 타인의 정서를 인정하고, 합리적인 정서를 갖도록 하는데 초점이 맞춰

질 수 있다. 그러나 도덕교육에서 정서를 교육시킨다고 하였을 때는 이것뿐만 아니라 도덕적 정서를 함양하는 것, 즉 타인의 감정에 공감할 줄 알고 감정이입하며, 타인의 고통을 느낄 수 있는 동정심이 있고, 타인을 배려할 줄 알며, 잘못하였을 때는 죄책감을 느끼고, 잘못을 보았을 때는 도덕적 분개를 하는 사람을 길러내는데 있다(고미숙, 2005: 137-138).

정서교육을 통하여 도덕적으로 성숙한 인간을 구현한다는 것은 구체적으로 도덕적 민감성, 도덕적 열정성, 도덕적 의무감, 도덕적 의지를 갖게 하는 것이다. 도덕적 민감성은 어떤 상황에서 그 도덕적 측면을 감지하고 필요한 행동을 할 수 있으며, 그 결과가 어떤 영향을 미칠지에 대해 민감하게 느끼는 능력이다. 도덕적 열정성은 선을 좋아하고, 소중히 여기며 그것을 즐겨 추구하고 그것에 헌신하려는 마음가짐이다. 도덕적 의무감은 옳은 일이나 도덕규범을 의무로 받아들이고 그것을 행하려는 성향 내지 태도이다. 도덕적 의지는 도덕 가치규범을 추구함에 있어 자기를 통제하면서 유혹에 저항하고 어려움을 극복해 나가는 것과 스스로 도덕적 선과 의무를 찾아 추구하고 실천해 나가려는 내적인 정신의 힘이다(유병열, 2011: 42-47).

도덕교육에서 정서의 역할

동기적 역할

정서는 도덕적 행동을 이끄는 동기적 역할을 한다. 도덕적 정서는 행위의 강력한 동기가 된다. 아무리 남을 돕는 것이 옳다고 판단하더라도 정서적으로 그런 느낌이 발동되지 않으면 남을 도울 수 없다. 정서는 도덕적 가치를 행동하도록 할 수 있는 심리적 분위기이고 인지를 운반해 주는 심리적 기제이다. 도덕적 행동은 인지적 사고의 산물인 동시에 감정적인 반응의 산물이다. 감정은 삶의 동기부여의 주요한 원천이다. 감정이 없는 곳은 도덕성도 없기에 감정이 부족한 사람은 도덕적일 수 없다(고미숙, 1997: 474).

동정심과 같은 올바른 감정이나 정서는 도덕적 판단을 행동으로 이끌 수 있는 '강력한 동기'로서 작용한다. 여기에서 동기란 어떤 행동을 발생시키고 유지시키며 그 행동의 방향을 정해주는 요인으로서 행동의 수준 또는 강도를 결정해 주는 심리적 구조이자 과정을 의미한다.

아리스토텔레스에 의하면 정서는 인지, 정의, 욕망의 복합체로서 행동의 동기로 기능을 한다. 그리하여 행동이나 심리적 활동을 촉진하거나 억제한다(강진령, 1996: 33).

도덕적 상황에서 갖게 되는 도덕정서들은 도덕적 행위의 과정에서 중요한 역할을 한다. 도덕 지식이나 합리적 판단이 도덕 행동으로 옮겨지려면 올바른 감정이나 정서가 강력한 동기로서 작용을 해야 한다. 그러므로 도덕적 행동은 도덕 지식과 판단능력, 도덕적 정서가 모두 작용한 결과라고 볼 수 있다. 특히 올바른 감정이나 풍부한 정서는 강력한 행위를 제공하는 동기 부여의 원천이 될 수 있다.

도덕적 행위의 기초인 동기는 감정에 기초한다. 우리가 어떤 문제 상황에 부딪쳤을 때 강한 동기와 의지가 없으면 그 문제를 해결하는 데는 어려움이 따른다. 도덕적 정서는 도덕적 행동의 동기가 될 뿐만 아니라 우리가 추구하는 이상과 목표에 강한 헌신을 주는 강력한 동기적인 역할을 한다.

가치의 인식 역할

정서는 도덕적 상황을 인지하고 가치를 인식하는 역할을 한다. 정서는 도덕적 상황을 인지하는 역할을 한다. 우리가 어떤 상황을 도덕적 관점에서 볼 때 비로소 도덕적 사태가 된다. 동일한 사태라도 한 사람에게는 도덕적 사태가 될 수 있지만, 다른 사람에게는 도덕적 사태가 아닌 경우가 있다는 것이다. 여기서 도덕적 관점은 곧 도덕적 정서와 관련이 있다. 도덕적 정서가 제대로 발달된 사람은 당면한 문제 사태에 대해 도덕적으로 민감하게 느낄 수 있다. 이처럼 도덕적 정서는 한 개인이 어떠한 문제 사태를 도덕적인 관점에서 인지하고 민감하게 받아들이도록 한다.

도덕적 정서는 도덕적 가치를 인식하는 역할을 한다. 브렌타노 (Brentano)는 가치 인식은 심리적인 현상 중의 하나인 정서가 중요한 역할을 한다고 하였다. 로체(H. Lotze)는 사물의 본질에 대한 가치는 사유에 의해서가 아니라 감정으로 느껴져서 알 수 있다고 하였다. 셸러(M. Scheler)에 의하면 도덕법칙이란 감정을 통해 느끼고 선천적으로 직관된 것을 이차적으로 사고를 통해 서술한 것에 불과하다고 한다. 그는 인간의 생명이 소중하다는 가치 느낌은 살인하지 말라는 도덕 법칙보다 앞서서 존재하는 것이며, 그런 도덕 법칙이 생기게 된 근원이라고 말한다. 따라서 도덕적 선악이 도덕 법칙을 기준으로 존립하는 것이 아니라 거꾸로 도덕 법칙이 선악 가치를 기준으로 존립한다고 판단하고 있다. 이처럼 정서는 가치 인식 능력을 갖고 있으므로 우리가 가치 판단을 하는데 있어서 사유에 의한 추론, 타당성만을 기준으로 고려할 것이 아니라 우리의 감성의 문을 열고 가치 인식에 대한 우리의 감성 능력을 존중해야 한다는 것이다(이옥분, 2004: 21-22).

인격 형성의 역할
정서는 성품, 즉 인격을 형성하고 표현하는 역할을 한다. 정서가 인격을 구성하는 요소가 되는 이유는 오랜 기간 동안에 반복적으로 경험되어지는 성향이나 욕구가 성격을 형성하고 나아가 인격을 결정 짓는 주요한 잣대로 작용하기 때문이다. 인격은 양심, 공감, 보살핌,

고결함 등과 같은 도덕적 정서를 주요한 특징으로 갖는다. 이러한 도덕적 정서를 마음의 중심에 두고 실행에 옮길 수 있는 사람이 인격적으로 바람직한 성품을 갖춘 사람이라고 말할 수 있다. 그러므로 사람의 인격은 그 사람이 지닌 도덕적 정서에 의해 평가될 수 있다. 오클리는 어떤 사람의 인격은 그 사람이 가진 정서를 통해 도덕적으로 평가될 수 있다고 본다. 시첼(B. A. Sichel)은 정서가 도덕적 탁월성인 인격 형성에 있어서 중요함을 지적한다. 그녀에 의하면 도덕적 탁월성이 행동으로 나타나려면 적절한 관심, 욕구 등의 정서를 필요로 한다는 것이다. 따라서 우리는 어떤 사람의 인격에 대해 말할 때에 그 사람의 지식이나 능력보다는 그 사람의 성품이나 인품을 살펴보고 말한다(김현경, 2005: 70-71).

오클리의 정서 이론

아리스토텔레스는 『니코마코스 윤리학』에서 "정서가 덕에서 중심적 역할을 한다."고 보았으며, 적절한 정서를 느끼고 습관화하는 것이 덕의 형성에 도움을 주며, 도덕적 생활에서 중요함을 강조하였다.

오클리는 아리스토텔레스의 전통 속에서 도덕적 가치를 이해하고, 또한 그것을 이어받으려고 노력하였다. 즉 아리스토텔레스가 말한 도덕적 덕목은 우리에게 올바른 행위를 하도록 요구할 뿐만 아니라 적절한 대상을 향한 적절한 정도의 올바른 정서를 가질 것을 강조한다.

오클리는 정서를 인지, 욕구, 감정 상태라는 세 가지 요소가 역동적으로 관련되어 있는 복합체임을 주장하고, 정서의 도덕적 중요성을 다음과 같이 제시한다(박정순, 1996: 111-112. 어철, 2000: 29).

첫째, 정서의 본질을 복합 이론으로 이해할 때에는 공감, 동성심,

연민 등의 이타주의적 정서를 온전하게 설명할 수 있다. 이타주의적 정서는 다른 사람의 처지와 경험을 이해하고 기억하는데 결정적인 도움을 주므로 우리는 다른 사람의 고통과 필요에 대해서 보다 감수성 있고 민감하게 반응할 수 있다는 것이다. 또한 우리는 타인을 도와줌으로써 우리 자신에 대해 뿌듯한 감정을 느낄 수 있다.

둘째, 정서는 우리를 다른 사람과 보다 강하게 결속시킬 수 있다. 정서적 결속은 안정감과 환희, 즉 삶의 맛을 느끼게 해준다. 사랑과 우정 같은 정서는 타인을 하나의 인격체, 도덕적 중요성을 가진 존재로 인식하는 능력과 결부되기 때문이다.

셋째, 정서는 우리가 추구하는 이상과 목표에 강한 헌신을 준다. 정서적 결속이 없다면 우리는 어려움을 당해 쉽게 포기하고, 그렇지 않은 경우라도 순수성과 고결성을 상실하기 쉽다.

넷째, 타인과 우리의 이상에 대해 헌신적으로 정서를 유지하고 발달시키는 능력은 자긍심과 직접 관련되어 있다고 볼 수 있다.

흔히 우리가 도덕과 무관하거나 혹은 비도덕적인 정서라고 생각하는 분노, 슬픔, 그리고 좌절도 우리 자신과 타인의 이상과 자긍심을 염려하고 배려하는 데에서 온다는 점이다(박정순, 1996: 112). 오클리는 한 개인의 인격은 그 사람이 가진 정서를 통해서 도덕적으로 평가될 수 있다고 주장한다. 한 개인의 잠재적인 정서를 정확하게 이해하는 것은 거의 불가능하지만 도덕적 상상력과 정서 인지 능력의 함양은 어느 정도 이타적인 정서의 발달을 돕는 것이 확실하다.

오클리가 도덕적 정서로서 이타주의적 정서를 주장하는 것은 첫째로 다른 사람의 처지와 고통을 이해하고 기억하는데 공감, 동정심, 연민과 같은 정서가 결정적인 도움을 주기 때문이며, 둘째로 다른 사람과 보다 강하게 결속을 갖게 하는 사랑과 우정 같은 정서는 타인을 도덕적 인격체로 인식하는 능력과 결부되어 있으며, 셋째로 정서를 유지하고 발달시키는 능력은 자긍심과 직접 관련되어 있어 도덕적 행위에 대한 동기부여를 가능하게 해주기 때문이다(어철, 2000: 94).

오클리는 도덕성과 관련하여 무엇이 기본적인 정서가 되어야 하는지 밝히고 있다. 첫째, 정서가 선한 삶의 여러 가지 중요한 특징과 관련되어 있다는 것이다. 특히 연민은 다른 사람의 고통을 줄여 주는 행위를 목표로 삼기 때문에 도덕적으로 선하고, 동정은 다른 사람의 이익을 고려한다는 점에서 도덕적인 선을 포함한다. 둘째, 신념과 욕구가 책임에 대해 어떠한 동기로 작용하였을 때 우리는 정서 대해 책임이 있다는 것이다. 다시 말하면 정서가 도덕적으로 선한 행위와 관련되어 있기 때문에 우리는 정서에 대해 책임이 있다고 말한다. 정서가 책임을 지고 있다는 것은 정서가 도덕적인 판단과 의지의 성장에 기여한다는 의미이다(어철, 2000: - v -).

오클리는 공감, 배려, 사랑, 분노 등의 정서의 도덕적 중요성을 인정한다고 해서 이러한 정서가 항상 도덕적이라고 주장하는 것은 아니다. 예를 들어 불법적인 활동을 하는데 있어 어려움을 겪고 있는 도둑에게 공감한다면, 이것이 타인의 어려움에 공감한다는 이유만으로 옳은 것으로 고려할 수 없으며 도덕적으로 그른 것이다. 우리가 공감하고 있는 것이 실제로 도덕적으로 선한 것이라면 그 때 공감은 옳은 것이다. 그렇기 때문에 공감의 대상이 옳은 것인지 그른 것인지를 판단할 수 있는 능력과 지식 및 이해가 수반되어야 한다(고미숙, 2005: 125).

결 언

정서는 인지적, 정의적, 동기적 측면을 갖기 때문에 통합적 관점에서 이해할 필요가 있다. 예를 들면, 감정이입은 다른 사람의 사고와 감정을 이해한다는 점에서 인지적인 측면을 갖는다. 또한 다른 사람의 정서를 대리적으로 경험하도록 하기 때문에 정의적 측면을 갖는다. 그리고 타인의 고통을 덜어주고 타인의 복지를 위해 행동하도록 하는 도덕적 동기를 갖는다. 이렇게 정서를 통합적 관점에서 이해할 때, 도덕교육에서 정서의 긍정적인 역할을 볼 수 있게 된다.

일상생활에서 도덕적 문제를 해결하는데 있어서 정서의 교육은 필수적이라 볼 수 있다. 우리 사회에서 정서・감정을 통제하지 못하고 잘못된 행동을 하는 사람들이 아무런 감정이나 죄책감을 느끼지 못하는 것은 그들에게는 도덕적 정서가 메말라 있기 때문이다. 도덕적 정서는 도덕적 삶을 살아가는데 있어서 중요한 역할을 하므로 학생들에게 도덕적 정서 능력을 함양할 수 있도록 적극적인 관심을 가져야 할 것이다.

2. 도덕정서 교육

도덕정서의 종류

넓은 의미에서 볼 때 도덕적 행위자에게 도덕적 반응을 일으키는 정서는 모두 도덕적 정서라고 할 수 있다. 따라서 슬픔, 노여움, 기쁨 등의 정서가 도덕적 동기화의 원인일 때 그것은 도덕적 정서라고 말할 수 있다. 월레이스(R. Jay Wallace)는 도덕적 정서가 도덕적 행위자에게 핵심적인 감정이나 정서라고 하였다.

데이몬(William Damon)은 도덕적 정서는 우리가 여러 상황에 도덕적으로 반응하려고 할 때 중요한 역할을 하는 감정들이며, 여기에는 공감, 동정심, 흠모, 자아존중감과 같은 긍정적인 것과 분노, 격분, 죄책감, 수치심과 같은 부정적인 것으로 구분하였다(W. Damon, 조강모 역: 39). 여기서 부정적인 감정도 적절한 때에 적절한 대상에게 적절한 방식으로 일어났을 때는 도덕적 행동을 유발시키는 도덕적 정서가 될 수 있다.

리코나(T. Lickona)는 도덕적 정서로서 양심, 자기 통제, 겸양, 도덕적 의무감, 자아 존중감, 공감, 선애(善愛)를 들고 있다(박장호, 추병완 역, 1991: 74). 윌슨은 도덕적 정서로서 동정심, 공정심, 자제심, 의무감을 들고 있다(J. Q. Wilson, 안재욱, 이은영 역, 1997: 63).

공 감

공감(empathy)은 어원적으로 볼 때, 희랍어의 empatheia에서 비롯된 것으로서 '안'을 뜻하는 en과 '고통' 또는 '열정'을 뜻하는 pathos의 합성어로서 '안에서 느끼는 고통이나 열정'을 의미하는 것으로 볼 수 있다(박성희, 1996: 18). 이러한 공감은 상대방의 정서를 인식하고, 타인의 감정을 대리적으로 경험하는 것이다. 공감은 상대방에 대한 우호적인 감정과 적극적인 관심에서부터 비롯된다고 볼 수 있다. 따라서 공감이란 타인의 관점을 또는 타인의 입장을 고려하는 태도라고 볼 수 있을 것이다.

호프만(M. L. Hoffman)은 공감이란 "자신보다는 다른 사람의 상황에 더 알맞은 정서적 반응"이라고 정의한다. 이것은 다른 사람의 정서적 상태나 조건에 대한 이해로 촉발되어 그것과 부합하거나 일치하는 정서적 상태로, 타인의 내적 상태에 대한 이해라는 인지적인 의미와 그로 인한 일치된 감정의 표현까지를 포괄하고 있다. 즉 타인의 어려움이나 고통을 이해하고 그 고통을 함께 느낄 수 있는 관계적인 성향을 의미한다(이혜경, 1999: 초록 i).

공감적 능력은 정서적·인지적·의사소통적 요소를 모두 가지고 있어야 함을 의미한다. 공감은 상대방에게서 발견되는 감정을 인지해 내는 능력을 필요로 하며, 발견된 감정에 대하여 자신을 개방함으로서 간접적 경험이 이루어져야 한다. 또한 이렇게 느껴진 정서는 그 이해한 바에 대하여 상대방에게 정확하고 민감하게 전달되어야 한다. 결국 공감은 단순한 감정의 인지나 수용현상으로 그치지 않고 두 사람간의 관계를 발전시키는 양식을 포괄하는 개념으로 볼 수 있다. 따라서 공감은 타인의 정서 상태를 정확하게 판단함으로써 인간관계의 발달을 촉진시킨다. 그리고 타인의 긍정적인 정서와 부정적인 정서를 공감하는 능력은 도덕성의 기반이 되며 타인을 배려하고 선을 베푸는 원동력이 된다. 그러나 공감을 통해 상대방의 감정 속으로 지나치게 빨려 들어가면 올바른 판단을 하기 어렵고, 인정에 이끌리어 공정성을 잃어버리기 쉽다(윤은주, 2001: 53-55).

공감능력은 타인의 문제를 그들의 입장에서 생각하는 것으로 서로 다른 관점에 대해 사려 깊어지고 남의 생각과 의견을 잘 이해하게 만든다. 공감능력을 터득한 아이는 이해심이 많아지고 남을 배려하는 마음을 가지게 된다. 공감능력이 뛰어난 아이는 타인의 욕구나 감정에 민감하고 누군가 부당한 대우를 받으면 걱정스럽게 생각하고, 누군가 고통스러워할 경우에는 이를 인지하고 적절하게 반응한다. 또한 도움이 필요한 사람들을 격려하고 위로하려고 노력한다. 아이들에게 장애인(시각·청각·지체 등)들이 가진 불리한 상황을 직접 경험해 보게 하거나, 요양원, 보육원, 소년원, 무료 급식소 등을 방문하여 자원 봉사를 해 보는 것을 체험시킴으로써 다른 사람의 입장에 서 보게 한다면 공감능력을 길러 주는데 많은 도움이 될 수 있다.

양 심

양심은 우리에게 무엇이 옳고 그른지를 말해주는 일종의 내면의 소리이다. 양심이 살아 있다는 것은 부끄러움을 안다는 것이며, 부끄러움을 안다는 것은 옳고 그름이 무엇인지를 안다는 것이다. 이런 도덕적 기능을 하는 것이 양심이다(심성보, 1999: 92). 양심은 지적인 요소와 정의적인 요소를 모두 갖고 있다. 무엇이 옳은지를 아는 것과 옳은 것을 행하는 것이다. 양심은 쾌·불쾌의 감정을 수반하게 된다.

양심을 가진 사람들은 도덕적 가치들과 자기 자신을 동일시 하고자 노력한다. 도덕적 가치가 자신의 인격과 자아의 일부가 되어 깊이 뿌리내렸기 때문에 그들에게 도덕은 가치 있고 소중한 것으로 인식된다. 양심은 우리 자신에 대한 전 인격의 반응으로 진정한 자아의 소리이며 우리를 존재하도록 실현시켜준다(E. Fromn, 박갑성, 최현철 역: 138).

하르트만은 "양심이란 우리 각자의 감정 속에 우선적으로 놓여 있는 가치 의식이다."라고 하였다(진교훈 역, 1992: 36). 소위 양심의 소리라고 하는 것은 가치 의식의 근본 현상이다. 성숙한 양심은 도덕적 의무감뿐만 아니라 건설적인 죄책감을 동시에 지니는 능력을 갖는다.

양심은 근본적으로 도덕적 행동의 동기가 되며, 도덕의식을 일으킬 뿐 아니라 적극적으로 의지의 작용을 발휘시킨다. 양심은 어떤 것을 하라는 의무감을 느끼게 하며, 만약에 그것을 하지 않았을 때에는 죄책감을 갖게 한다. 이러한 죄의식은 부도덕한 유혹에 빠지지 않도록 도와준다.

양심은 옳고 그름을 판단하는데 도움을 주는 내면의 목소리이다. 양심은 잘못했을 때 비난을 받아들이고 남에게 탓을 돌리지 않으며, 잘못됐거나 부적절한 행동에 부끄러워하거나 가책을 느낀다. 양심은 자신의 행위에 대한 결과를 반성하며 그 행동이 왜 잘못되었는지를 검토한다. 또한 올바르게 행동하는 법을 알고 있으며 그렇게 하지 말라는 남의 압력에 굴복하지 않으며 이겨낸다. 양심은 분별력이 있는 사람이 되도록 격려한다. 양심은 "진실만을 말해야 한다." "유혹을 받아도 올바르게 행동해야 돼." "미안해." "그건 내 잘못이야." "넌 그것을 돌려줘야 해. 네 것이 아니니까."라고 말하는 내면의 목소리이다. 이러한 내면의 목소리는 제페토 할아버지가 피노키오에게 "항상 네 양심에 따라 행동하거라." 라고 충고했던 바를 실천할 수 있게 해준다.

사 랑

사랑에 대한 사전적 의미를 살펴본다면 "인간의 근원적인 감정으로 인류에게 보편적이며, 인격적인 교제, 또는 인격 이외의 가치와의 교제를 가능하게 하는 힘이다."라고 정의하고 있다(두산백과사전). 한국민족문화대백과사전에는 "대상을 아끼고 위하여 정성과 힘을 다하는 마음이다."라고 정의하고 있다.

사랑은 가장 따뜻한, 가장 바람직한 인간관계이다. 또한 그러한 관계를 맺고 지켜가고자 하는 마음이자 마음의 움직임이다. 가슴을 가진 사람, 그리고 영성(靈性)을 갖춘 사람이 서로 유대 또는 사귐을 갖는 것이고, 그것들을 이어가고자 하는 마음이 곧 사랑이다. 한국인들이 관례적으로 '정을 주고받는다.'고 한 것은 이런 면에서 뜻 깊은 말이다. 또한 '마음을 준다.' 또는 '마음을 바친다.' 라는 말로, 또는 '정을 준다.' 등의 말로 사랑이라는 행위를 표현해 온 것도 자못 뜻 깊은 말이다. 사랑은 복합적인 인간 심성인 만큼, 거기에는 미더움, 미쁨이 따르게 마련이고, 도덕심 또는 윤리 의식도 수반되게 마련이다. 사랑의 바탕에는 마음씨의 고움, 예쁨, 착함이며, 훈기까지도 깔려 있다(한국민족문화대백과사전).

사랑은 공감하는 것에서부터 시작한다. 서로 감추지 않고 서로 이해하며 상대방을 수용함으로써 신뢰 관계가 형성된다. 이러한 사랑은 수동적인 마음 상태가 아니라 능동적인 것이다. 사랑이 발동함으로써 우리 인간은 새로운 가치를 인식하거나 더 깊은 가치를 알게 된다. 사랑을 통한 마음의 개방은 우리 인간의 모든 감정을 개방하도록 도우며 도덕적 행동의 근거가 될 수 있다. 옳음에 대한 사랑, 선에 대한 사랑은 우리 마음속에서 도덕적 정열을 불러일으키고, 도덕적 삶을 성공적으로 살도록 도와줄 수 있을 것이다. 이러한 행동은 어떤 보상을 바라거나 타인의 칭찬을 받기 위해서 한 행동이 아니므로 어떤 유혹에도 강하며 시간이 흐를수록 인격 안에서 더욱 내재화된다(김중술, 1994: 21, 184).

에릭 프롬(E. Fromm)은 관심이 결여되어 있는 곳에는 어떠한 사랑도 있을 수 없다고 했다. 관심을 갖는다는 것은 상대방이 처해 있는 상황에 자신이 참여하는 것이다. 상대방의 즐거운 상황에 참여하는 것은 기쁨을 주지만 고통스러운 상황에 참여하는 것은 괴로움을 준다. 에릭 프롬에 의하면 사랑이란 결코 우연적이라든가 천부적으로 주어진 것이 아니라 훈련과 인내와 습득이 필요한 기술임을 강조하면서 우리가 사랑을 하려고 애써도 이에 실패하는 원인은 기술의 미숙성 때문임을 지적하고 있다. 인간은 '주는 사랑'을 통하여 자기의 힘과 여유와 강함을 나타내기에 즐거움과 기쁨을 맛볼 수 있고, 사람들로 하여금 고독을 극복하게 할 수 있는 것이다. 에릭 프롬은 올바른 사랑을 실천하기 위한 기본적 요소로 관심, 책임감, 존경, 지식 등을 제시하고 있다(박병학, 1997: 105-108).

사랑은 인간 모두에게 보편적인 정서이며, 모두가 갈망하며 인간의 마음을 가장 풍요롭게 해 주는 것이다. 사랑은 자기를 초월하게 하며, 이타적이며, 자기 헌신과 봉사를 하도록 이끄는 힘이 있다. 그리고 이러한 사랑은 결코 이성의 작용을 배척하지 않는다. 진정한 사랑으로 충만한 사람이 가장 지혜로울 수 있으며, 가장 용기 있고, 가장 덕스러운 사람이 될 수 있다(윤은주, 2001: 86).

우리는 자신을 진정으로 사랑해보지 않은 사람은 타인을 사랑할 수 없다는 말을 가끔 한다. 자기애는 자신의 자아를 사랑하고 존중하는 것처럼, 타인의 자아도 동일한 방식으로 인격적으로 존중하며, 사랑하고 보살피도록 한다. 사랑이란 인간적 유대의 기초를 이루는 것이다. 그러므로 사랑은 관심과 존경과 책임이며, 받기보다는 주는 것이 생명이다.

배 려

배려는 다양한 의미로 사용되고 있기 때문에 명확하게 정의하기는 어렵다. 메이어옵(M. Mayeroff)은 배려를 다른 사람이 성장할 수 있도록 도와주는 것이라고 정의한다. 또한 나딩스(N. Noddings)에 따르면 배려는 타인의 실체 안으로 감정적, 도덕적으로 전념하고 정신적으로 부담을 갖는 상태로서 사물에 대하여 염려하거나 근심하는 것을 의미한다. 길리건(C. Gilligan)에 따르면 배려는 공감, 책임, 상호의존성, 인간관계, 애착, 동정심, 사랑을 모두 포괄하는 것이며, 이러한 배려는 여성적 도덕성을 나타낸다고 말한다.

　배려는 상대방에 대한 사랑과 헌신으로 이어지는 인격적인 만남과 지속적인 교류이다. 나딩스는 배려의 상호성을 중요시하면서도 보살펴 주는 사람과 배려를 받는 사람간의 관계를 평등한 관계로 보지 않고, 배려의 불평등성을 인정하고 있다. 이것은 타인에 대한 자기헌신을 배려의 중요한 요소로 보기 때문이다. 나딩스는 도덕성이 감정에 뿌리를 두고 있다는 흄(D. Hume)의 입장에 기초해서 배려는 하나가 아닌 두 개의 감정, 곧 자연적 배려의 감정과 윤리적 배려의 감정으로 구성된다고 보았다. 이 중에서 더 근원적인 것은 자연적 배려의 감정이다. 자연적 배려란 다른 사람을 보살피고자 하는 자연스러운 감정에서 나타나는 것으로 모성적인 배려가 바로 그것이다(윤은주, 2001: 60-61).

　나딩스는 "배려의 관계란 기본적으로 '배려하는자와 배려받는자' 사이의 교제나 만남이다."라고 하였다. 이러한 배려는 지성적이라기보다는 정서적·도덕적인 개념으로 지적·인격적인 특성이 아니라 '실천'을 수반하는 사랑의 행동이자 성향이다. 상대에게 진실한 관심과 사랑을 가지고 헌신하는 것이 배려인 것이다. 배려는 안정감·친근감·자신감·용기를 주며 위험과 갈등을 줄여주는 상황이고 마음을 치유하게 만드는 사랑의 태도와 행위이다. 타인을 '단순히 말로만 관심을 갖는 돌봄'과는 다른 것이다(김수동, 2002: 26).

　배려는 의무감에서가 아니라 감정 혹은 동정에서 생겨나는 다른 사람에 대한 관심과 같은 특징적 기질을 포함한다. 또한 관심과 주의, 타인에 대한 느낌, 즉 타인의 이익을 자신의 이익과 동일하게 또는 더욱 소중하게 여기는 것, 타인의 성장과 발전에 관심을 갖는 것,

가족이나 친근한 관계에 있는 사람들의 공통적 이익을 지향하는 것 등을 포함하는 것이라고 나딩스는 말한다. 이것은 배려가 타인에 대한 어떤 특별한 감정이라고 말할 수 있다(박준성, 2000: 33).

도덕정서의 교육 내용

정서교육의 목적과 관련하여 도덕정서 교육의 내용과 방법을 제시하여 보면 다음과 같다(고미숙, 2005: 138-149).

적절한 정서의 습관화

습관은 행위의 반복이나 자동화라는 뜻이 들어 있으며, 습관적인 행위는 그 행동에 주의를 기울임이 없이 개인이 수행할 수 있는 행동의 종류를 뜻한다. 대부분의 습관은 습관화의 과정에 의해 학습된다. 그런데 우리가 적절한 정서를 습관화시킨다는 것은 반복적으로 실천되어야 할 뿐만 아니라 이성이 개입되어야 한다. 우리는 '적절한 정서의 습관화'가 적절한 대상에게 적절한 방법으로 적절한 정서를 느끼도록 습관화한다는 것을 뜻하는 것이며, 이에는 판단과 이성이 내포하는 것으로 보아야 한다. 예를 들어 부정한 일을 보았을 때에 도덕적 분개를 한다는 것은 부정한 일을 판단해 낼 수 있는 판단 능력이 개입되고, 이에 대해 적절한 정도로 분개를 느끼는 것을 의미한다. 적절한 정서의 습관화는 정서의 통제와 표현을 포함한다. 정서의 통제는 소극적으로는 바람직하지 못한 정서적 충동이 표출되는 것을 저지하고 막는 것을 의미하며, 적극적으로는 정서 자체를 재형성하는 것을 뜻한다. 자신의 감정을 통제하기 위해 10까지 숫자 세기, 심호흡, 먼 곳을 응시하기, 운동이나 음악 듣기 등의 적합한 방식을 찾아 격렬한 감정을 가라앉도록 하는 것도 하나의 방안이다. 또한 적절한 방법으로 정서를 표현하는 습관을 기르려면 정서 감정을 적절하고 자유롭게 표현하는 기회를 마련해 주어야 한다. 즉 적절한 감정 표현을 하도록 하여 적절한 정서가 습관화되어야 한다.

적절한 정서의 습관화를 위해선 학생들에게 경험적인 학습의 기회를 제공해야 한다. 경험적인 학습은 학생들로 하여금 직접적인 활동을 통해서 정서적 성장과 발달을 증진시킬 수 있다. 학생들이 상호작용을 통해서 관계를 맺고 문제를 해결해 나갈 때, 자신들의 감정과 동기들을 활동 속에서 직접적으로 경험하게 되고 행동에 깊은 영향을 줄 수 있는 것이다. 이러한 효과는 아동들에게 단지 사회적인 경험을 부여해주는 것뿐만이 아니라 협동이나 공정함, 용서와 같은 귀중한 덕들을 배우게 한다.

정서교육을 위해서 사용할 수 있는 경험적인 방법은 다음과 같은 장점을 가지고 있다. 첫째, 대인관계 경험의 장을 직접 마련함으로써 행동을 통해 대인관계의 경험 및 정서적 경험을 직접 습득할 수 있다. 이와 같은 경험은 컴퓨터나 책, 또는 강의 등으로는 거의 불가능한 경험들이다. 둘째, 대인관계에서 상호작용(경청, 타인 수용, 감정 식별, 감정 표현, 타인에 의해 수용·경청·이해됨 등)을 직접 경험할 수 있다. 셋째, 학생들의 성격 형성이나 감정 경험 등에 있어서 부모의 영향력보다 또래들의 영향력이 크다. 따라서 친구들끼리 의미 있는 경험을 주고받도록 하는 장면을 제공하면 친구들 간의 정서교육에 크게 기여할 수 있다. 이러한 실천적 방법으로 봉사활동학습과 협동학습을 제시할 수 있다(윤은주, 2001: 80).

도덕정서의 함양

도덕정서를 함양하는 것은 도덕교육에서 중요한 과제이다. 도덕정서를 함양하기 위해서는 아이들에게 많은 정서를 경험하도록 하고 귀납적인 훈육을 사용한다. 아이들이 어떤 행위를 할 때, 그 행위의 결과가 다른 사람에게 어떤 고통이나 해를 미치는가를 주의하게 하는 것이다. 예를 들어 아이가 친구에게 잘못하였을 때, 그냥 넘어갈 것이 아니라 친구가 어떤 해를 입었고 얼마나 고통스러워하는지를 부모가 아동이 이해할 수 있는 언어로 말해 준다면 아이는 다른 사람에게 해를 가하지 않으려고 노력할 것이다. 다음으로 아이들이 이타적으로 행동하는 모델에 오랫동안 접할 수 있도록 한다. 부모, 교사, 또래 등이 모델로서 중요한 역할을 한다. 예컨대 부모가 감정이입적인 반응을 보이면 보일수록 자녀 또한 그럴 가능성이 크다는 것이다. 그리고 입장 채택, 역할 채택, 역할 연기를 사용하여 다른 사람들의 사고, 관점, 감정을 이해하도록 한다. 인지적 기술인 입장 채택 또는 역할 채택은 다른 사람들이 사고하고 느끼는 것을 추론해 내는 능력이다. 다음으로 도움을 베풀 직접적이고 간접적인 기회를 제공한다. 마지막으로 진정한 대화를 나누도록 한다. 학생들에게 다른 사람들과 진정한 대화를 나누는 법을 가르쳐 주어야 공감, 감정이입, 배려 등의 도덕정서를 함양시킬 수 있다.

도덕정서의 함양을 위해서는 정서를 통제하거나 인정하고 표현할 수 있도록 한다. 분노, 공포, 불안, 미움과 같은 부정적 정서들이 통제가 되지 않을 때는 올바른 판단을 내리지 못하도록 할 뿐만 아니라 도덕적 문제를 발생시키게 된다. 이러한 부정적인 정서들을 통제하는 데는 의지력의 덕들, 즉 자제, 인내, 용기 등이 도움이 된다. 정서를 통제하기 위한 방법으로 '자기 대화의 기술'을 활용할 수 있다. 조바심 나는 상황에 닥쳤을 때 자기 자신에게 "마음을 가라앉히고 참아야지, 곧 끝나게 될 거야."라고 말을 거는 것이 그 예이다.

정서를 인정하고 표현하기 위해서는 적절한 때에 자신의 감정을 표현할 수 있어야 한다. 자기 자신의 감정을 인정하고 이해하는 것이 정서를 변화시키는데 도움이 된다. 또한 자기 자신의 감정뿐만 아니라 다른 사람의 감정을 인정하고 이해해야 한다. 정서를 인정하고 이해하는 것 이외에, 적절한 방법으로 정서를 표현하는 것을 배울 필요가 있다. 그러기 위해선 감정을 자유롭게 표현할 수 있는 기회를 마련해 주어야 한다. 예컨대 학교 수업시간에 웃기, 즐거워하기, 자기의 느낌을 표현해 보기, 침묵해 보기 등의 시간을 마련하여 학생들이 자신의 감정 표현에 대해 숙고할 기회를 갖도록 한다.

도덕적인 정서교육에는 무관심과 자기중심성에서 벗어나 다른 사람들이 겪고 있는 것을 상상할 수 있는 능력이 요구된다. 다른 사람의 입장을 상상하는 것은 타인의 슬픔이나 기쁨, 타인의 결함 등을 공유하게 되고 타인의 복지를 위해 동기를 부여할 수 있게 해준다.

존슨(Mark Johnson)은 인간 존재가 기본적으로 상상력 있는 도덕적 동물이라고 보고 도덕성의 모든 측면이 상상적이라고 주장한다. 도덕적인 이해와 숙고, 도덕 추론, 도덕 생활의 수준은 기본적으로 도덕적 상상력의 함양에 달려 있다. 우리가 도덕 판단을 하려면 올바른 도덕 추론을 해야 한다. 도덕 추론을 한다는 것은 타자가 지금 어떤 상황에 처해 있는지, 이 문제를 해결하기 위해서는 어떻게 하는 것이 옳은지를 판단할 필요가 있고, 여기에는 상상력을 사용해야 한다. 타자의 입장에서 타자가 처한 상황을 상상할 수 없다면, 우리는 그 상황에서 올바른 도덕 추론과 도덕 판단을 내리기가 어려울 것이다. 도덕적 상상력은 적절한 대상과 사람에게 공감, 동정심, 관심을 가져야 가능한 일이다. 존슨은 "도덕 추론은 기본적으로 상상적인 활동이다."라고 주장한다. 그러나 우리는 도덕적 상상력과 비도덕적 상상력을 구분해야 한다. 도덕적 상상력은 도덕행위자가 적극적으로 타자의 복지를 가치 있게 여기는 반면에, 비도덕적 상상력은 타자의 고통을 가치 있게 여기고 있기 때문이다(고미숙, 2005: 315-319).

우리가 다른 사람의 정서를 이해하고 감정이입을 돕기 위해서는 기본적으로 도덕적 상상력이 필요하다고 말한다. 피터스(R. S. Perers)는 타인의 정서를 직접적으로 느끼는 상상력이 어떻게 발전

되는가 하는 것은 정서교육에서 아주 중요하다고 하였다(김순자, 1994: 98). 또한 도덕적 상상력은 다른 사람의 입장을 이해할 수 있기 때문에 자기중심성에서 탈피할 수 있도록 해준다. 다른 사람의 입장을 상상해 보는 것이 '다른 사람과 나는 다르다'는 생각과 동시에 '다른 사람과 나는 동일한 인간이다'는 생각을 갖게 해준다. 그리하여 우리에게 이타적인 행동을 할 수 있는 기회를 더 많이 부여하게 되는 것이다.

도덕정서교육에서 교사의 역할

　도덕교육과 관련한 정서교육에서 교사가 갖추어야 할 역할들을 제시해 보면 다음과 같다(고미숙, 2005: 150-151).
　첫째, 교사는 공감, 동정, 사랑 등의 사회적 행동을 가르치는 데에 모범이 되어야 한다. 교사는 진실로 공감해야 하고 사랑하고, 동정을 느끼는 사람이 되어야 한다. 즉 교사는 정서적인 수전노가 되지 말고, 자기 자신의 정서·감정을 적절한 방법으로 풍부하게 드러내 주는 사람이 되어야 한다. 데이몬과 콜비(Damon & Colby)는 교사들은 명시적인 수업을 통해서라기보다도 그들의 태도에 의해 더 많은 것을 전달한다고 하였다.
　둘째, 교사는 학생들의 올바른 정서와 도덕적 행위를 습관화 시키는데 힘써야 한다. 학생들에게 올바른 정서를 갖도록 습관화시킨다는 것은 주어진 어떤 상황을 평가하고 그 상황이 요구하는 것에 적절하게 반응하도록 습관을 길들이는 것을 의미한다. 학생들이 정서를 통제하거나 억압하도록 습관화를 시킨다는 것이 아니라 정서를 적절하게 표현할 수 있는 습관을 길들인다는 뜻이다. 노여움의 정서라고 해서 회피될 필요는 없다. 학생이 습득해야 하는 습관은 적절한 때에 노여움을 회피하고, 적절한 때에 노여워하는 것과 같은 올바른 정서를 갖는 것이다.

셋째, 교사는 학생들이 타인을 이해하고 자기중심성에서 벗어날 수 있도록 도덕적 상상력을 촉진시켜야 한다. 교사가 학생들의 도덕 상상력을 촉진시킬 수 있게 되면, 그들은 다른 사람들의 경험을 이해하고 다른 사람들의 처지에서 세상을 바라볼 수 있게 될 것이다. 따라서 교사는 학생들이 열린 사고, 폭넓은 사고할 수 있도록 다양한 배려를 하여야 한다.

결 언

정서교육의 효과는 여타의 교육처럼 즉각적으로 나타나지 않을 것이다. 한 인격 안에서 나타나는 정서는 오랜 기간 동안 쌓여진 인간관계와 경험과 가치관을 총체적으로 드러내는 것이다. 한번 인격 속에 각인되어지고 성격화된 정서가 변화하기 위해서는 많은 시간과 노력을 필요로 한다. 이것은 가정교육과 학교교육, 사회교육 그리고 무엇보다도 개인의 도덕적 정열이 함께 병행되어야 함을 의미한다. 이 점에 있어서 부모와 교사의 역할은 지대하다고 말할 수 있다. 정서의 발달은 단순한 전달이나 암기식으로 습득되는 것이 아니라 인격적인 만남이 이루어져야 가능하기 때문이다. 상대방을 존중하고 그 사람의 의견과 정서를 공유하려고 노력하며, 열린 마음으로 대화하는 분위기 속에서 정서의 발달은 이루어지는 것이다.

정서 능력은 자신의 정서를 조절할 줄 아는 능력이며, 타인에게 설득력 있고 효과적으로 표현할 줄 알며, 자신의 내적 열정 및 동기를 자신의 일에 잘 활용할 줄 아는 능력이다. 이것은 원만한 사회생활과 자아 성취에 있어서 긴요한 부분이다. 우리들이 위인이라고 생각하는 모든 인물들은 모두 이러한 정서능력이 뛰어난 사람들이다. 정서능력을 제대로 갖추지 않고서는 자신의 삶에 있어서 도덕적으로도 사회적으로도 성공하기 어렵다.

정서능력은 자신과 타인의 삶의 복지와 행복에 기여할 때 의미가 있다. 정서능력의 의의가 다만 개인의 사회 적응력과 이상 실현에만 있지 않고, 도덕적 성품 및 도덕적 성숙의 완성 위에 있기 때문이다. 즉 타인에게 헌신적이며, 봉사하는 마음과 태도가 뒷받침되어야 하는 것이다. 이타적 정서의 인격적 내면화와 정서능력의 함양을 통하여 우리는 보다 성숙한 도덕적 자아를 완성할 수 있을 것이다(윤은주, 2001: 88-89).

<h1 style="text-align:center">〈참고 문헌〉</h1>

강진령, "도덕교육에 있어서 정서의 역할에 관한 연구", 건국대학교 대학원 박사학위논문, 1996.

고미숙, "새로운 도덕교육 토대로서의 정서", 『새로운 교육의 탐색』, 고려대학교 교육사철학연구회, 내일을 여는 책, 1997.

고미숙, "도덕교육에서 정서에 관한 연구", 고려대학교 대학원 박사학위논문, 1998.

고미숙, 『대안적 도덕교육』, 서울: 교육과학사, 2005.

김현경, "도덕적 행동 요인으로서 정서의 도덕교육적 함의 연구", 서울대학교 대학원 석사학위논문, 2005.

김중술, 『사랑의 의미』, 서울대학교출판부, 1994.

김수동 "배려의 교육적 개념: Noddings의 도덕교육론을 중심으로", 『교육철학』, 제2집, 한국교육철학회, 2002.

김순자, "R. S. Peters의 도덕교육에 있어서 정서의 지위", 경상대학교 대학원 박사학위 논문, 1994.

박병학, 『사랑의 수업론』, 서울: 교육과학사, 1997.

박성희, 『공감·공감적 이해』, 서울: 원미사, 1996.
박정순, "감정의 윤리학적 사활." 『감성의 철학』, 서울: 민음사, 1996.
박준성, "배려윤리의 도덕교육적 의의에 관한 연구", 한국교원대학교 대학원 석사학위논문, 2000.
신용일 외 4인, 『심리학 개론』, 서울: 동문사, 1997.
신응섭 외, 『심리학 개론』, 서울: 전영사, 1997.
심성보, 『도덕교육의 담론』, 서울: 학지사, 1999.
어 철, "오클리의 정서 이론에 기초한 정서교육에 관한 연구", 한국교원대학교 대학원 석사학위논문, 2000.
유병열, 『도덕과 교육론』, 서울: 양서원, 2011.
윤기현 외 14인, 『심리학의 이해』, 서울: 학지사, 2013.
윤은주, "정서의 도덕교육적 역할에 관한 연구", 한국교원대학교 대학원 석사학위논문, 2001.
이훈구 외 3인, 『정서 심리학』, 서울: 법문사, 2003.
이옥분, "도덕교육에서의 정서 교육에 관한 연구", 공주대학교 교육대학원 석사학위논문, 2004.
이혜경, "도덕적 동기화 요소로서 공감에 관한 연구", 서울대학교 대학원 석사학위논문, 1999.
Fromm, E., 박갑성, 최현철 역, 『자기를 찾는 인간』, 서울: 종로서적, 1954.
Hessen, J., 진교훈 역, 『가치론』, 서울: 서광사, 1992.
Lickona, T., 박장호, 추병완 역, 『인격교육론』, 서울: 백의 1991,
Peters, R. S., 남궁달화 역, 『도덕발달과 도덕교육』, 서울: 문음사, 1993.
Petrovsky, A, V., 김정택 역, 『인간행동의 심리학』, 서울: 사상사, 1993.
Richard, S. L. et al., 정영목 역, 『감정과 이성』, 서울: 문예출판사. 1997.
Wilson, J.Q., 안재욱, 이은영 역, 『도덕감성』, 서울: 자유기업센터, 1997.
William Damon., 조강모 역, 『아동 도덕발달과 열린교육』, 서울: 문음사, 1997.

제**10**장

전통과 도덕교육

1. 유가적 인성교육

인간의 본성

인간 본성에 대한 논의, 즉 인성론(人性論)은 선과 악이라는 윤리적 범주와 관련되어 논의되었다. 인성(人性)이란 사람을 사람답게 하는 것, 곧 사람을 사람 되게 하는 인간의 본성 또는 본질을 가리킨다. 맹자는 인간에게는 따라할 도(道)가 있는데 그것이 동물과 다른 인간만이 갖고 있는 특성으로서 '사람을 사람 되게 해 주는 특성' 즉 '인성'이라고 하였다. 이에 맹자는 인성을 인간만이 지닌 사회적 도덕적 속성이라고 보았다.

인간의 본성에 관한 선악의 관점은 대체로 성선설(性善說)과 성악설(性惡說) 및 인간은 선하지도 악하지도 않다는 성무선악설(性無善惡說)이 있다.

맹자의 성선설

성선설은 맹자(孟子)가 처음 주장하였다. 맹자가 성선설을 말한 것은 도덕 실천이 가능한 근거를 확립하기 위해서다. 맹자는 성선의 근거를 '천(天)의 내재성과 합목적성'에 두었다. 천은 인간에게 도덕적 가치를 부여하는 주재자이다. 사람의 본성은 하늘이 부여한 성품을 갖고 태어났기 때문에 인간의 본성은 본디 선하다는 것이다.

맹자가 말하는 성선은 행위를 하는데 있어서 선행(善行)을 가리키는 것이 아니라, 본체론적 입장에서 사람은 선천적으로 선한 본성인 '도덕성'을 가지고 있다는 것을 의미한다. 맹자는 인간 본성이 선한 것은 마치 물이 아래로 흐르는 것과 같다. 인간은 선하지 않음이 없으며 물은 아래로 내려가지 않음이 없다고 하였다.

맹자는 인간의 본성이 선하다는 증거로 인간에게는 누구나 '불인인지심(不忍人之心)', 즉 남의 불행과 고통을 차마 그대로 보아 넘기지 못하는 마음 또는 차마 남에게 잔인하게 하지 못하는 마음이 있음을 밝히고 있다(『맹자』 제3편 공손추 상). 맹자는 사람에게는 불인인지심이 있는데, 사물과 접할 때 그것이 명백하게 드러난다는 유명한 논증으로 아직 판단력이 없는 어린아이가 우물로 기어가는 순간, 누구든지 어린아이가 우물에 빠지지 않도록 달려가 구해 주려는 마음이 일어난다는 것을 예로 들었다. 이것은 그 어린아이의 부모와 친해지기 위해서도 아니고, 마을 사람들에게 칭찬을 바라서도 아니며, 나쁜 소문을 듣기 싫어서도 아니라는 것이다. 이로 미루어 볼 때 측은히 여기는 마음은 순수한 동기로서 맹자는 이를 본성이 선한 증거로 삼았다.

고통에 빠진 타인을 측은히 여기는 동정심, 즉 측은지심(惻隱之心)을 인간이라면 누구나 갖고 있다고 설명하면서 맹자는 인간에게 선한 본성이 존재한다는 점을 논증하려고 했다. 맹자는 측은지심이란 마음이 인간의 내면 깊숙하게 잠재되어 있는 본성(本性)으로부터 나왔다는 것을 주장한다. 다시 말해 측은지심과 같은 동정심은 우리의 의식적인 노력으로부터 나오게 된 것이라 아니라는 것이다. 측은한 마음은 우리의 의지나 노력이 없이도 불쌍한 타인을 목격할 때 저절로 흘러나온다는 것이 맹자의 관점이었다(강신주, 2014: 538).

맹자는 사람의 사람됨 즉 인성(人性)을 보증하는 본질적 요소로서 사단(四端)을 제창하였다. 사단(四端)은 인의예지의 본성으로부터 나오는 것으로 선(善)을 추구하기 위한 도덕적 개념이다. 타인의 불행을 아파하는 마음(惻隱之心), 악한 일을 수치스럽게 여기는 마음(羞惡之心), 윗사람에게 양보하고 공경하는 마음(辭讓之心), 선악시비를 판별하는 마음(是非之心)이다. 각각 인, 의, 예, 지(仁, 義, 禮, 智)의 착한 본성에서 발로되어 나오는 정감이다. 맹자는 "인의예지는 외부로부터 부어 주어서 생긴 것이 아니요, 인간이 본래 가지고 있는 것인데 사람들이 생각하지 못할 뿐이다."라고 하였다.

인간은 누구나 선한 본성을 지니고 있다면, 왜 현실에서는 인간의 악한 행동이 끊임없이 나타나는 것일까? 이에 대해 맹자는 인간의 선한 본성이 선한 행위만 하도록 결정되어져 있는 것이 아니라, 가능성의 형태로 존재하고 있기 때문이라고 설명한다. 즉 외부 환경이나 인간의 이기적인 욕심이 인간의 선한 본성을 가리게 되면 악한 행동이 나타날 수 있다는 것이다(이동준, 정재현, 2014: 72).

사람이 선하지 못한 것은 사람의 본성이 악하기 때문이 아니라 후천적인 환경과 감각 기관의 욕망 및 감정적 욕구 때문에 종종 불선(不善)한 일을 저지르게 된다는 것이다. 그렇다면 악은 어디에서 오는가? 첫째로 눈·귀와 같은 감각기관의 욕망에서 나온다. 귀는 소리와 만나고 눈은 색과 만난다. 사물과 사물이 만나서 서로 끌어들여 욕망을 채우며 결국 타락한다. 둘째로 주위의 환경에서 악은 나온다. 사람이 선한 본성을 가지고 있다고 해서 반드시 선한 행위를 하는 것이 아니다. 그것은 마치 씨는 같아도 수확이 일정하지 않은 것과 같다. 사람에게는 눈과 귀의 욕망이 있고 좋지 않은 환경에 노출되어 있는 것이 대부분이지만 사람의 선한 본심과 양지는 끝내 소멸되지 않는다. 그러므로 맹자는 마음 내부에서 일어나는 욕망을 줄이고 억제하는 힘을 키우기 위해서는 끊임없는 자기 정진, 즉 수양을 통해 선한 본성을 가리려는 사욕을 억제하고, 선한 본성을 확충시켜 나갈 것을 강조하였다(蔡仁厚, 천병돈 역, 2006: 52-53).

순자의 성악설

성악설은 순자(荀子)가 주장하였다. "인간의 성품은 악하다. 그 선한 것은 인위(人爲)이다."라고 하였다. "인간의 본성은 태어나면서 이 (利)를 좋아함이 있다. 이것을 따르면 쟁탈이 생기고 양보가 없어진다. 태어나면서 미워하는 마음이 있으며, 나면서부터 감각적 욕망이 있어 색(色)을 좋아하여 음란함이 생긴다. 그런즉 인간의 성품은 악하고 거칠다. 그 선한 것은 교화에 의한 인위적인 것이다."라고 하였다. 이것은 선(善)은 후천적인 것임을 지적하여 선(善)은 타고나면서부터 가지고 나온 것이 아니라 인위적인 결과라는 것이다. 순자는 선이라는 것은 사람들의 오랜 경험을 통하여 획득한 것이라는 의미에서 인위(人爲)라고 하였다(정해창, 곽신환, 1996: 193-196).

"사람의 본성은 악한 것이 분명하며, 그것이 선하게 되는 것은 인위적인 결과이다"라는 순 자의 주장에서 '위(僞)'라는 개념을 살펴볼 필요가 있다. 인위적인 노력을 나타내는 '위'라는 글자는 사람을 뜻하는 인(人)과 행동을 뜻하는 '위(爲)'가 합해져 만들어진 글자이다. 따라서 '위(僞)'라는 개념은 글자 그대로 사람의 적극적인 행동이나 인위적인 노력을 의미한다고 볼 수 있다(백민정, 2013: 88).

순자는 "무릇 본성이란 타고난 대로를 말하는 것이나, 배워서 되는 것이 아니고 행동해서 되는 것도 아니다. 예(禮)는 인간의 본성에서 나온 것이 아니고 성현이 인위적으로 만들어 낸 것이니 배우고 노력하면 되는 것이다."라고 하였다. 순자는 욕망을 적절히 통제하는 장치를 예(禮)라고 생각하였고, 이 예는 성현의 가르침과 법이라고 보았다. 예는 궁극적으로 모든 사람들의 악한 인성을 선으로 교화할 수 있는 교정의 틀로 작용하게 된다. 순자는 학문의 최종 목적을 예(禮)의 확립에 두었다.

순자는 성인을 포함하여 모든 인간의 본성은 악하다고 하였다. 따라서 성인이 예의를 만든 것은 그의 덕성에 근거한 것이 아니라 재능에 의한 것이 된다. 인간의 본성에 예의의 근거가 없으므로 예의의 보편성과 필연성이 근본적으로 확립될 방법이 없게 된다. 예의는 배워서 알 수 있고 배워서 행할 수 있다고 하지만, 이미 인성의 기초와 내재적 근거를 상실하였으므로, 선(善)을 이루고 덕(德)을 완성하는 것 또한 자발성이 없다. 인간의 본성 속에 예의의 뿌리가 없으므로 예의는 단지 외재적 표준에 불과하다는 것이다(蔡仁厚, 천병돈 역, 2009: 13).

순자는 공자의 사상을 계승하여 사회생활을 하는데 있어서 예를 표준으로 삼고자 하였다. 그는 "인간은 예가 없으면 살아갈 수가 없고, 일에 예가 없으면 이루어짐이 없고, 국가도 예가 없으면 평안이 없다."라고 하여 예를 개인의 생존 원리와 국가를 다스리는 근본으로 삼고 있다(조현규, 2006: 83).

성선설과 성악설의 비교

맹자는 인간이라면 누구나 '측은지심'으로 대표되는 선한 감정 또는 마음을 가지고 있으므로 누구든지 이 선한 감정을 따르면 선한 행위를 할 수 있다고 주장한다. 맹자는 인간의 내면에 잠재되어 있는 선한 본성을 신뢰하고 누구나 노력만 하면 성인이 될 수 있다는 관점을 취했다.

순자는 인간의 본성이 거칠고 악하기 때문에 인간의 선함이란 일종의 사회화의 결과로 보고 있다. 순자는 인간의 본성을 그대로 방치해 두면, 공동체 생활에 많은 문제가 발생하므로, 인위적 노력을 통해 이기적 욕구를 억제하고 본성을 선하게 교화해야 한다는 관점을 취했다.

맹자의 성선설은 사람을 '덕'으로 다스리고자 하였다. 즉 '선한 본성의 발동'을 통해 덕으로 발전시키자는 것이다. 반면에 순자의 성악설은 사람을 '예'로 이끌어 가고자 하였다. 즉 예라는 규범으로써 인간을 선한 방향으로 강제로 이끌어야 한다는 것이다. 이것을 정치적 관점에서 보면, 맹자는 덕으로 다스리자는 덕치주의(德治主義)를 주장하였고 순자는 예로 지도해야 한다는 예치주의(禮治主義)를 주장하였다(이소담 옮김, 2010: 78-79).

맹자와 순자는 똑같이 교육이 필요하다고 보았다. 다만 맹자는 타고난 선의 본성(이성)을 잘 보존하기 위해, 그리고 순자는 타고난 악의 본성(본능)을 고치기 위해 교육이 필요하다는 점에서 다를 뿐이다(강성률, 2012: 46).

맹자는 하늘이 인간에게 도덕적 본성을 부여한다는 정통 유가의 천사상(天思想)을 받아들여서 성선설을 주장하였다. 그러나 순자는 이러한 도덕적 하늘관을 인정하지 않았다. 하늘은 단지 비가 오고 바람 부는 자연 현상에 불과하며, 인간의 도덕적 행위와는 아무런 상관이 없음을 주장한 것이다. 순자는 천명론을 거부하여 하늘과 인간의 관계를 끊어 버리고, 인간을 하늘로부터 독립시키려고 노력하였다. 순자는 인간의 가치규범은 천(天)에 의해 품부 받은 것이 아니라 인간 스스로 만들어낸 것이라고 하여 인간을 하늘의 권위로부터 해방시키고자 하였다. 순자는 성(본성)의 악함을 인정하여 '하늘과 사람은 서로 다르다'는 관점에서 인성을 개조하고 후천적인 학습과 배양 (수양)에 의해 도덕을 형성할 것을 강조하였다(백민정, 2013: 81).

맹자와 순자의 인간 본성론은 순수한 철학 논쟁이 아니라 정치철학적 함의를 지닌 것이었다. 본성이 선하다면, 인간은 국가의 공권력이나 교육제도가 없어도 자기 스스로 선해질 수 있을 것이다. 후에 맹자의 성선설이 왕권에 저항하는 지식인들의 정당성 논리로 채택되었던 것도 바로 이런 이유에서다. 반면에 본성이 악한 것이 사실이라면, 국가는 공권력이나 교육제도를 통해서 인간을 선하게 훈육할 수 있는 정당성을 확보하게 된다. 순자의 성악설로부터 그의 제자 한비자가 법가사상을 도출했던 것도 이런 점에서 볼 때 결코 우연이 아니었다(강신주, 2014: 543).

도덕적 인간상 : 군자

군자의 개념

유가(儒家)는 사람을 사회적인 사람, 도덕적인 사람으로 귀결시켰고, 인성을 도덕성으로 귀결시켰다. 그래서 도덕의식의 자각을 통해 사람과 사람 사이의 상호 관계를 고양하고 사람들 사이의 형성된 윤리 원칙을 세우고자 하였다.

『논어(論語)』에는 '군자(君子)'라는 말이 가장 많이 출현한다. 공자는 인격의 수양에서 우선 '군자(君子)'가 되는 것을 목표로 삼았다. 공자는 지(智), 인(仁), 용(勇)이라는 세 가지 덕을 갖추어야 이상적인 군자라고 하였다. "지혜(知慧), 인자(仁慈), 용기(勇氣)는 천하에 통용되는 덕성이다. 학문 연구를 좋아하는 것은 지혜에 가깝고, 노력히여 선을 행히는 것은 인지(仁慈)에 가깝고, 수치를 아는 것은 용기에 가깝다. 이 세 가지를 아는 것은 바로 자기를 수양하는 길을 아는 것이요. 곧 남을 어떻게 다스리는가를 아는 것이다. 군자는 자기 자신을 수양하고서 천하를 평화롭게 한다."고 하였다. 군자는 천명(天命)인 도덕적 명령에 따른다. 군자는 그 천명인 도덕적 품성을 따르는 자이다(陳立夫, 정인재 역, 1988: 165-178).

군자는 원래 젊은 귀인, 귀공자, 양가의 자제 등의 의미를 지녔다. 시경(詩經)과 서경(書經)에 나오는 군자는 대개 사회적 지위를 가리키는 것이었다. 군자란 사나이 중의 으뜸이라는 뜻으로 군주의 친척이나 세습귀족을 의미했으며, 정치에 참여하고 있는 특정한 사회적 신분의 남자들에 대한 통칭이었다. 그런데 공자가 살았던 춘추시대에 이르러 이러한 군자의 의미는 학덕을 겸비한 이성적인 위정자이자 도덕적 인격자의 모습으로 변화하게 되었다. 즉, 군자라는 용어를 사회적 지위와 관계없이 품성(品性)을 가리키는 것으로 사용되었다(김용락, 2004: 17).

군자란 '인의(仁義)의 도를 자각하고 실현할 수 있는 사람'으로서 기회가 되면 세상에 나아가 자신의 덕(德)을 베풀고, 그렇지 못한 상황에서는 자신의 도덕적 본성을 보존하기 위해 끊임없이 수양하는 도덕적 인간의 개념으로 볼 수 있다. 이러한 개념의 군자상은 현실에서 인자(仁者), 현자(賢者), 대인(大人), 지자(智者) 등으로 드러난다(이준경, 2008: 130).

도덕적 인간상으로서의 군자

유가에서는 최고의 인간상으로 흔히 성인(聖人)을 제시한다. 그런데 공자는 인격완성의 최고 경지에 이른 사람을 성인이라 하고, 비록 성인에는 못 미치지만 도덕적 인격자를 군자(君子)라고 하였다. 군자는 학행과 덕행이 고루 겸비된 사람을 말한다. 즉 학문적으로는 사람으로서 마땅히 가야할 길을 찾는 사람이요. 도덕적으로는 원만한 인격을 이룬 사람이요. 사회 신분으로는 치자계급에 속하며, 개인적으로는 수기치인(修己治人)의 사람이다. 따라서 군자란 사회생활을 하는데 있어서 자기의 입장보다는 남의 입장을 먼저 고려할 줄 알고, 자기의 심성 계발과 인격도야에 부단히 노력하고, 인덕(仁德)을 갖추고 도(道)를 품어 행하여 사회에 기여하는 자세를 지닌 사람을 말한다. 공자는 성인은 이미 빼어난 자질과 능력을 타고나야 될 수 있기 때문에 모든 사람들에게 기대할 수는 없다. 그러나 군자는 노력하면 누구나 될 수 있다고 하였다. 따라서 군자야말로 공자가 꿈꾸었던 가장 이상적인 도덕적 인간상의 모습이었다(조현규, 2006: 47).

군자는 인(仁)을 바탕으로 예(禮)를 실천하는 사람이다. 또한 군자는 천명(天命)을 알고 인의(仁義)를 구현하는 인간이다. 공자가 그렸던 이상적인 도덕인인 군자의 모습은 중용의 덕을 체득하고 실천하는 사람이다. 중용의 덕은 바로 인의 덕인데, 이러한 인의 덕을 떠나서는 군자란 있을 수 없다. 즉 군자의 길은 인을 체득하는 길인 것이다. 왜냐하면 인의 덕을 체득한 사람은 인의 덕 그 자체에 평안하고, 인의 덕을 이로움으로 삼기 때문이다. 공자는 "군자는 도덕의 세계를 늘 잊지 않고 생각하며, 은혜 베푸는 것을 좋아한다."라고 하였다. 군자는 증자(曾子)가 하루 3번이나 반성한 것처럼 자기반성과 자기 성실로써 부단히 노력하지 않으면 안 된다(조현규, 2006: 49). 군자가 추구하는 인(仁)의 진정한 실현, 즉 인격의 완성은 일생에 걸쳐 꾸준히 노력해야 하는 어려운 과정이다.

공자는 실천적 의미에서 군자가 되기 위해서는 일생에 걸친 수양과 학문과 배움의 노력을 중시했으며, 그 방법과 과정에 있어서 도덕성의 자각이 선행되어 뜻을 세우고 일생을 걸쳐 꾸준히 노력함을 중요하게 여겼다는 점에서 그 특징이 있다(이준경, 2008: 119).

2. 인성 교육으로서 효와 예

가정생활의 근본이 되는 효(孝)

동양적 인성교육의 대표적인 형태로는 효와 예의 교육이 있다. 이 효와 예는 오랜 역사만큼이나 중국과 우리 민족에게 매우 중요한 가치관이었다. 유가의 도덕으로서 효와 예를 인성교육 측면에서 살펴본다(임병덕 외, 1998: 130-151).

우리나라 조선 시대에는 효가 유교적 통치 이념의 하나였다. 유교의 사상적 뿌리는 공자(孔子 B.C. 551~479)이다. 바로 효는 공자 사상의 핵심 개념인 인(仁)의 근본이 된다. 효를 행하는 궁극적인 목적은 인(仁)으로 대표되는 덕을 갖추는데 있다

유가 사상에서는 효(孝)가 인륜의 근본이다. 효경(孝經)에 의하면 "무릇 효(孝)는 덕(德)의 근본이고 교(敎)는 효(孝)에서 비롯된다."고 하였다. 즉 효도는 덕의 근본이며 모든 가르침이 여기에서 시작된다는 뜻이다. 또한 "자신의 부모를 사랑하지 않고 다른 사람을 사랑하는 것은 패덕(悖德)이고 자신의 부모를 공경하지 않고 다른 사람을 공경하는 것은 패례(悖禮)이다."고 하여 효 없이는 덕이나 예가 있을 수 없음을 강조한다. 효(孝)에는 사랑의 요소뿐만 아니라 경(敬)의 요소도 포함되어 있으며 부모에 대한 공경은 곧 사회에 대한 공경을 함의한다(유한구, 1996: 27).

공자는 논어 학이편(論語 學而篇)에서 "효(孝)와 공손함(孝悌)은

인(仁)을 행하는 근본이다."라고 강조하였다. 공자는 "젊은이들은 집에 들어오면 효도하고, 나가면 공손하고, 삼가하여 미덥게 하고, 모든 이들을 사랑하고, 어진 이와 가까이 할 것이니, 행하고 남은 힘이 있으면 글을 배우는 것이다."라고 가르쳤다. 즉 학업보다도 효가 더 우선한다는 것이다. 현대적인 의미로 이해하면 학업은 효도나 공손함 등의 인간다움이 그 바탕이 되어야 함을 강조한 것으로 볼 수 있다.

효의 본질과 구성 요건

효(孝)라는 글자는 『설문해자(說文解字)』에 의하면 자식이 부모를 받들고 있는 모습으로 자녀가 부모를 잘 모시는 것을 의미한다. 즉 효의 근본정신은 내 생명의 연원인 부모를 존경하고 사랑하며 충심으로 봉양하는 것이다. 육신의 생명을 주시고 도덕적 인간으로 정립시켜주신 부모님께 지극히 공경함을 그 근간으로 하니, 효는 하늘의 도리이며 사람됨의 근본이다.

우리가 부모에게 효도해야 하는 이유는 부모의 우리에 대한 사랑, 보살핌, 걱정 등이다. 즉 부모가 우리에게 지극한 관심을 가져 주시기 때문이다. 이와 같이 부모의 사랑과 관심이 효의 근거가 된다는 점은 어버이를 뜻하는 '친(親)'이나 효도를 뜻하는 '효(孝)'의 문자 구조를 통해서 알 수 있다. '親'은 '나무(木) 위에 올라서서(立) (자식이 오는지를) 지켜보고(見) 있는 이'의 뜻으로 풀이될 수 있다. 또한 나무가 포개져 나온 것 같이 많은 자식들을 보살핀다는 뜻을 나타내기도 한다. 그리고 '孝'는 '자식(子)이 어른(老)을 받든다.'는 의미이다. 즉 자식이 부모를 업고 있는 모양을 나타낸 것이다. 그러므로 효는 부모가 우리에게 쏟은 관심에 대한 자식으로서의 보답인 것이다. 결국 우리에게 사랑, 걱정, 보살핌 등의 관심을 쏟는 부모에 대해 우리가 공경으로써 보답하는 것이 효도의 기본인 것이다.

효의 본질을 3가지로 다음과 같이 설명할 수 있다(추병완 외,

2000: 280-284).

첫째로 은혜에 감사하는 마음이다. 부모의 자식 사랑이 절대적이고 자연적인 것처럼 자녀의 부모 섬김도 역시 무조건적이고 생래적인 것이다. 다만 부모의 은혜를 알고 감사하는 마음이라는 것이지 반드시 부모의 은혜에 보답하라는 것은 아니다. 효의 참 뜻은 부모의 은혜에 대한 자녀의 보답이 아니라 자녀가 부모의 은혜에 감사하는 마음 그 자체이다. 즉 효는 감은(感恩)에 있다. 감은이란 은혜를 느끼고 고맙게 여기는 것이다. 자녀된 자로서 부모의 은혜에 감사하는 것은 본연의 인간성의 발로이며 인륜의 바탕인 것이다. 시경(詩經)에는 "아버님은 날 낳으시고 어머님은 날 기르셨네, 내 그 은혜를 갚고자 하면 저 하늘과 같이 끝이 없네."라고 하였다. 사람이 항상 이러한 마음을 갖고 있다면 부모에게 향하는 정성이 있을 것이다. 결국 부모 사랑의 대가로 주어지는 것이 효가 아니라 다만 자녀가 부모의 은혜에 대해 감사하는 마음 그 자체에 본질이 있다.

둘째로 효는 가정의 화합뿐만 아니라 사회의 화합과 통합을 이루어낼 수 있다. 사회를 바르게 이끌기 위해서는 먼저 자녀들이 부모를 따르고 섬기는 것부터 시작해야 하는 것이다. 자녀들이 효순(孝順)하면 부모는 편안하고 즐거울 수 있고, 가정에 화기(和氣)가 가득 차게 될 것이다. 가정을 단위로 한 사회의 분위기가 온화해 지면 사회 전체도 화합의 분위기가 될 것이다. 효는 자신의 부모에 대한 효도에만 그치는 것이 아니다. 나의 부모에 대한 효성스러운 마음이 남의 부모에게 미치고, 나아가 모든 어른에게 확대되는 것이다. 이렇게 사랑하고 공경하는 마음을 제 부모에게 다하고 보면, 결국은 다른 모든 사람에게까지 미쳐서 사랑과 화합의 정신으로 발전하게 될 것이다.

셋째로 효는 인격 형성의 근본이 되는 것이다. 효는 부모를 봉양하며 사회에 봉사하는 두 가지 측면으로 이루어져 있다. 즉 효는 가정 윤리뿐만 아니라 사회 윤리의 근간이 되는 것이다. 효는 곧 인간이 인격을 형성하는 근본인 것이다. 그래서 공자는 "무릇 효는 덕의 근본이며 모든 가르침이 여기에서 시작되는 것이다. 몸을 바로 세워 도(道)를 행하고 후세에 이름을 날려 부모를 빛나게 하는 것이 효의 마침이다."고 하였다.

　유학에서는 효는 하늘로부터 부여받은 천성(天性)이라는 것과 효가 모든 덕의 근본이 된다는 이 두 가지를 효를 해야만 하는 근거로 제시한다. '효가 천성이다'하는 것은 하늘이 부여해준 의무로서 효를 행하지 않고서는 하늘의 뜻에 맞는 올바른 인간이 될 수 없다는 뜻을 담고 있다. 즉 효는 천성이므로 사람이라면 누구나 그 실천을 의무로 삼아야 한다는 것이다. 공자의 제자이면서 효행이 지극했다는 증자는 '덕행은 모두 효로부터 나오는 것'이라고 하였는데, 이것은 효가 모든 덕의 근본임을 강조하는 것이다. 효가 모든 덕의 근본이라는 공자의 입장은 효의 의미를 덕과의 관련 속에서 이해함을 시사하고 있다. 효는 바로 타인에 대한 사랑이나 공경의 학습을 가능하게 하는 필수적 조건이다. 효의 뒷받침이 없는 예와 덕은 곧 체득된 예와 덕이 아니다.

　유교의 문헌적 자료인 논어(論語)에 나타난 공자의 언술을 참고하여 보면, 효의 구성 요건은 세 가지로 요약될 수 있다(황경식, 1998: 39).

　첫 번째 요건은 불위(不違) 즉 어김이 없고 이치에 어긋나지 않아야 한다는 것이다. 공자는 이를 부모에 대한 공손한 태도를 간직하는 것이라고 설명한다. 부모에게 공손 하라는 것은 부모가 바라는 것이면 무엇이든 맹목적으로 따르라는 것이 아니며, 부모가 도덕적 과오를 범하지 않게끔 최선을 다하는 일이라 할 수 있다.

　두 번째 요건은 능양(能養) 즉 봉양할 능력이 있어야 한다는 것이다. 공자는 우리가 물질적으로 봉양하면서두 부모를 존경하지 않으면 소나 개를 기르는 일과 다를 바가 없다고 하였다. 부모에 대한 봉양이 존경과 더불어 이루어질 때 비로소 효도의 의미가 있다.

세 번째 요건은 존경(尊敬) 즉 마음으로 공경한다는 것이다. 부모에게는 자녀들로부터 정신적 위안과 따뜻한 가슴, 친밀한 의사소통과 보살핌 등 이런 정신적 봉양이 더없이 중요해진다. 결국 효도는 공손과 봉양, 존경의 세 가지 요건을 갖추어야 성립할 수가 있는 것이다.

효의 실천

효경(孝經)의 첫 부분에는 "사람의 몸과 머리카락과 피부는 모두 부모에게서 받은 것이라 감히 이것을 함부로 상하게 하지 않는 것이야말로 효도의 시작이며, 몸을 세워 도를 행하고 후세에 이름을 날려 부모를 빛나게 하는 것은 효도의 마침이니라. 대체로 효도란 부모를 섬기는 데에서 시작하여 다음으로 임금을 섬기고 끝으로는 제 몸을 세워야 되는 것이다."라고 하였다. 여기서 '신체발부는 부모로부터 받은 것이니 그것을 훼상하는 일이 없도록 하는 것'은 온 몸에서 부모를 느끼고 받드는 것 이상으로 부모와의 정서적 유대와 공감대가 형성됨을 의미한다. 신체발부를 훼상하지 않는 것은 효의 출발점일 뿐만 아니라 효의 종착점이기도 하다. 온 몸으로 부모를 섬긴다는 것은, 공자의 말대로 "부모 섬기기를 하늘을 섬기듯 하고 하늘 섬기기를 부모 섬기듯 한다."는 뜻이다. 효자의 부모 섬김이 부모의 몸에 구현되어 있는 하늘의 도(道)에 그 초점이 있다는 점을 가리키고 있다.

부모가 자식을 양육할 때, 자식에게 부모에 대한 사랑과 공경을 가르쳐야 한다. 부모에 대한 사랑과 공경이 바로 효의 핵심이며 이것이 덕의 획득을 가능하게 한다. 이런 점에서 효는 부모를 위한 것이라는 것과 그것을 실천하는 당사자, 곧 자식을 위한 것이라는 두 가지 점에서 효의 올바른 의미가 파악될 수 있다. 효경에 의하면 "부모를 사랑하는 사람은 결코 다른 사람으로부터 미움을 받지 않으며, 부모를 공경하는 사람은 결코 다른 사람으로부터 업신여김을 당하지 않는다."고 하였다. 이처럼 자식이 부모를 섬김에 사랑과 공경을 다함으로써 그 자신이 스스로 덕을 갖춘 존재가 되는 것이다. 그러므로 자식에게 부모 섬김의 도리를 가르치는 것은 자신의 안락을 얻기 위해서 하는 것이 아니라 자식이 보다 나은 인간됨을 실현할 수 있도록 해야 할 부모의 교육적 의무인 것이다(유한구, 1996: 31).

우리 조상들의 일상생활 속에서 효의 정신이 어떻게 나타나고 있는가를 살펴보면 다음과 같다(한국교육개발원, 1990: 87)

① 부모에게서 받은 육신을 깨끗하고 온전하게 하는 것.
② 부모를 봉양하고 부모의 뜻을 살려 기쁘게 하는 것.
③ 얼굴 표정을 항상 부드럽게 하여 부모가 편안한 마음을 지니게 해 드리는 것.
④ 훌륭한 인격을 갖추어 후세에 이름을 남김으로써 부모를 영광되게 하는 것.
⑤ 젊은 사람들이 노인을 존대하고 보살피는 것.

효는 인간 생활의 근본이다. 부모에게 효도하는 사람은 인(仁), 의(義), 예(禮), 지(智), 신(信)을 모두 지키는 자이다. 효(孝)하는 자가 어질지 않은 자가 없으며, 효(孝)하는 자가 의를 지키지 않은 자가 없으며, 효(孝)하는 자가 백성을 다스리면 사랑으로 다스린다. 효를 실천하면 가정이 화목하고 평화롭다. 효(孝)는 형제간에 사랑을 이루고, 가정과 친족에게도 화목을 이룬다. 그러므로 효(孝)는 백행(百行)의 근본이 된다(리옥규, 1999: 27).

효는 모든 착한 일의 근본이기 때문에 효도에 의해 인격이 형성된 사람이라면 사회에 나아가서도 효제(孝悌)의 정신에 따라 행동하기 때문에 남의 지탄을 받는 일을 하지 않을 것이다. 공자는 불효보다 큰 죄는 없다고 하였으며, 온갖 죄악은 불효에서 생겨나는 것이라고 하였다. 불효하는 자는 인륜을 파괴하는 자로서 인격이 형성되지 못한 인간인 것이다. 따라서 한 사람의 인격을 평가하는 기준은 부모에 대한 자녀의 효성의 정도가 될 것이다(추병완 외, 2000: 280-285).

효를 가정 및 사회생활에서 구현하려면 다음과 같은 생활을 실천해야 할 것이다(김재만, 1977: 135-140).

첫째, 가정과 이웃 및 사회생활에서 은혜와 감사의 마음을 갖고 살아가는 것이다. 우리 주위의 모든 것, 즉 나라와 민족에 대한 감사하는 마음, 나의 이웃에 대한 감사하는 마음, 부모님의 사랑에 대한 감사하는 마음, 나에게 주어지는 모든 기회에 대한 은혜와 감사하는 마음을 갖는 것이 효의 정신을 구현하는 길이다.

둘째, 일상생활에서 봉사하고 헌신하는 자세로 살아가는 것이다. 본래 효(孝)라는 글자가 늙은 부모를 떠받치고 있는 형상으로 만들어진 글자이다. 자식이 부모에게 봉사하고 헌신하는 것은 은혜에 대한 하나의 보답 형식이다. 옛말에 자식이 부모의 은공에 대하여 백분지 일만 알아도 효자가 된다고 했다. 어버이의 마음은 봉사와 헌신의 마음이다. 자식은 이러한 어버이의 마음을 깨달아 이를 본받는데 그 의의가 있으므로, 부모에 대한 봉사와 헌신을 가족과 이웃, 사회와 국가로 확대하는 것이 효의 정신을 구현하는 길인 것이다.

셋째, 효를 삶의 형식으로 받아들이려면 경애와 배려를 일상생활에서 실천하는 것이다. 단순히 부모를 공양하는 것만으로 효도를 말할 수 없는 것이다. 진수성찬과 금은보화로 부모를 모셨다 하더라도 거기에 공경심이 따르지 않으면 효도가 될 수 없다. 맥반소찬(麥飯素饌)이라도 거기에 지극한 공경과 배려가 있다면 진정한 효도가 있는 것이다. 부모님에 대한 경애와 배려의 자세는 가정과 이웃 및 사회에서도 그대로 실천되어 우리들의 삶을 즐겁고 보람 있게 유지시켜 준다.

결 언

　명심보감(明心寶鑑)에는 "자식이 효도하면 어버이는 즐겁고, 집안이 화목하면 모든 일이 이루어진다." 소학(小學)에는 "부모를 사랑하는 사람은 남에게 미움을 받지 아니한다."라고 하였다. 조선시대에 우리 조상들이 공부한 명심보감과 소학에는 충과 효와 예에 관한 내용이 많이 들어 있다. 그리고 우리의 고전에는 효와 관련된 수많은 설화와 문학이 있으며, 어느 고장에 가더라도 효에 관한 이야기와 효를 행한 인물의 효자비와 효자각이 있다. 이처럼 유가적 전통사회의 효사상은 매우 중요한 인성교육 내용으로서 우리 민족의 내면세계에 깊숙이 자리 잡고 있는 가치관이었다.

　개인주의적이고 효 의식이 희박한 서구 문명의 눈에는 동아시아의 효 사상이 매우 매혹적이고 인상적으로 비쳤다. 영국의 역사학자 아널드 조셉 토인비(Arnold Joseph Toynbee)는 "부모를 공경하는 효 사상이야말로 장차 한국 문화가 인류사회에 기여하게 될 핵심이다."라고 지적하면서 죽을 때 가져가고 싶은 것이 있다면 "효의 정신이 흐르는 한국의 가족제도를 가져가고 싶다."고 하였다. 미국 하버드대학교 교수 대니얼 벤(Daniel K. Gardner)도 "세계의 가족제도 중 가장 건전한 가족제도는 효가 존재하는 한국의 가족제도이다."라고 말했다(KBS인사이트아시아 유교 제작팀, 2007: 33). 그러나 서양인들까지 부러워하던 우리의 효사상과 효의 실천이 점차 사라지고 있는 지금의 현실은 참으로 안타까운 일이 아닐 수 없다.

　효는 인간이 마땅히 행해야 할 도리로서 현대사회에서도 여전히 유효한 가치이다. 사회가 변화함에 따라 효의 방법과 형식은 바뀔지라도 효의 근본정신과 중요성은 바뀌지 않는다. 아무리 시대와 사회가 변하여도 부모는 자녀를 사랑으로 대하고 자녀는 효로서 부모를 섬겨야 한다는 효의 정신을 우리 사회에서 실천해야 할 것이다.

사회생활의 근본이 되는 예

예의 기원과 의미

'예(禮)'라는 말의 기원적 의미를 설문해자에 의하여 살펴보면, "예는 이행하는 것이다. 신을 섬겨서 복을 받는 것으로, 시(示)와 풍(豊)으로 구성된다."(禮 履也 所以事神致福也 從示從豊)라고 하였다. '예(禮)'는 '시'(示)와 '풍'(豊)이 결합하여 만들어진 글자로, '시'는 하늘에서 해와 달과 별의 빛이 아래로 내려 비친다는 의미, 즉 은혜가 하늘에서 땅으로 베풀어진다는 의미를 담고 있다. '풍'은 물건이나 음식을 담아 놓은 그릇으로 풀이된다. 이는 곧 음식을 정성스럽게 차려놓고 예(禮)를 행하기 위하여 제사를 지낸다는 의미로 해석된다. 이것은 제정일치(祭政一致)의 고대사회에서 통치자가 제물을 차려놓고 경건하게 제사를 지내면 하늘이 감동하여 지상에 은혜를 베풀어 준다는 것을 의미한다(도성달 외, 2001: 188-189). 예의 기원을 통해서 본다면, 예란 신을 존중하듯 인간에게도 그렇게 하라는 뜻이 내포되어 있는 것으로 해석된다.

예(禮)는 공자 이전에는 다만 '거룩한 예식', '신성한 의식'이라는 그저 일상적인 의미였지만, 공자 이후에 유가사상 안에서 생활 자체, 행위 자체의 세세하고 현실적인 규정으로서의 윤리적인 의미가 부가되면서 점차 인간의 행동 변화를 목적으로 하는 규범을 가리키게 되었다(윤천근, 1992: 14).

본래 예란 천지질서(天地秩序)이며, 인간이 마땅히 실천해야 할 당위의 법칙이다. 따라서 예는 우주의 질서에 뿌리하고 있을 뿐만 아니라 인간이 주체적으로 구현해야 할 행위의 질서에 근거하는 것이다. 여기서 전자는 자연의 질서로 이해되며, 후자는 인간의 모든 예절을 포함하고 있는 것으로 이해된다(김길환, 1984: 36). 그러므로 예(禮)의 실천이 하늘의 명령에 의하여 모든 사람에게 인간적 의무로 주어져 있다.

예(禮) 의미를 살펴본다면, 『예기(禮記)』 〈곡례 상(曲禮 上)〉편에서 "예는 절도를 넘지 않으며, 남을 업신여겨 침범하지 않으며, 버릇없이 남을 가까이 하지 않는 것이다."고 했다. 이 말의 뜻을 현대적으로 해석한다면, 예란 한마디로 배려 정신이고 자신을 겸손히 하는 것이다. 자기를 내세우지 않으면서 남을 존중할 줄 아는 자세와 태도가 예라는 것이다(김덕균, 2011: 80-81).

도덕규범으로서의 예

공자에게 있어 예(禮)는 일상생활에서 기본적으로 실천해야 하는 도덕적 행동으로서 인간이라면 누구나 따라야 하는 것이다. 그것은 자신이 처한 상황과 관계에 따라 인간이 준수해야 하는 행위의 규칙을 가리킨다. 예는 인간의 행동을 규제하는 강력한 외적 장치가 될 수 있지만, 나와 타인의 인간관계를 부드럽게 하고, 선한 행동을 하도록 이끄는 기능을 하기도 한다.

공자는 "예법을 모르면 몸 둘 곳이 없느니라." 또는 "예를 모르면 남 앞에 나설 길이 없다."고 하여 예를 중시하였다. 결국 공자가 가르친 도덕은 예의 도덕적 원칙을 논한 것이며 예의 실천 교육을 중시한 것이다. 공자가 '예를 행한다.'고 할 때의 예는 도(道)의 뜻을 의미한다. 움직임의 뜻인 '지(之)'와 머리를 뜻하는 '수(首)'로서의 도(道)는 인간이 마땅히 나아가야 할 방향이다. 예를 가르침은 사회 규범의 준수와 도덕 생활의 실천을 의미한다. 예는 인륜의 빛나고 굳게 지키는 지조이며 내외 질서의 법도이며, 문화생활에 있어서의 인간과 인간 사이의 약속이다. 예를 모르면 인간의 도덕적 의식은 완전하고 견고하지 못하다는 것이다. 이러한 예는 실제 행동에 대한 준거로서 남음과 모자람을 방지하고 사회에 유익한 중도(中道)의 길로 행동을 이끌어 준다. 지나치게 공손한 것은 예가 아니며 그것은 비굴이다. 예는 절도를 넘지 말아야 한다. 그리하여 공자는 "공손하되 예절을 모르면 지치고, 조심하되 예절을 모르면 얼떨떨하고, 용감하되 예절을 모르면 거칠고, 꼿꼿하되 예절을 모르면 퉁명스럽다."고 하여 사람의 행동은 예(禮)로써 조절되어야 함을 강조하고 있다(이을호 역주, 1974: 83). 그리고 이 모든 것들이 예로써 조절하지 못하면 덕의 행세를 못하고 오히려 허영, 비겁, 난폭, 가혹 등의 악덕이 될 우려가 있다고 하였다. 이처럼 예는 남음과 모자람이 없는 중화(中和)로서 극단을 억제 조절하는 행위의 준칙이 된다. 예는 중용(中庸)의 예로 표현된다(정홍기, 1997: 91-93).

예는 모든 덕을 절도 있게 조절하는 기능을 한다. 공자는 예를 행함에 앞서 자신의 사사로운 욕망을 제거할 것을 주장한다. 예는 그것의 실행자인 인간이 진실한 마음을 가지고 있지 않을 때에는 형식적인 허례가 되고 만다. 선한 의도를 가지고 행한 행위만이 선한 결과를 이룰 수 있다. 예의 본질로서 도덕적 본성인 인(仁)에 근거하지 않은 행위로서의 예는 아무리 보기 좋은 것이라도 무의미한 것일 뿐이라는 것이다. 그러므로 인(仁)은 인간의 본성이고 예의 목적이고 행위에 대한 평가의 기준이 되는 것이다(정홍기, 1997: 74).

공자는 진정한 예는 반드시 그 내면에 인(仁)을 바탕으로 해야 하며 자기의 의지대로 예를 실천한다면 군자가 될 수 있다고 하였다. 그러므로 예는 인(仁)의 구체적 표현이라고 할 수 있다. 예를 가르치는 것은 인의 실현에 있음을 알 수 있다. 인(仁)의 표현으로서의 예(禮)는 인간다운 삶의 길로 인도해주는 삶의 방식이다. 인간다운 삶이란 궁극적으로 천도(天道)에 합일(合一)하는 삶이라고 볼 때 예(禮)는 바로 천도와 떨어질 수 없는 인간을 그것으로 연결시켜 주는 장치인 것이다 그래서 공자(孔子)는 하늘의 도(道)는 자연에도 있고 인성(人性)에도 있는데 사람들이 이러한 하늘의 도를 알고 따를 수 있게 하기 위하여 예(禮)를 만들었다는 것이다. 다시 말하면 예(禮)

는 곧 하늘의 뜻이다. 예(禮)를 안다는 것은 우주의 이치를 이해하는 것이 되며, 예(禮)를 지킨다는 것은 자기가 이해한 우주의 이치와 질서를 몸으로 드러내는 것이 된다(김효선, 1996: 110). 인간이 예(禮)를 알고 이를 지켜 삶속에 구현할 때, 인간은 하늘의 뜻을 자신의 삶의 모습으로 드러내어 인간다운 삶을 살 수 있는 것이다(김용락, 2004: 31).

예(禮)를 사회생활에서 구현하려면, 첫째, 얼굴과 몸을 바르게 하고 낯빛을 온화하게 하는 것이다. 얼굴은 마음의 표상이다. 절제된 마음이 얼굴에 드러날 때에 예의 실천이 시작되는 것이다. 자신을 억제하고 극복하지 않고서는 진정한 예를 이룰 수 없다. 공자가 "사욕을 억누르고 예법대로 실천하면 사람 구실을 할 수 있으니, 하루만 사욕을 억누르고 예법을 실천하더라도 천하 사람들이 모두 사람 구실을 하게 될 것이다."라고 한 것은 예의 성취를 위한 극기(克己)의 중요성을 말한 것이다. 또한 공자는 "글을 널리 배우고 예로 단속한다면 가히 도에 어긋나지 않을 것이다."라고 하였다. 예는 자신을 극복하게 해줌으로써 사람들로 하여금 제 길로 들어서게 해 주는 역할을 한다. 둘째, 예(禮)로서 타인을 존중하는 마음을 가져야 한다. 예의 어원은 신(神)에 대한 경건함으로부터 유래된다. 예를 실천한다는 것은 곧 경건하게 제사를 지낸다는 뜻이었으나, 예가 차츰 인간관계에 적용하는 삶의 기준으로 나타난 것이다. 예가 모든 덕의 출발점이자 관문이 되는 이유는 예(禮)에는 타인을 존중하는 마음이 들어 있기 때문이다. 삶의 형식으로서의 예(禮)가 상대방을 공경하는 마음으로 나타날 때에야 비로소 완성된 모습으로 예가 구현되는 것이다(김태훈, 1999: 62-65).

삶의 형식으로서의 예

유가에 있어서 예는 인간다움의 가장 으뜸가는 징표로 간주된다.

"예를 잃는 것은 죽는 것이며 예를 얻는 것은 곧 사는 것이다."라는 공자의 말은 예의 유무가 존엄한 인간의 경지와 야만적인 동물의 상태를 구별 짓는 기준이 된다는 것을 뜻한다. 예기(禮記)에서 예는 인간다운 삶의 필수적 조건으로 강조되어 있다(임병덕 외, 1998: 145).

공자는 "예법대로가 아니면 보지 말고, 예법대로가 아니면 듣지 말고, 예법대로가 아니면 말하지 말고, 예법대로가 아니면 아무 것도 하지 말라."고 가르쳤다(이을호 역주, 1974: 126). 공자의 이 말은 예가 인간 행위의 표준이 되어야 한다는 뜻이다. 이와 같은 예(禮)의 의의는 인간 존재가 동물의 상태로 전락하는 것을 방지한다는 소극적인 차원에 머무르지 않는다. 인간 사회는 예의 실천을 기반으로 하여 성립하며 예의 실천을 목적으로 하여 존속하는 공동체라고 말할 수 있다.

유가적 전통에서 예(禮)는 인간의 삶의 기준이 되는 것이다. "이제 사람이 되어 예가 없다면 비록 말을 할 수 있어도 마음은 금수와 다르지 않다."는 것은 인간이 되기 위해서 예를 따라야 한다는 것을 제시하는 것이다. 인간의 삶의 기준이 되는 예를 따라 산다는 것은 '다른 사람'의 존재를 의식한다는 뜻이 된다. 다른 사람의 존재를 의식한다는 것은 인간이 상호간의 관계를 맺는다는 뜻으로 예가 있어야 할 필요성을 말해 주는 것이다(박재문, 1996: 89).

예와 삶의 형식은 상대방과의 관련 속에서 올바르게 이해될 수 있다. 예는 사람들의 관심과 욕구를 규제하는 원리로서 그 공동체의 기반을 이룬다는 점에서 비트겐슈타인이 말하는 '삶의 형식'과 동일한 의미를 가진다. 예가 있다는 것은 다른 인격적 존재들과 공유하는 '삶의 형식'안에 이미 들어와 있다는 것을 의미한다. 예는 인간을 인간답게 만드는 형식으로서 현실의 삶을 떠받쳐주고 있는 인간 존재의 궁극적 근거이다(임병덕, 1996: 133).

한 사람이 언어로 다른 사람들과 의사소통을 하고 있다면 그는 이미 다른 사람들과 '삶의 형식'을 공유하고 있는 것이며 그것을 기반으로 하는 '진정한 삶의 공동체'에 다소간 입문해 있는 셈이다. 그 공동체는 또한 '사람들이 서로서로 관심과 욕구를 공유하는 공동체'이기도 하다. 인간 사회는 예의 실천을 기반으로 하여 성립하며 예의 실천을 목적으로 하여 존속하는 공동체라고 말할 수 있다(임병덕, 1998: 147).

예는 개인이 심사숙고한 결과 그 정당성이 확인되면 따르고 그렇지 않으면 따르지 않아도 되는 그런 것이 아니다. 예는 인간이면 누구나 받아들여야 할 불변의 기준, 즉 개인의 선택 이전에 '주어진 것'으로서의 '삶의 형식'이다. 예의 정당성 여부는 개인의 이성이 내리는 판단에 의존하지 않는다. 오히려 개인의 이성이 내리는 판단의 정당성 여부가 예에 부합하느냐에 달려 있다고 보아야 한다. 예는 개인의 이성이 적용되는 대상이 아니라 개인이 따라야 할 기준이다(임병덕, 1996: 139).

결 언

유학에서는 사람이 마땅히 지켜 행해야 할 도리를 지키지 않게 되면 사람으로 인정받기 어렵다. 예의 실천 여부는 인간을 평가하는 가장 중요한 기준이 되는 것이다. 그런데 예는 안으로는 도덕적 자각을 통한 덕성 함양을 그 내용으로 하면서 밖으로는 신분사회를 정당화한 규범체계라는 양면성을 갖고 있다. 도덕적 자각 내지 덕성 함양을 내용으로 하는 예는 유학을 수용한 사회에서 도덕적인 질서를 보편화하는 역할을 담당하기도 하였으나 한편으로는 신분질서를 교착시킴으로써 내용보다 형식에 치우쳐 오히려 인간성의 원활한 구현을 저해했다고 비판받기도 한다(윤사순, 1992: 74).

예를 경시하는 현재의 사회 풍조는 다음 세대의 교육에 바람직하지 못한 영향을 미칠 수 있다. 예의 경시는 결국 사욕(私慾)과 관련이 있다. '사욕을 이기고 예로 돌아가는 것'은 삶의 형식이 요구하는 바이며, 또한 천도(天道)가 요구하는 바이기도 하다(임병덕, 1996: 138).

동양적 인성 교육은 지행합일의 실천 성향을 갖고 있다. 그것은 곧 삶의 형식으로서 효와 예에 의해 구체화된다. 유가적 인성교육은 첫째, 인간의 본성을 신뢰하였다는 점이다. 둘째, 각 개인들이 도덕성을 기반으로 바람직한 사회인이 될 것을 기대하였다. 셋째, 생명을 존중하고 자연과의 조화를 이룰 것을 추구하였다. 넷째, 일상생활 속에서 윤리사상의 가르침을 실천할 것을 중시한 점이 특징이다.

\<참고 문헌\>

강성률, 『동양철학사 산책』, 서울: 평단문화사, 2012.
강신주, 『철학vs철학』, 서울: 그린비, 2014.
김교빈, 『한국철학에세이』, 경기도: 동녘, 2014.
김덕균, 『통쾌한 동양학』, 경기: 글항아리, 2011.
김용락, "유학적 도덕교육론 연구." 한국교원대학교 대학원 석사학위논문 2004.
김재만, 『사랑과 교육관』(교육신서45), 서울: 배영사, 1977.
김태훈, 『덕 교육론』, 서울: 양서원, 1999.
김효선, "예기(禮記)의 교육학적 해석."『도덕교육연구』 제8집, 1996.
김길환, 『동양윤리사상』, 서울: 일지사, 1984.
도성달 외 3인, 『윤리학과 덕교육』, 경기: 한국정신문화연구원, 2001.
리옥규, 『윤리도덕 생활교본』, 서울: 계명사, 1999.
박재문, "예의 의미의 두 측면에 관한 연구.", 『도덕교육연구』, 제8집, 한국교육학회 도덕교육연구회, 1996.
박종덕, "도덕교육에서 습관의 위치 - 사단칠정론의 도덕교육적 해석.", 『도덕교육연구』,제6집제1호, 한국교육학회 도덕교육연구회, 1995.

백민정, 『강의실에 찾아온 유학자들』, 경기도: 사계절출판사, 2013.

세계사상사연구회, 이소담 옮김, 『간단명쾌한 동양사상』, 서울: 시그마북스, 2010.

유한구, "효의 의미 - 교육학적 해석.", 『도덕교육연구』 제8집, 한국교육학회 도덕교육연구회, 1996.

윤사순, 『한국유학사상론』, 서울: 열음사, 1992.

윤천근, "유학의 예." 『퇴계학 4』, 안동대, 1992.

임병덕, "삶의 형식으로서의 예.", 『도덕교육연구』, 제8집, 한국교육학회 도덕교육연구회, 1996.

임병덕 외, 『초등학교 도덕과 교육론』, 서울: 교육과학사, 1998.

이준경, "공맹사상에 나타난 군자상의 도덕교육적 의의." 한국교원대학교대학원, 석사학위논문, 2008.

이을호 역주, 『한글 논어』, 서울: 박영사, 1974.

정홍기, "공자의 도덕교육론 연구.", 한국교원대학교 대학원 박사학위논문, 1997.

조현규, 『동양윤리의 담론』, 서울: 새문사, 2006.

정해창, 곽신환, 『고등학교 철학』, 서울: 대한교과서주식회사, 1996.

추병완 외, 『윤리학과 도덕교육② 』, 서울: 인간사랑, 2000.

한국철학사상연구회, 『강좌 한국철학』, 서울: 예문서원, 2001.

한국교육개발원, 『고등학교 교사용 지도서: 국민윤리』, 교육부, 1990.

한기서, "이기론의 관점에서 본 율곡의 철학 연구", 한국교원대학교 대학원, 석사학위논문, 2011.

황경식, 충효사상의 현대적 의의." 한국학술진흥재단 인문학분야 Ⅴ-5 「한국유교의 자산과 그 현대적 변용」, 1998.

陳立夫, 정인재 역, 『중국철학의 인간학적 이해』, 서울: 민지사, 1986.

蔡仁厚, 천병돈 역, 『맹자의 철학』, 서울: 예문서원, 2006.

蔡仁厚, 천병돈 역, 『순자의 철학』, 서울: 예문서원, 2009.

KBS 인사이트아시아 유교 제작팀, 『유교 아시아의 힘』, 서울: ㈜위즈덤하우스, 2007.

제11장

인격교육과 배려윤리

1. 인격교육

서 론

한글학회 우리말 큰 사전에서 인격이라는 말은 '사람의 품격'을 뜻하는 것으로 '건강과 도덕과 지능의 삼자를 갖추어야 완전한 인격을 지닌 것'이 되며, 윤리적으로는 도덕행위의 주체, 심리학적으로는 지, 정, 의의 주체, 법률적으로는 권리·의무의 주체, 사회적으로는 공동생활의 주체, 곧 한 개인으로서 독립할 수 있는 자격을 말한다.

인격이라는 말은 영어로는 Personality 또는 Character라는 말로 번역할 수 있다. Personality는 개성 또는 성격이라는 의미가 강하고, Character는 성품 또는 인격이라는 뜻이 강하다. Personality란 환경에 대한 특성 있는 행동과 사고를 결정지어 주는 심리적 상황으로 개인의 역동적 조직이라고 할 수 있다. Character는 전통적으로 개인의 행위를 평가하는 행동의 규칙을 내포하고 있다. 따라서 우리 말로 인격을 나타내는 용어로는 영어의 Character가 알맞다고 본다. 교육학용어사전에 의하면 인격이란 개인의 지적, 정적, 의지적 특징들을 포괄하는 정신적 특성을 나타내는 말로서 흔히, 성격, 혹은 개성과 같은 뜻으로 사용되는 경우도 있으나 성격은 천성적 특징과 우연적으로 형성된 특징까지 포함하는 보다 넓은 범위의 말임에 비하여 인격은 개체의 '노력', 또는 '수양'에 의하여 형성된 특징에 한정하여 사용하는 말로 이해되고 있다. 그러므로 성격은 도덕적 평가의 대상이 되지 않으나 인격은 도덕적으로 평가를 받아 칭찬이나 비난의 대상이 될 수 있다. 즉, 인격은 '지, 정, 의'를 포괄하는 정신적 특징으로서 개체의 노력에 의하여 형성되는 것이고, 성격과는 달리 평가의 대상이 된다는 것이다.

인격교육은 '행위' 보다는 '행위자'를 문제 삼는다. 인격교육은 '이러 이러한 규칙을 따르라.'가 아니라 '정직한 사람, 성실한 사람이 되어라.'라고 요구한다. 규칙과 원리에 따른 행위에 관심을 갖는 것보다는 어떤 종류의 인간이 되어야 하는가? 또는 어떤 종류의 삶을 살아야 하는가? 에 관심을 갖는다. 인격교육은 개인을 넘어서서 공동체와의 조화를 모색한다. 협동과 상호 존중을 지향하며 공평함, 배려 등을 존중한다. 또한 인격교육론자들은 '도덕성'이라는 말을 잘 사용하지 않는다. 대신에 '덕'이라는 말을 즐겨 사용한다(김태훈, 2005: 579).

도덕 교육에서 인격교육이란 '훌륭한 인격'을 발달시키기 위한 의도적이고 행동지향적인 노력이라고 할 수 있다. 훌륭한 인격은 덕을 소유함으로써 가능하다. 그리고 모든 덕은 도덕적 지식, 도덕적 감정, 도덕적 행동이라는 세 부분을 가지고 있다. 이런 의미에서 인격교육은 머리·마음·손의 도덕성을 발달시키기 위한 노력이라고 말할 수 있다(Alex Molnar. 박병기 외 3인 공역, 1999: 90-91).

인격교육의 기본 가정을 보면, 첫째 인격은 품성으로서의 여러 가지 덕들로 구성되며 이 품성은 인지, 정의, 행동의 요소가 통합되어 있다. 둘째, 훌륭한 인격은 자동적으로 형성되지 않으며 교육과 모범, 실천의 장기간의 과정을 거쳐 형성된다. 일차적으로 가정에서 그 책임을 진다. 셋째, 학교 공동체가 좋은 인격을 발달시키는데 매우 중요하다. 예의가 있고 남을 배려하며 공부를 열심히 하는 분위기는 인격 형성에 중요하다. 넷째, 인격교육은 학교를 예의바르고 배려하는 공동체로 만드는데 도움을 주고 폭력 등의 부적절한 학생들의 행동을 감소시키며 학업의 성과를 증진시킨다(김태훈, 2005: 562).

인격교육의 이행을 위한 주요 원리를 보면, 첫째, 인격교육은 모든 교과의 한 부분이다. 둘째, 학교와 공동체는 학생 인격교육의 극히 중요한 협력자이다. 셋째, 긍정적인 학급환경은 인격교육을 지원한다. 협동적 학습 방법이 그 예이다. 넷째, 인격교육은 행동교육이다. 자원 봉사 및 이웃돕기 등이 그 예이다(정세구 외, 1996: 106).

이론적 배경

20세기에 들어와서 미국의 공교육 체제 안에 인격교육이라는 이름으로 도덕적 훈련과 동기 및 의지의 강화, 좋은 도덕습관을 형성하는 것을 중심으로 전개되었다. 도덕적 전통과 덕성의 계발에 중점을 두었던 인격교육 운동은 1940~50년대에 접어들면서 그 힘을 잃게 되었다. 여기에는 몇 가지 원인이 작용하였는데 무엇보다 큰 원인은 1920년대 말 발표된 하트숀(Hartshorne)과 메이(May)의 인격교육에 관한 연구 결과로 인한 것이었다.

1928~1930년에 하트숀과 메이라는 두 학자가 미국 내 23개 지역에 사는 11세부터 16세 사이의 학생 10,865명을 대상으로, 학생들에게 여러 가지 사태(시험, 숙제, 운동경기, 집단놀이 등)에서 거짓

말을 하거나 속임수를 쓰거나 물건을 훔칠 수 있는 기회를 만들어 주고, 과연 그들이 정직하게 행동하는가를 관찰하였다(임병덕 외, 2001: 168).

하트숀과 메이는 이 연구를 통하여 일부 아동들은 일관성 있게 정직할 것이며, 또 일부 아동들은 일관성 있게 부정직할 것이라는 사실을 입증하고 싶어서 다음과 같은 가설을 설정하였다(L. Kohlberg, 김민남 역, 1988: 529-530).

(1) 사람들은 정직한 유형과 부정직한 유형으로 나누어질 수 있다.

(2) 어떤 상황에서 부정을 저질렀던 사람은 다른 상황에서도 부정을 저지를 것이다.

(3) 한 개인의 도덕적 행동은 그 자신이 가치화하는 말이나 태도, 즉 그의 지식으로부터 예측할 수 있다.

하트숀과 메이의 연구 결과에서 위의 가설들은 대체로 지지되지 않았으며, 다음과 같은 두 가지 결론이 제시되었다. 첫째로 정직성과 같은 도덕성은 한 개인에 있어서 연속성을 이루고 있다. 즉 정직한 사람과 부정직한 사람이 따로 있는 것이 아니라 한 사람이 정직하기도 하고 부정직하기도 하였다. 둘째로 구체적인 도덕 상황에서 도덕적 지식이나 태도가 행동에 대한 예측을 해주지 못했다는 것이다. 정직 혹은 부정직하게 행동하도록 하는 것은 그 사람의 일반적 특성이나 인격이라기보다는 상황적 조건이라고 하였다. 어떤 사람이 정직하거나 부정직한 것은 그가 그런 사람이기 때문이 아니라 상황적 조건이 그렇게 하도록 만들기 때문이라는 것이다(임병덕, 2001: 169). 이로 인해 그때까지 실시된 전통적 의미의 미국의 도덕교육은 과학적인 근거를 잃고 급격히 쇠퇴의 길로 접어들게 되었다.

이후 1960년대부터 도덕교육의 지배적인 패러다임이었던 인지발달적 접근과 가치명료화 접근의 위세에 눌려 인격교육은 오랫동안 사람들의 관심 밖으로 밀려나 있었다. 그러나 1980년대에 들어와서 미국 사회의 도덕적 현실에 대한 우려가 높아지고 기본적 가치와 덕목의 전수에 대한 사회적 요구가 커지면서 인격교육은 다시 중요한 관심사로 부상하게 되었다.

1980년대에 들어 와서 콜버그의 인지발달 이론과 래스 등의 가치명료화 이론이 내세우는 개인의 자율성 강조는 도덕성의 실질적인 기반이 되는 공동체적 삶을 무시하였다는 비판을 받았다. 인지발달론과 가치명료화 이론은 추론이나 가치화 과정에만 치중하였을 뿐, 도덕적 습관이나 행동의 차원을 무시했기 때문에 미국의 교육은 서구적 전통의 위대한 정신과 위대한 이상으로 되돌아가야 한다고 주장하였다. 그리하여 미국의 인격교육은 범국가적인 관심사로 부각되면서 도덕교육의 중심으로 부활하였다.

인격교육의 학문적 배경은 아리스토텔레스의 「니코마코스윤리학」에서 찾을 수 있다. 아리스토텔레스는 덕이란 인간의 기능을 잘 발휘하게 하는 성품이다고 하면서, 우리는 덕이 있기 때문에 올바르게 행동하는 것이 아니라 올바르게 행동하기 때문에 덕을 갖는다고 하였다. 매킨타이어(MacIntyre, A)는 아리스토텔레스의 덕의 전통을 계승하여 공동체의 구성원으로서의 인간의 삶에 관심을 갖는다. 그는 개인의 자유와 선택 보다는 공동체에서의 삶을 강조한다.

인격교육은 인본주의, 인지발달이론, 사회학습이론 등의 심리학 이론과 학습이론이 가미된 종합적인 교육이론이다. 인격이론은 아리스토텔레스의 기본 관점을 수용하고 있다. 인격이란 습관화의 과정을 통하여 형성된 정직, 성실, 용기, 절제 등의 여러 가지 덕들로 구성됨을 강조한다. 이러한 덕은 인지적, 정의적, 행동적 요소가 통합되어 습관화된 성품이다고 할 수 있다. 덕은 습관에 의해 자리 잡기 시작하나 이성에 의해 그 기능을 발휘하는 것이다. 그러므로 인격을 구성하는 덕들은 일차적으로 습관을 통해서, 그리고 나중에는 교육을 통해서 형성되어질 수 있다는 관점을 유지하고 있다(김태훈, 2005:

564).

오늘날 인격교육이 요청되는 이유를 보면, 첫째, 가정의 쇠퇴를 들 수 있다. 어린이들에게 가장 기본적인 도덕 교사이었던 부모는 가정의 해체로 인하여 오늘날 그 역할을 제대로 수행하지 못하고 있다. 그 결과 학교는 어린이들이 가정에서 배우지 못한 가치들을 대신하여 가르쳐야 한다. 학교는 방치된 어린이들에게 따뜻함을 느끼고 해 주고, 그들이 책임 있는 학생이 되도록 도움을 주는 도덕공동체가 되어야 한다. 둘째, 청소년들의 인격 면에서 부정적 영향을 주는 나쁜 도덕적 환경이 그들의 인격 형성에 상처를 내고 있다는 것이다. 청소년 폭력의 증가, 부정직, 동료들 간의 잔혹 행위, 성적인 조숙함으로 인한 임신과 낙태 등이 걱정스러운 것이다. 셋째, 최근의 개인주의와 상대주의는 우리 사회에 도덕적 쇠퇴를 가져왔다. 따라서 객관적으로 중요한 가치들의 회복이 필요하다는 것이다. 존경, 책임, 진실, 공정, 온정적 배려 등의 가치들을 가르침으로써 그러한 도덕성을 증진시켜야 한다는 것이다(정세구 외, 1996: 18-22).

인격교육의 특징

오늘날 인격교육론자들은 보편적이며 불변하는 도덕적 핵심을 찾아내어 그것을 학생들에게 전수하려는 시도를 하고 있다. 인격교육은 한 사회에서 소중하다고 여겨져 왔던 전통적이고 민주적인 가치들을 학생들에게 전수해 준다는데 의미가 있으며, 다음과 같은 특징이 있다(추병완, 2011: 303-304).

첫째, 인격교육은 선을 알고, 사랑하고, 실천하려는 인간을 만드는 데 중점을 두고 있다. 인격교육은 친절, 사랑, 충성, 책임, 정직, 존경, 배려 등과 같은 도덕적 관념들을 가르치는 것이다. 기존의 도덕교육은 선을 알게 하는 데에만 치중하는 중대한 잘못을 범해왔으므로 인격교육을 통해 지속적인 도덕적 습관과 덕성을 계발시켜 주어야 한다.

둘째, 인격교육은 덕에 대해 관심을 갖는다는 점에서 다른 도덕교육 이론들과는 차이가 있다. 인격교육은 두 가지 의미의 덕에 모두 관계하고 있다. 즉 선하고 고상한 생활에 대한 인식, 그리고 그러한 삶을 사는 데 도움을 주는 구성 요소나 습관들 모두를 강조하고 있다. 또한 인격교육은 악덕(vices)에도 초점을 맞추고 있다. 인격교육은 덕을 지니도록 하는 것을 강조할 뿐만 아니라, 악덕을 제대로 인식할 수 있도록 해 주는 것이다.

셋째, 인격교육은 한 사회에서 소중하다고 여겨져 왔던 전통적이고 민주적인 가치들을 학생들에게 직접 전수해 주는데에 큰 특징이 있다(추병완, 2011: 266). 지역 사회 혹은 공동체가 부모나 교사들을 통하여 그 지역 사회나 공동체의 핵심 관념, 이론, 도덕적 가치들을 학생들에게 가르치지 않는 것은 사회적 자살 행위와 다를 바 없다.

넷째, 인격교육은 논쟁적인 이슈들에 대한 특정한 입장을 가르치는 것이 아니다. 모든 공동체는 그 구성원 대다수가 합의에 도달할 수 있는 공통적이고 핵심적인 가치들을 지니고 있다. 따라서 인격교육은 공동체를 하나로 묶어 주는 기본적인 도덕적 가치들, 즉 공동체의 도덕에 초점을 맞추고 있다.

다섯째, 인격교육은 인격을 발달시키기 위한 매우 다양한 접근들을 포괄하고 있다. 인격교육은 영웅 및 위인들의 교훈적인 이야기, 교사나 성인들의 모범, 덕에 대한 직접적인 학습, 다른 사람 및 지역사회를 위한 봉사활동의 실행, 사고 방법의 학습, 공동체로서의 학급과 학교 속에서의 삶 등을 다양하게 활용하고 있다.

인격교육과 교화

교화의 개념을 정리해 보면, 전통적으로 교화란 4개의 범주로 정의되고 있다. 첫째, 교화는 방법적으로 세뇌, 주입, 훈련 등의 방법을 사용하며, 둘째, 교화는 내용 면에서 증명되지 않는 신념이나 교리를 가르치는 것이며, 셋째, 교화는 결과에 초점을 두고 있으며, 넷째, 교화는 가르치는 사람의 의도에 의해서 행해지는 양식이다. 한편 피터스는 어려서는 자신의 적당한 관점을 가지지 못하고 있기 때문에 규범들을 스스로 습득할 수 없다면 덕목 수합 교육을 시도할 수밖에 없다고 했다. 귀납적인 방법의 덕목교육과 긍정적인 강화는 교화가 되지 않는다. 왜냐하면 교화는 특수한 주입교육의 수단이 있어야 하기 때문이다. 따라서 덕목들의 주입은 교화가 아니다(김윤정, 1997: 52).

교화와 교수의 차이점을 살펴보면, '사람은 정직해야 한다.'를 가르칠 경우, 학생들에게 정직해야 하는 까닭(정당화의 이유나 근거)을 보여줌으로써, 학생이 그것을 이해하고 추론하여 그 결과로서 신념을 가지게 되는 것이 교수이다. 그러나 학생들에게 정직해야 한다는 까닭을 보여주는 대신에 권위나 강압을 이용해서 '정직해야 한다.'는 것을 믿게 하는 것이 교화라고 할 수 있다.

콜버그는 도덕교육에서 특수한 가치, 관습, 규범이나 덕목을 가르치는 대신에 도덕적 상황에서 어린이들의 판단능력을 향상시키는 것이 교화에서 벗어날 수 있는 유일한 길이라는 것이다.

인격교육에서 교화를 피하기 위해서는 덕목주의를 벗어나서 덕목론적 접근을 취해야 한다는 주장이 있다. 덕목주의는 학생들에게 정직, 성실, 배려와 같은 덕목들을 강조하여 가르치자는 주장으로 교사가 학생들에게 어떤 덕목의 언어적인 의미를 일러주고, 일상생활을 통해 그것을 실천하도록 촉구하는 방식이다. 이러한 덕목주의는 학생들에게 그 덕목과 관련하여 이성적 판단이나 반성적인 검토를 하도록 자극하기 보다는 그 덕목의 실천에 일차적인 강조점을 둔다는 점과 그 덕목에 대한 사회적, 역사적 맥락을 다루지 않고 탈맥락적으로 가르치고 있다는 비판을 받는다. 반면에 덕목론적 접근은 덕목의 학습이 도덕교육에서 중심적인 것이 되어야 한다는 덕목주의와 동일하지만 학습자가 속한 공동체의 삶과 역사적 전통과 밀접히 관련된 것으로서의 덕목의 학습을 강조한다는 점이 다르다고 주장한다. 덕목론적 접근에서는 덕목의 학습이 관습적인 덕목의 내면화에 고착되도록 한다고 보지 않는다. 덕목론적 접근을 부각시키는 사람들은 덕목의 학습과정은 행위자의 자발성과 이성을 포함한다고 본다. 학생들 스스로 덕의 의미와 중요성을 성찰하므로 덕목의 학습을 교화라고 볼 수 없다고 주장한다. 덕목의 개념은 우리의 사회적, 역사적 정체성과 관련된 개념이며, 그러한 덕목을 갖춘 사람, 곧 '유덕한 인격'개념에도 그대로 반영되어 있다. 덕목론적 접근에서 대표적인 도덕교육의 방법은 유덕한 인격을 가진 사람의 모범을 따르는 것이라 할 수 있다. 따라서 현대 사회에서도 사회 체제의 존속을 위해서는 전통적인 덕목교육이 필요하며 이는 교화가 아닌 품성 개발을 위한 인격교육적 접근이어야만 한다(조난심, 1991: 96. 100).

리코나의 통합적 인격교육

리코나(Thomas Lickona)의 인격교육론은 인지적 도덕발달론과 행동주의 도덕 심리학 및 전통적인 인격교육론의 장점을 살려 상호 보완하는 통합적 · 절충적 입장에서 인격교육을 전개하고 있다. 리코나는 그의 인격 개념을 아리스토텔레스와 같은 맥락에서 규정하고자 한다. 그는 아리스토텔레스의 인격의 개념을 받아들이며 인격교육은 '사고 과정'보다, '행동, 실천지향성'에 초점을 두고 포괄적이고 통합적인 관점의 인격 교육을 추구한다.

리코나는 인격이란, 선에 관해 알고 열망하며 이를 실천하는 것, 즉 정신의 습관과 가슴의 습관 그리고 행동의 습관의 총합으로 형성되는 것으로 보고 있다(이택휘, 유병열, 2000: 228). 그래서 훌륭한 인격이란 선에 대해 알고 의욕하고 행동하는 것, 즉 도덕적인 지, 정, 행의 세 부분의 통합으로 구성됨을 전제로 한다.

리코나는 도덕적 지식, 도덕적 감정, 도덕적 행동을 인격의 세 가지 구성요소로 제시한다. 그는 도덕적 지식의 구성요소로서 도덕적 문제 인식, 도덕적 가치 인식, 관점 채택, 도덕적 추론, 의사결정, 자아 인식을 제시한다. 도덕적 감정의 구성요소로서 양심, 자아존중, 감정 이입, 선을 사랑하기, 자아 통제, 겸손을 제시한다. 도덕적 행동의 구성요소로서 수행능력, 의지, 습관을 제시한다.

리코나는 학교가 도덕 공동체로서의 그 역할을 담당할 것을 강조한다. 그는 지·정·행의 통합 교육을 위하여 학교를 중심으로 가정과 지역사회의 연계 위에 다양한 교육 활동이 이루어져야 한다고 말한다. 그는 학생들에게 가르쳐야 할 핵심적인 가치로 '존중'과 '책임'을 제시한다. 이 두 가지 가치는 개인과 공동체의 선을 촉진하는 객관적이고 논증 가능한 가치일 뿐 아니라 보편적이고 공적인 도덕성의 핵심이 된다고 생각하기 때문이다. 그는 존중과 책임을 건강한 개인의 계발, 상호 관계에 대한 관심, 인간적이고 민주적인 사회, 정의롭고 평화로운 세계를 위해 필요한 도덕 가치로 본다(남궁달화, 2014: 331).

학교에서의 인격교육 방안

리코나가 제시하는 학교에서의 인격교육 방안을 보면 다음과 같다(이택휘, 유병열, 2000: 225-226).

① 인격교육은 훌륭한 인격의 기초가 되는 윤리적 가치들, 즉 타인

배려, 정직, 공정, 책임, 자제력, 관용, 자기와 타인에 대한 존중 등과 같은 가치를 증진시키는 데에 목적을 두어야 한다.

② 인격교육은 인간 능력의 인지적, 정의적, 행동적 측면들을 포괄하도록 도덕적 사고와 감정과 행동이 종합적으로 길러질 수 있도록 총체적 관점에서 정의되어야 한다.

③ 인격교육은 학교생활의 모든 측면에서 핵심적 가치(존중과 책임)들을 증진시킬 수 있도록 의도적이고 적극적으로 실시해야 한다.

④ 학교 자체가 훌륭한 인격을 구비하도록 학교를 도덕적 공동체로 만들어야 한다. 즉 학교는 품위 있고 정의롭고 서로 돌보는 따뜻한 배려의 공동체가 되어야 한다. 학생들이 서로를 하나의 귀중한 인격체로 인식하고 존중하며 온정적으로 배려하고 그 집단에서 가치 있는 구성원으로서 느끼고 책임감을 갖도록 하는 것이다. 학교 내에 긍정적인 도덕적 문화와 풍토를 조성해야 한다.

⑤ 학생들의 바람직한 인격을 함양하기 위해서는 도덕적 행동을 실천하면서 배울 수 있는 기회를 제공해야 한다. 이를 위해 일상생활 속에 책임, 공정 등과 같은 가치들을 서로 논의하고 적용하며 협동학습, 봉사활동 등을 통해 실천 성향과 행동 습관을 길러야 한다.

⑥ 학교는 인격교육을 수행함에 있어서 외적 보상이나 처벌 등과 같은 방식에 의존하는 것을 최소화하고 학생들의 내적 동기를 유발하는 일에 힘써야 한다.

⑦ 학교는 학생들의 인격 계발을 위한 교육 활동을 전개할 때에 가정과 지역사회의 성원들을 충실한 협조자로 활용해야 한다.

⑧ 인격교육을 위해 학교에 도덕적 리더십을 확립하고 실천해 가도록 노력해야 한다. 학교의 모든 교직원들은 인격교육에 대해 책임을 공유해야 한다. 즉 모든 교직원들은 학교를 학습 공동체와 도덕공동체로 만들어 가는 책임 있는 일원이 되어야 한다.

⑨ 학교는 이러한 인격교육을 실행하면서 그것이 제대로 이루어지

고 있는지를 늘 평가하면서 교육에 임해야 한다. 또한 이러한 평가를 바탕으로 인격교육의 개선과 발전을 지속적으로 도모해 가야 한다.

학급에서의 인격교육 방안

리코나는 인격교육의 실제적 실행을 위해 학급의 역할도 강조한다. 학급은 학생들 개개인에게 인격교육을 직접 가르칠 수 있는 곳이다. 그는 교실 상황, 즉 학급 수준에서 추구되어야 할 인격교육의 전략으로 다음과 같은 것들을 제안하고 있다(박병기 외, 1996: 358-360. 강신향, 2011: 22-23).

① 교사는 배려의 제공자, 도덕적 모델, 윤리적인 스승이 되도록 행동해야 한다. 교실이라는 작은 사회 속에서 교사와 학생간의 관계는 아동들의 인격발달에 큰 영향을 미친다. 그러므로 교사는 존경과 사랑으로 학생들과 좋은 인간관계를 형성하고, 좋은 예시와 직접적인 지도, 스토리텔링과 같은 일대일의 개인적인 지도 등을 통해 그릇되거나 잘못된 행동들을 교정해 주어야 한다.

② 교사는 도덕적인 교실 공동체를 만들어야 한다. 아이들은 공동 생활을 하면서 도덕을 배우게 된다. 하나의 공동체 안에서 아이들은 서로 상호작용을 하고, 관계를 맺고, 학생들은 자신의 또래들로부터 존중과 온정적 배려를 받고, 친구들에게 다시 존중과 온정적 배려를 실천하게 된다. 이러한 반복된 경험을 통해 존중과 온정적 배려는 습관(발달하고 있는 인격의 일부분이 됨)이 되기 시작한다. 교사는 교실을 도덕공동체로 만들기 위한 여러 가지 프로그램을 적용하여 학생들이 서로를 알게 하여 존중하고 배려하며, 집단에 대한 소속감과 책임감을 느끼도록 해 주어야 한다.

③ 교사는 학생들과의 공유적인 삶의 장소인 교실 안에 도덕적 규율을 도입하여 시행하여야 한다. 규율은 교실이라는 작은 사회가 제대로 기능하도록 만들어 주는 도덕 법규들을 제공해 준다. 규칙 준수

는 타인의 권리와 욕구를 존중하기 때문에 규칙을 따른다는 점을 강조한다. 성공적인 규율 준수를 위해서는 교사와 학생들이 서로 협력하여 규칙을 제정하도록 하고 다양한 인센티브를 활용하여 학생들이 규칙을 잘 지키도록 동기화시키며, 필요에 따라서는 학부모의 협조를 구하도록 한다.

④ 교사는 민주적인 교실 환경을 만들어 주어야 한다. 학급회의는 민주주의에 대한 경험을 하게 해 주며, 학생들의 역할과 책임을 넓혀 주어 구성원 각자의 도덕적 성장을 촉진시켜 준다. 학급회의에서 중요한 것은 학생들로 하여금 '올바른 말을 하는 것'으로 그치는 것이 아니라 그러한 말들을 도덕적인 행동으로 옮길 수 있도록 도움을 주는데 있다.

⑤ 교사는 교과 교육과정을 통해서 학생들에게 가치들을 가르쳐야 한다. 예를 들면 과학 기술과 내용을 가르치면서 환경에 대한 관심과 관련 가치들을 함께 가르쳐야 한다. 교육과정을 통하여 인격을 가르치는 것은 인격교육에 관한 출판물을 사려 깊게 사용하는 것을 포함한다. 이를 위해 위대한 고전, 문학작품, 역사, 위인 등을 이용한다.

⑥ 교사는 학생들에게 서로 돕고 협력하려는 성향과 기능들을 가르쳐 주기 위하여 협동학습을 활용해야 한다. 협동학습은 수업과정을 통해 가치문제와 교과학습을 동시에 가르치는 것이다. 협동학습을 통하여 집단에 대한 애착을 기를 수 있으며 다른 사람들을 소중히 여기는 정신을 기를 수 있다. 협동학습은 학문적 지식을 배우는 것은 물론이고 사회적, 도덕적 능력, 즉 관점을 수용하는 능력, 타인의 장점을 인정할 수 있는 능력 발달에 유용하다. 또한 협동학습은 결속력 있고 따뜻하게 배려하는 소집단 공동체를 만들 수 있다.

⑦ 교사는 학생들에게 도덕적으로 숙고하고 성찰하는 능력, 즉 도덕적 사유능력을 길러 주어야 한다. 도덕적 사유는 자신과 타인의 행동에 도덕 판단을 내리게 하는 인격의 인지적 측면을 계발하는데 있

어 필수적인 것이다. 학생들로 하여금 존중, 협동, 관대함과 같은 특정 가치를 실행하는데 있어서 일상적인 목표를 세우도록 격려해 주고, 자기 평가를 해보고, 일기장에 하루 일과를 기록하도록 한다. 하루의 목표 설정은 자기 인식과 좋은 습관 형성을 위해 중요하다.

⑧ 교사는 학생들에게 타인들에 대하여 온정적으로 배려할 수 있는 능력을 길러 주어야 한다. 이를 위해 학생들에게 자신의 국가나 전 세계에 살고 있는 다른 사람들의 고통과 어려움을 인식토록 하며, 이타적인 행동을 증진시키기 위한 체험학습과 봉사활동 등의 프로그램과 활동들을 제공하여야 한다.

리코나는 학생들의 인격교육 전부를 학교가 할 수 없는 실정이므로 가정에서의 인격교육을 또한 강조한다. 아이들의 제1의 도덕교육은 가정에서 이루어질 뿐 아니라 부모는 아이들의 최초의 도덕 교사이기 때문이다. 그는 학교에서의 도덕교육은 부모의 지원이 필요하고, 학교와 가정이 파트너가 되어 아이들의 인격교육에 힘써야 한다고 강조한다. 아이들의 인격교육을 위해서는 학교와 가정은 밀접한 협력관계를 가져야 한다는 것이다(남궁달화, 2014: 330)

인격 교육의 장점과 단점

도덕교육에 대한 새로운 접근법으로서의 인격교육이론은 다음과 같은 장점을 지니고 있다(추병완, 2011: 305-306).

첫째, 인격교육론자들은 덕의 함양과 발달을 강조하고 있다. 인격교육론자들에게 있어서 덕이란 인지적, 정의적, 행동적 요소를 포함하고 있는 개념으로 사용하고 있으며, 그 중에서도 행동적 요소를 더욱 강조하고 있다. 즉 인격교육론자들은 덕의 습관화에 중점을 두고 있다. 인격교육이론은 우리나라 도덕과 교육과정의 내용 선정 및 계열화와 핵심 가치·덕목의 선정에 이론적 근거를 제공해 주고 있다.

둘째, 인격교육이론은 도덕교육의 방법과 관련하여 매우 포괄적인 방법을 채택하고 있다는 장점이 있다. 인격교육은 모든 교육과정과 잠재적 교육과정을 통해 이루어짐으로써 매우 포괄적인 도덕교육 접근법을 구상하고 있다. 인격교육은 도덕교과 교육 및 교과외 활동이나 잠재적 교육과정을 통해서 이루어지고 있다.

셋째, 인격교육은 도덕교육에 있어서 공동체의 중요성을 확고하게 부각시키고 있다. 인격교육론자들은 공동체의 합의에 바탕을 둔 핵심 덕목이나 가치를 강조하고 있다. 특히 인격교육론자들은 학급이나 학교가 도덕공동체로서 도덕적 분위기를 잘 유지하고 있을 때에 학생들에게 덕의 함양 및 발달을 더욱 촉진할 수 있다는 사실을 강조하고 있다.

인격교육 이론은 도덕교육 이론에서 그동안 무시되어 왔던 덕, 인격, 공동체와 같은 개념들을 부활시키고 포괄적인 접근법을 채택하고 있다는 장점이 있으나 다음과 같은 이론적, 실제적인 문제점들이 있다(추병완, 2002: 169-172).

첫째, 교육의 대상이 되고 있는 학생들을 지나치게 수동적 혹은 의존적인 존재로서만 간주하고 있다. 비록 인격교육론자들이 인격의 개념을 인지, 정의, 행동의 요소로서의 통합적인 관점을 견지하고 있지만, 교육의 구체적인 과정에서는 학습자를 수동적인 존재로 상정하고 있는 것은 사실이다.

둘째, 인격교육론자들은 가르쳐야 할 덕목들과 가치의 선정에만 치중하고 있으며, 실제 생활에서 그러한 가치들이 갈등을 일으킬 수도 있다는 측면에 대해서는 무관심한 반응을 보인다. 예를 들면 관용이라는 가치에 대해 가르칠 때, 관용의 정신에 입각하여 동성연애자들을 있는 그대로 수용해야 한다는 입장을 가르쳐야 하는지의 여부가 문제가 된다.

셋째, 인격교육론자들은 훌륭한 인격을 갖게 되면 학생들의 행동이 도덕적으로 개선될 것이라는 낭만적인 견해를 지니고 있다. 훌륭한 인격은 덕스럽고 윤리적인 삶을 살아가는데 필요조건이지 충분조건은 아니다.

넷째, 인격교육론자들은 도덕적 정의, 정체성, 선에 대한 매료, 헌신, 몰입, 동정심 등과 같은 정의적 요소들이 사고와 행동의 간극을 줄일 수 있는 인격의 필수적인 구성요소라고 주장한다. 그러나 그들은 이러한 정의적 요소들이 구체적으로 어떠한 역할을 할 수 있는지에 대해서는 충분한 답변을 하지 못하고 있다.

다섯째, 인격교육론자들은 지나치게 사회화의 측면에만 치중하고 있으며, 도덕적 행위자의 필수 요건이라 할 수 있는 자율성이나 독립성, 비판적인 도덕적 안목의 계발에 대해서는 소홀하다.

여섯째, 인격교육의 목적과 의도가 분명하지 못하다는 것이다. J. Rest는 인격교육이 너무 다양하게 전개되고 있어서 "그것은 뒤범벅이다."고 간결하게 말한다. 그리고 덕들의 목록과 다른 덕들의 우선성을 결정할 준거 확보가 어려우며 덕에 대한 합의도 어렵다는 것이다(김태훈, 2005: 595-597).

일곱째, 인격교육의 실행을 위한 교사의 자질이 문제이다. 덕교육의 실행하는데 교사가 덕의 모델이 되지 못하고 있다는 것이다.

결 언(전통과 인격교육)

사람으로서 기본적인 사람됨의 틀, 즉 인격이 바로 서지 않고는 자아 형성과 인성의 올바른 구현이 어렵다. 현대사회에서 절제, 정직, 효와 예, 양보, 공경심과 같은 덕의 체득은 인격적 삶을 살아가는데 중요한 것이다. 그러므로 인격교육은 어떤 구체적인 도덕규칙이나 덕목을 가르쳐야 한다. 인격교육은 우리의 도덕적 문화유산인 전통 덕목을 학생들에게 전수시켜 주면서 동시에 그들 나름대로 도덕문제를 스스로 판단하고 결정하도록 도와주어야 한다.

인격교육은 매우 포괄적이고 전통적인 방법들에 의존하고 있다고 할 수 있다. 인격교육은 학교의 모든 교과를 통하여 도덕적으로 생각하고 느끼며 행동하는 인간, 협동과 상호 존중으로 도덕 공동체를 만들어 가는 인간을 길러내야 한다. 도덕교육은 인지적, 정의적, 행동적 요소에 대한 통합적 접근을 통하여 우리 사회의 전통적인 도덕규범과 가치들을 학생들에게 사회화시키면서 동시에 그들에게 자율적으로 의미 있고 책임감 있는 의사 결정을 내리는 능력을 발달시켜 주어야 한다(추병완, 2002: 180).

2. 배려윤리

배려의 의의

배려(配慮)의 사전적 의미는 첫째, 어떤 대상에 대해 부담을 느끼고, 걱정하며 고민스러워하는 마음의 상태이다. 둘째, 누군가(또는 무엇)에 대해 감정을 가지고 있으며, 마음이 기우는 것을 뜻한다. 셋째, 누군가를 보호하고 그 사람의 복지를 생각하며 유지하려고 하는 것을 뜻한다. 메이옵(Milton Mayeroff)은 보살핌을 '다른 사람이 성장하고 자아 실현할 수 있도록 도와주는 것'이라고 기술한다. 그러나 나딩스는 배려에 대해서 조금 다르게 접근한다. 메이옵처럼 다른 사람의 자아실현을 강조하다보면 배려하는 사람에게 무슨 일이 일어나는지 간과하기 쉽다고 지적하면서, 배려를 배려하는 사람과 배려 받는 사람 사이의 관계적 개념으로 이해하고, 배려윤리의 핵심을 관계성에서 찾는다. 나딩스에 의하면 인간 실존의 기본적인 모습은 타인과 함께 관계를 맺으며 살아가는 것이다(정윤경, 2000: 6).

길리건은 정의의 도덕성에 대비되는 도덕성으로서 배려윤리라는 개념으로 사용하였다. 그녀는 인간관계, 책임, 상호 의존성, 유대, 애착, 동정심, 사랑을 중요시하는 여성적 도덕성을 배려윤리로 정의했다. 나딩스는 관계적 관점에서 배려하는 사람과 배려 받는 사람의 관계를 규정하기 위한 기초로서 배려를 정의하였다. 배려는 타인에 대해서 감정적·도덕적으로 전념하고, 정신적으로 부담을 갖는 상태로서 사물에 대하여 염려하거나 근심하는 것을 의미한다. 나딩스의 관점에서 볼 때 배려한다는 것은 어떤 대상에 대해서 부담을 느끼고, 초조해하고, 걱정하는 것이다. 그리고 그의 입장과 관심을 고려하는 것이다. 또한 어떤 대상에게 책임감을 느끼는 것을 의미한다(박병춘, 2002: 15).

나딩스는 배려가 지니는 태도적 측면과 동기적 측면을 크게 강조했던 메이어옵과 마찬가지로 외향적이고 관찰 가능한 행동보다는 헌신적인 태도를 더 근원적인 것으로 보고 있다. 나딩스는 우리가 배려의 행동을 할 수 없는 경우일지라도 진심으로 상대에게 관심을 갖고 고통을 함께 느끼고 의무감과 사랑을 가지고 진실한 마음으로 헌신할 경우 이를 배려로 규정하고 있다.

길리건과 나딩스의 배려윤리[13]

길리건(C. Gilligan)의 배려윤리

오랫동안 도덕성 이론으로서 주도적인 역할을 해왔던 정의(正義) 도덕성 이론이 지니고 있던 한계와 문제점들을 비판하면서 새로운 도덕성 이론으로서 배려윤리가 1980년대에 들어서면서 활발하게 논의되기 시작했다. 배려의 도덕성 이론 즉, 배려윤리는 콜버그와 함께 도덕발달에 관한 연구를 수행하던 하버드대학교의 심리학교수였던 캐롤 길리건에 의해서 처음 제기되었다.

길리건은 도덕성은 정의와 배려의 도덕성으로 구성되고, 두 도덕성은 성과 연관되어 있다고 주장하였다. 그동안 지배적인 도덕성 발달 이론이었던 정의 도덕성 이론에서는 주로 여성적 특성을 반영하는

---

13) 박병춘, "배려윤리의 초등도덕과교육에의 적용방안"『도덕윤리과교육』, 제20호, (2007. 7), pp. 243-245.

배려의 도덕성은 무시 및 배제하고 주로 남성적 특성을 반영함으로써 도덕성이 정의의 관점에서만 편협하게 정의되어 왔다는 것이다. 이렇게 남성적 특성만을 반영하는 정의 도덕성의 관점에서 여성의 도덕성을 평가했기 때문에 여성은 남성에 비해 도덕적으로 열등한 존재로 평가받아야만 했다는 것이다. 따라서 여성의 도덕성을 제대로 반영하고, 정당하게 평가해줄 수 있는 배려윤리가 필요하다는 것이다. 길리건은 이러한 문제의식에서 출발하여 남성의 도덕적 목소리와는 다른 여성의 도덕적 목소리가 존재함을 경험적 연구를 통해서 입증하고, 이에 근거해서 도덕성이 정의의 도덕성뿐만 아니라 배려의 도덕성에 의해서도 정의될 수 있다고 주장하였다.

길리건에 따르면, 권리와 정의의 윤리는 남성들에게 지배적으로 나타나며, 이것은 공정성과 평등이라는 추상적 원리의 도덕성이다. 또한 그것은 자아와 타인들과의 관계에 있어서 자아를 자율성, 분리, 초연함으로 규정한다는 것이다. 이와 반면에 배려와 책임감의 윤리는 여성들에게 지배적으로 나타나며, 이것은 도덕성에 대한 상황적 해석을 나타내고 있다. 즉 그것은 상호의존성, 애착, 그리고 타인에 대한 배려에 기반을 둔 자기 이해와 구체적인 개인들에 대한 책임을 중요시 여긴다는 것이다(박병기 외, 1996: 289).

길리건은 이러한 두 도덕적 정향은 서로 구별되는 도덕적 목소리로서 상이한 자아와 도덕관, 인간 관계관을 가지고 있다고 주장한다. 곧, 남성과 여성은 전통적으로 그들의 기본적인 삶의 정향 특히 자아와 도덕성에 대한 개념에 있어서 다르고, 남성과 여성은 서로 다른 발달 경로를 밟고 있다고 보았다. 남성들에게서는 분리와 자율성이 중요하기 때문에 그들은 정의, 공정성, 규칙, 권리들의 문제를 중심으로 도덕을 논의한다. 이에 비하여 여성들에게는 가족과 친구가 중요하기 때문에, 이들은 사람들의 소망, 필요, 관심 그리고 열망 등을 중심으로 도덕을 논의한다. 길리건은 이러한 사실을 통해서 남녀가 도덕적으로 상이한 특성을 가지고 있다는 것을 입증하고자 하였다.

길리건은 낙태 및 임신 상담소에 찾아온 29명의 소녀들의 도덕적 판단을 분석한 〈임신 중절 결정 연구〉에서 "도덕적 성숙의 3수준 2 과도기"을 제시하였다. 그녀가 주장하는 도덕적 성숙 과정론은 세 가지 도덕적 수준(관점)과 두 가지 과도기(전환기)를 거친다.

첫 번째 수준 〈개인적 생존 지향〉은 자기 이익 또는 개인적 생존 지향의 관점으로서 여성은 자신의 생존을 확보하기 위하여 자신만을 보살피려는 성향이 강하며 실용적 태도를 보인다. 즉 자기중심적이고 실용적 관점에서 도덕 문제를 해결하려고 한다. 그 다음에 첫 번째 수준에서 자신이 내렸던 생존 위주의 판단이 이기적이라며 자기비판을 하는 과도기(제1 전환기)를 맞이한다. 이 과도기에서 자아와 타아의 연결에 대한 새로운 이해가 형성되어 여성은 책임의 개념을 받아들여 두 번째 수준을 채택할 수 있게 된다. 이 과도기에 여성은 자신뿐 아니라 아직 태어나지 않은 생명을 포함하여 다른 사람들에 대해서도 책임 있는 존재라는 사실을 알게 된다.

두 번째 수준 〈자기희생으로서의 선(善) 지향〉에서 여성은 타인에 대한 책임에서 선행을 찾고 자기희생으로서의 미덕을 중시한다. 다른 사람들에 대한 자신의 보살핌을 강조하게 되고, 책임에 대한 이해가 더욱 정교화 된다. 특기할 만한 것은 이러한 책임관이 자신에게 의존하는 사람과 자신보다 열등한 사람을 배려하고자 하는 여성의 모성적 도덕(자기희생)과 결합되었다는 점이다. 타인을 돌보고 보호하려하며 다른 사람들이 이익을 얻도록 자기를 희생한다. 이 관점에서 여성들은 자기희생과 타인에 대한 보살핌을 동등하게 선한 것으로 간주한다. 그러나 배려의 대상이 다른 사람에게만 국한될 때, 여성 자신은 배려의 대상으로부터 제외되어 인간관계의 평행 상태가 깨어지기 때문에 두 번째 과도기(제2 전환기)를 겪게 된다. 이제 여성은 자기 자신의 개인적 욕구와 타인에 대한 배려와 책임감 사이에 균형을 이루어야 함을 깨닫게 된다. 자기 희생과 보살핌의 혼동에서 벗어나기 위해 자기 자신을 포함한 관련이 있는 모든 이들의 안녕을 고려하기 시작한다. 이러한 두 번째 과도기를 거치면서 여성은 인간관계를 새롭게 고찰하게 되어, 자신과 타인간의 역동적 관계를 이루는 세 번째 관점을 채택하게 된다.

세 번째 수준 <비폭력의 의무>에서 여성은 인간관계가 상호적이라는 것을 인식하게 되며, 타아와 자아의 연결을 새롭게 이해함으로써 이기심과 책임의 대립을 해소하게 된다. 타인의 보살핌뿐만 아니라 여성 자신도 보살핌의 대상이 되어야 한다는 균형 잡힌 태도를 가진다. 이제 자기 자신도 배려의 대상이 되어야 한다는 것을 깨닫게 된다. 타인은 물론 자기 자신에 대한 책임의 중요성을 인식하고 자신과 타인 모두에게 상처를 주지 않은 방안을 모색한다(C. Gilligan, 허란주 역, 1997: 151-152. 심성보, 1996: 289-293).

길리건은 그녀의 연구에서 여성은 도덕성을 "이기심 대 의무감"의 측면에서 보는 경향이 있으며, 돌봄을 의무로 타인에게 상처주기를 피하는 경향이 있음을 발견했다. 여성은 서로 돌보는 사람을 가장 책임감 있는 사람으로 보며, 다른 사람에게 상처를 주는 사람을 가장 이기적이고 비도덕적인 사람으로 본다(유수현 외, 2015: 162).

길리건은 정의의 도덕성과 배려의 도덕성은 서로 구분되고, 두 도덕성은 우열적 관계가 아니라 동등한 가치를 지닌 대등한 도덕적 목소리로서 공존한다는 관점을 취하였다. 결국 길리건은 배려윤리를 통해서 그동안 무시되고 간과되어 왔던 여성적 경험과 특성에 대한 정당한 평가를 이끌어 냄으로써, 남녀 모두 두 도덕성을 통합적으로 조화롭게 발달시켜야 한다는 자신의 입장을 정당화하고자 하였다. 길리건은 남녀 모두 도덕적으로 최고로 성숙한 사람은 정의의 도덕성과 배려의 도덕성을 함께 통합적으로 발달시키고 있을 뿐만 아니라 자신을 타인을 함께 배려할 수 있는 사람이라고 주장하였다.

나딩스(N.Noddings)의 배려윤리

길리건과 함께 배려윤리를 이론화하고 체계화한 대표적인 사람이 바로 나딩스이다. 나딩스는 배려윤리를 윤리학적으로 정당화하고 체계화하였을 뿐만 아니라 이를 도덕교육에 적용할 수 있는 이론적 토대와 근거를 마련해 주었다. 나딩스는 길리건이 주장한 배려윤리가 여성적 윤리라는 것을 기본 전제로 하여, 서양의 전통윤리학을 남성 중심의 윤리학으로 규정하고 이에 대한 대안으로서 여성적 윤리학으로서의 관계윤리 즉 배려윤리를 제안하였다.

나딩스는 윤리학에서 남성적인 특성과 여성적인 특성이 서로 다르다는 것을 수용한다. 그녀는 이성, 추상적인 사고, 규칙 그리고 원리들은 남성적인 특성으로, 직관, 감정, 다른 사람에 대한 수용성, 맥락적 사고는 여성적인 것으로 규정하고 있다. 길리건과 나딩스는 윤리학을 법과 원칙에 근거하여 정의와 공정의 정신이 지배하는 원리의 윤리와 여성적인 수용성, 관계성, 응답성에 근거한 사랑과 모성적 배려의 정신이 지배하는 배려의 윤리로 구분하고 있다는 점에서 두 사람간의 공통점을 찾을 수 있다.

여성적 특성을 반영하는 배려윤리 또는 관계윤리는 그동안 남성들에 의해서 소중히 여기고 높이 평가받아 온 가치나 덕목 그리고 특성들을 무시하고 등한시하기 위해서 요구된 것이 아니다. 배려윤리는 이러한 것들을 여성의 관점에서 새롭게 분석함으로써 남성과 여성 모두가 기존의 고정적인 성역할의 부담이나 기대, 그리고 그에 수반됐던 폭력이나 억압으로부터 벗어나게 해주기 위해서 필요한 것이다.

나딩스는 배려하고 싶어 하고, 배려를 받고 싶어 하는 것은 모든 인간의 보편적인 욕구이며 이러한 배려를 통해서 인간의 생존이 가능하다는 주장을 하면서 배려윤리에 대한 논의를 시작한다. 이러한 배려가 이루어지기 위해서는 배려하는 사람과 배려 받는 사람이 함께 존재해야 한다. 왜냐하면 배려는 일방향적이고 희생적인 것이 아니라 상호적인 쌍방향적인 것이기 때문이다. 따라서 진정한 배려는 배려하는 사람이 배려를 했을 때 배려 받는 사람이 이를 수용했다는 응답을 보여줌으로써 완성될 수 있는 상호적인 것이다. 우리가 갖는 배려의 의무는 배려가 완성될 수 있는 범위 안에, 즉 우리와 직접적인 인간관계를 유지할 수 있는 친밀한 사람에 한정된다. 배려는 이러한 관계를 전제로 하고, 배려의 관계를 유지하고 발달시키는 것을 목적으로 삼고 있다.

나딩스는 배려의 관계가 배려의 원과 사슬을 통해 더 멀리 있는 낯선 타인에게로까지 확대되고, 타인을 배려해줄 수 있는 배려의 능력 즉 윤리적 이상이 고양될 때 오늘날의 도덕적 위기를 극복할 수 있다는 입장을 취하고 있다. 즉 배려교육을 통해 윤리적 이상이 고양될 때, 개인주의적이고 성취지향적인 서양의 지식중심의 교육이 가져온 개인 간의 단절과 불신, 도덕적 무관심, 학교폭력, 청소년 가출, 성범죄와 같은 도덕적 문제를 해결할 수 있다는 관점에서 배려윤리를 정당화하고 이에 대한 교육의 필요성을 강조하였다.

배려의 윤리(배려하는 사람과 배려 받는 사람)

나딩스는 배려의 의미를 배려하는 사람과 배려 받는 사람간의 관계가 지니는 특성들을 통해서 명확하게 제시해 주고 있다. 나딩스는 배려를 배려하는 사람과 배려 받는 사람의 관계로 이루어지는 이원적인 것으로 설명한다. 따라서 배려관계의 주체는 배려하는 사람과 배려 받는 사람 모두이며, 배려 받는 사람이 배려를 인지하고 이에 대해서 응답할 때 배려는 완성된다고 할 수 있다.

나딩스는 배려 관계에서 배려하는 사람의 의식 상태로 몰두와 동기전환을 들고 있다. 나딩스가 말하는 몰두는 어떤 사람을 배려한다고 할 때, 그가 전하고자 하는 것을 진심으로 듣고 보고 느끼려는 상태를 말한다. 즉 타인의 요구를 주의 깊게 듣고 그 사람이 수용하고 인정하는 방식에서 반응하는 것이다. 예를 들어 낯선 사람이 나에게 길을 물어 볼 때, 멈추어 서서 그의 이야기를 귀 기울여 듣고 그가 필요로 하는 것이 무엇인지 파악하려고 할 때의 상태가 바로 '몰두'이다.

배려할 때, 즉 내가 다른 사람을 수용할 때에 감정 이상의 것이 일어나는데 이것이 동기전환이다. 나의 동기 안의 에너지는 다른 사람을 향해 흐르고, 상대방의 목적을 향하고 있다. 나는 나 자신을 버리지는 않지만, 나의 동기 에너지가 공유될 수 있도록 허용한다. 내 마음이 상대방을 위하여 무엇인가를 도와주고 싶은 열망을 갖는 것이 바로 동기전환이다. 상대방이 하려고 하는 일을 도와주고 싶도록 동기가 나를 위한 것이 아니라 상대방을 향할 때의 마음의 상태가 '동기전환'이다.

배려 받는 사람의 의식 상태로는 수용, 인지, 반응을 들 수 있다. 배려를 받는 사람은 배려를 받아들이고, 받아들였다는 것을 나타낸다. 배려 받는 사람 쪽의 이러한 배려를 인정하고 수용하는 것은 배려하는 사람을 몰두하게 한다. 이와 같이 배려를 하는 쪽과 받는 쪽 모두의 기여에 의해 배려가 완성된다.

나딩스는 배려를 사람 사이의 관계 속에서 파악하기 때문에, 배려윤리를 인격의 특성으로서의 덕을 강조하는 덕 윤리로 간주하는 것은 타당하지 않다고 한다. 나딩스는 상호간에 배려하는 능력과 덕을 발달시켜야 한다고 역설하지만, 배려를 개인의 인격적 특성으로만 간주하지 않는다. 배려윤리는 관계 속에서 배려하는 사람과 배려 받는 사람의 역할을 인정하기 때문이다(정윤경, 2000: 7).

나딩스는 사람이 윤리적으로 행동할 수 있게 하는 도덕성의 원천을 감정(sentiment)에서 찾는다. 감정에 기초한 자연적 배려(natural caring)에서 윤리적 배려(ethical caring)로 감정의 전이가 일어나는 것으로 설명한다.

　자연적 배려는 다른 사람을 배려하려는 자연스러운 감정에 의거하여 배려하는 경우이며, 의무감이 아닌 자연적인 성향으로부터 동기화된 것이다. 타인을 돌보고 싶다는 자연스러운 감정에서 비롯된 배려이다. 즉 애정이나 경향성으로부터 자연발생적으로 일어나는 배려이다. 어머니는 아이가 울 때 자연스럽게 아이에게 반응하고 돌보는 것은 윤리적인 배려가 아니고 자연적인 배려이다. 이것은 감정으로부터 배려를 행하게 되는 것이다. 그리하여 나딩스는 "도덕적 행동의 기초가 되는 것은 감정이나 정서이다."고 주장한다(고미숙, 2005: 354).

　아이가 울 때에 엄마는 뭔가 해야 하는 것이 아니라 뭔가 하고 싶다고 느낀다. 어머니는 아이를 사랑하기 때문에 그 아이의 고통을 덜어주고 싶은 것이다. 이러한 감정은 내가 아플 때 나의 고통을 덜고 싶은 것과 마찬가지이다. '나는 어떤 것을 해야 한다.' 는 것은 의무적인 명령이 아니고, '나는 원한다.' 와 함께 일어나는 감정이며, 이것이 도덕적으로 행동하게 하는 원천인 도덕적 감정이다. '나는 어떤 것을 해야 한다.' 는 것은 도덕적·윤리적 의무가 아니라, 욕망에서 나온 자연발생적인 것이다.

　윤리적 배려는 배려하고 싶은 자연적인 감정은 없지만, 배려하는 것이 좋다는 의무감에서 남을 돕는 배려이다. 즉 윤리적 배려는 다른 사람에 대해서 느끼는 의무감에 대한 응답이다. 윤리적 배려는 배려해 주고 싶은 욕구가 자연스럽게 일어나지 않은 경우에 배려하는 것이 더 좋다는 것을 깨닫게 될 때 생겨난다.

　'나는 어떤 것을 해야 한다.' 는 감정이 일어나지 않거나, 그러한 내적인 속삭임이 흐릿해질 때가 있다. 아니 그런 경우가 더 많을지도 모른다. 그런데 왜 내가 이럴 때조차 상대방에게 도덕적으로 행동해야 하는가? 우리는 타인의 요구를 인정하면서도 배려하는 것을 저항할 수 있다. 우리가 피곤하거나 타자가 싫거나 타자가 요구하는 것이

클 때 그럴 수 있다. 그 때 요구되는 것이 바로 윤리적 배려이다.

배려윤리에서 우리를 도덕적이고 윤리적으로 안내하고 지도하는 것은 배려하는 사람의 윤리적 이상이다. 배려윤리에 기초한 도덕교육의 목표는 바로 이러한 윤리적 이상을 유지하고 고양시키는 것이다 (정윤경, 2000: 9).

윤리적 이상이란 배려하는 사람이 자기 자신을 배려하는 자로서 유지하고 강화하기 위해 노력하는 최고의 자아상이다. 나딩스에 의하면 이러한 이상은 추상에 의해 얻어지는 것이 아니라, 우리가 관계를 맺고 살아가는 삶 속에서 이루어진다. 또 한 번에 완성되는 것도 아니고 끊임없이 이루어져 가는 것이며, 항상 깨지기 쉬운 위험에 노출되어 있다. 따라서 끊임없는 헌신과 노력이 요구된다. 이것은 최상의 상태에서 배려하고 배려 받았던 기억을 통해 강화된다. 내가 누군가로부터 따뜻한 배려를 받았을 때의 고마움과 기쁨, 또는 내가 누군가를 배려했을 때 상대방이 내게 감응해 오는 것을 통해 느끼는 보람과 기쁨 등이 이러한 윤리적 이상을 구성해간다. 우리가 배려해 주었던 경험과 배려를 받았던 경험을 숙고하며 그 때의 기쁨과 감정을 기억함으로써, 다른 사람의 곤란한 처지를 보고 내 자신의 이익을 돌보는 것과 갈등하면서도 '나는 어떤 것을 해야 한다'는 감정과 윤리적 이상을 이끌어내는 것이다. 이와 같이 구성되어 가는 윤리적 이상이야말로 내가 계속해서 배려하는 자로서 살아갈 수 있게 해주는 근원적인 힘이다(정윤경, 2000: 10).

나딩스는 특수한 관계를 맺고 있는 사람에 대한 보살핌을 주로 이야기 하고 있다. 그래서 그녀의 배려윤리를 '보살핌의 윤리' 라고도 한다. 나딩스의 배려윤리에서 강조하고 있는 것은 다음과 같다(김진숙, 2003: 26-37).

첫째, 나딩스는 배려의 토대로 '관계성'을 강조하고 있다. 관계는 '서로를 정서적으로 인식하는 개인들의 연결이나 결합' 또는 '관계를 맺고 있는 사람들이 서로에 대해서 무엇인가를 느끼는 일련의 만남'으로 정의한다. 나딩스는 배려를 자연적인 배려와 윤리적 배려로 구분한다. 자연적인 배려는 배려하고자 하는 자연적인 성향으로부터 자연스럽게 우러나는 정서이다. 예컨대 어머니가 그 자녀들을 위해 하는 배려의 노력들은 자연적 배려라고 할 수 있는데, 이를 가장 근원적인 것으로 본다. 그러므로 이러한 자연적인 배려는 친밀한 인간관계에서만 가능한 배려이다.

둘째, 배려의 윤리는 도덕적 판단을 하는데 중요한 요소로서 '함께 느낌'의 감정을 중시한다. 보살피려는 마음에서 가장 우선적으로 꼽는 것은 배려를 받는 사람과 '함께 느낌'의 정서를 갖는 것이다. '함께 느낌'은 타인의 정서를 '받아들임'으로서 '끌어안기'를 강조한다 (C. Gilligan. 허란주 역, 1997: 30). 보살피려는 사람은 다른 사람의 견해를 수용할 수 있어야 하고, 인간관계를 유지하며 다른 사람의 필요에 민감하게 대응할 수 있어야 한다. 나딩스는 이것을 '몰입'이라고 한다. 배려의 윤리가 함께 느끼는 감정 혹은 정서, 공감과 몰입의 심리적 측면을 강조한 것은 사실이지만, 이성의 역할을 무시한 것은 아니라는 것이다. 배려는 상황을 이해하고, 배려의 실천 가능성에 대해 판단하며, 어떠한 방식에 의해 배려를 가장 효율적으로 실천할 것인가를 생각하는 과정에서 이성적 사려와 판단이 요구된다.

셋째, 배려의 윤리에 따라 다른 사람을 보살피는 사람은 자신의 배려의 행위에 있어서 추상적이고 보편화 가능한 원리를 잘 따랐는가 하는 것 보다 '구체적 상황'을 제대로 고려했는지를 더 중시한다. 예를 들어 누가 어떤 범죄를 저질렀을 경우 어떤 '도덕적 원칙' 속에서 따지고 비난하고 처벌할 수 있지만, 배려의 윤리는 도덕적 맥락을 중시함으로써 범인이 누구이며, 누가 희생을 당했는지와 같은 '구체적 상황'을 더욱 묻고 싶어 한다. 그리고 우리 아이가 그랬다면 어떻게 하나 하고 역지사지의 생각을 하기 시작한다.

나딩스가 강조하는 배려는 자신과 특수한 관계를 맺고 있는 사람에 대한 배려로서 모든 사람에게 적용되는 보편적인 배려가 아니다. 배려를 주로 관계나 만남으로 보는 나딩스는 판단이나 행위보다는 배려자와 피배려자 간의 만남(관계)에 주목한다. 나딩스에 의하면 "배려하는 것은 도덕원리나 규칙에 따라 하는 것이 아니라, 애정과 존중의 마음으로 하는 것이다, 그것은 구체적인 상황에서 특정인에 대한 특별한 존중심을 가지고 행동하는 것이다."고 하여 정의나 공정성과 같은 도덕원리나 규칙에 의존할 수 없다고 하였다(조성민, 2013: 208).

배려의 도덕교육 방법

나딩스는 모든 교육은 배려를 유지하고 강화시켜 주는 도덕 교육에 그 목적을 두어야 한다고 주장한다. 그녀는 도덕 교육을 가정이나 교회 또는 학교에서 배타적으로 실시되는 과업이 아니라 공동체 전체의 사업이라고 봄으로써 도덕 교육의 공동체적 특성을 강조하였다.

배려의 도덕 교육에 있어 교사의 역할은 콜버그의 입장보다 적극적이다. 교사는 단순히 딜레마의 제공자나 보조자로서의 역할이 아니라, 학생들을 보살피는 주체로서, 어머니와 같은 역할을 수행해야 한다. 교사는 학생들을 사랑하고, 존중해 주며 인정해줌으로써 성취동기를 높이고, 학생들이 도덕적인 방식과 배려가 무엇인지를 느끼게 해 주는 사람이어야 한다. 교사는 배려적 행위의 모델이자 배려의 감정을 길러주는 적극적인 의미의 교육의 주체이다.

나딩스는 도덕교육의 방법으로 본보기, 대화, 실천, 인정과 격려 네 가지 요소를 제시하고 있다(박병춘, 2002: 148-155).

본보기

본보기는 모든 유형의 도덕 교육에서 중요하지만 특히 배려를 위한 도덕 교육에서는 가장 핵심적인 방법이다. 나딩스에 따르면 배려의 능력은 자신들이 배려를 받았던 경험과 배려를 베풀었던 경험에 의존한다. 교사는 학생과의 만남과 관계 안에서 행동을 통해서 배려를 실천함으로써 배려의 의미와 어떻게 배려하는지를 가르쳐야 한다.

교사는 학생들과의 관계 속에서 배려하는 방법을 보여주고, 그들에게 배려를 몸소 보여주어야만 한다. 따라서 교사는 보살펴 주는 사람과 본보기의 역할을 동시에 수행해야 하기 때문에 교사는 학생들과 이루어지는 모든 관계 안에서 언행을 통해서 보살펴 주는 사람으로서 모범을 보여줌으로써 배려의 본보기이자 보살펴 주는 사람으로서의 역할을 수행해야 한다.

대화

나딩스는 도덕 교육에서 대화를 필수적인 요소로 본다. 왜냐하면 대화를 통해서 상호간의 이해와 신뢰를 형성하고, 의사를 교환할 수 있을 뿐만 아니라, 상호간의 배려를 지속할 수 있고, 보살펴주는 사람과 배려를 받는 사람이 함께 성찰할 수 있기 때문이다. 이러한 대화중에 도덕 교육에서 가장 중요한 대화는 일상적인 대화이다.

학교에서 교사와 학생 간에 이루어지는 대부분의 대화는 교사들이 지시하는 형태로 이루어지며, 참다운 의미의 대화는 거의 이루어지지 않는다. 따라서 일상적인 대화에서 대화의 상대자들은 서로 격려해주고 도와줄 뿐만 아니라 서로 인도해 주고 추종한다. 이를 위해 학생들이 진솔하고 적극적인 자세로, 그리고 편안한 마음으로 대화에 참여할 수 있게 하기 위해서는 교사와 학생간의 신뢰가 형성될 수 있을 정도로 충분히 서로에 대해서 알 수 있는 시간이 요구된다.

실천

나딩스는 배려의 윤리적 이상을 발달시키기 위한 도덕 교육 방법으로서 학생들에게 배려를 실천해 볼 수 있는 기회를 제공해 줄 것을 제안하였다. 배려의 실천을 위한 방법으로서 학교에서 정규교과목 이외의 봉사 활동 과정을 채택할 것과 협동학습을 제안하였다. 나딩스는 협동학습의 중요성을 높이 평가하였다. 그 이유는 협동학습이 배려의 핵심인 관계성과 반응성의 감각을 얻고, 윤리적 이상을 고양하기 때문이다.

봉사활동은 인간의 상호의존성과 나눔의 가치를 체험하게 해줄 뿐만 아니라, 서로를 이겨야 하는 경쟁 상대자가 아니라 더불어 살아가야 하는 동반자로 인식하게 해주는 장점을 지니고 있다. 또한 협동학습을 통하여 학생들은 배려의 실천적인 경험을 하고, 배려의 의미를 이해하고, 관계의 중요성과 상호협동의 중요성을 얻을 수 있다. 그러므로 교사는 협동학습이나 봉사활동의 목적이 서로를 도와주기 위한 것임을 학생들에게 분명하게 인식시킴으로써 배려의 실천을 위한 계기로 삼을 수 있도록 해야 한다.

인정과 격려

나딩스는 인정과 격려의 개념을 '다른 사람 안에 있는 최상의 것을 확언하고, 고무시켜주는 행동'으로 정의한 부버(M. Buber)의 개념을 그대로 수용하여 사용하고 있다. 인정과 격려란 교사가 학생에 대한 이해와 지식을 기초로 학생이 지니고 있는 보다 훌륭한 자아를 확인하고 이의 발달을 격려해 줌으로써 최상의 자아를 고양시켜주는 것이라고 할 수 있다.

따라서 인정과 격려를 해주기 위해서 교사는 학생의 재능이나 능력, 특성, 관심 등을 알고 있어야 할 뿐만 아니라 학생과 서로 친밀감과 신뢰감을 형성하고 있어야 한다. 이를 위해 먼저 많은 만남과 대화의 시간이 전제되어야 한다. 또한 교사는 학생들을 배려하고 그들과 함께 있는 것을 즐길 수 있어야 한다. 이런 관점에서 보았을 때 나딩스가 제시하고 있는 교육방식들은 서로 독립된 것들이 아니라 서로 유기적으로 결합되어 있는 것임을 알 수 있다.

배려윤리의 문제점

배려윤리가 가지고 있는 도덕 교육의 적용에 있어서 문제점을 요약해 보면 다음과 같다.

첫째, 도덕성 및 도덕 교육의 개념화에 있어서 나딩스는 지나치게 정의적인 측면만을 강조함으로써 인지적 측면을 등한히 하고 있다.

둘째, 나딩스는 배려의 기원을 모성적 배려에 둠으로써 배려윤리를 여성적 특징으로 규정한다. 그러나 배려윤리는 나딩스의 주장처럼 여성적 특징으로만 보기는 어렵다. 배려윤리는 성(性)뿐만 아니라 인종, 문화, 전통, 역사, 사회 · 경제적 환경 등과 연관해서 정의될 수 있는 것으로 파악해야 한다. 왜냐하면 배려윤리의 특성은 서구 문화권보다는 유교적 전통의 지배를 받는 동양사회에서, 도시보다는 농촌에서, 오늘날의 산업사회보다는 전통적인 과거 농경사회에서 더 많이 찾아볼 수 있기 때문이다.

셋째, 배려윤리는 편협성의 문제를 지니고 있다. 배려윤리는 배려자를 피배려자가 수용하고 반응할 수 있을 경우에만 완성될 수 있다는 관계적 특성을 갖는다. 배려자의 의무는 배려에 대한 반응을 기대할 수 있는 대상에게만 주어진다. 그러나 배려자가 배려한다는 것을 피배려자가 알지 못한다는 것이 분명하다 하더라도 배려자는 배려를 멈추지 않는다고 본다. 피배려자가 배려자의 배려를 인지하고 반응을 보이면 도덕적으로 아주 중요할 것이지만, 쇼간(Shogan)은 예를 들어 "만약 내 친구가 혼수상태에 있어서 나를 알아보지 못하거나 나의 자선적인 마음을 알지 못한다하더라도 나의 배려는 멈추지 않는다." 라고 말한다(박준성, 2002: 162).

넷째, 배려윤리는 배려해 주는 사람과 배려를 받는 사람간의 관계에만 초점을 두었을 뿐 배려가 이루어지는 사회적 맥락이나 정치적 측면에 대해서는 관심을 크게 기울이지 않았다. 즉 배려윤리는 더 큰 공동체로 확대되기 어렵고 편파적으로 될 우려가 있다. 실제적으로 개인적 차원에서의 배려만으로는 가난이나 기아와 같은 사회적 문제를 근원적으로 해결하는 것이 불가능하다.

다섯째, 배려윤리에서 피배려자는 적절한 반응만을 보여주면 되는데, 배려자에게는 너무 많은 역할이 요구된다.

결 언

배려의 윤리는 정의의 도덕성에서 간과하였던 타인에 대한 배려, 연민, 동정심, 상호 의존성과 유대감, 도덕적 책임과 인간관계 등을 중시함으로써 도덕성의 영역을 확대시켜 주었을 뿐만 아니라 인간에 대한 총체적인 이해를 가능하게 해주었다.

배려의 윤리는 여성과 남성, 자아와 타자 모두를 위한 윤리이며, 인지적, 정의적, 행동적 측면이 내포된 실천의 윤리이고, 정의와 양립할 수 있는 윤리이다(고미숙, 2005: 368).

배려는 자기 자신을 배려하는 것을 배워야 그 실천이 가능하다. 배려의 실천에는 자아에 대한 존중, 즉 자기 스스로 자신을 존중하는 것이 필요하다는 것이다. "자아를 배려하는 것을 배운다는 것은 동시에 타자를 배려하는 것을 배운다는 것이다."는 나딩스의 말처럼, 자신을 잘 안다는 것은 타인을 배려하는 윤리적인 토대가 된다. 자기 배려를 한다는 것은 자기를 가치 있는 존재로 인식하고 존중하는 것이다. 자기 배려를 함양하기 위해서는 윤리적인 자기대화를 하거나 성찰일기를 쓰는 것이 도움이 될 것이다.

학교에서 학생들에게 배려를 함양하려면, 학교 자체가 따뜻한 배려의 공동체가 되어야 할 뿐만 아니라 학생들이 배려를 하고 배려를 받는 상황에 노출되어 있어야 한다. 따라서 학교는 학교 규칙과 학생의 처벌 방법 등에 대한 학교의 제도와 구조 개선에도 힘써야 한다.

배려의 윤리가 관계의 윤리이기 때문에 배려를 하거나 배려를 받아보지 못하면 배려하는 능력이 길러지기 어렵다. 그러므로 학생들에게 협동학습, 봉사활동의 기회를 풍부하게 주어야 한다. 봉사활동 등을 통해서 배려를 받는 자와 함께 이야기 나누기, 자신의 배려에 대해 분석해 보기, 배려를 받는 자의 역할을 해 보기 등의 기회를 학생들에게 제공하여야 한다. 학생들은 배려의 실천을 통해서 자신의 몸에 배려하는 습관을 체득하게 된다(고미숙, 2005: 362-369).

<참고 문헌>

강신향, "초등도덕과 교육에서 리코나 인격교육론 적용 및 개선방안 연구", 한국교원대학교 대학원 석사학위논문, 2011.
고미숙, 『대안적 도덕교육』, 서울: 교육과학사, 2005.
김윤정, "덕교육의 근거와 한계", 서울대학교 대학원 석사학위논문, 1997.
김진숙, "정의와 배려의 통합을 적용한 고등학교 도덕과 수업 방안", 한국교원대학교 대학원, 석사학위논문, 2003.
김태훈, 『도덕성 발달이론과 교육』, 서울: 인간사랑, 2005
남궁달화, 『도덕교육사상』, 서울: 학지사, 2014.
박병춘, 『배려윤리와 도덕교육』, 서울: 울력, 2002.
박병춘, "배려윤리의 초등 도덕과 교육에의 적용방안", 『도덕윤리과교육』

제20호, 2007. 7.

박준성, "배려와 도덕적 동기", 『도덕교육학 연구』제3집, 한국도덕교육학
　　　연구회, 2002.

박병기, 추병완, 『윤리학과 도덕교육①』, 서울: 인간사랑, 1996.

심성보, "보살핌의 윤리학과 도덕교육의 인식 전환", 『인간주의 교육사상』,
　　　고려대학교 교육사철학연구회 편, 서울: 내일을 여는 책, 1996.

유슈현 외 11인, 『인간행동과 사회환경』, 경기: 양서원, 2015.

이택휘, 유병열, 『도덕교육론』, 서울: 양서원, 2000.

임병덕 외 2인, 『도덕(윤리) 교과교육학 교재 개발 연구』, 한국교원대학교
　　　　　　부설 교과교육공동연구소, (연구보고 RR 99-Ⅲ-1(별책),
　　　　　　2001. 7

정세구 외, 『인격교육과 덕교육』, 서울: 배영사, 1996.

정윤경, "나딩스의 배려윤리와 도덕교육", 『교육학연구』, 제27권 제1호, 2000.

조성민, 『도덕·윤리교육의 윤리학적 접근』, 서울: 교육과학사, 2013.

조난심, "도덕교육의 목적으로서의 자율성 - 그 의미와 한계 - ", 서울대학교
　　　대학원 박사학위논문, 1991.

추병완, 『도덕교육의 이해』, 서울: 백의, 2002.

추병완, 『도덕교육의 이해』, 경기: 인간사랑, 2011.

Alex Molnar., 박병기 외 3인, 『아동인격교육론』, 인간사랑, 1999.

Gilligan. Carol., 허란주 역, 『다른 목소리로』, 서울: 동녘, 1997.

Kohlberg, L., 김민남 역, 『도덕발달의 심리학』, 서울: 교육과학사, 1988.

제**12**장

서사와 도덕교육

1. 도덕교육의 서사적 접근

서사의 의미

인간은 본질적으로 서사적 존재라고 할 수 있으며, 서사는 인간행동을 특징짓는 기초적이고 필수적인 형식으로 자신의 행위는 물론 타인의 행위를 이해하는데 중요한 수단이 된다. 인간의 행위가 서사에 의해 잘 이해된다는 것은 우리가 서사적 삶을 살고 있기 때문이다. 특정한 시·공간에서 일어나는 인간의 경험은 그것이 서사로 구성되고 전달되는 과정을 통해 정당성과 의미를 부여받게 된다. 이러한 서사는 개인뿐만 아니라 문화적 차원에서도 형성된다. 문화는 정당성과 의미를 부여받은 서사를 보유하게 되는데, 이러한 서사들은 한 문화의 '의미의 세계'를 형성하는 핵심이 된다. 인간은 문화적 차원의 서사를 배움으로써 의미를 공유하게 되고 자신의 행동을 서사로 표현하게 된다. 서사는 자신과 타인의 삶을 이해하기 위한 하나의 방법일 뿐만 아니라, 이미 공유된 문화의 가치를 구성하고, 전달하고, 변화시키는 수단이라고 말할 수 있다(정미진, 2003: 2).

서사(敍事, narrative)의 어원을 보면, 라틴어 gnarus(~을 아는 것, ~에 능숙한, ~에게 알려주다)와 narro(말하다, 이야기하다)에서 유래되었다. 'narrator', 'narratee' 등이 그 동족어이며, 어원적으로 말하자면, 'narrator'는 '알고 있는 사람'으로 번역된다. 서사는 어원적으로 볼 때, 알고 있는 사람이 알고자 하는 사람에게 전달하는 이야기, 담화(story)이다(노희정, 2005: 112).

서사는 시간적 인과관계와 관련된 행위들을 하나의 의미 있는 전체를 구성한다. 서사를 구성하는 요소들은 각각 별개의 것들이지만, 서사를 통해 인과관계로 연결되며, 이러한 상호 관련 속에서 영향을 주면서 축소, 확대 또는 변형을 통해 다른 결과를 낳기도 한다. 각각의 경험들을 따로 떼어놓고 그 중 일부분을 가지고 의미를 파악한다면, 그 의미는 전체적 틀에서 해석되어지는 것과는 다른 의미가 될 가능성이 있다. 따라서 우리는 각각의 행위와 사건을 전체적 맥락에서 이해하기 위해 서사를 구성하는 것이다.

서사는 인간의 삶을 해석할 수 있는 개인의 역사적 맥락을 드러내며 인간 행위를 구체적으로 이해할 수 있도록 한다. 서사는 사람들과 그들 행동의 원인들, 의도, 목적, 주관적 경험을 드러낸다. 즉 사람들의 행동과 의도에서의 세부사항들이 이야기의 맥락에서 본질적이다는 것이다. 따라서 서사에 나타나는 어떠한 정서나 구체적인 맥락성은 자아와 타인들에 대한 책임감, 따뜻한 배려, 조화를 강조하는 윤리적 입장을 드러낸다(이왕주 외, 2003: 88).

서사에는 서술자와 청중이 존재하며, 청중의 적극적 참여에 의한 해석에 의해 내용이 완성된다. 즉각적으로 받아들이는 단편적인 정보와는 달리, 청중은 내용을 통해서 앞의 이야기를 바탕으로 뒤의 내용을 상상, 추측하여 머릿속에서 하나의 이야기를 형성해 간다. 이러한 의미에서 보면, 서술자의 역할은 서사를 특징짓는 가장 중요한 요인이 된다. 서술자는 청중들과의 관계 속에서 알고 있는 사람, 즐거움을 주는 사람, 무엇인가를 만들어 내는 사람의 역할을 한다. 그리고 청중은 서술자의 서사를 통해 각각의 사건들은 인과관계와 전체적 맥락에서 그 의미를 해석하고 이해하게 된다. 따라서 서사는 내용을 단순히 나열하는 것이 아니라, 무엇이 일어날 수 있는가를 찾고 상상할 수 있도록 재구성하여 전달해야 한다.

서사는 우리가 누구이며, 무엇이 될 것인지 설명하는 것을 가능하게 해준다. 인간은 '의미 만들기'의 한 형태로서 서사를 통해 자신의 일상적인 삶을 이해하고 그것에 의미를 부여하게 된다. 인간은 자기 자신과 다른 사람들에게 이야기 하고자 할 때, 서사를 구성하는 과정에서, 내가 누구였으며, 현재 누구이며, 어디로 가고 있는지에 대한 의미 있는 정보를 제공받는 것이다(염지숙, 1999: 62).

매킨타이어(MacIntyre)는 인간의 삶과 서사의 관계에 주목하고 있다. 그는 "인간은 본질적으로 이야기를 말하는 동물이다."고 지적하면서 서사가 인간행동을 특징짓는 기초적이고 필수적인 형식이라고 보았다. 즉 인간은 자기 자신과 타인의 행위를 이해하기 위해 특별한 사건이나 이야기를 특정한 상황에 위치 짓는다는 것이다. 따라서 서사가 인간의 경험을 이해하는데 중심이 된다고 지적하고 있다. 이때, 인간 행동의 의미가 서사에 의해 잘 이해된다는 것은 우리가 서사적인 삶을 살고 있으며, 우리가 살아가는 서사로서 우리의 삶을 이해하기 때문이다(A. MacIntyre, 이진우 역, 1997: 318-322).

인간의 삶은 서사 속에서 영위되고 파악되며 변형되어 간다고 말할 수 있다. 우리의 삶은 서사 구성의 과정이며, 우리는 그러한 서사를 통해 삶을 표현하고 공유하게 된다. 이러한 점에서 서사는 근본적인 인간 활동이며, 인간은 서사적 존재인 것이다.

서사의 구조와 기능

서사(narrative)는 이야기(story)와 담론(discourse)으로 구성된다. 즉, 서사는 "누구에게 무슨 일이 일어났는가."를 말하는 이야기와 "그 이야기가 어떻게 전달되는가."를 말하는 담론으로 이루어져 있다. 서사는 내용과 표현, 또는 이야기와 담론을 포함하고 있는 것이다. 이렇게 보면, 이야기는 서사의 '무엇'(표현 내용)이며, 담론은 '어떻게'(표현 방법)에 해당한다. 이러한 구조적인 특성으로 인해 한 가지의 내용은 무수히 다양한 서사를 형성하게 된다(정미진, 2003: 5).

인간의 경험은 그 자체로서는 장소와 시간에 따라 일어난 일련의 사건일 뿐이다. 특정한 시·공간에서 발생한 일련의 사건으로서 인간의 경험은 서사로 구성되어 시간과 주제에 의해 연결 지어짐으로써 의미가 구성되고 정당성을 갖게 된다. 서사는 사건과 인간행위를 하나로 조직하여 의미를 부여하는 역할을 한다는 점에서 단순히 일련의 사건들을 일어난 장소와 시간에 따라 나열해 놓은 일대기와는 구분된다.

서사적인 구조의 특징을 살펴보면, 이야기는 두 가지 조망, 즉 행위의 조망과 의식의 조망이 동시에 구성되어 있다. 행위의 조망은 행위의 줄거리로서 행위자, 의도나 목적, 상황, 수단 등이 들어 있다. 의식의 조망은 행위에 연루된 사람들이 알고 사고하고 느낀 것 혹은 알지 못하고 사고하지 못하고 느끼지 못한 것이 들어있다. 부르너(Bruner)는 이러한 조망의 이중성이 서사의 본질적인 요소라고 주장한다. 요컨대 서사에는 사건들의 순서가 포함되고, 그 순서는 바로 행위자의 의도, 의미를 전하게 된다는 것이다. 그런 의미에서 리쾨르(P. Ricoeur)는 "이야기를 서사화한다는 것은 이미 이야기된 사건에 대해 반성하는 것이다."라고 하였다. 이야기를 한다는 것은 최초의 즉각적인 경험을 역사적으로 그대로 기술하는 것이 아니라, 특정한 방식으로 즉 삶의 내용과 계속성에 형식을 부여하는 방식으로 경험을 구조하는 것이다. 그리하여 부르너는 우리의 삶을 열거한다는 것은 해석학적인 업적이라고 말한다. 우리의 삶에 대해 말한다는 것은 일어났던 것에 대한 단순한 기록으로서가 아니라 우리의 경험을 계속적으로 해석하고 재해석함으로써 경험을 구조 짓는 일이며, 경험에 의미를 부여하는 일이다(고미숙, 2005: 175-176).

인간의 삶에서 서사가 가지는 기능을 살펴보면 첫째, 인간은 서사를 통해서 사고를 발전시키고 사회와 상호작용해 나간다. 이야기를 통해 우리의 삶과 타인의 삶을 구체적으로 인식하고, 그들의 삶을 서사로 해석한다는 것이다. 둘째, 이야기를 통해 자신의 모습을 발견하고 정체성을 확인할 수 있다. 이야기와 대화는 삶의 경험을 전달하고 서로를 이해하는데 적합한 방식인 것이다. 셋째, 개인의 도덕 경험에 관한 이야기가 도덕성 발달의 기제로서 작용한다는 점이다. 인간은 자신의 삶에 대해 스스로 이야기를 작성함으로써 도덕적 책임을 갖게 된다는 교육적 기능이다.

서사의 특징을 정리해 보면 첫째, 서사는 아는 것을 말하는 것으로 전환하는 과정이자 방법으로서 내용과 표현 또는 이야기와 담론으로 구성되어 있다. 둘째, 개인적 차원에서 서사는 자신과 타인의 삶을 이해하기 위한 하나의 방법이다. 셋째, 사회·문화적 차원에서 서사는 이미 공유된 문화의 가치를 구성하고, 전달하는 수단이다. 넷째, 서사는 인간의 삶을 이루어가는 방식이며 인간은 이야기를 통해 자신과 타인의 삶의 모습을 알아간다(정미진, 2003: 15).

도덕교육의 서사적 접근

도덕교육의 '인지발달적 접근'과 '인격교육적 접근'은 도덕교육의 대표적은 두 입장이라고 할 수 있다. 그러나 이들 두 입장은 도덕성의 내용과 형식을 분리된 것으로 파악함으로써, 내용을 통해 형식을 획득하는 과정에서 도덕교육방법의 중요한 의의에 관심을 기울이지 못하는 한계를 가진다. 도덕교육이론가들은 이들 두 접근이 나타내는 문제를 해결하기 위해 다양한 방식을 제안하고 있으며, 이러한 다양한 방식은 '내용과 형식의 통합' 또는 '사회화와 발달의 통합'이라는 이름으로 주장되고 있다. 최근 도덕교육 분야에서 주목의 대상이 되고 있는 '서사적 접근' 역시 인지발달적 접근과 인격교육적 접근을 통합한다는 입장에 있다. 서사가 도덕적 경험을 표현하고 도덕성을 형성하는 과정에서 아동의 인지적, 정의적, 행동적 측면을 통합하는 데 중요한 수단이라는 것이다. 이에 도덕교육에서 서사가 어떤 역할을 하는지 살펴볼 필요가 있다.

태편은 도덕교육의 서사적 접근을 통해 인지발달적 접근과 인격교육적 접근과의 차이점을 강조하며 통합방안을 제시하고 있다. 그에 의하면, 인지발달적 접근에서 사용하고 있는 가상적 딜레마는 학생의 도덕적 추론능력에 한계를 가져올 수밖에 없으며, 실제적으로 도덕적 행동의 변화에는 별로 영향을 주지 못한다. 그리고 인지발달적 접근에서는 인지적 요소만을 중요시 여기고 정의적, 행동적 측면을 소홀히 여기고 있다고 보았다. 한편, 인격교육적 접근은 특별한 가치와 행동을 아동에게 일방적으로 전달하는 방법에 치중한 결과, 아동이 자신의 생활 속에서 진정한 도덕적 권위를 갖고 행동해야 한다는 점을 간과하고 있다.

이와 같은 인지발달적 접근과 인격교육적 접근이 가지고 있는 한계를 보완하고자 하는 서사적 접근은 학생이 자신의 도덕적 경험의 저자가 되고, 그러한 과정을 통해 권위와 책임감이 표현되고 고양될 수 있는 기회를 가지는 것이 특징이다. 학생은 서사를 통해 자신의 도덕적 경험의 인지적, 정의적, 행동적 측면을 통합한다는 것이다.

서사는 사고와 전달의 공통된 특성을 갖고 있으며, 서사적 사고에 의한 서사 형성 과정은 바로 '의미 형성'의 과정이 된다. 도덕교육은 도덕적 경험과 지식의 의미가 전달되고 형성되는 과정이므로 도덕교육에서 서사가 중요한 역할을 한다고 보아야 한다. '서사적 접근'은 서사가 도덕성 발달에 있어 중요한 기제가 된다는 점을 강조하면서 인지발달적 접근과 인격교육적 접근의 단점을 통합하는 입장이라고 보았다.

서사적 접근에서는 학생의 도덕적 경험을 통해 인지적 요소 외에 다른 측면을 포괄하는 도덕성의 통합적 발달을 도모할 수 있다는 것이다. 인격교육적 접근은 특별한 가치와 행동이 담긴 이야기를 일방적으로 학생에게 전달하는 교사 중심적 방법이다. 반면에 서사적 접근은 자신의 도덕적 경험을 이야기함으로써 도덕적 사고, 감정, 행동의 측면에 권위와 책임을 갖게 되어 도덕성 발달을 도모한다는 것이다. 즉 서사적 접근은 인격교육적 접근과는 달리 외부의 권위가 아닌 내면의 설득력 있는 담화를 통해 도덕발달을 도모한다는 것이다(정미진, 2003: 25)

이러한 관점에서 태편은 실제 삶에서 도덕적 경험의 인지적, 정의적, 행동적 차원의 상호관계를 파악을 가능하게 하는 서사가 중요시되어야 한다고 보았다. 도덕적 경험은 개인이 도덕적 결정이나 행위를 요구하는 상황, 갈등, 딜레마에 직면하게 되는 것으로, 인지적, 정의적, 행동적 차원이 서로 분리되지 않은 상태로 이루어져 있다. 이러한 도덕 경험은 개인이 도덕적 딜레마에 직면할 때, 도덕적 경험 속에 분리될 수 없는 세 차원들의 관계를 파악하게 해 줌으로써 학생의 심리적 본성을 이해할 수 있게 해준다. 이 때, 도덕적 경험에 접근하기 위한 방식은 서사를 통해서 가능하다. 따라서 개인의 서사는 도덕적 경험의 인지적, 정의적, 행동적 측면의 상호관계를 고려하여 가치 있는 관점을 제공해 주는 역할을 한다(정미진, 2003: 26).

태편은 개인이 자신의 도덕 경험을 이야기할 수 있는 기회가 부여될 때, 개인은 자기 이야기의 저자가 되어서 경험을 숙고하여 이야기 형식으로 표현하며, 이러한 과정에서 개인의 도덕적 권위감 역시 높아진다는 것이다. 즉 개인은 자신의 도덕 이야기의 저자가 됨으로써 저자의식(authorship)을 갖게 된다. 따라서 저자가 된다는 것은 이야기를 구성하고 말하는 것과 관련되며 이는 또한 이야기에 가치를 스며들게 하고 개인의 도덕적 관점을 대표하는 도덕적 권위를 주장함으로써 도덕 가치화의 기능을 한다. 저자의식은 이야기를 통해서 표현될 뿐만 아니라 그것을 통해서 발전해 나간다. 개인이 도덕적 경험을 이야기 하려면 그러한 경험을 숙고해야 한다. 즉 개인은 자신이 생각하고 느끼고 행동한 것에 대해 숙고할 수 있는 기회를 가지게 된 것이다(도홍찬, 2008: 86-87).

태편은 이러한 저자의식을 통해 학습이 이루어짐으로써 도덕교육 효과가 나타날 수 있다고 보았다. 즉 저자의식은 저자 권위라고도 말해지는데 이를 통해 화자는 스스로 도덕적 가치를 발견하고 도덕적 주체성을 확립해 나간다고 볼 수 있다(윤일선, 2010: 2). 인간은 자신의 서사를 구성하면서 도덕적 가치를 부여하고 도덕적 권위를 주장하게 되는 것이다.

서사적 접근은 학생들에게 가치를 주입하려는 것이 아니라 학생들 자신의 도덕적 관점에 권위와 책임감을 가지고 믿고 행동하도록 하는데 있다. 도덕성 발달에서 자신의 고유한 도덕적 목소리를 가지도록 조장하고 촉진하는 서사적 접근법은 개인이 실생활에서 도덕적 경험을 반성적으로 숙고하고 표현하는 기회를 부여하는 것을 중요하게 여긴다.

도덕발달에 있어서 서사는 두 가지 입장으로 나누어 볼 수 있다. 첫째는 시, 소설, 민담 등으로 도덕적 행위에 영향을 주는 이야기를 들 수 있다. 즉 인류의 전통적인 가치와 덕목을 담고 있는 문학 작품이나 도덕적 이야기들이다. 이러한 이야기는 인격을 고양시키는 교육적 방법으로써 인류의 위대한 지적 전통을 전승하고 도덕적 권위를 내면화시키는 방법이다. 둘째는 개인의 도덕적 경험을 이야기나 글쓰기 등을 통해 자신의 삶을 표현함으로써 도덕적 사태에 대한 이해를 높이는 입장이다. 사람들은 자신들의 현실을 이야기로 나타내고, 이것은 단순한 도덕적 경험의 표현을 넘어서 자신의 실존적 존재 양식과 의미를 이해하게 된다. 이는 생활 세계의 도덕적 경험을 이야기할 때 삶의 맥락과 자신의 이해가 선명할 수 있기 때문이다. 자신의 이야기에는 그 자신의 도덕적 경험과 관점에 권위를 부여하고 이러한 자신이 스스로 이야기의 저자가 되는 것이다. 이 때 말하는 도덕적 경험은 이야기를 숙고하는 과정에서 자신에 대한 이해도를 높이는 계기가 되며 자신의 감정, 사고, 행위에 대한 책임감을 가지게 된다 (이왕주 외, 2003: 76-77).

서사적 접근의 도덕교육은 교훈적인 도덕이야기 뿐만 아니라 실제 삶에서의 도덕 경험을 이야기하도록 할 수 있다. 태펀과 브라운 (Mark Tappan & Lyn Brown)은 서사가 도덕성을 가르치는데 핵심적인 방법이 될 수 있다고 하면서 다음과 같은 서사적 접근의 특징을 제시하였다(고미숙, 2005: 179-182).

첫째, 서사적 접근은 실제 삶에서 도덕적 경험의 '인지적, 정의적, 행동적 차원의 상호 관계'를 중시하는 도덕 이야기를 제공해 준다. 도덕적 경험(도덕적 결정, 도덕적 행위를 요구하는 상황이나 갈등사태)에 대한 선택과 결정은 이야기를 말하는 서사적인 형식에 의한다. 왜냐하면 서사의 기능 중의 하나가 인지, 정의, 행동을 결합시키는 것이기 때문이다.

둘째, 학생들에게 자신의 도덕 이야기를 할 수 기회를 제공해 주고 저작하기 과정을 통해 자기 자신의 권위와 책임을 증진시킨다는 것이다. 즉 개인은 자기 자신의 도덕이야기를 지음으로써 권위를 성취한다. 또한 자신의 도덕적 접근에 따라 행동한 것, 즉 도덕적 행위에 대한 책임을 가지게 된다.

셋째, 서사를 통해 학생들은 자기 자신의 도덕적 경험에 대해 반성하도록 고무된다는 점이다. 왜냐하면 개인이 자신의 삶에서의 경험에 대한 도덕적 이야기를 할 때 필연적으로 그 경험에 대해 반성해야 하기 때문이다. 그리하여 자신의 삶에서의 도덕적 경험에 대해 말하는 이야기에서 교훈들을 학습하게 되는 것이다.

넷째, 서사적 접근은 청중과의 관계를 통해 자신의 현재의 도덕적 갈등을 보다 분명하게 인식하게 해주고, 자신에게 올바른 도덕적 결정을 내릴 수 있도록 도와줄 수 있는 것이다. 또한 타자와의 상호작용을 통해 자신의 도덕적 접근을 재구성할 수 있는 것이다.

2. 서사를 통한 도덕교육

서사를 통한 도덕교육의 기본적인 요소는 이야기하기이다. 도덕교육 방법으로서 서사적 접근이 중요하게 생각하는 교수·학습 원리는 개인적인 도덕경험 이야기하기이다. 물론 인격교육론자들이 활용하고 있는 전통적인 이야기도 포함할 수 있다. 서사를 통한 도덕교육방법으로 도덕적 경험 이야기하기와 도덕적인 대화 및 도덕적인 상상력 기르기를 들 수 있다.

도덕적 경험 이야기하기

태펀(M. Tappan) 등은 학생들이 자신의 도덕적 경험과 자기 이야기를 구성하여 말을 할 경우, 저자 의식(authorship)과 도덕적 권위가 발달할 수 있다는 점과 가치 의식과 분명한 도덕적 관점 및 도덕적 책임감을 형성하는데 유리하다는 점, 그리고 도덕적 사고와 감정 및 행위의 주체화 등을 도모하는데 크게 기여할 수 있다는 점을 지적한 바 있다.

학생들이 자기 자신의 도덕 경험 이야기를 다른 대상에게 이야기하는 방식은 가치·덕목과 관련된 실생활의 경험을 이야기하는 것으로써 학생 주도의 개인적인 도덕 경험 이야기하기이다. 도덕 경험 이야기는 학생들이 자신의 도덕이야기를 만들어 낸다는 점에서 구성주의에 바탕을 두고 있다. 학생 스스로가 자신의 경험을 바탕으로 이야기를 구성하고 반성하며 가치·덕목에 능동적으로 생각하는 기회가 주어지므로 그들의 삶에서 도덕적인 경험을 체계적으로 구성해 나기 때문이다.

도덕적 경험 이야기하기에는 두 가지 활동이 있다. 하나는 가치규범과 관련하여 자신의 도덕적 이야기를 만드는 것이고, 다른 하나는 유사한 상상의 이야기를 만드는 것이다. 전자는 자신이 직접 경험한 바를 바탕으로 도덕적 이야기를 만드는 것인데 비해, 후자는 직접 경험하지는 않았지만 보고 듣고 읽고 생각한 바들을 바탕으로 상상하여 도덕이야기를 만드는 것이다. 어떤 경우이든 이 과정에서 학생들이 인간의 바람직한 삶과 관련하여 자신을 보다 깊이 성찰하고 어떤 자세로 어떻게 행동하고 생활해 갈 것인지에 대해 나름대로의 관점과 태도를 주체적으로 정립하면서 개별화하도록 잘 이끄는 일이 중요하다. 그리고 이 과정에서 말과 글로 표현하기를 위주로 하면서 동시에 만화나 그림으로 나타내기, 표정이나 신체 동작으로 나타내기, 교육연극에서의 여러 방법들(연극놀이, 말놀이 등)이나 역할놀이로 표현하기, 동시 짓기, 일기나 반성문 형식으로 나타내기 등 다양한 방법들을 적용할 수 있다(교육과학기술부, 2010: 54).

도덕 경험 이야기를 통해 자신의 도덕적 경험의 인지적, 정의적, 행동적 차원을 재현함으로써 학생들은 자신의 도덕적 접근으로부터 자기 자신의 경험에 대해 '반성'하도록 고무된다는 점이다. 왜냐하면 개인이 자신의 삶에서의 경험을 도덕적으로 이야기할 때 그 경험에 대한 반성을 해야 하기 때문이다. 특히 살아있는 자신의 고유한 도덕 경험을 이야기로 구성함으로써 학생들은 도덕발달의 중요한 과정인 도덕적 권위를 가질 수 있게 된다.

도덕 경험 이야기 접근은 청중과의 관계를 통해 자신의 현재의 도덕적 갈등을 보다 분명하게 인식하게 해주고, 올바른 도덕적 결정을 내리게 해줄 뿐만 아니라 자신의 도덕적 접근을 재구성하게 해준다. 그러나 이것은 자칫 잘못하면 자신의 도덕적 결정에 대해 정당화시킬 수 있는 기회를 줄 수 있다. 즉 이것은 어떤 의미로는 자기변명으로 그칠 수도 있다는 점이다.

도덕 경험 이야기 접근은 자신의 실생활 도덕적 경험에 대해 보다 분명하게 인식할 수 있도록 하고, 이러한 도덕이야기가 자신에게 올바른 도덕적 판단을 내릴 수 있도록 도와줄 수 있는 것이다. 또한 타자의 도덕적 접근과 상호작용함으로써 나 자신의 도덕적 접근이 재구성되어진다.

도덕 경험 이야기 접근은 자신과 타자의 삶을 이해하게 됨으로써, 타자와의 관계를 깊게 해줄 뿐만 아니라 자기 자신에게는 더 나은 자아를 찾도록 해준다. 타자의 실생활 경험을 진솔하게 들음으로써 "저 사람이 평소에는 왜 저런 행동을 할까?"하고 의심했던 일들이 타자의 의도, 경험에 대한 서사적인 문맥을 통해 이해할 수 있게 된다. 나의 삶의 이야기를 경청하는 타자들의 반응과 나의 삶의 이야기에 대한 자기반성이 더 나은 자아를 구성하게 해준다.

도덕 경험 이야기하기를 통하여 교사들은 학생들에게 그들의 도덕 이야기를 하게하며 그들의 도덕적 관점과 경험들을 계속 발전시킬 수 있는 기회를 제공한다. 도덕 경험 이야기하기를 통하여 도덕 문제를 다룬 아동은 도덕적 문제의 이해를 깊이 할 수 있으며 도덕적 판단력을 기를 수 있다. 무엇보다 학생들의 생활세계에 근접하고, 보다 현실성이 있는 도덕 경험 이야기하기의 원천으로는 아동의 일기를 활용할 수 있다. 교사가 아동의 일기장에서 도덕 교과서의 제재 와 적합한 내용을 추출하여, 아동의 동의를 전제로 수업 시간에 활용하는 것이다.

도덕적 대화하기

　도덕적 대화는 서사에서 빠질 수 없는 필수적인 요소이다. 대화 즉 이야기함은 단순한 의사소통이 아닌 서로를 배려하고 수용하는 진정한 대화이다. 특히 자신과의 대화는 도덕적 자아 형성을 돕는다. 타인과의 대화 속에서 도덕적 주체인 나는 자신의 삶을 도덕적으로 재조명하고 반성한다. 그리고 서사적 주체로서 타인에게 삶을 이야기하고 들을 때, 자신의 인지구조를 활용하고 도덕적 정서를 느끼며 공감하고 타인을 배려하는 행위를 포함하게 된다(윤일선, 2010: 63).

　대화는 도덕교육방법에서 중요한 의미를 지닌다. 나딩스는 아동과 청소년들이 일상생활에서 성인들과의 실제적 대화를 통해 당사자 모두가 이야기하고 듣고, 서로에게 반응하는 것이 중요하다고 하였다. 도덕 경험의 이야기를 통해서 화자와 청자 간의 인간적인 신뢰와 따뜻한 배려의 관계가 성립하지 못하면 도덕적 이야기는 계속해서 진행될 수 없을 것이다. 나딩스가 강조하듯이 중요한 것은 도덕적인 문제 자체가 아니라 대화에 참여하는 사람이다. 대화는 본질적으로 이야기의 상호 교환이다. 그러므로 도덕 경험에 대하여 따뜻한 인간적 감응 관계에 기초하여 대화를 나누는 과정을 통해서 개인은 자신의 권위가 존중받고 있다는 것을 깨달을 수 있으며 상대방의 도덕적 권위 역시 북돋워 줄 수 있는 것이다. 도덕적 대화는 사람들이 의사결정 과정에 있어서 고려해야 될 많은 것들이 존재한다는 것을 보여준다. 도덕적 대화는 학생들에게 다른 사람의 경험에서 나오는 이야기들로부터 배울 수 있는 기회를 제공하며 도덕적 결정을 내리는 판단을 연습할 수 있게끔 도와주는 역할을 한다(이숙희, 2004: 51-54).

　나딩스는 도덕적 대화를 통해 타인의 감정과 행위를 배려할 수 있음을 말한다. 도덕적 대화를 함에 있어서 그 내용이 삶의 경험 중의 도덕적 사건에 해당될 수 있을 것이다. 화자는 자신의 도덕적 사건에 있어서 그 갈등 상황이나 자신이 결정한 행위에 대하여 말할 것이고, 청자는 그 갈등 상황을 듣고 화자의 결정에 공감하기도 할 것이다. 여기서 청자는 화자가 말하는 도덕 갈등 상황에 대해 생각하고 이야기할 때, 화자가 처한 상황이나 배경을 고려하고 배려하여 화자의 옳고 그름을 생각할 것이다(윤일선, 2010: 18).

서사적 대화는 개인의 삶의 이야기와 경험에 초점을 둔다. 서사적 대화는 '우리 자신의 삶의 이야기를 대화하는 것'이며, 그럼으로써 '대화 참여자들을 인간적으로 성장하도록 하는 것'이다. 서사적 대화는 대화 참여자들이 자신의 삶의 경험들을 상호적으로 말하고 경청하고 응답함으로써 그들 자신의 관점이 변화되고 자신의 삶에 변화를 동반하는 대화이다. 서사적 대화가 필요한 이유를 살펴보면 다음과 같다(고미숙, 2005: 240-244).

첫째, 서사적 대화가 필요한 이유는 인간 각자의 삶과 경험에 초점을 두어야 한다는 점 때문이다. 학습자 개개인의 삶이 교육의 내용이 되기 때문에 교육은 학습자의 삶에 직접적으로 영향을 미친다. 개인의 삶의 이야기는 자아 정체성과 관련이 있다. 그렇기 때문에 우리는 서사적 대화를 통해서 자신의 존재의 의미를 탐구하고, 내가 어떻게 살아야 할 것인가를 진지하게 숙고해볼 수 있다. 서사적 대화의 성공은 자신을 알뿐만 아니라 타자를 아는 인간, 자아와 타자가 함께 성장하는 인간을 기를 수 있도록 할 것이다.

둘째, 서사적 대화가 요청되는 이유는 타자들의 삶의 이야기들을 수용하는 것만이 아니라 질문하고 심지어 비판할 수 있는 대화가 필요하기 때문이다. 서사자에게 비판을 하는 사람은 상대방에게 애정, 존중과 배려가 있어야 하며, 비판을 받은 사람은 자신의 삶을 반성하고 더 나은 자기 자신이 될 수 있는 계기로 삼을 수 있어야 한다.

셋째, 서사적 대화가 필요한 이유는 서사자와 청중의 역동적인 관계에 의해서 양자가 자신의 삶뿐만 아니라 타자의 삶에 적극적으로 참여하는 대화를 제시하기 위해서다. 다른 타자가 서사자 자신의 삶의 이야기를 긍정하고, 때로는 질문을 하고, 때로는 그 이야기에 대한 다른 의견들과 해석을 제시할 때, 서사자는 자신의 삶의 이야기에 대한 해석을 달리하고 의미를 다르게 부여한다. 서사적 대화는 직접적인 청중을 필연적으로 수반하기 때문에 자신의 삶에 대한 이야기는 타자와의 관계를 통해 보다 종합적으로 이해될 수 있다.

도덕적인 상상력 기르기

이야기를 통해서 자신과 타인의 삶을 이해할 때 도덕적 상상력이 필요하게 된다. 도덕적 상상력은 자기중심성에 벗어나 타인의 입장에서 생각하고 느끼며 미래를 예측하는 능력이다. 타인이 처한 도덕적 상황이나 갈등을 상상해 보고 주인공이 처한 상황이나 등장인물들의 행동이나 대화에 공감하거나 반발할 때에 도덕적 상상력이 활용된다. 어떤 의미로는 도덕적 상상력은 우리가 도덕적으로 할 수 있는 최상의 것을 결정하기 위해 여러 행동들을 검토하도록 하는 가상 예행연습과 같은 것이다.

로버트 콜스(Robert Coles)는 넓은 마음으로 다른 사람을 올바르게 이해하고 배려할 줄 아는 사람으로 성장하는 능력을 도덕지능이라고 정의한다. 이 때 도덕적 상상력은 도덕성에 있어서 핵심적인 요소이다. 그는 대인관계 속에서 타자의 입장에 공감하고 동참하며 배려하는 도덕적 상상력을 강조한다. 도덕지능은 도덕규범이나 규칙을 암기하거나 교실에서 토론을 통해 길러지는 것이 아니라 도덕적 상상력을 촉진하고 자극하는 과정에서 길러진다. 우리는 상상력을 통해서 타인들의 상황에 감정이입을 할 수 있으며, 상호작용의 가능성을 생각할 수 있으며, 사회적 문제에 대해 의미 있는 의사결정을 할 수도 있다. 우리는 도덕적 상상력에 따라서 무엇을 해야 하고 무엇을 하지 말아야 하는지를 결정한다(이왕주 외, 2003: 104).

도덕적 상상력은 자기중심성으로부터 벗어나 타자의 입장에서 상황을 상상하는 능력, 어떤 특정한 미래의 결과, 가능한 결과를 상상하는 능력, 현재의 상황을 상이한 입장에서 상상하는 능력이다. 그러나 상상력의 사용이 도덕적 사고와 행위를 가능하게 하긴 하지만, 그렇다고 해서 그것을 보장하는 것은 아니라는 것이다. 즉 타자의 편에서 상황을 볼 수 있게 된다고 해서 도덕적 행동을 실천하는 것은 아니라는 것이다. 상상력의 사용이 도덕적 행동을 보장하지 못하는 이유는 우리가 타자의 곤경에 대해서 상상적으로 파악하고 이해할 수 있는 것은 사실이지만, 타자와 공감하거나 동정심 및 관심을 갖는 것은 아니기 때문이다. 다시 말해 타자의 상황에 대해서 이해는 하지만 감정이 공유되지 못하기 때문이다(고미숙, 2005: 317-318).

이와 같이 도덕적 상상력은 나와 다른 타자들의 경험, 사고, 관점, 감정 등을 내가 이해하고 느낄 수 있도록 해준다. 그러나 상상력은 단순하게 인지적인 기술로 이해될 수 있는 것이 아니다. 우리는 타인의 경험들, 예컨대 그들의 고통, 굴욕과 좌절, 그들의 기쁨, 실현, 희망에 감정이입 적으로 참여할 수 있어야 한다. 상상력과 감정이입의 결합이 우리에게 타인의 고통, 슬픔, 기쁨 등을 함께 공유할 수 있도록 해주는 것이다(고미숙, 2005: 222).

도덕적 상상력을 활용하는 서사 전략은 학생들의 이야기를 들을 뿐만 아니라 새로운 이야기 구성에 참여하는 창조적인 과정을 통해 가능할 것이다. 비고츠키에 의하면 아이들은 경험을 여러 요소들로 잘 조합하여 '이야기하기'라는 활동을 통해 상상의 세계를 넓혀나간다고 한다. 이야기의 전달은 도덕적 상상력을 촉발시키게 함으로써 참여와 의사소통을 가능하게 한다. 물론 서사를 통해서 교훈의 전달과 내면화가 이루어질 수도 있다. 그러나 학생의 개입과 참여가 중요하다. 리쾨르(P. Ricoeur)가 강조한 것처럼 사람은 자신의 삶 속에서 일어나는 사건을 설명하기 위해 의미 있는 이야기를 창조함으로써 삶의 경험을 해석하려고 애쓴다는 것이다. 그러므로 교사는 수업의 진행에서 이야기의 기반을 보다 풍부하게 함으로써 학생들이 자신의 경험을 해석하기 위한 기반들을 더욱 넓혀주어야 한다.

자신과 다른 사람 그리고 공동체의 선과 복지를 향해 상상하는 윤리적 상상력은 감정이입 능력을 필요로 한다. 감정이입 능력은 미래의 상이한 상황과 조건 속에서 각각의 구체적인 타자를 상상하는 능력을 필요로 하는데, 특별히 우리는 미래의 고통당할 사람들, 가난한 사람들, 억압받을 사람들의 편에서 그들의 가치, 감정, 사고, 행위 등을 깊이 있게 상상할 수 있어야 한다. 우리는 다른 사람들에 주의해야 하고 그들이 겪고 있는 것을 상상해야 한다. 이런 점에서 윤리적 상상력은 보살핌을 보편화하는 능력이라고 할 수 있다(이왕주 외, 2003: 119).

도덕 상상력 발달을 위한 이야기의 구성은 호기심과 상상력을 자극하도록 일상적인 삶의 경험과 관련 있게 구성한다. 학생들은 좋은 이야기 속에서 격려, 위로, 깊은 공감을 느낀다. 학생들은 주인공과 등장인물이 가지는 기쁨, 슬픔, 분노, 두려움, 미움, 질투 등을 자신의 것으로 동일시한다. 도덕적 상상력과 관계해서 상상을 통한 이야기의 구성은 감정이입(empathy)과 관점 채택(role-taking)의 능력을 키워주는데 유용하다. 감정이입은 타인의 감정 상태에 대하여 그와 유사한 정서적 반응을 하는 것으로 정의적 능력이다. 관점 채택은 타인의 내부 심리상태를 분별하는 인지적 능력이다. 학생들이 상상력을 통하여 이야기를 구성함으로써 단순히 객관적인 사실만을 배우는 것이 아니라 대상물과의 감정이입과 역할채택 능력을 길러서 자신만을 생각하는 자기중심성에서 벗어나 타인의 입장에 서서 사물을 보고 느낄 수 있는 마음의 여유를 배우게 된다고 할 수 있다.

도덕적 상상력을 기르기 위하여 역할놀이를 활용하면 좋은 효과를 얻을 수 있다. 아동들은 놀이를 함으로서 타인과의 사회적 관계와 올바른 태도 및 도덕성을 형성하게 된다. 피아제(Piaget)는 아동들이 놀이 활동을 통하여 외부에서 부과한 규칙에서 자유로워지고 스스로 자신의 규칙을 발견해 나간다고 보았다. 그는 게임과 놀이가 도덕적 행동발달에 근본적인 것으로 보았다. 놀이 활동은 아동의 사회적, 정서적 성장을 촉진하며 감정이입의 기초를 형성하도록 도움을 준다.

영화, 동화 또는 고전 읽기, 연극 등을 통해서 도덕적 상상력을 강하게 자극할 수 있다. 도덕적 자기발달을 중시하는 사람들은 도덕 이론보다는 소설, 희곡, 등의 문학 속에서 도덕적 상상력을 키워 나간다고 한다. 좋은 문학 작품을 활용하면 학생들의 도덕적 상상력 발달에 크게 도움을 준다. 좋은 동화와 소설은 학생들에게 도덕적 상상력을 통해 목표와 비전을 구상하고 자신의 미래의 삶을 그려보며 자기 정체성을 확립하는데 도움을 줄 수 있다. 특히 '드라마 사회'라고 말할 수 있는 오늘날에 있어서 젊은이들은 텔레비전과 비디오, 영화 등을 통해서 자신들의 대부분 이야기를 드라마 형식으로 배우고 있다. 우리는 드라마에 등장하는 인물들의 생각과 행동에 공감하고 반발하며, 흥분하고 동정하면서 인간의 삶을 조망하고, 자기 삶의 도덕적·윤리적·실존적 의미를 발견하기도 한다. 따라서 영화 등을 통한 서사의 경험은 삶의 의미의 확장이라는 측면을 가지고 있다(이왕주 외, 2003: 122-132).

결 언

서사는 학생의 특정한 시·공간직 맥락에서 일어나는 도덕적 경험을 표현함으로써 도덕성 형성에 중요한 역할을 한다. 서사는 인간의 삶과 도덕적 경험을 이해할 수 있는 수단이 되는 것과 동시에 도덕성 발달에 중요한 요인으로 작용한다.

서사는 인간의 경험과 지식을 이해하고 전달하는 과정에서 중요한 역할을 한다. 태펀은 '서사적 접근'에서 서사가 도덕적 경험을 표현하고 전달하는 과정에서 중요한 수단이 된다고 주장한다. 태펀은 학생이 자신의 경험을 서사로 구성하는 과정에서 인지, 정의, 행동적 측면을 통합하면서 도덕발달을 이룩한다고 보면서, 도덕교육에서 서사의 주체는 교사가 아니라 학생이어야 함을 강조하고 있다.

서사적 접근은 학생들을 자기의 도덕적 경험에 대한 저자로 보고, 그들에게 권위와 책임을 부여하며, 자신의 경험을 반성하게 해준다. 이와 같이 자신과 타자의 삶의 이야기를 말하고 쓰고 읽고 귀를 기울임으로써 우리는 특정한 타자의 필요에 응할 수 있는 도덕적 주체가 될 수 있을 뿐만 아니라 자아와 타자의 삶의 의미와 이해를 보다 깊게 할 수 있다(고미숙, 2005: 192).

교사가 서사적 접근을 도덕교육에 활용하기 위해서는 학생들의 이야기에 민감하고 공감적이어야 할뿐만 아니라, 그들의 이야기를 들었고 이해했다는 것을 나타내주는 반응을 보여주고, 학생들의 도덕적 접근을 인정해 주어야 한다. 교사와 학생의 관계는 서로 신뢰의 관계, 배려의 관계가 형성되어 있어야 한다. 교사는 학생들의 이야기에 열린 자세를 취하고 수용하는 자세로 진지하게 들어야 학생들은 자신의 삶에 대해 솔직하게 이야기할 것이다.

〈참고 문헌〉

교육과학기술부, 『초등학교 도덕 5 교사용 지도서』, 서울: 지학사, 2010.
고미숙, "우리의 삶을 이야기하는 서사적 접근의 도덕교육", 『교육철학』,

　　제24권, 한국교육철학학회, 2000.

고미숙, 『대안적 도덕교육』, 서울: 교육과학사, 2005.

노희정, "도덕교육에 대한 서사적 접근과 관계적 자아의 실현", 『도덕교육
　　연구』, 제16권 2호, 한국도덕교육학회, 2005. 2.

도홍찬, "내러티브 도덕과 교육과정의 체계화 방안 연구", 서울대학교 대학
　　원 박사학위논문, 2008.

염지숙, "내러티브 탐구를 통한 유아 세계 이해", 『교육인류학연구』, 제2
　　권, 한국교육인류학연구회, 1999.

윤일선, "도덕과 교육에서의 내러티브 적용 방안 연구", 한국교원대학교 대
　　학원 석사학위논문, 2010.

이숙희, "초등학교 도덕과 교육의 서사적 접근", 한국교원대학교 교육대학
　　원 석사학위논문, 2004.

이왕주 외, 『서사와 도덕교육』, 부산대학교 출판부, 2003.

정미진, "도덕교육 방법으로서의 서사", 한국교원대학교 대학원 석사학위논
　　문, 2003.

MacIntyre, A., 이진우 역, 『덕의 상실』, 서울: 문예출판사, 1997.

제13장
현대사회와 도덕교육

1. 정보 사회와 도덕교육

서 언

정보 사회는 컴퓨터와 인터넷이 함께 발달하면서 정보를 신속하게 수집하고 처리하며, 축적과 전송 및 관리가 가능하게 되었다. 정보 사회는 인간의 삶 자체가 정보를 떠나서는 영위될 수 없는 사회이다. 즉 정보가 삶의 기본양식과 질까지도 결정하게 되는 사회가 정보 사회인 것이다.

인터넷은 우리 삶의 양식을 가히 혁명적으로 바꾸어 놓고 말았다. 남녀노소 가릴 것 없이 누구나 이용할 수 있는 컴퓨터와 초고속 인터넷망은 이제 기본적인 생필품이 되고 있다. 그러나 오늘날 우리의 사이버 공간은 사람의 숨결이 따뜻하게 느껴지고 인간의 존엄성이 존중되는 제2의 사회적 공간이 아닌 온갖 탈법과 비윤리적 행동이

판을 치는 마구잡이의 공간으로 변질되고 있다(추병완, 2011: 707).

요즈음 사이버 공간에서 청소년들에게 심각한 윤리적 문제로 대두되고 있는 것은 사이버불링(cyberbullying), 우리말로는 사이버 괴롭힘이다. 사이버불링이란 이메일이나 휴대전화, SNS, 인터넷 카페 등을 이용하여 특정인을 집단으로 괴롭히는 현상을 말한다. 사이버불링은 시공간의 제약을 받지 않으므로 마음만 먹으면 즉시 괴롭힐 수 있는 신속성과 확산성을 가지고 있다. 특정인을 향한 문자 폭행, 떼카 괴롭힘, 욕설과 비방의 글이나 동영상 등은 온라인을 통해 순식간에 퍼져 나간다. 그리하여 피해자는 다수의 가해자로부터 일방적 피해를 당하다 보니 좌절감과 무기력, 수치심, 두려움 등으로 심각한 정신적 충격과 괴로움의 고통을 받고 있지만, 가해자인 청소년들은 사이버불링을 친구들 사이의 흔한 장난 정도로 생각하고 있으며 이에 대한 죄의식을 거의 느끼지 못하고 있는 실정이다.

사이버 공간의 특성과 윤리

사이버 공간의 특성

사이버 공간이란 인터넷 네트워크가 만들어내는 정보활동공간을 말한다. 즉 인터넷이나 컴퓨터 통신 등과 같은 통신망을 통해 대량의 정보가 교환되고 공유되는 공간을 말한다. 정보 통신 기술의 발달에 따라 발생한 사이버 공간은 새로운 문화를 만들어 내고 있다. 사이버 공간에서 나타나는 일반적인 특성, 즉 사이버 공간의 특성을 보면 다음과 같다(추병완, 2003: 307-309).

첫째, 사이버 공간의 특성은 개방성과 참여성이다. 사이버 공간은 성·인종·민족에 따른 차별 없이 누구에게나 공개된 공간이기에 개방성을 가졌다. 어느 누구도 사이버 공간을 독점할 수 없으며, 누구나 정보를 공유할 수 있는 곳이 사이버 공간이다. 네트워크를 이용한 인터넷 게임, 게시판, 채팅, 동호회 등의 모든 공간은 누구나 적극적인 참여를 통해 이루어진다.

사이버 공간에서의 의사소통은 동등한 지위를 바탕으로 한다. 대부분의 경우 모든 사람은 인터넷에서 자신의 목소리를 낼 수 있는 동등한 기회를 가지고 있다. 지위나 부, 인종과 성별에 관계없이 모든 사람이 동등하게 참여할 수 있기에 이러한 특징을 일컬어 네트 민주주의(net democracy)라고도 부르기도 한다(추병완, 2011: 712).

둘째, 사이버 공간의 특성은 공유성과 익명성이다. 사이버 문화는 네트워크를 통해 다수의 사람들이 가진 정보를 함께 나누고, 온갖 자료와 정보를 사이버 공간에서 공유하는 것이다. 사이버 공간에서의 만남의 특징은 익명성이다. 얼굴도 신분도 확인할 수 없기에 상대방과 대등한 관계에서 정보를 교환하고 인간관계를 유지할 수 있다는 점이다. 즉 사이버 공간의 익명성이라는 특성을 이용하여 실제로는 기대하기 어려운 대인관계를 형성할 수 있는 기능을 한다. 반면에 사이버 공간에서는 ID를 사용하여 자신을 숨기거나 변조시킬 수 있어서 몰 개성화라는 심리상태가 나타난다. 이 몰 개성화는 사회적 규범이나 가치관을 무시하거나 금기시 되는 행위나 욕구를 서슴없이 나타낼 가능성이 높아진다.

사이버 공간에서는 유연한 정체성의 표현이 가능하다. 사이버 공간에서 개인의 첫 인상은 ID에서 나타난다. 사람들은 자신이 만들어낸 ID를 통해 타인과 교류함으로써 자신의 정체성 일부분만을 표현하거나, 상상적인 정체성을 가장하거나, 혹은 철저하게 익명적인 상태로 남을 수 있다(추병완, 2011: 711).

셋째, 사이버 공간의 특성은 저항성과 자율성이다. 사이버 공간에서는 누구나 자신의 생각을 직접적으로 개진할 수 있는 개연성을 확보하고 있다. 나아가 정보의 내용에 불만이 있으면 얼마든지 대항하거나, 자신의 생각과 배치될 때에는 언제든지 저항할 수 있는 힘을 보여줄 수 있다. 사이버 공간은 기존의 통치 기관이 구속력을 제대로 발휘할 수 없어 독립적으로 존재한다. 그래서 자유로운 공간임과 동시에 강력한 도덕적 원리가 뒤따른다. 즉 사용자들 스스로가 지켜가야 하는 자율의 공간이 바로 사이버 공간이다.

넷째, 사이버 공간에서의 의사소통은 공간의 초월이 가능하고 시간적 유연성을 특징으로 한다. 현실세계와는 달리 사이버 공간에서 지리적 거리는 큰 문제가 되지 않는다. 지리적 거리의 무관함은 독특한 흥미와 욕구를 가진 사람들을 쉽게 만나 교류할 수 있게 해준다. 이러한 특징은 사이버 공간의 긍정적·부정적 모습과 밀접한 관계가 있다. 소년소녀가장 돕기 사이트는 긍정적인 모습이고, 자살사이트나 도둑질 사이트는 부정적인 모습이다. 시간적 유연성은 전자우편이나 뉴스 그룹 등의 비동시적 커뮤니케이션 형태에서 나타난다. 전자 우편 등은 같은 시간에 서로 상호 작용할 것을 요구하지 않는다는 것이다(추병완, 2011: 713).

다섯째, 사이버 공간은 사회적 다양성을 특징으로 한다. 사이버 공간에서 우리는 현실공간에 비해 상대적으로 아주 쉽게 다양한 삶의 배경을 가진 사람들과 접촉할 수 있고, 수많은 사람들과 커뮤니케이션을 할 수 있다. 채팅이나 메신저에서 볼 수 있는 바와 같이 우리는 짧은 시간 동안에 혹은 동시에 여러 사람들과 많은 관계를 형성할 수 있다. 또한 인터넷 사용자는 친구, 연인, 적을 선택함에 있어서 의식적인 선호와 선택에 의해서 뿐만 아니라 무의식적인 동기에 입각해서 특정한 사람들과 관계를 맺고 접촉하게 된다(추병완, 2011: 714).

여섯째, 사이버 공간에서의 의사소통은 기록의 보존성을 특징으로 한다. 전자우편이나 채팅을 포함한 대부분의 온라인 활동은 컴퓨터

파일에 기록되거나 저장될 수 있다. 즉 누가 언제, 누구에게, 무엇을 말했는지를 기록할 수 있다(추병완, 2011: 714).

사이버 공간에서의 인간 심리 현상

컴퓨터 네트워크상의 가상공간을 지칭하는 사이버 공간은 현실 공간과는 다른 인간 심리 현상이 나타난다.

첫째, 사이버 공간에서 사람들은 탈 억제 효과를 경험한다. 사람들은 사이버 공간에서 긴장이 풀어짐을 느끼면서 보다 개방적으로 그들 자신을 표현하게 된다. 사람들은 비밀스런 감정, 두려움, 소망을 토로하기도 한다. 그리고 이례적으로 타인에게 친절함과 관대함을 보여주기도 한다. 그러나 탈 억제 효과는 사이버 공간에서 타인에게 무례한 언어를 사용하거나 가혹한 비판, 노여움, 증오, 위협을 가하도록 만들기도 한다. 이와 같은 탈 억제 효과가 생기는 원인을 살펴보면, '너는 나를 알지 못한다'는 익명성과 '너는 나를 볼 수 없다'는 불가시성, 그리고 '나중에 다시 보자'는 비동시성 및 '우리는 동등하다'는 지위의 중립성, '그것은 단지 게임이다' 식의 분리 및 분열 현상, '피해자가 보이지 않는다'는 식의 결과의 무시와 왜곡, '네가 잘못했기 때문이야' 식의 비난과 전가 현상 등을 들 수 있다(추병완, 2003: 314-315, 2011: 720- 722).

둘째, 사람들은 사이버 공간에서 쉽게 몰입을 경험하게 된다. 사이버 공간에서는 자신이 원하는 바를 행하고 다양한 즐거움을 얻을 수 있다. 멀리 떨어져 있는 친구와 대화하고, 게임을 즐기거나, 인터넷 동호회를 통해 정보를 주고받을 수 있다. 이 때 사람들은 다른 사람들로부터 관심과 애정을 받고, 성취감과 만족감을 느끼기 때문에 몰입도가 높은 편이다. 이러한 몰입의 과정은 자존감을 높이거나 지식과 창의성을 향상시킬 수 있는 장점이 있다. 그러나 몰입이 지나쳐서 현실을 도피하고, 인터넷 중독으로 이어져 실생활에 큰 피해를 주기도 한다(정창우 외 11인, 2016: 155-156).

셋째, 사람들은 사이버 공간에서 더 높은 친밀감과 소속감, 공동체 의식을 느끼기도 한다. 공동의 취미나 목표 등을 공유하는 사람들이 자발적으로 모여 공동체를 형성하기 때문에 현실에서보다 더 높은 유대감과 소속감을 갖게 될 수 있다. 이러한 공동체는 비교적 평등하고 자유롭게 의사소통을 하기 때문에 개인이 공동체 의식을 형성하는 데 도움을 주고 정서적인 만족감을 주기도 한다. 그러나 집단에 대한 소속감이 강하기 때문에 자신이 하는 말이나 행동에 대한 도덕적 성찰 없이 집단행동에 쉽게 동조하고, 무책임하게 행동하게 될 수도 있다(이동준, 정재현, 2014: 187-188).

사이버 공간에서의 윤리

사이버 공간은 경제, 사회, 문화의 공간으로까지 확장되어 현실 세계와는 다른 사이버 세계를 만들어 가고 있다. 이 사이버 공간에서 일어나는 여러 가지 윤리적 문제에 대해서는 현실 세계의 윤리 규범을 사이버 공간에 동일하게 적용해야 한다는 입장과 사이버 공간에 알맞은 사이버 예절과 법률을 별도로 적용해야 한다는 입장이 있다.

현실 세계의 윤리 규범을 사이버 공간에 동일하게 적용하려는 입장은 현실 공간과 사이버 공간은 모두 인간들이 함께 모여 살아가는 공간이기 때문에 사이버 공간에서의 윤리의 근본은 현실윤리에 두어야 한다는 것이다. 이 입장은 어떤 행위가 현실 공간과 사이버 공간 중 어디에서 발생하든 상관없이 동일한 행위에 대해서는 같은 판단이 내려져야 하며, 현실 세계에 적용되는 법률이 그대로 적용해야 한다고 보는 것이다. 예를 들면 현실 공간이나 사이버 공간에서 타인의 재산을 훔치거나 함부로 사용하는 것은 모두 절도죄에 해당되어 법적 처벌을 받아야 한다는 것이다.

반면에 사이버 공간은 현실 세계와는 구분되는 특성을 지니고 있으므로 별도의 사이버 예절과 법률을 적용해야 한다는 입장이 있다. 이 입장은 현실 세계에 적용하는 윤리를 그대로 사이버 세계에 적용하는 것은 사이버 세계의 특성상 적합하지 않을 수도 있기 때문에 동일한 행위라 하더라도 현실 공간과 사이버 공간 중 어디에서 발생했느냐에 따라 다르게 판단되어야 한다는 것이다. 따라서 현실 공간과 동일한 규범을 적용해서는 안 되며, 사이버 공간의 특수성을 반영한 새로운 규범을 마련해야 한다는 것이다.

사이버 공간에서 발생하는 윤리적 문제에 대한 정보통신 윤리의 바람직한 방향은 보편성에 기본을 두면서 특수성도 함께 인정하는 방향으로 나아가야 할 것이다. 보편성이란 사이버 공간도 현실 공간과 마찬가지로 인간들이 서로 관계를 맺고 살아가는 곳이기 때문에 사이버 공간의 윤리는 근본적으로 현실 윤리에 두어야 한다는 것이며, 특수성이란 사이버 세계만이 갖고 있는 특성을 반영하여 새롭게 해석되어야 하는 규범들이 있다는 것이다. 그러나 사이버 공간의 특수성을 반영하더라도 현실 공간의 윤리와 모순되어서는 안 된다. 사이버 공간에서의 행위 주체가 인간이라는 점에서 인간의 존엄성과 같은 보편적인 윤리 기준은 언제나 지켜져야 하기 때문이다.

정보 사회에서의 도덕 규칙

정보통신기술이 만들어낸 사이버 공간에서 우리가 규범적 판단을 내리는데 도움이 되는 하나의 도덕적 척도나 나침반으로서의 역할을 수행할 수 있는 기본 규칙이 필요하다. 정보통신 윤리란 정보를 생산하고 가공 및 저장하거나 유통을 할 때에 사회구성원들이 지켜야 할 사회적 규범을 말한다. 정보통신 윤리에 대하여 스피넬로(Spinello, R. A)는 자율성의 원칙, 해악금지의 원칙, 선행의 원칙, 정의의 원칙 4가지를 제시하였으며, 추병완은 존중, 책임, 정의, 해악금지의 4가지 원칙을 제시하였다. 추병완이 제시하는 정보통신 윤리의 4가지 원칙을 살펴보면 다음과 같다(추병완, 2001: 89-93).

존중

사이버 공간은 익명적 의사소통 및 타자의 상실에 따라 상대방에 대한 존중심이 쉽게 약해질 수 있으므로, 비록 눈에 보이지는 않더라도 상대방의 실체나 견해를 적극적으로 존중하려는 자세가 더욱 필요한 공간이다.

정보통신 윤리의 원칙으로서 존중은 먼저 자신에 대한 존중을 의미하는 것이고, 자신에 대한 존중은 우리 자신의 생명과 몸을 본래적 가치를 지닌 것으로 대우할 것을 요구하는 것이다. 자신의 정신과 육체가 건강하도록 유지하는 것은 자신에 대한 존중이다. 따라서 사이버 공간에 탐닉하여 자신을 돌보지 않는 것은 자기 자신에 대한 존중을 위배하는 것이라고 할 수 있다.

또한 사이버 공간에서의 존중은 타인에 대한 존중을 의미하며, 특히 타인의 지적 재산권, 프라이버시, 다양성 등을 인정하고 존중하는 것을 의미한다. 모든 다른 사람들을 우리 자신과 똑같은 존엄성과 권리를 가진 사람으로 대우할 것을 요구하는 것이다.

사이버 공간에서는 모든 행동이 상대방이 눈에 보이지 않는 '타자의 상실' 속에서 일어나므로, 상대방의 존재를 인정하려는 존중의 원칙이 절대적으로 필요하다. 만약 존중의 원칙이 중시되지 않는다면, 사이버 공간은 평등한 개인들끼리 자기의 이익을 극대화하기 위한 '만인 대 만인의 투쟁' 장소가 될 수 있기 때문이다.

책임

책임은 서로를 보살피고 배려해야 할 우리의 적극적인 책무를 강조하는 것이다. 사이버 공간에서는 정체감과 역할의 상실에 따른 책임 회피가 쉽게 일어날 수 있으므로, 현실 세계보다도 더 높은 수준의 책임 의식이 요구된다.

정보통신 윤리의 기본 원칙으로서의 도덕적 책임은 예상적 책임과 소급적 책임으로 구별할 수 있다. 예상적 책임이란 내가 어떤 사건 전에, 주의를 기울이거나 관심을 가져야 할 문제들에 대한 것으로 사이버 공간에서는 누구나 예외 없이 예상적 책임을 지니고 있다고 할 수 있다.

소급적 책임이란 어떤 사건 후에, 한 행위자로서 나에게 원인으로 돌려질 수 있는 사건이나 결과들에 대한 책임을 의미한다. 우리가 의도적으로 한 행위의 결과들에 대해서는 대부분 분명하게 소급적 책임이 있다. 내가 어떤 예견된 결과에 대해 책임이 있다고 말하는 것, 혹은 내가 막지 못한 것에 대해 책임이 있다고 말하는 것은 내가 행동해야 할 방법을 결정함에 있어 그 결과 혹은 그 해로움에 대하여 주의를 기울여야만 한다는 것을 뜻하며, 이러한 책임의 원칙은 존중의 원칙을 구체적으로 실현하는 방법이기도 하다.

정의

사이버 공간이란 현실 공간과 구분될 수 있는 그 어떤 별도의 공간이 아니다. 현실 공간에서 살아가는 사람들이 이제는 현실적 법률행위를 컴퓨터 등의 디지털 매체를 통해서 하게 된 것에 불과하다. 법적 행위 또는 불법적 행위의 수단이 되는 매체가 아날로그에서 디지털로 바뀐 것뿐이지 갑자기 무슨 새로운 공간이 생겨나고 그 공간 속에서 우리가 살게 된 것은 아니다.

인터넷으로 채팅을 하는 경우나 전자 게시판에 글을 올리는 것을 굳이 별도의 '사이버 공간'에서 이뤄지는 것이라 이해할 필요는 없다. 어떤 사람이 인터넷상의 게시판을 통해 타인에 대한 명예훼손을 했을 때, 이것은 현실 공간에 살고 있는 한 사람이 다른 사람에게 인터넷이라는 매체를 통해서 불법행위를 한 것이지 현실 공간과 구별되는 다른 '공간'에서 일어난 일이 아닌 것이다. 따라서 존재하지도 않은 '별도의 규범 체계가 필요한 사이버 공간'에 대해 고민할 필요가 없다. 즉 사이버 공간의 정의도 현실 공간의 정의와 하등 다를 것이 없다.

정의란 모든 인간이 자율적 의지로서 공정하다고 인정할 수 있는 기준이어야 한다. 이를 사이버 공간에 적용하면, 모든 인간은 개인의 기본적 자유를 최대한으로 펼칠 동등한 권리를 갖고 있고, 또한 공평하고 동등한 기회와 자유로운 분위기가 보장되지만 능력 차이로 인한 결과에 대해서는 차등의 원리에 따라 그에 적합한 보상을 해야 한다는 것으로 해석될 수 있다. 그러므로 사이버 공간에서 각자는 자신이 제공하는 정보의 진실성, 비편향성(중립성), 완전성, 공정한 표현을 추구해야 하며, 타인의 기본적 자유와 권리를 침해하지 않아야 한다.

해악금지

해악금지란 남에게 피해를 주지 않으며, 타인의 복지에 대해 배려하는 것을 뜻한다. '남에게 해로움을 주지 말라'는 소극적 의미에서의 해악금지는 흔히 '최소한의 도덕'으로 통하고 있다. 적극적 개념으로서의 해악금지란 우리가 다른 사람의 복지를 증진시키는 방식으로 행동해야 하는 것을 뜻한다.

사이버 성폭력, 크래킹, 바이러스 유포, 인터넷 사기 등의 행위들은 타인에게 명백하게 해를 끼치는 것이므로 마땅히 지양해야 할 행동이다. 정보 기술의 특성상, 사이버 공간에서의 비도덕적 행동은 불특정 다수에게 엄청난 피해를 준다. 따라서 사이버 공간이 인간의 모습을 한 따뜻하고 정감 있는 공간이 되기 위해서는 타인의 복지를 증진시키는 방향으로 행동해야 한다.

정보 사회에서의 책임성

오늘날 우리가 추구하고 있는 사회는 다원적인 삶의 가치를 존중하는 사회이므로 윤리에 대한 논의도 인간의 자율성을 중심으로 전개되는 것이 바람직하다. 인간의 자율성을 가장 잘 살려 나가면서도 점진적인 문제 해결이 가능한 윤리적 지침은 책임성의 강조이다.

도덕적 책임을 행위자에게 귀속시키려면 인간에게 자유의지(의지의 자유)가 있다는 것을 전제해야 한다. 인간에게 책임을 강조하기 위해서는 '책임의 범위'에 대해 살펴볼 필요가 있다.

책임의 범위를 명확히 하기 위해서는 먼저 '자유의지와 결정론'의 문제를 살펴보아야 한다. 자유의지론은 인간이 자신의 선택과 행위를 통제할 수 있는 능력을 가지고 스스로 자신의 행위를 결정할 수 있다고 본다. 인간은 옳고 그름을 선별하는 능력을 가진 도덕 행위자로서 도덕적 의무감과 책임감을 가지고 자신의 행동에 대한 선택과 결정을 할 수가 있다는 것이다. 따라서 인간이 자유의지를 가진다는 것은 자신의 행위에 대해 도덕적 책임을 져야 함을 의미한다.

결정론 중에서 경성결정론14)의 관점은 모든 사건과 행위가 인과율

---

14) 결정론에 의하면, 인과적인 법칙과 이전의 사건들에 관해 모든 것을 알 수 있다면 우리는 앞으로 전개될 수 있는 모든 것을 예측할 수 있다. 이러한 결정론은 숙명론과 구별된다. 숙명론의 입장에서는 "미래는 결정되어있다."고 보기 때문에 인간의 선택과 행위가 미래에 영향을 주지 않는다. 따라서 인간이 좋은 결과를 가져오기 위해 노력하는 것은 무의미하다고 본다. 그러나 결정론의 입장에서는 인간의 노력으로 인해 어떤 좋은 결과가 나올 것이라는 것을 예측할 수 있

적으로 결정되어 있기 때문에 인간에게는 의지의 자유가 없으며, 따라서 그에 따른 책임을 개인에게 귀속시키는 것은 적합하지 않다는 것이다. 즉 인간의 행동은 어떤 원인에 따라 필연적으로 나타나는 결과이기 때문에 인간은 결코 자유롭게 행동할 수 없다고 본다.

그러나 연성결정론의 입장에서는 의지의 자유 및 도덕적 책임과 결정론이 양립할 수 있다고 본다. 이 입장은 결정론의 원리를 수용하면서도 자신과 다른 사람들에게 도덕적 책임을 지우는 것이 가능하다고 믿는다. 그리하여 인간의 행위가 인과율적으로 결정되긴 하지만, 달리 행동할 수 있는 가능성으로서의 자유, 달리 선택하고 합리적으로 행위를 할 수 있는 자유가 있으며, 그에 따른 책임을 물을 수 있다고 본다(조성민, 2013: 155, 175-176).

만약 결정론의 주장이 사실이라면 우리가 책임질 수 있는 존재라는 믿음은 더 이상 의미가 없게 되며 그 누구도 자신의 행위에 책임지지 않아도 된다는 의미가 된다. 따라서 이러한 주장은 우리의 윤리체계와 양립할 수 없다는 것이 많은 사람들의 생각이다. 그렇기 때문에 책임에 대한 논의는 이 문제에 대한 명확한 입장이 밝혀지는 것으로부터 시작될 수밖에 없다.

결정론이 참이라 하더라도 그러한 사실이 '나는 무엇을 해야만 하는가'를 생각하며 살아가야 할 필요성을 배제하지는 않는다. 결정론은 우리가 미래에 대해서 무력하다는 것을 함축하지 않는다. 우리의 행동을 초래하는 인과적 요인에는 우리 자신의 생각과 결정이 포함

고, 그에 따라 행동을 하는 것은 의미가 있다. 그러한 노력을 하고자 하는 인성 또는 인격은 인과적으로 우리가 통제할 수 없는 유전적인 혹은 환경적 요인(어렸을 때의 교육 등)에 의해 이미 결정된 것이다. 그러므로 결정론에 의하면, 좋은 결과를 가져오기 위해 노력을 했다고 칭찬하거나, 그러한 노력을 하지 않았다고 비난할 수는 없다. 어떤 사람이 도덕적으로 옳지 않은 행위를 선택하고 행동했다 할지라도 그것에 대해 도덕적 책임을 물을 수 없다. 왜냐하면 그는 그러한 상황에서 달리 행동할 수 없었을 것이기 때문이다(조성민, 2013: 152).

되기 때문이다. 따라서 결정론은 우리의 심사숙고 및 선택과 양립할 수 있다고 말할 수 있다(Taylor, 김영진 역, 1985: 223-224).

모든 인간은 자신의 행위에 대하여 책임을 질 수 있는 존재이다. 그리고 여기에는 예외가 있을 수 없다. 인간이 인격적 존재이고, 한 인간의 행위가 정당한 인과성을 가지고 있다면, 그는 자신의 행위에 대하여 예외 없이 책임이 있다. 따라서 모든 인간은 자신이 직접 또는 간접적으로 발생시킨 모든 결과에 대하여 책임이 있다. 그리고 오직 개개의 인간만이 참다운 도덕적 책임 주체가 될 수 있다고 보는 것이다. 정보 사회에서의 책임의 논의는 학교교육을 포함한 모든 사회적 범위에 있어서 자율적이고 인격 존중적인 성격을 많이 가지고 있는 '책임성' 이라는 용어의 사용을 중심으로 전개되는 것이 바람직할 것이다 '책임을 진다' 는 말 대신에 '책임을 갖는다' 고 말할 때 개인 인간이 책임의 주체로 정립되는 것이다(박윤주, 1997: 초록 부분 ii-iii).

정보 사회에 대처하는 도덕교육

첫째, 모든 인간은 자기 자신에게 주어진 문제 상황에 대하여 의사결정을 하고, 합리적으로 판단할 수 있는 도덕성을 지녀야 한다. 인간은 어떤 행위의 선택을 판단하고 결정하는 주체이다. 정보 사회에서 개인이 컴퓨터를 활용하고 상호 정보를 교류할 때, 참여자 개인이 바람직한 정보를 취사선택할 수 있는 이성과 지혜를 가져야 한다. 도덕적으로 행동하는 주체자로서 타인 배려나 올바른 예절과 기본적인 질서 의식을 가져야 한다. 개개인은 정보를 교류하고 활용할 수 있는 행위의 주체자로서 도덕적인 모습을 갖추는 것이 절실히 요구된다.

둘째, 정보의 과잉과 홍수 속에서도 개개인은 인간의 존엄성을 존중할 수 있도록 자율성을 확립해 나가야 한다. 적극적인 정보의 수용자로서 개인이 자기에게 필요하고 가치 있는 정보에 접근하는 행위는 전적으로 개인의 판단과 자율성에 달려 있다. 자율성은 정보 사회 속에서 인간의 기계화와 몰 인간화를 방지해 줄 수 있는 일차적인 도덕성인 것이다. 자율성을 지닌 인간은 인격적 주체로서, 책임의 주체로서 도덕적 행동할 수 있다.

셋째, 자신의 행위에 대하여 도덕적 책임을 지는 존재가 되어야 한다. 주체적 개인은 인격의 주체로서의 자신의 가치를 소중히 여기며, 책임의 주체로서의 자신이 한 행동에 대해서 도의적, 법적 책임을 지는 존재이다. 정보를 제공하는 사람이나 활용하는 사람들은 개인의 행동이 다른 사람이나 사회에 어떤 영향을 미칠 것이지를 생각해 보고 무책임한 행동을 하지 않도록 해야 한다. 정보 사회에서의 개인에 대한 책임은 자율성과 인격 존중에 기반을 둔 '책임성'이라는 개념을 중심으로 전개되는 것이 바람직할 것이다.

넷째, 사이버 공간에서 바람직한 방향으로 자아 정체성을 확립해야 한다. 사이버 공간은 현실공간과 달리 시간과 공간의 제약을 덜 받기 때문에 현실 세계에서는 해보지 못했던 일들을 나를 대신하는 새로운 아바타를 만들어서 활발하게 활동할 수가 있다. 그래서 사이버 공간에서 사람들은 현실의 자아보다 새로운 자아, 즉 아바타를 더 좋아하게 되어 자아 정체성에 문제가 발생할 수 있다. 현실 자아와 사이버 자아 사이에서 혼돈을 겪는 경우가 생기거나 일회적인 인간관계에만 집중하여 충동적인 성격을 갖게 될 수도 있다.

사이버 공간에서 자신의 말과 행동을 책임질 줄 아는 윤리적 주체로 살아가기 위해서는 사이버 자아와 현실의 자아와의 관계를 잘 맺어야 하며 적절히 구분 지어야 한다.

2. 환경윤리교육

서 언

21세기 인류가 직면하고 있는 생태계의 위기나 자연환경의 파괴는 인류가 예측할 수 있는 가장 위협적인 위기 가운데 하나이다. 자연 자원의 파괴와 고갈, 인구의 증가, 이상 기후 현상, 지구 온난화, 오존층의 파괴, 생물 종의 멸종, 환경 호르몬, 물과 공기 및 토양의 오염, 그리고 유전자변형식품(GMO)의 등장으로 지구촌 전체가 생태 문제들에 직면해 있다. 이러한 생태 문제들은 인간의 행위가 자연환경에 영향을 미친 결과이다. 따라서 생태학적 위기의 근원을 인간의 행위에서 찾아야 하며, 그 해결책도 역시 인간의 행위에서 찾아내야 한다. 왜냐하면 생태계의 위기는 객관적 자연 현상의 문제이기보다는 도덕적이고 윤리적인 가치판단의 문제라고 보기 때문이다.

생태계의 위기를 극복하기 위한 노력은 과학 기술에 대한 우리의 태도와 밀접하게 관련되어 있다. 인간만을 위한 과학 기술이 아니라 인간과 자연을 함께 생각하는 과학 기술이어야 한다. 그리고 생태계의 환경 문제를 해결하기 위한 출발점은 자연에 대한 우리의 인식론적 기반을 검토하는 것부터 시작되어야 한다. 환경 윤리는 인간과 자연환경과의 철학 및 윤리적 관계에 대한 설명이며, 전 지구적인 자연환경은 물론 모든 동식물에 대한 인간의 책임과 의무를 규정한다.

환경 문제와 그 해결에 대한 시각은 크게 과학·기술, 정치, 경제,

윤리 측면으로 나누어 볼 수 있다. 이들 각각의 시각은 환경 문제를 인식하고 해결하는데 모두 중요한 측면이다. 특히 윤리적 측면은 인간의 가치와 선택에 대한 부분으로서 도덕교육과 관련을 맺는 주제이다(조난심 외, 2003: 378).

환경윤리학의 접근 방법

환경윤리학은 자연환경을 바라보는 관점 및 구체적인 환경 문제와 관련한 가치 판단의 준거에 따라 인간중심주의와 탈인간중심주의로 구분하여 볼 수 있다. 인간중심주의적 입장은 자연환경을 인간의 행복과 복지를 위해 이용할 수 있는 도구적 대상으로 보는 반면에, 탈인간중심주의적 입장은 모든 동물도 그 하나하나가 그 자체로 본래적 가치(내재적 가치)나 도덕적 권리를 소유한 존재로 본다는 것이다. 이 두 입장을 간단히 설명하면 다음과 같다(노희정, 2002: 1-3, 175. 조난심 외 379-389).

인간중심주의

인간중심주의는 오직 인간만이 이성을 지니고 있는 자율적인 존재로서 가치를 선택하고 도덕적 행위를 결정할 수 있는 윤리적 존재라는 것이다. 따라서 윤리적 원리가 오직 인간에게만 적용되며, 오로지 인간만이 도덕적 지위를 가지며, 다른 모든 존재는 인간의 이익에 이바지하는 한에서만 윤리적 가치를 지닌다고 주장한다. 이 관점은 서양 철학의 주된 전통으로 아리스토텔레스, 토마스 아퀴나스, 베이컨, 칸트 등이 대표적이다(조난심 외, 2003: 379).

아리스토텔레스는 "식물은 동물을 위해서, 동물은 인간을 위해서 존재한다."고 하여 이성을 지닌 인간이 이성이 없는 자연을 지배할 수 있음을 주장하였으며, 토마스 아퀴나스는 "신의 섭리에 따라 동물은 자연의 과정에서 인간이 사용하도록 만들어 졌다."고 하여 자연에 대한 인간의 지배를 신의 명령으로 파악하였으며, 베이컨은 "인간은 만물의 힘과 작용을 잘 응용함으로써 자연의 주인이자 소유자가 될 것이다."고 하여 오로지 인간만이 존중받을 만한 가치를 지닌 존재라고 하였으며, 칸트는 온건한 인간 중심주의자로 동물 학대에 반대하고, 인간은 동물에 대한 간접적인 의무만을 지닌다고 하였다.

인간중심주의는 인간만이 본래적 가치를 가지며, 인간 이외의 존재들은 인간의 목적 달성의 수단이기 때문에 도구적 가치만을 가진다고 주장한다. 그래서 자연이 인간에게 갖는 가치는 도구적 · 수단적 가치일 뿐이라고 한다.

인간중심주의에서는 합리성이 본래적 가치의 준거인데, 자연이 합리성을 결여하고 있다고 인식하고 있기 때문에 자연 그 자체에 대해서 그 어떠한 도덕적 고려도 하지 않는다. 비록 자연과 관련하여 우리가 져야할 의무가 있다고 인정할지라도 자연에 대한 직접적인 의무는 인정하지 않는다. 자연을 함부로 대하는 것이 자기 자신의 인성을 나빠지게 하거나 다른 사람의 기분을 상하게 하기 때문에 자연환경을 소중히 다루어야 할 의무를 질 따름이다. 그래서 이런 입장은 인간을 다른 종의 구성원들보다 우월하다고 생각하는 인간 우월주의에 빠져 있다는 비판에서 벗어나기 힘들다.

인간중심주의를 취하는 패스모어(J. Passmore)는 전통적인 윤리학이 충분히 환경 문제를 해결할 수 있다고 생각하고, 지금 우리에게 필요한 것은 새로운 윤리가 아니라 우리가 이미 잘 알고 있는 윤리를 더 잘 준수하는 일이라고 한다. 예를 들면, 오염과 관계된 윤리적인 문제는 새로운 원리가 아니라 "누구도 자기의 이웃을 독살해서는 안 된다."는 일반적으로 인정하는 원리를 적용하면 된다는 것이다. 즉 현재의 생태 위기를 낳은 주범은 인간의 탐욕과 단견이며, 이것들은 사려 깊은 행위라는 종전부터 있었던 방법에 의해 극복할 수 있는 성질의 것이라고 한다(조난심 외, 2003: 381).

인간중심주의는 윤리적 원리가 오직 인간에게만 적용되며, 인간은 자연을 지배할 권리를 가지고 있다고 본다. 인간중심주의는 인간과 자연을 이분법적으로 분리하여 인간은 자연위에 군림하며 인간을 위해서 자연을 도구로서 사용하는 것을 특징으로 한다. 인간 이외의 존재들이 가치 있는 이유는 인간에게 유용하기 때문이다. 따라서 인간만이 이 세계의 중심이라는 사고방식으로 인하여 환경이 오염되고 수많은 동식물들이 멸종하고 있다는 비판을 받고 있다.

인간중심주의는 자유롭고 평등한 인간 개개인의 합리성을 본래적 가치의 준거로 삼고, 개별적인 자연적 존재들에 초점을 맞춘다는 점에서 기본적으로 개체론적 입장을 취한다. 인간중심주의는 오직 인간만이 본래적 가치의 준거인 합리성, 자연의 아름다움에 대한 식별 능력, 이익 관심을 갖는 것으로 보기 때문에 인간이 이러한 가치 준거를 가지지 못한 여타의 자연적 존재들 보다 우월하다고 주장한다. 이러한 인간 우월주의는 필연적으로 자연을 수단으로 취급하여 자연을 착취할 위험성을 가지고 있으며, 오늘날의 심각한 환경오염과 생태학적 위기를 극복하는 데는 큰 기여를 하지 못할 것이다.

자연 보호에 대한 인간중심주의의 입장은 생태계를 위해 자연 훼손을 줄여야 한다는 생각을 갖는 것이 아니라 인간의 장기적 이익을 위해서 자연을 보호해야 한다는 생각을 갖고 있다. 인간중심주의자들은 자연이 무분별하게 훼손된다면 장기적으로 인간에게는 자연으로부터 얻을 수 있는 이익이 감소하게 되므로 이를 방지하기 위해 자연을 보호해야 한다고 생각한다. 따라서 인간중심주의자들은 환경 문제의 해결도 인간에 의해서만 가능하다고 본다. 오직 인간의 관점에서서 환경에 대한 도덕적 고려를 한다. 그래서 인간의 무절제하고 근시안적인 이익 추구의 태도를 개선함으로서 환경문제를 개선할 수 있다고 본다. 즉 환경문제 해결 기술을 더욱 발전시키고 동시에 인간들의 생활태도를 개선함으로서 환경 문제 해결에 도움을 주고자 한다. 그러나 자연의 가치가 인간의 생존보다 우위에 설 수 없다고 보는 시각은 변함이 없다.

인간중심주의는 인간 외의 존재는 인간의 이익에 기여하는가, 기여하지 않는가의 여부에 따라 평가되고 처분된다. 이러한 인간중심주의는 인간의 장기적 이익을 침해하는 환경 문제를 해결하고, 자연환경을 인간의 장기적 이익에 알맞게 가꾸고 돌보려는 환경 윤리학의 근거가 될 수 있다. 인간중심주의는 인간과 자연에 대한 잘못된 태도와 행위로 인하여 오늘날과 같은 환경 위기를 초래하여 오존층 파괴, 사막화, 산성비 등의 지구촌 전체의 문제가 일어나고 있다는 비판을 피하기 어렵다. 무엇보다도 인간중심주의적인 환경윤리가 비판을 받는 가장 큰 이유는 인간 이외의 존재들은 인간의 목적을 위한 수단으로써의 도구적 가치밖에 지니지 않는다는 사유방식이다.

탈인간중심주의

인간중심주의 환경윤리의 문제점을 지적하며 등장하게 된 것이 탈인간중심주의 환경윤리이다. 탈인간중심주의는 인간 이외의 자연적 존재들도 내재적 가치나 본래적 가치를 가진다고 보는 입장이다. 이 입장은 인간이 자연보다 우월한 존재라는 생각을 거부하고, 인간만이 자율적·윤리적 존재라고 생각하는 것에 반대한다.

탈인간중심주의는 개체론과 총체론(전일론)의 두 가지 입장이 있다. 첫째로 개체론의 입장에서 개별 생명체들을 존중하는 동물중심주의(감정 중심주의)와 생명중심주의가 있다. 개체론은 개별 동식물이

가지고 있는 경험이나 능력, 가치에 주안점을 두는 입장이다. 따라서 자연을 구성하는 개별 유기체인 동물이나 식물, 생명체에 도덕적 지위나 권리 또는 내재적 가치를 부여한다.

둘째로 총체론의 입장에서 전체로서의 자연환경, 즉 종과 생계계의 보전에 중심을 두고 있는 생태중심주의(전일주의)가 있다. 총체론은 개별적 동식물을 포함한 종이나 생명 공동체, 생태계 및 자연에 도덕적 지위나 권리 또는 내재적 가치를 부여한다. 개개의 자연적 존재가 생태계를 규정하는 것이 아니라, 오히려 생태계가 개개의 자연적 존재들을 규정한다는 입장이다.

동물 중심주의

동물 중심주의는 고통과 쾌락 및 행복의 감수 능력을 지닌 존재(인간, 동물 등)를 도덕적 고려 대상으로 편입시켜야 한다고 주장한다. 즉 인간 외에 감각을 지닌 모든 존재들도 마땅히 도덕 공동체의 구성원으로서 인정받아야 한다는 것이다. 따라서 동물 중심주의는 인간은 물론이고 동물도 윤리적 고려의 대상으로서 도덕적 지위를 갖는다고 본다.

동물중심주의는 공리주의에서 출발하였으며 벤담(J. Bentham), 싱어(P. Singer), 레건(T. Regan) 등이 주장하였다.

벤담은 동물들도 고통을 겪기 때문에 동물 역시 도덕적 고려의 대상에 포함되어야 한다고 하였으며, 피터 싱어는 '동물 해방'이라는 저서를 통해 동물도 인간과 같이 쾌락과 고통을 느낄 수 있는 감수 능력을 가지므로 동물과 인간을 동등하게 대우해야 한다고 하였다. 톰 레건은 동물도 존중받아야 할 권리가 있다고 주장한 사람이다. 톰 레건은 동물 권리론 자로서 자연계의 생명체들은 그 개체가 고유한 생명의 주체이기 때문에 가치를 지닌다고 주장한다. 따라서 우리는 동물들이 '삶의 주체'로서 도덕적 지위와 권리를 가지며, 인간에게는 그것들을 보호해야 할 의무가 있다는 것을 인정해야 한다. 톰 레건은 동물들이 기쁨과 통증을 느끼는 감정적인 생활을 할 수 있기 때문에 사냥감이나 놀이의 대상이 되어서는 안 된다고 하였다.

동물중심주의는 도덕적 고려의 범위를 동물에게까지 확대하여 사업적 목적의 동물 사육과 오락을 위한 사냥이나 의학적 동물 실험에 반대함으로써 동물을 학대하지 못하도록 예방하는 데에 기여하였다. 그러나 동물중심주의는 동물만을 도덕적 고려의 대상으로 삼기 때문에 식물이나 무생물, 생태계를 고려하지 못하는 한계가 있으며, 인간과 동물 사이의 이익에 관한 관심이 충돌할 경우 어느 쪽의 이익에 더 관심과 신경을 써야 하는지 판단하기 곤란하다는 문제점이 있다.

생명 중심주의

생명 중심주의는 모든 생명체(동물과 식물)가 신성하고, 도덕적 존중을 받아야만 하는 내재적 가치를 지닌 존재라고 본다. 생명중심주의는 슈바이처(A. Schweitzer)의 생명 외경사상에서 그 연원을 찾을 수 있다. 생명을 두려워하고 공경할 만큼 소중히 여긴다는 생명 외경사상은 생명의 가치가 도덕의 절대적이고 기본적인 원리라고 보았다.

슈바이처는 생명 외경 사상의 입장에서 생명을 유지하고 촉진·발전시키는 것을 선이라고 하였고, 이와 반대로 생명을 파괴하고 훼손하며 방해하는 것을 악이라고 하였다.

슈바이처는 "나는 살려고 하는 여러 생명 중의 하나이다. 어떠한 생명체도 나와 똑같이 살려고 하는 의지가 있다. 다른 모든 생명도 나의 생명과 같으며, 신비한 가치를 가졌다. 따라서 존중하는 의무를 느낀다"고 하였다. 슈바이처는 이러한 생명의 동등성을 기반으로 인간에게 생명에 대한 사랑과 책임 의식을 강조하였다.

슈바이처의 생명 외경 사상에 근원을 둔 생명중심주의는 굿패스터(K. Goodpaster), 테일러(P. Taylor) 등이 주장하였다. 테일러는 모든 생명체가 성장, 발전, 생존, 번식이라는 목적을 추구하는 목표 지향적인 존재로 보았다. 테일러는 모든 생명체가 그 나름대로의 고유한 선을 가지고 있기 때문에 내재적 가치를 가진 존재로 볼 것을 요구한다. 테일러는 모든 생명체에 해를 끼쳐서는 안 된다는 것과 개별 생명체의 자유에 제약을 가하는 것을 금지하는 것, 자연에 대하여 불간섭할 것을 강조한다. 생명중심주의에서 주장하는 도덕적 행위의 중심은 개별 생명체를 지칭하므로 개체주의의 입장이다.

생명중심주의는 인간과 동물은 물론 식물까지도 도덕적 고려의 대상으로서 도덕적 지위를 갖는다고 본다. 생명중심주의는 개별 생명체의 가치를 존중하는 개체론적 입장으로 무생물이나 전체 생태계에 대한 도덕적 의무를 소홀히 하였다는 비판이 제기되고 있다. 또한 생명중심주의는 다른 생명을 고려한다고 해도 어느 정도로 배려하고, 행동해야 하는지에 대한 명확한 기준이 없어서 지나치게 추상적이고, 현실적으로 실천하기 어렵다는 문제점이 있다.

생태 중심주의

생태 중심주의는 인간 이외의 다른 자연적 존재도 도덕적 가치와 지위를 가지며, 따라서 그들에 대해서도 직접적인 책임이 있다고 주장하는 환경 윤리이다(조난심 외, 2003: 382). 생태중심주의는 개별적인 자연적 존재와 전체로서의 자연환경이 본래적인 가치를 가진다고 주장한다. 자연환경을 그 자체로 가치 있는 본래적 가치나 도덕적 권리를 소유한 존재로 본다면 이는 생태 중심주의라 규정할 수 있다. 생태 중심주의는 인간만이 아니라 인간 이외의 자연적 존재도 도덕적 고려의 대상 혹은 본래적 가치의 소유자로서 도덕공동체의 주체가 될 수 있다고 본다. 그렇기 때문에 생태중심주의자들은 인간이 자연적 존재들에 대한 간접적 의무만이 아니라 도덕적으로 존중해야 할 직접적인 의무를 가진다고 주장한다.

생태 중심주의는 인간과 자연의 다른 생명체는 상호 관련되어 있으며, 인간은 자연의 일부분이라고 본다. 자연 전체가 도덕적 가치를 지니고 있으며, 인간은 다른 생명체와 마찬가지로 지구 환경의 구성원일 뿐이다. 따라서 생태 중심주의 윤리학자들은 인간과 동식물, 심지어 무생물까지도 윤리적 고려의 대상이며 도덕적 지위를 갖는다고 본다. 이러한 생태중심주의는 레오폴드(A. Leopold), 캘리코트(J. B. Callicott), 롤스턴(H. Rolston) 등이 주장하였다.

레오폴드는 '환경윤리의 아버지'라고도 불리는 미국의 생태학자로서 대지 윤리(Land Ethics)의 대표적인 학자이다. 레오폴드는 윤리 개념을 확대하여 토양, 공기, 물, 식물, 동물, 대지를 집합적으로 포함하도록 공동체의 영역을 확대하는 것이라고 주장한다. 대지 공동체는 무한한 상호 의존성을 가지고 있으며 생태계의 건강은 그것의 장기적인 안정성과 온전함에 달려있다. 레오폴드는 인간이 지구상에서 우월한 종의 구성원이라는 생각을 버리고 대지 공동체의 평범한 구성원이라는 생각을 가져야 한다고 주장한다. 레오폴드는 인간의 지위를 지배자에서 생명 공동체의 구성원으로 생각하고 있다. 그는 이런 변화된 인식을 '생태 의식'이라고 불렀다. 레오폴드에 의하면 도덕적 지위를 부여 받는 것은 바로 대지 공동체이며, 개별 구성원은 자원이다. 레오폴드의 주장을 옹호하고 수정한 캘리코트는 자연환경, 즉 대지를 하나의 공동체로 생각한다. 따라서 환경 윤리 또는 대지 윤리는 가능하고 동시에 필요하다고 한다. 대지 윤리는 개개의 생명체를 넘어서 생태적 전체로 확대했다는 점에서 우리에게 시사점을 준다(조난심 외, 2003: 386-387).

인간 중심주의, 동물 중심주의, 생명중심주의는 인간과 동물 및 식물을 윤리적 고려의 대상으로 삼는 개체론적 입장이다. 개체론은 자연환경을 전체적 측면에서 고찰하지 못하고 개체의 측면에서만 고찰하기 때문에 전 지구적 차원에서 일어나는 생태학적 위기에 능동적으로 대처하기 힘들다. 특히 인간과 자연의 상호 관계성을 인식하지 못하고, 전체로서의 자연에 대한 인간의 행동 규범을 마련하는데 어려움이 있다. 개체론적 환경윤리는 개별 유기체의 도덕적 지위나 자체 권리 또는 내재적 가치를 인정하는 입장으로 개체동물만을 강조하여 생명공동체에 대해서는 무관심하고 실제로 인간에게 해로운 동물이나 생명마저도 존중해야 한다는 난점을 가지고 있어 실천하는데 어려움이 따른다.

생태 중심주의는 인간과 동물, 식물 및 무생물까지도 윤리적 고려의 대상으로 삼는 총체론(전체론), 전일주의적 입장이다. 총체론은 야생 자연의 보존, 환경오염, 자연 보호, 에너지와 자원의 고갈 문제 등과 같은 다양한 쟁점들에 대한 규범적인 지침을 제시한다. 총체론적 환경윤리는 개별 유기체들의 집합 인종이나 생물공동체, 전체로서의 자연에 고유한 가치를 인정하는 입장이다. 그러나 총체론이 전체로서의 자연환경을 고려함으로써 생태학적 위기의 극복에는 도움을 줄 수 있지만 개별 동식물과 심지어 인간까지도 생명 공동체의 선을 위해 희생시키는 환경 우선주의의 잘못을 범할 수 있다. 결국 총체론은 전체주의적인 특징으로 인하여 개체의 선을 희생한다는 난점과 환경 파시즘(생태 파시즘)이라는 비판을 받고 있다.

생태학적 사고와 지속 가능한 발전

생태학적 사고는 지구의 생명체에 대한 인식과 그 생명의 지탱 체계에 대한 이해를 가능하게 한다. 첫째, 단일 지역이나 몇몇 지역에서 일어나는 행동들이 생태계 전반에 영향을 미친다. 예를 들면 화석연료의 사용은 지구의 기후 변화를 유발할 수도 있는 것이다. 둘째, 지역적 활동과 지역적 변화들이 반복적으로 계속되면, 전체적인 양에 있어서 지구적인 성격을 띠게 된다. 예를 들면 나무를 베는 것은 지역적인 것이지만 그러한 것들이 계속적으로 반복이 된다면 지구의 탄소 주기에 변화를 주게 되고 지구의 기후를 변화시키게 된다. 그러므로 지역적 행동의 반복은 결과적으로 지구적 영향을 미치게 되는 것이다(노병철, 1999: 262-263).

생태학적 주제들은 여러 가지 측면에서 전 지구적인 것이 되고 있다. 어떤 행위들은 몇몇 장소에서 발생하지만 실제로는 전체로서의 생태계에 영향을 미치고 있다. 대규모 화석 연료의 연소는 몇몇 산업 지역에서 이루어지지만 지구 기상상태에 영향을 미치고 있다. 소규모 지역적 활동도 전 세계적으로 반복된다면 지구적 영향을 미치게 된다. 해안지역 도시의 연안이 심각하게 오염되는 것은 국지적인 현상이지만, 이러한 것들이 세계적으로 나타난다면 그 전체적 충격은 가히 지구적이라고 할 수 있다. 국지적인 산림 훼손은 생물의 멸종과 이산화탄소 양에 누적적인 영향을 미치게 된다. 이전에는 종의 상실이 지역적인 것으로 간주되었지만, 이제는 생물학적 다양성의 유지가 지구적인 차원에서 매우 중요한 문제가 되고 있다(변종헌, 2001).

환경 친화적이고 지속 가능한 발전을 위해서는 생태학적 가치구조를 정립할 필요가 있다. '지속 가능한 발전'이라는 개념은 1987년 UN 세계환경개발위원회(WCED)의 "브룬트란트 보고서(Brundtland Report)"인 『우리 공동의 미래』가 발간되면서 알려지게 되었다. 이 보고서에서 지속 가능한 발전이란 '미래세대의 필요를 만족시키는 능력을 손실시킴 없이 현재 세대의 필요를 만족시키는 개발'로 정의되고 있다. 1992년 리우환경회의에서 지속 가능한 발전의 개념을 더욱 강화하는 의미에서 '환경적으로 건전하고 지속 가능한 발전'이라는 명칭으로 채택하였다.

'지속 가능한 발전'의 개념은 경제발전과 환경보전 간의 오랜 갈등을 하나로 통합하고, 환경 문제를 국제관계와 세계경제라는 관점에서 접근하였다는 것과 미래 세대의 권리를 고려한다는 점에서 평가할 만하다. 이 개념은 '지구 생태계의 한계'와 여러 주체 간의 형평성, 즉 선진국과 후진국, 현재 세대와 미래 세대, 인간과 자연 등의 형평성 문제를 제기하였으며, 환경 보전은 물론 사회정의, 환경정의, 경제정의의 문제를 부각시키는데 공헌하였다(노희정, 2013: 140).

환경적으로 건전하고 지속 가능한 발전은 환경윤리교육에 있어 현실적인 실천적 대안을 제시하고, 개발과 환경보전, 인간과 자연의 대립을 지양할 수 있는 기반을 제공할 수 있다. 즉 인간의 활동이 환경 변화에 미치는 영향을 파악하고, 인간의 보다 나은 삶과 환경 보전은 대립적 관계가 아니라 유기적 관계임을 깨달아 환경의 개발과 보전 간의 바람직한 관계를 모색하며 환경 친화적인 개발에 대해 이해할 수 있도록 해주는 것이다(장현수, 2006: 75).

환경적으로 건전하고 지속 가능한 발전의 실현 방안으로 개인적 차원에서 재활용 및 친환경 제품 사용 등의 환경 친화적인 소비생활을 실천하고, 사회적 차원에서 에너지와 자원 절약 및 청정에너지 개발 등의 녹색 성장을 추진하며, 국제적 차원에서 오존층 파괴를 막기 위한 몬트리올 의정서 및 유해 폐기물 수출입과 처리를 규제하는 바젤 협약 등의 환경문제에 대한 각국들의 국제 협력 체제를 확대 강화해 나가야 한다.

환경윤리교육의 방향과 과제

첫째, 환경윤리교육은 환경에 대한 우리의 윤리적 가치판단은 생태학에 관한 지식에 근거하므로 환경에 대한 독해 능력을 길러야 한다. 생태계의 보전 및 다양성을 이해할 수 있는 지식을 갖추고, 인간은 자연의 지배자가 아니고 인간도 자연의 한 구성원이라는 것을 인식하며, 모든 생물종은 생존할 권리가 있으므로 인간이 함부로 생태계를 위험에 빠뜨려서는 안 된다는 것을 알게 하고, 또한 지구 자원의 낭비는 환경을 오염시키고 파괴한다는 생태학적 지식을 갖게 한다.

환경윤리교육은 생태학적 지식과 이해에 기초하여 자연과 더불어 살아가는 데 필요한 지적 기능을 길러 주어야 한다. 예컨대 생태계의 보존과 생물종의 다양성, 생물체의 생육권, 자연의 본래적 가치와 권리, 자연의 한 구성원으로서의 인간의 도덕적 지위, 인간과 자연의 상호 관계성 등을 학생들이 이해하고 깨달을 수 있도록 환경윤리교육의 내용이 구성되어야 한다(유병열 외, 2004: 303-304).

이와 같은 생태학적 지식은 자연에 대한 도덕적 가치 판단의 기초가 되는 것이다. 환경문제에 대한 정확한 지식과 인식이 없이는 우리의 행동이 자연환경에 대하여 유익한지 유해한지를 판단할 수 없기 때문이다(진교훈, 1989).

생태학적 양식의 함양을 위해서는 생태학적 지식 이외에 가치관, 사고의 정향, 태도, 기능 등의 변화를 가져올 수 있는 이른바 환경적 독해능력이 요구된다(남상준 외, 1999: 21). 이를 위해 환경윤리교육은 학습자들이 환경 문제에 관해 읽고, 해석하고, 비판할 수 있도록 구성되어야 한다. 인간의 가치판단이 배제된 과학과 기술 중심의 환경 교육만으로는 이러한 욕구를 충족시킬 수 없다. 환경윤리교육은 지식, 가치 및 태도와 기능 등을 통합한 교육이어야 한다. 단순히 환경오염이 일어나는 과정에 대한 지식과 그것을 해결할 수 있는 기술공학 접근을 강조하는 것과는 구별되어야 한다(변종헌, 2001).

둘째, 환경윤리교육은 환경 친화적인 사고를 실천으로 옮길 수 있는 힘을 길러 주어야 한다. 다시 말해 지속 가능한 발전을 이루어서 환경 친화적인 소비생활을 영위하도록 하는 것이다. 지속 가능한 발전이란 우리 인간들의 기본적 욕구 충족을 위해 경제 개발은 지속되어야 하되, 환경의 한계를 초과해서는 안 된다는 인식과 함께 환경의 보존과 개발을 조화시키려는 노력을 인간 활동의 모든 면에서 추구하는 것을 말한다(윤칠석, 2000: 224). 자원이 한정된 지구에서 우리가 발전을 지속하려면 무엇보다 과도한 개발과 생산 및 소비 지향적인 생활 방식에 전면적인 변화, 즉 인식의 전환이 무엇보다 요구된다.

일상생활에서 지구를 살리기 위해서는 '윤리적 소비'를 실천해야 한다. 윤리적 소비란 경제활동과 환경 윤리를 결합시킨 환경 친화적인 소비생활을 말한다. 다시 말해 환경을 생각하는 윤리적인 소비행위를 의미한다. 예를 들면 편의주의적 가치관에 따라 일회용품을 소비하고 낭비하는 것은 막대한 자원 낭비로서 환경 파괴의 주범이 되기 때문에 이러한 제품을 사용하는 것을 금지하는 것을 말한다.

지속 가능한 소비란 지구 자원의 유한성과 자연의 자정능력 한계를 고려하는 환경 친화적 소비생활을 말한다. 그것은 환경을 생각하면서 최소한의 물질 소비로 최대한의 삶의 만족을 얻으려는 소비 행위이다. 이러한 건전한 소비 행위를 통해서 우리의 내면은 물질적 탐욕으로부터 자유로울 수 있다. 환경윤리교육은 지속 가능한 소비생활, 즉 새로운 소비생활의 양식을 모색하고 실천하는데 사회의 모범이 될 수 있는 시민을 육성하는 데에 초점을 맞추어야 할 것이다. 이러한 맥락에서 환경 친화적 가치관에 기초해서 최근 강조되고 있는 녹색소비자운동은 주목할 만하다. 녹색소비자운동은 환경 친화적인 제품의 구매, 환경 오염상품에 대한 불매운동 그리고 에너지 및 자원 절약과 재활용 운동 등 다양한 방식을 통해 환경을 고려하는 생활과 소비 행위의 변화를 유도하고 있다(변종헌, 2001).

셋째, 인간과 자연과의 관계가 조화롭게 이루어지기 위해서는 인간 중심적 윤리관이나 과학 기술의 진보관을 벗어나서 생태중심주의로 인간의 가치관을 전환해야 한다. 인간의 삶은 자연 생태계의 일부이다. 생태학적 위기를 극복하기 위해서는 인간 중심적 자연관을 극복하고, 도덕적 책임의 범위를 이 지구상의 생명체 전체에로 확대하는 것이다.

자연에 대한 도덕적 책임은 생태계의 순환 질서를 존중하고 유지하는 것이며, 인간의 그릇된 생활 방식으로 생명을 파괴하는 것에 책임 의식을 갖고 모든 생명을 보살피고 보호하는 도덕적 태도를 갖도록 하는 것이다(심성보, 1995: 167).

결 언

오늘날 오존층의 파괴, 이산화탄소 농도의 상승에 따른 지구온난화, 산성비, 사막화, 종의 멸종, 수질 오염, 토양 오염 등의 환경문제는 국경을 초월하여 전 지구적 규모로 확대되어 가고 있다.

2014년 일본 아사히 글라스 재단이 실시한 설문조사에서 가장 시급한 환경문제로는 기후변화(이상기후)를 첫째로 꼽았으며, 오염(미세먼지, 땅, 물, 대기오염)과 생물 다양성(생물 멸종의 가속화), 토지 이용(무분별한 개발로 자연 파괴)과 수자원(깨끗한 물 감소와 고갈)이 각각 그 뒤를 따랐다. 특히 한국에서는 생활방식(에너지 과소비)이 기후변화에 이어 두 번째로 시급한 환경 문제로 지목되었다. 이것은 우리나라 사람들이 과도한 에너지를 소비하고 있다는 것을 의미한다. 그리고 생태학자와 경제학자로 이루어진 연구팀이 《사이언스》지에서 발표한 내용을 보면, 만약 지금처럼 어류 남획과 해양 오염이 계속된다면 2048년에는 모든 해양 식량이 고갈될 수 있다고 경고하였다(박성하, 2015: 6-7).

환경문제는 미래 세대의 생존의 문제와 직결되는 문제이다. 미래 세대도 비옥한 토양과 깨끗한 물과 공기, 에너지 등을 필요로 한다는 점을 인식해야 한다. 따라서 우리에게는 현세대뿐만 아니라 미래 세대까지도 고려해야 하는 책임 윤리가 요구된다. 이런 관점에서 독일의 생태 철학자인 한스 요나스(Hans Jonas)는 "너의 행위의 귀결이 미래에도 인간이 존속할 수 있는 가능성을 파괴하지 않도록 행위하라."라는 책임 원칙에 대한 정언명령을 제시한다. 요나스는 현세대의 잘못으로 미래 세대가 생존할 수 없을지도 모른다는 사실에 두려워하고, 겸손한 태도를 지니며, 검소한 생활과 절제하는 생활을 통해 자원을 보존해야 한다고 주장한다.

환경윤리교육을 위해서는 학생들에게 생태학적 지식과 이해에 기초를 둔 생태학적 도덕의식을 확립하는 것이다. 올바른 생태적 지식과 환경적 독해능력을 증진시켜 줄 수 있는 통합적 교수·학습 방법을 강구하고 실천해야 한다. 자연환경을 도덕적으로 고려하고 존중하는 도덕공동체의 교육을 통해, 인간과 자연의 상호 관계성을 알고, 인간의 가치와 환경의 가치를 함께 고려하는 공생적 자연관을 학생들에게 심어주어야 할 것이다. 이를 위해서는 자연과 관련된 다양한 가치갈등 사례를 중심으로 한 토론학습을 실시하고, 생태학적 감수성을 함양할 수 있는 자연 답사 및 환경보전 활동과 같은 환경체험학습 등을 실천해야 할 것이다(노희정, 2003: 190-191).

지구는 날이 갈수록 파괴되어 가고 인간과 다른 모든 종의 생존이 위협을 받고 있다. 이제 우리에게는 인간만을 위한 윤리가 아니라 인간을 포함한 모든 생명체와 전체로서의 자연환경이 더불어 살아가는 공생의 윤리가 필요하다.

<참고 문헌>

남상준 외, 『환경교육의 원리와 실제』, 서울: 원미사, 1999.

노병철, "체계론적 사고와 생태계의 존속", 『국민윤리연구』, 제42호, 한국
　　국민윤리학회, 1999.

노희정, "전체론적 환경윤리와 도덕교육", 『도덕윤리과교육』, 제16호, 한국
　　도덕윤리과교육학회, 2003.

노희정, 『인권, 환경, 평화를 위한 도덕교육』, 경기: 서광사, 2013.

박성하, 『월간 시조』, 통권 104권 제5호, 서울: 시조사, 2015. 4.

박윤주, "정보화사회에서의 책임의 윤리에 관한 연구" 한국교원대학교
　　대학원 석사학위 논문, 1997.

변종헌, "환경윤리교육의 체계화를 위한 대안", 『초등교육연구』, 제6권
　　제1호, 제주교육대학교 초등교육연구소, 2001. 5.

심성보, "생태윤리학과 도덕교육의 새로운 지평", 『도덕교육연구』, 제7집,
　　1995.

유병열 외, 『생명사상과 윤리』, 경기: 한국정신문화연구원, 2004.

윤칠석, "지속가능한 발전을 위한 환경 윤리의 모색", 한국도시행정학회
　　도시행정학보, 제13권 1호, 2000. 6

이동준, 정재현, 『숨마 생활과 윤리』, 서울: ㈜이룸이앤비, 2014.

장현수, "지속가능한 개발을 위한 환경윤리교육방안" 한국교원대학교 대학
　　원 석사학위논문, 2006.

정창우 외 11인, 『고등학교 생활과 윤리』, 서울: ㈜미래엔, 2016.

조난심 외 3인, 『도덕교육학신론』, 서울: 문음사, 2003.

조성민, 『도덕·윤리교육의 윤리학적 접근』, 경기: 교육과학사, 2013.

진교훈, "생태학적 위기와 윤리학의 상관성 연구", 『사회와 사상』, 제10권,
　　서울대학교대학원 국민윤리교육과, 1989.

추병완, 『정보윤리교육론』, 서울: 울력, 2001.

추병완, 『도덕교육의 이해』, 경기: 인간사랑, 2011.

추병완, "사이버 공간의 도덕과 교육적 함의", 『도덕윤리과교육』, 제16호,
　　한국도덕윤리과교육학회, 2003.

Taylor, p., 김영진 역, 『윤리학의 기본원리』, 서울: 서광사, 1985.

제**14**장
도덕교육의 통합적 접근

1. 인지, 정의, 행동의 통합적 접근

도덕교육은 학생들로 하여금 자신의 도덕성을 형성하고 발달시키
도록 돕는 교육활동이다. 일반적으로 도덕성은 사고, 정서, 행동의 요
소로 구분되지만, 그것은 관념상의 구분일 뿐이며 실제로는 통합된
전체로서 도덕적 자아를 형성하고 있다. 도덕적 행동은 인지, 정서,
행동의 모든 요소를 포함하고 있기 때문에 우리는 학생들의 도덕성
발달을 위하여 통합적 접근을 취해야 한다.

도덕적 행동은 도덕교육의 궁극적 목적이다. 도덕적 행동은 지
(知), 정(情), 행(行)이 동시에 통합될 때에 표출된다. 즉 도덕적 행
동은 지, 정, 행의 세 요소를 분리시켜서 접근할 수 없다. 지, 정, 행
이 동시에 그리고 함께 조화로운 통합을 이루어 나갈 때에 바람직한
도덕적 행동이 가능한 것이다. 그러므로 도덕교육은 인지, 정의, 행동
의 통합적 접근으로 나아가야 한다.

인지적 접근

도덕 교육에서 인지적 입장을 취하는 사람들은 도덕 교육의 목적을 도덕적 사고력 즉 지적 능력의 계발에 두고 있다. 학생들에게 도덕적 행동 양식을 습관화시키는 훈련은 올바른 도덕 교육이 아니며, 도덕 사고와 판단에 의한 자율적 행위를 조장하는 길이 바른 도덕 교육이다고 본다.

우리가 '행동 A가 선한 행동임을 안다'고 했을 때, 그것은 A라는 행동이 '정직'이나 '신의'와 같은 규범에 따른 행동임을 아는 것을 뜻하거나 아니면 벤담(J. Bentham)의 '최대다수의 최대행복'이라든가 칸트(I, Kant)의 "너의 행동이 보편적 법칙이 되도록 하라."는 것과 같은 도덕적 판단의 원리를 안다는 것이다. 그것은 도덕적 규범 혹은 판단 원리에 비추어 행동을 평가한 결과의 도덕적 앎이다. "남을 돕는 것은 선한 행동이다." 혹은 "이웃을 내 몸 같이 사랑하는 것은 인간의 미덕이다."라는 것을 안다는 것은 보편적으로 적용되는 규범의 진술을 안다는 것이다. 즉 진술을 외우거나 그 의미를 안다는 것이 된다. 이렇게 도덕적 규범의 진술을 알거나 도덕 원리를 아는 것은 도덕성의 인지적 요소에 해당된다(이돈희, 1987: 37).

이 견해가 시사하는 도덕 교육의 내용으로는 도덕적 사고를 조장할 수 있는 도덕적 문제 상황을 제시하고 도덕적 문제 해결의 원리와 사고방식을 제공하는 일이다. 특히 도덕적 문제 해결 과정에서 강조되는 점은 도덕적 판단의 합리성을 따지는 일에 있으며 어떠한 도덕적 원리가 적용되고 있는가를 밝히고 그것의 정당성을 밝히는 일에 관심이 주어져 있다.

인지적 접근에서 다루는 도덕적 판단능력은 명백하게 지적인 능력이며 학교의 수업사태는 주로 지적인 능력을 기르기에 적합한 사태이다. 따라서 도덕과 교육은 도덕적 판단으로 인해 장차 학생들의 행동에 도덕적 변화가 나타나도록 하는 것이다. 그러기 위해서는 그 판단은 학생 자신의 도덕 판단에 기초한 것이어야 한다.

지적으로 성숙한 사람은 미성숙한 사람보다 더 합리적인 판단을 할 수 있다고 하겠다. 도덕 교육에서는 보다 합리적인 판단을 하는데 필요한 능력을 형성토록 도와주어야 한다는 것이 인지적 접근의 방법이다.

인지적 접근에 대한 학자들의 이론과 견해를 보면 다음과 같다.

피터스는 프로이트의 도덕성 형성이론을 비판하면서 습관적이고 강박적인 행동은 도덕적 행동이 아니며 적어도 어떤 행동이 도덕적이기 위해서는 행위자 자신이 규범의 의미를 알고 그것을 자기 신념으로 수용하며 신념에 따르는 행위라야 한다고 하였다. 이성의 중요성을 인정한 피터스는 도덕성의 개념을 합리적 도덕성으로 하였다. 이러한 도덕성에는 이성의 사용에 의하여 자율단계에 도달할 때 근본원리로서 작용하는 절차상의 원리나 기본 규칙들을 도덕성의 내용으로 하였다(임태평, 1986: 61).

해어(Hare)는 도덕원리를 중요시하여 도덕교육에서 원리만을 가르칠 수 있다고 하였다. 그래서 학생 자신에게 원리의 결정을 하는 기회를 주어야 한다고 한다. 도덕적으로 성인이 되는 것은 원리를 결정하는 법을 배움으로써 특수한 상황에서 결정을 스스로 하도록 하는 데 있다. 그는 아동들이 자신의 원리를 결정해 보도록 하는 과정을 겪도록 제공해 주지 않고 단지 원리만을 가르치게 되면 실험실도 없이 교과서로만 과학을 가르치는 것과 같다고 하였다. 그러나 그는 규범적인 원리는 가르쳐야 한다고 보았다. 일반원리, 보편적인 원리를 지도하여 특수한 상황의 결정을 스스로 하도록 하여야 한다는 것이다(권승혁, 1996: 301).

프랑케나(L.K.Frankena)가 제시하고 있는 도덕교육은 도덕적 사고력을 신장시키는데 있다고 하였다. 행위의 판단과 무엇을 하여야 할 것인가의 결정을 도덕적으로 할 수 있는 안목을 높여야 한다는 것이다. 즉 학생으로 하여금 도덕적 안목을 높이어 도덕적 원리를 형성하고 추구된 도덕원리를 적용하여 규범을 스스로 선택할 수 있는 능력을 길러 주는 것이라고 보았다.

그 밖에도 인지적 접근 이론으로는 피아제의 이론과 이를 발전시킨 콜버그의 이론이 있다. 이들의 연구는 도덕성의 발달이 단계별로 이루어진다는 점에서 유사한 입장을 취하고 있으며, 발달 경향은 타율적 도덕성에서 자율적 도덕성으로 변화한다고 하였다.

도덕교육에 대한 인지적 입장은 지적 사고를 통한 확신에 의한 자율적 행동만이 진정한 도덕성을 가진 행동이라고 본다. 이와 같은 견해에서 본다면 도덕교육의 임무는 도덕적 문제 상황에서 그가 취해야 할 올바른 행동이 무엇인가를 합리적으로 선택하고 판단하는 능력을 계발하는 일이라 할 수 있다.

인지적 접근은 도덕적 사고·판단을 위한 도덕추론이 필수적이다. 도덕추론은 사회적으로 선하고 올바른 행동과 관련하여 규정하고 평가하고 정당화하는 사고 활동이다. 이는 사람들이 무엇이 옳고 그른지에 대한 결론과 의견에 이르도록 하는 모든 인지적 과정을 포함한다. 도덕추론은 예를 들면 '약속을 지키는 것이 왜 중요한지'에 대한 이유와 근거를 찾는 것이다. 그리고 도덕추론은 어떤 도덕적 주장을 하기 위한 도덕 원리나 규범을 추구하는 것이다. '모든 사람의 권리와 가치를 존중하라'와 같은 도덕원리는 여러 가치가 갈등을 일으킬 때 가치의 서열을 확립하고 무엇을 결정해야 할지를 판단하는데 중요한 도움이 된다. 도덕추론은 도덕적 결정을 하기 위한 인지적 전략을 세우는 것이며, 무엇이 옳은지를 결정하기 전에 '무엇이 진실한지'를 찾는 과정이다. 도덕추론은 학생들이 어려운 도덕문제에 직면했을 때 좋은 도덕적 판단을 위한 실천적 지혜를 얻을 수 있게 해준다(심성보, 1999: 192-194).

정의적 접근

감정을 수반하는 심리적 특성을 흔히 정의적 특성이라고 하며, 인간의 행동이 유발되는 기저에는 정서, 감정이 작용한다. 그러므로 정서 또는 감정은 도덕적 삶의 요소로서 중요한 자리를 차지한다.

정서에는 공감, 감정이입, 동정과 같은 긍정적 정서가 있는가 하면 분노, 죄책감, 시기, 갈등, 불안과 같은 부정적 정서도 있다. 또한 광의의 정서와 협의의 정서로 구분하여 볼 수 있다. 광의의 정서는 긍정적, 부정적 정서는 물론 다양한 특성을 내포하는 의지, 동기, 태도 등을 포함한다. 협의의 정서는 기쁨, 애착, 안정, 사랑, 동정, 인내, 관용 등 감정의 순화된 특성으로 표현된다(최혜리, 1993: 12-13).

정서는 단순한 감정처럼 외부의 자극에 대해 자율신경에 의해 나타나는 본능적인 현상이 아니라, 선천적으로 나쁜 감정은 고통을 주기 때문에 의식적으로 피하려 하고, 즐거운 감정은 기쁨과 희열을 주기 때문에 이를 수용하고 능동적으로 그런 감정을 찾아 얻고자 하는 정의적 특성을 지닌다(박용헌, 문용린, 1990: 6).

정서는 도덕적 행동을 가능하게 하는 한 요소이다. 아무리 남을 돕는 것이 옳다고 판단하더라도 정서적으로 그런 느낌이 발동되지 않으면 남을 도울 수 없다. 정서는 도덕적 가치를 행동하도록 할 수 있는 심리적 분위기이고, 인지를 운반해 주는 심리적 기제이다. 도덕적 행동은 인지적 사고의 산물인 동시에 감정적인 반응의 산물이다. 마치 정서적 에너지가 부족한 사람은 배의 엔진 고장 때문에 조종할 수 없는 배와 같다. 감정이 없는 곳에는 도덕성도 없기에 감정이 부족한 사람은 도덕적일 수 없다. 감정은 또한 동기부여의 주요한 원천이다. 그러므로 합리적 이성만으로는 적절하게 가치 판단을 인도할 수 없기 때문에 부분적으로 정서적 감정을 중요하게 부각시켜야 한다(고미숙, 1997: 474).

피터스는 정서 발달에 있어서 수치심과 죄의식이 도덕 발달에 공헌한다고 한다. 수치심은 콜버그의 '착한 아이' 도덕성 단계에서 위반자가 경험하는 가장 특징적인 정서인 반면, 죄의식은 좀 더 복잡하지만 적어도 자아 중심 단계를 넘어서 규칙을 위반할 때 생겨나며 도덕 발달에 공헌한다. 그는 규칙 준수와 위반에 관련된 죄의식은 외적 권위에 대한 두려움의 결과라기보다는 그 자신이 가지고 있는 특정 원리의 위반에 대한 정서적 반응이라는 인본주의적 죄의식을 제시한다(박윤명, 1996: 275).

도덕성과 관련된 동기는 타인과의 인간관계와 밀접하게 관련된다. 동기는 자발성과 감수, 만족과 즐거움, 욕구 등에서 일어난다. 다른 사람과 친해지기를 원하는 것, 집단에 속하여 살아가려는 마음, 존경하는 사람으로부터 인정을 받으려는 생각, 정의감의 발로, 타인이 선한 행동을 해 주기를 기대하는 마음 등은 인간의 기본 욕구에 속하는 것이다. 이러한 욕구는 본질적 흥미와 깊은 관련이 있으며 이는 다시 미적 경험과 관련된다. 자연스러운 도덕적 행위에 대한 동기의 형성은 풍부한 미적 경험을 통하여 형성되기도 한다.

도덕성의 구성요소로서 정의적 요소를 강조하는 학자로는 윌슨이 있다. 윌슨이 도덕원리로 주장하는 '타자의 이익에 대한 고려 및 관심'은 도덕적 정서, 감정의 요소를 담고 있다. 윌슨은 PHIL과 EMP의 개념을 사용하여 도덕적 사고를 나타내고 있다. 그에 의하면 PHIL은 타자에 대한 관심으로서 타자의 감정과 이익을 실제로 나의 것과 같이 생각하고 나와 타자를 동일시한다. 그래서 타자의 이익에 관심을 가지는 일반적 감정, 마음의 경향성, 태도를 갖는다. 그 다음에 EMP는 정서, 감정의 이해를 말한다. 도덕적 사고과정에서 도덕적 판단에 앞서 고려되어져야 할 자신 및 타자의 감정을 인식할 수 있는 능력으로서 정서, 감정을 모두 포함한다(남궁달화, 1989: 56).

도덕교육의 내용으로 제시되는 덕목들은 거의 대부분 감정을 수반하는 특성들이다. 동정심, 관용심, 책임감, 정의감, 애정 등의 형성과 구현은 감정적 움직임이 없이는 있을 수 없는 특성들이다. 감정을 수반하지 않는 단순한 지식은 행동을 유발하는 힘으로 작용하지 못하게 되며 신념과 의지를 형성하고 구현하는 힘이 되지 못한다. 지식과 인식 및 이해가 감정을 수반하게 될 때 신념과 의지로 형성하게 되고 행동을 유발하는 힘이 되는 것이다(박용헌 외, 1985: 222).

도덕성의 기본적인 원천은 칸트가 강조하는 '추상적인 이성'이 아니라, 동정심과 같은 정서 감정 그 이상의 어떤 것이다. 합리적 판단에 따른 결정이 행동으로 옮겨지기 위해서는 행위를 촉발할 수 있는 정서적 분위기가 유발되어야 한다. 즉 강한 동기가 부여되어야 도덕적 가치는 도덕적 자아에 뿌리내리게 된다. 만약 그렇지 않으면 도덕적 가치 판단은 아무 힘도 발휘하지 못한다(심성보, 1999: 196).

행동적 접근

행동적 접근은 도덕적으로 훌륭한 인간을 기르려는 도덕교육의 목표 측면에서는 인지적 접근의 견해와 같으나, 도덕적 인간이란 올바른 행동을 실천하는 사람을 가리키는 것으로 단순히 도덕적 지식과 높은 판단력을 가지고 있으면서도 행동으로 나타내지 않는 사람은 훌륭한 사람이 아니라고 보는 점에서 차이가 있다. 도덕적 행동의 궁극적 의미는 실천적 행동에서 찾아 볼 수 있으며, 도덕교육의 임무는 바로 생활태도, 즉 도덕적 실천력을 기르는데 더욱 강조점을 두고 있다. 그리고 도덕적 실천력은 도덕적 추리나 도덕적 사고력에서 생기는 것이 아니라 도덕적 행위를 거듭 실천하는 데서 생기는 것이라고 본다.

도덕적 행동을 결정하는 요소로서 '의지력'과 '습관의 힘'을 들 수 있다. 도덕적 행동에 결실을 맺게 하는 것은 의지와 습관의 힘이다. 도덕적 행동을 구성하는 의지는 도덕적 문제를 생각하거나 선택을 행동하도록 하는 도덕적 에너지를 동력화한다. 의지는 타성, 충동, 불안, 자만심, 시기심, 자기 이익 등을 밀어 내면서 이를 극복하게 한다. 이처럼 의지는 우리가 알고 느끼는 것을 행동하게 하는 마지막 힘이다. 도덕적 의지는 도덕적 신념에 기초할 때 힘 있는 도덕적 행동이 나온다. 의지와 함께 습관도 도덕적으로 행동하게 만드는 중요한 요소이다. 우리는 종종 의식적으로 생각하지 않고 습관의 힘에 의해 도덕적 행동을 할 때에 올바른 선택을 할 수도 있다. 덕 있는 사람은 좋은 행동을 습관적으로 실천하는 사람이다. 도덕적 행동은 좋은 습관을 형성시키는 데에서 시작된다(심성보, 1999: 200-201).

피터스는 습관적 행동의 두 가지 특징, 즉 반복되는 경향성과 자동적으로 달성되는 점을 제시한다. 관습이 자율적 도덕성의 발달을 침해하지 않는 것처럼 습관은 도덕적 행동의 자율적 측면을 대체하지 않는다. 습관은 흔히 고정적인 것으로 간주되지만, 오히려 습관적 활동 속에 적응력과 탄력성을 갖는 요인이 된다(박윤명, 1996: 277).

좋은 도덕적 신념은 곧 좋은 도덕적 행위, 혹은 행동을 보장하지는 않는다. 좋은 신념에 의해 좋은 규범을 알고 있으며 좋은 판단을 하는 위선자나 이중인격자는 얼마든지 있다. 그러므로 우리가 생각할 수 있는 것은 신념을 생활에서 실천해야 한다는 것이다. 이때의 실천은 일관성을 가져야 한다. 도덕적 신념을 일관성 있게 실제 행위로 실천하는 것을 일컬어 '도덕적 습관'이라고 한다.

발달 초기의 단계에 있는 어린이들에게 도덕적 습관이나 규칙을 모델링, 동일시, 모방에 의해 형성시킴이 중요하다. 이것은 건전한 도덕적 습관 형성을 위한 관례적 도덕 교육으로서 초등학교 저학년의 경우에 습관이 이성보다 먼저 교육되어야 함을 강조하고 있다. 이러한 입장은 피터스가 말하는 "습관이 이성의 발달을 방해하지 않는다."는 것과 일맥상통하고 있다(남궁달화, 1991: 40).

리코나(T. Lickona)의 통합적 인격교육에서 행동적 측면을 살펴보면, 도덕적 행동은 수행능력, 의지, 습관으로 구성되어 있음을 알 수 있다. 도덕적 수행능력은 도덕적 행동의 실제적인 기술로서 도덕적 판단과 정서를 행동으로 전환시킬 수 있는 능력을 말한다. 예를 들면 도덕적 문제 사태에서 갈등을 공정하게 해소시키기 위한 해결책을 만들어내는 실천적 기능들이 요구되는데 바로 이러한 기능을 갖추는 것이 수행능력을 기르는 일이다. 다음으로 도덕적 의지는 우리가 마땅히 해야 할 것을 행할 수 있도록 도와주는 도덕적 에너지라고 할 수 있다. 도덕적 의지는 도덕적 신념에 바탕을 두고 도덕적 행위를 산출한다. 예를 들면 눈앞의 쾌락에 대한 유혹을 견디며 의무를 이행하는 일, 또래의 압력에 굴하지 않고 자신이 생각한 올바른 행동을 행하는 일 등은 의지를 필요로 한다. 이러한 의지는 도덕적 용기의 핵심이다. 그 다음으로 습관은 단순한 행동의 반복뿐만 아니라, 사고와 감정의 일관된 유형을 말한다. 일상생활에서 이루어지는 많은 도덕적 행동들은 습관의 힘에 의해 이루어지는 것이 많다. 이런 이유에서 리코나는 도덕교육에 있어 아동들에게 좋은 습관을 형성할 수 있는 훈련과 연습의 기회가 많이 주어져야 한다고 말하고 있다(고민정, 2002: 38-39).

인지, 정의, 행동의 통합적 접근

도덕교육에서 통합적 접근이란 인지, 정의, 행동을 '동시에' 그리고 '함께' 가르치는 것을 의미한다. 즉 인지, 정의, 행동의 세 부분이 상호 연관되어 함께 이루어지는 것이다. 이것은 인지를 가르치면서 정의, 행동을 동시에 고려하거나 정의를 가르치면서 인지, 행동을 함께 다루는 방법을 말한다.

인간의 도덕성 요소인 인지, 정의, 행동은 삶의 실제에서 복합적으로 일어난다. 우리는 보면서 동시에 느끼고, 욕구하면서 동시에 행동하고, 결단하면서 동시에 생각한다. 그래서 삶의 실제에서 인지, 정의, 행동은 항상 통합적으로 일어난다.

도덕교육에서 학생들의 도덕적 덕과 인격 형성을 위하여 통합적인 접근을 한다는 것은 도덕성의 인지적, 정의적, 행동적 측면을 조화롭게 육성하여, 도덕적으로 알고 느끼며 행동으로 실천하는 사람을 기른다는 의미이다.

인지, 정의, 행동적인 측면의 상호관계

도덕교육의 인지적 측면에는 정의적인 요소가 내포되어 있다. 이성적인 삶을 뒷받침하는 정서에는 합리적 열정이 있다. 셰플러(Israel Scheffler)는 도덕규범을 내면화하는 데는 적절한 정서적인 성향이 요구된다고 지적한다. 즉, 진리에 대한 사랑, 거짓말에 대한 경멸, 왜곡에 대한 불쾌감, 회피에 대한 혐오, 수치심과 자아존중감과 같은 정서적인 성향을 적절히 전개한다는 것은 합리적인 이성과 원리들을 내면화한다는 것을 뜻한다. 올바른 판단과 습관화는 그에 따른 올바른 정서를 가져야 한다. 그 올바른 정서가 바로 합리적 열정인 것이다. 이러한 정서들은 이성의 활동을 완전히 하는데 필수 불가결한 것이다. 도덕적 판단에는 인지뿐만 아니라 욕구와 욕망, 감정, 정서와 의지를 포함한다. 우리는 누군가가 우리 자신에게 잘못하였다고 믿기 때문에 노여움의 감정을 갖는 것이다. 정서를 구성하는 이러한 노여움의 감정은 우리의 가치가 내재된 판단이라고 하겠다. 정서 속에는 이성이 이미 개입되어 있다. 그러므로 인지의 성장은 정서의 교육과 분리할 수 없는 것이다. 또한 어떤 정서는 도덕적 행동에 동기를 부여한다. 주로 감정이입과 같은 이타적인 정서들이 도덕적인 행동을 동기 부여한다고 하겠다. 정서는 도덕적 행동을 지지해 주고 비도덕적 행동을 반대하는 동기적인 역할을 한다(고미숙, 2005: 87-92).

콜버그(L.Kohlberg)는 정서와 감정은 도덕 추론 과정의 부분으로서 인지적 도덕 판단과 함께 발달한다고 하였다. 차잔(B. I. Chazan)은 "도덕적 선택은 이성을 참조하는 것만으로는 만족되는 것은 아니다."고 하여 도덕적 추론과 선택에서 정서적, 감정적 측면이 함께 하는 것으로 보았다(남궁달화, 1989: 56).

레스트(J.R.Rest)는 "정서를 인지와 별개로 하는 도덕적 정서, 그리고 행동을 인지와 정서로부터 분리하는 도덕적 행동 등은 있을 수 없다."고 하였다. 즉 감정이 완전하게 결여된 도덕적 인지는 없으며, 인지가 완전히 결여된 도덕적 행동도 없다는 것이다.

인지와 정의의 관계를 보면 인지의 밑바탕에는 감정과 정서가 내재해 있다는 것이다. 우리가 지적 접근에서 진(眞)·선(善)·미(美)가 삼위일체가 되어야 한다는 생각을 많이 하는데, 아리스토텔레스와 플라톤은 진에 대한 인식은 아름다움을 그대로 수반하며 올바른 이성적 사유는 그 자체가 기쁨의 정서를 수반하는 행복으로 이끌기 때문에 지(知)·정(情)의 관계가 깊다고 하였다.

모든 사고의 기저에는 감정이 있으며 모든 추상이나 개념과 같은 지적인 교육은 지각을 기초로 하여야 한다. 인간의 지각은 사진기의 각막과 같이 있는 그대로 모든 정보를 다 흡수하는 것이 아니라 내적인 동기에 의하여 선택적으로 이루어지는 것이다. 그 내적 동기란 경험적 지각이고 경험된 느낌이다. 결국 모든 지각은 감정을 수반하고 동시에 감정에 의해 선택되고 인도된다는 것이다(한명희, 1981: 112).

지적으로 뻔히 옳고 그름을 판단하면서도 선뜻 신념과 일치하는 행동을 하지 못하는 것은 그 선행에 대한 의지가 부족하기 때문이다. 래쓰(L.E. Raths) 등은 가치 명료화 과정을 선택→존중→확신→행위로 구분하였다. 그런데 존중, 확신의 단계를 중요시하는 것은 이러한 사고를 통하여 충분히 가치를 내면화하면 자연히 행동으로까지 옮겨지게 된다는 전제를 깔고 있기 때문이다. 따라서 우리는 순수한 지적 판단과 더불어 풍부한 감정과 정서를 밑바탕으로 도덕적 행위를 할 수 있는 어떤 강한 동기와 신념을 학생들에게 넣어줄 필요가 있다.

인지, 정의, 행동의 통합적 접근

도덕교육은 인간교육의 한 측면이며, 인격의 형성에 가장 중요한 역할을 한다. 따라서 도덕성은 인간의 여러 속성 중에서 특히 인격과 같은 의미로 볼 수 있다.

리코나(T. Lickona)는 인격의 개념에서 통합적 개념을 사용하였는데, 그녀는 무엇이 올바른 것인지 알고(지 知) 옳은 것을 행하겠다는 의지와 감정 및 정서 상태 하에서(정 情) 실제로 올바로 행동하는(행 行) 것이라고 하였다. 즉 인격이란 정신의 습관과 가슴의 습관 그리고 행동의 습관의 총합으로 형성되는 것으로 보고 있다. 그래서 인격은 도덕성의 인지적, 정의적, 행동적 차원을 모두 포괄하는 통합적인 개념이라 파악하고 있는 것이다.

리코나는 훌륭한 인격의 구성요소로서 도덕 추론, 의사결정 등의 도덕적 인지와 감정이입, 양심 등의 도덕적 감정과 의지, 습관의 도덕적 행동은 개별적으로 기능하지 않고 상호 관련성이 있음을 강조한다. 리코나는 이러한 상호 관련성이 일방향적이 아니라 양방향적인 것으로 설명한다(T. Lickona, 박장호, 추병완 공역, 1998: 73-74).

고미숙은 도덕성의 요인들인 인지적, 정의적, 행동적 측면들이 서로 영향을 미치는 것을 넘어서 각 측면은 다른 측면들을 자기 안에 내포하고 있다고 한다. 즉, 이 세 가지 측면들은 서로 분리될 수 없는 서로가 서로를 자기 측면에 내포하는 상호적인 관계이다. 그러므로 도덕성을 인지적, 정의적, 행동적 측면으로 구분하여 도덕교육을 할 때 서로 분리된 교육을 할 것이 아니라 서로 상호 관련성을 인정하여 인지적↔정의적↔행동적 측면으로 이 요소들을 동시에 함께 교육을 하여야 한다고 주장한다. 그리고 이 세 가지 측면의 공통적인 부분에 속하는 것은 도덕적 정서라고 본다. 감정이입, 보살핌, 공감, 동정심, 도덕적 분노, 죄의식 등의 도덕적 정서는 인지적, 정의적, 행동적 측면을 모두 내포된 것이기 때문에 도덕적 정서의 함양은 도덕적 행동을 유발할 수 있다(고미숙, 2005: 101-103).

도덕성의 통합은 보다 높은 지성과 풍부한 감정, 정서, 강한 선의지의 유기적 관련에 의하여 이루어진다. 이것은 지적인 면과 행동적인 면을 연결시켜 주는 풍부한 감정과 정서에 의해서 가능할 수 있다. 그렇기 때문에 도덕교육은 통합적 접근이 시도되어야 한다.

우리는 많은 것을 우리의 생활과정에서 만나는 여러 사람들의 인품에서 배우며, 때때로 어떤 사람의 인격이 풍기는 인간미나 생활의 스타일을 본받으면서 살아간다. 그리고 위인, 부모, 선배, 책, 자연으로부터 배우기도 한다. 이런 것들은 전인적인 감화를 통해서 인격의 통합에 영향을 준다(이돈희, 1987: 53).

도덕교육에서 지, 정, 행(의)은 '동시에' 그리고 '함께' 작용해야 할 것이다. 이들 요소들은 서로 상대 개념이면서 조화 개념이다. 즉 고유한 영역이 있으면서 타 영역과 통합성을 지닌 형태로 나타날 수 있음을 말한다. 그런데 지, 정, 행의 개별적 요소의 강조는 환원주의적인 오류를 범하기 쉽다. 환원주의적 오류란 원래 분리시킬 수 없는 통합적 개념을 억지로 분리시키려는 데에서 발생하는 오류를 말한다(홍성효, 2000: 72).

인간은 지, 정, 행(의)의 세 가지 특성들이 어떻게 잘 조화를 이루는지에 따라 그 사람의 인격이 결정되는 것이다. 합리적이고 이성적인 사고, 잘 다듬어진 감정의 표현, 실천하려는 굳건한 의지는 어느 것 하나 소홀히 할 수 없는 인간의 특성으로 그 사람의 도덕적 행위를 결정하게 된다(홍성효, 2000: 74). 그러므로 도덕교육은 인지적, 정의적, 행동적인 측면에서 통합적 접근이 시도되어야 한다.

한 개인의 도덕적 인격은 도덕성 요인 하나하나로서의 형성은 큰 의미가 없다. 인지적, 정의적, 행동적 요인이 인격체 속에서 통합되어 있을 때에 보다 의미 있는 도덕적 행동이 나타나게 되는 것이다. 따라서 통합적 접근은 학생들의 인격을 원만하게 형성하는 데에 도움을 주기 때문에 그 의의가 크다고 할 수 있다.

2. 정의와 배려의 통합적 접근

정의의 윤리

콜버그는 도덕성 발달단계가 모든 문화와 사회에서 보편적이라고 주장하고, 정의(正義, justice)는 추론의 형식으로서 도덕성 발달단계의 최고 도덕원리라고 주장하였다. 콜버그는 정의가 도덕성 발달의 모든 단계에서 옳고 그름을 판단하는 기준으로 작용하며, 옳은 것이 무엇인지를 결정하는 도덕원리 혹은 판단의 근거가 된다고 한다.

콜버그는 도덕원리를 모든 사람들이 모든 사태에서 선택하기를 바라는 선택의 규칙으로 본다. 도덕원리는 행위의 규칙이라기보다는 선택을 위한 일반적 안내로 작용한다. 도덕적 선택을 위한 사고과정에서 참고하거나 행동을 정당화하는 이유로 사용된다. 콜버그가 말하는 도덕원리는 '정의'가 표현되어 있다고 본다. 콜버그는 도덕성 발달단계의 6단계에서 제시하는 '정의'를 보편적 도덕원리로 주장한다(남궁 달화, 2008: 179).

도덕원리로서의 정의는 "모든 사람의 도덕적 권리의 주장을 동등하게 고려하라."고 말한다. 여기서 정의란 보편적인 가치와 원리로서 '공정성으로서의 정의'를 뜻하며, 권리의 주장이 상호 대립될 때 이를 도덕적으로 해결해주는 원리로서 평등과 상호 호혜성의 가치를 포함한다.

콜버그는 도덕성 발달의 모든 단계에서 정의가 옳고 그름을 판단하는 기준으로 작용한다고 보았다. 도덕성은 도덕원리에 의거한 도덕 판단을 의미하며, 낮은 단계에서 높은 단계로 갈수록 보다 타당하고 보편적인 정의의 원리에 입각하여 판단을 내릴 수 있게 된다는 것이다. 다만 낮은 단계의 사람에 비해 높은 단계의 사람이 도덕적으로 더 적절한 정의의 원리에 따라 도덕적인 판단을 내리는 것이다. 낮은 단계보다 높은 단계가 더 적절한 정의 개념을 가지고 도덕적 갈등을 해결하기 때문에 도덕 발달의 최고 단계인 6단계에서는 완전히 보편적이고 가역적인 정의의 원리에 입각하여 도덕 판단을 내릴 수 있게 되며, 이러한 6단계는 도덕성 발달의 최종 목표인 '도덕 이상'이 된다고 주장하였다(정소흔, 2007: 128).

콜버그는 "도덕원리란 경쟁하는 주장들 간의, 즉 당신 대 제3자간의 갈등해소의 원리이다. 주장들 간의 갈등을 해소하기 위한 단 하나의 원리적 기초가 존재한다. 그것은 정의이다."라고 한다. 그는 도덕적 원리란 보편적인 선택의 양식, 즉 모든 사람들이 모든 상황에서 언제라도 채택하기를 원하는 원리이며 이러한 도덕원리는 바로 정의라고 지적하고 있다. 그러므로 도덕원리란 정의를 중심으로 하여 조직된 역할 채택의 인지 구조적 형식이다. 콜버그는 정의의 개념에 준거해서 도덕 발달 단계를 규정하였다. 콜버그에 있어서 도덕성의 가장 본질적인 구조는 정의 구조이며 각 단계에서의 도덕 판단은 이러한 정의의 범주와 구조들에 의해 결정된다. 그는 공정성, 평등성, 상호성, 보편화 가능성, 규정성 등의 정의의 범주들을 단계 도출의 기본적 준거로 가정한다. 또한 그는 정의의 준거로서 보편화 가능성과 가역성을 제시하였다. 보편화 가능성이란 보편적인 선택의 양식으로서 모든 사람들이 모든 상황에서 언제라도 채택하기를 원하는 선택 행위의 규칙을 의미하는 것이다. 가역성은 모든 사람들의 입장에서 판단해 보았을 때, 자신과 타인의 입장을 바꾸어도 동의할 수 있음을 의미하는 것이다(김정금, 1994: 41, 44).

콜버그에 있어서 도덕성의 형식적 특징은 바로 규정성과 보편성이다. 규정성과 보편성에 의한 판단은 도덕원리에 근거한 판단이며 도덕원리는 선택의 보편적인 양식이며, "누구라도 어떤 상황에서도 채택하지 않을 수 없는 선택의 규칙이다."(박병춘, 1999: 30) 콜버그는 도덕적 원리란 보편적인 선택의 양식, 즉 사람들이 모든 상황에서 언제라도 채택하기를 원하는 선택행위의 규칙이며 이러한 도덕 원리가 바로 '정의'라고 주장하였다(김봉소, 김민남 역, 1985: 78).

정의의 윤리에서 중요시하는 또 다른 고려사항은 '권리'개념이다. 자유권, 생명권, 재산권과 같은 권리들은 '정의'의 개념에서 핵심적인 요소이다. 권리는 그 자체 도덕적 의무와 마찬가지로 보편화 가능성을 전제한다. 내가 어떤 상황에서 권리를 주장할 수 있다면, 그와 유사한 상황에서 다른 사람도 똑같은 권리를 주장할 수 있다. 권리 주장은 일상적인 도덕적 문제 상황에서 다른 사람에게 의무를 더 강력하게 요구할 수 있는 힘이 있다. 예를 들면, '태아는 생명권이 있다.'라는 말은 '태아를 죽여서는 안 된다.'라는 말보다 더 강력한 힘을 발휘한다(조성민, 2013: 262).

정의윤리에서 정의란 보편적인 가치와 원리로서 도덕적 관점을 구성해 나가는 기준을 의미한다. 정의의 관점에서는 개인의 권리나 평등, 공정성, 의무 등을 강조한다. 정의윤리는 공정성, 보편가능성을 강조하고 무엇이 옳은 것인가에 대해 일반적으로 동의 또는 합의에 이르려는 노력을 중시한다(정창우, 2004: 323). 정의윤리는 자율성, 공정성, 보편적인 도덕원리, 규칙 그리고 권리를 중요한 도덕적 고려사항으로 간주한다(조성민, 2013: 263). 정의윤리는 형식적, 추상적 사고방식을 통해서 요구들 간의 균형을 유지하는 공정성의 방법을 취한다. 정의윤리는 의무, 책무, 원리, 공정성을 고려하면서 정의나 공정성과 같은 도덕원리나 규칙에 따른 판단을 강조한다. 정의윤리는 무엇이 의무이고 어떤 행위가 옳으냐를 문제 삼고 어떤 규칙이나 원리에 입각하여 올바른 판단을 하는가에 주목한다.

배려의 윤리

길리건(Carol Gilligan)은 콜버그의 인지발달론은 정의의 윤리로서 남성 중심적 편견을 지니고 있다고 비판하고, 이에 맞서 배려윤리를 제창하면서 그것이 남성보다는 여성에게 지배적인 현상이라는 여성적 접근을 취하였다. 길리건에 따르면 도덕성은 정의와 배려라는 두 도덕성으로 구성되어 있고, 두 도덕성은 성별에 따라 서로 구별되는 도덕적 목소리로 상이한 자아관과 도덕관을 가지고 있다고 보았다. 길리건은 남성들에게는 정의, 공정성, 규칙, 권리 등의 남성적 도덕성을 중시하는 정의윤리를 지향하는 반면에, 여성들에게는 배려, 책임, 상호의존, 동정심, 애착, 사랑 등의 여성적 도덕성을 중시하는 배려윤리를 지향한다고 주장하였다(김교환, 2009: 178).

길리건에 따르면, 남성들은 자신들의 자아를 개별적으로 분리된 것으로 파악하고, 객관성을 추구하며, 일이나 과제에 기초하여 자신들의 정체성을 정의하고, 추상적이고 공정한 규칙과 원리를 선호하기 때문에 정의와 권리 지향의 도덕적 목소리를 지니게 된다는 것이다. 반면에 여성들은 자신들의 자아를 타인과 연결되어 있는 그리고 상호 의존적인 것으로 파악하고, 친밀한 인간관계에 기초하여 자신의 정체성을 정의하며, 타인에게 해로움을 끼치지 않으려는 민감성과 자아 및 타인의 복지와 보살핌에 대한 관심, 그리고 구체적인 상황 속에서의 조화로운 관계 형성에 기반을 둔 배려와 반응성의 도덕적 목소리를 지니고 있다는 것이다(추병완, 1996: 401).

이러한 관점에서 배려와 정의의 도덕성 차이를 드러내는 예로서 낙태의 경우를 들 수 있다. 정의의 관점에서는 낙태는 서로 상반된 권리들 간에 일어나는 갈등이다. 낙태는 여성의 권리(낙태에 대한 결정권)와 태아의 권리(생존할 권리)에 관계되는 문제이다. 그러나 배려의 관점에서는 구체적인 상황에 관련된 관계들에 대한 맥락적이고 상대적인 사고를 한다. 길리건에 의하면 누구의 권리(여성 혹은 태아)가 더 중요한가 하는 것이 아니라 아기가 태어났을 때 그 엄마와 자식 간에 좋은 관계, 그 아이를 위한 양육이 가능한가 등의 미래에 대한 관계를 고려하는 것이 낙태를 결정하는데 영향을 끼치게 된다. 즉 출산 이후의 미래의 구체적인 환경들과의 관계에 대한 고려는 배려, 보호, 책임의 관점에서 이루어진다(김정금, 1994: 45).

배려윤리는 특수한 맥락이나 상황을 중요시하는 윤리이다. 배려윤리는 개별적인 맥락이나 상황을 중요시하기 때문에 상황의 보편화가능성이나 일반적 규칙에 의한 판단에 대해 부정적이다. 배려윤리는 배려하는 자신과 특수한 관계를 맺고 있는 사람이나 대상에 대한 책임을 강조한다. 관계를 맺고 있는 사람들과 좋은 관계를 유지하고 강화하는데 관심이 있으며, 어떤 행위를 할 것인가를 일반적인 규칙에 의존하여 결정하지 않는다. 개인이 처한 상황은 각기 다르므로, "같은 경우에는 같은 방식으로 대우해야 한다."는 보편화가능성의 원리를 적용할 수 없다(조성민, 2013: 241). 배려하는 것은 정의나 공정성 같은 도덕원리나 규칙에 의해서가 아니라 애정과 존중의 마음으로 행동하는 것이다. 즉 배려를 실행하는 데에는 특수한 맥락이나 상황을 이해하고 특정인에 대한 도덕적 결정을 하는 것이 중요하다.

배려의 윤리는 상호의존적 인간관계 및 책임감과 의무, 타인에 대한 관심과 배려, 동정, 사랑 등의 특성을 중시하고 동시에 공동체 의식을 강조한다. 배려의 윤리는 인간관계를 이해하고, 타인과의 협동, 타인에 대한 봉사와 복지 등을 중시한다. 또한 정의의 윤리에서 주장하는 보편성 대신에 구체성을 강조한다(정창우, 2004: 323). 배려의 윤리는 상호 의존성, 의사소통, 책임을 고려하면서 관계를 유지하는 것을 강조한다. 배려의 윤리는 맥락적, 내러티브적인 사고방식으로 배려자와 피배려자 간의 만남(관계)을 중시하고, 타자의 선이나 복지에 대해 어떤 정서와 태도를 보이느냐 하는 문제에 주목한다.

정의와 배려의 통합적 접근

정의와 배려를 둘러싼 논쟁에서 우리는 도덕성의 성차의 유무와 관계없이 남성과 여성 모두에게 정의와 배려의 관점이 함께 요구된다는 점과 정의와 배려가 양성 모두에게 필요한 도덕적 지향이라는 점에서 그 의미를 얻을 수 있다. 정의와 배려의 관계에서 학자들은 각각의 우선성에 대해서는 입장 차이가 있으나 두 가지 도덕성의 상호 보완과 통합을 지향한다는 점에서 공통점을 찾을 수 있다. 즉 정의와 배려의 두 가지 도덕적 지향은 어떤 방식으로든 통합된 형태를 띠게 된다는 것으로 도덕교육에서 정의와 배려의 통합적 접근의 필요성을 시사해 주고 있다. 정의와 배려의 통합적 접근에 관한 세 가지 방안을 살펴본다.

정의 중심의 배려 통합

정의를 중심으로 배려를 통합하고자 하는 이론적 시도는 주로 콜버그의 후학들을 중심으로 이루어졌다. 레스트는 콜버그의 인지중심의 도덕성 개념이 지닌 한계를 극복하고, 도덕적 정서와 행위를 포함하는 다양한 차원으로 도덕성을 설명하고자 하였다. 콜버그적 관점을 더 선호하는 워커(L. J. Walker)는 정의를 강조하면서도 배려와의 통합의 필요성을 주장하였다. 워커는 도덕성의 성차에 대한 길리건의 주장을 반박하는 연구를 통해, 도덕 발달의 높은 단계에 있는 개인들은 배려와 정의 추론의 두 가지를 모두 가지고 있으며, 이를 통합하려고 한다고 주장하였다. 그리고 이것은 원리화된 도덕적 사고(5,6단계)가 배려와 정의 지향 모두를 포함한다는 콜버그의 개념과 크게 벗어나지 않는다는 것이다. 따라서 워커는 도덕적 인간이란 정의와 배려의 도덕성을 함께 갖춘 사람이라고 보아야 한다고 주장한다(심지나, 2013: 26, 28).

배려 중심의 정의 통합

길리건의 배려의 개념을 윤리학적, 교육학적으로 보다 체계화된 이론으로 발전시킨 나딩스는 '배려를 중심으로 한 정의와의 통합'을 강조하였다. 그녀는 정의로운 판단에 도달했을 때에도 여전히 윤리적 작업이 많이 남아 있으며, "정의가 떠나간 곳에서 배려가 뒤처리한다."고 강조하였다. 나딩스는 정의로운 판단과 결정은 그 영향을 받은 사람들이 추구하는 선과 가치에 대한 논의를 반영한다고 하였으며, 그 판단과 결정이 적절히 이루어지기 위해서는 숙고 단계에서 배려의 담론이 필요하다고 하였다. 나딩스는 배려 담론이 기본적으로 좁은 시각의 정의를 더욱 풍부하게 해준다고 보았다. 예를 들어, 정의는 교육정책을 결정함에 있어 평등주의적 정책을 입안할 때 적용할 수 있고, 배려는 그 정책을 정교화하고 세부적인 수행을 할 때 적용할 수 있다. 나딩스는 "평등보다 더 좋은 길은 무엇인가?"를 물으며 건전한 배려를 통해 정의의 목적을 달성하면서도 그 대상이 되는 사람들을 만족시킬 수 있는 해결 방법을 찾을 수 있음을 강조하였다(심지나, 2013: 30).

정의와 배려의 동등한 통합

브래백(M. Brabeck)은 길리건과 콜버그의 이론을 함께 고려할 때, 도덕적인 사람은 각 개인의 행복과 배려에 대한 열정적인 관심을 계속 가지면서도, 각 개인에게 정의를 실현시켜 줄 수 있는 추론과 도덕적 판단을 통해서 도덕적 선택을 하는 사람이라는 것이다.

브래백은 규칙화된 원리에 대한 관심과 특수한 맥락에 대한 관심의 통합적 접근이 우리의 도덕적 행동에 대한 결정을 보다 옹호할 수 있도록 만들어 준다고 주장하였다. 예를 들어 한 여성이 낙태를 해야 하는지, 말아야 하는지를 결정하는 상황에 직면했을 때, 도덕적 결정은 그 여인이 처한 구체적인 상황적 맥락을 고려해야 한다는 것이고, 또한 절대적이고 보편적인 도덕 원리, 도덕적 선과 결합될 수 있는지를 합리적으로 평가해야 한다는 것이다(정창우, 2004: 327).

스트라이크(K. A. Strike)는 도덕적 다원주의 입장에서 정의와 배려의 공존을 강조하였다. 그는 정의와 배려는 때때로 진정한 도덕적 해결을 위해 함께 작용하며, 때로는 갈등을 일으키기도 한다는 것이다. 정의는 사람들이 공정하게 대우받는 사회와 인간관계를 목적으로 하며, 배려는 돌봄의 관계가 높은 가치를 지니는 사회와 인간관계를 목적으로 한다. 따라서 정의의 윤리는 의무와 규칙 준수 및 보편적인 도덕 판단을 강조하며 탈맥락적인 자아를 갖는다. 이와 대조적으로 배려의 윤리는 관계성과 맥락적 판단을 강조하고 상황에 처한 자아를 갖는다. 이렇게 정의와 배려는 각기 다른 도덕적 선을 목적으로 하기 때문에 서로 충돌할 수가 있다. 스트라이크는 구체적인 맥락의 특수성을 존중하고, 일반적인 규칙에 근거한 판단을 조정함으로써 배려와 정의간의 조화를 이룰 수 있다고 보았다(심지나, 2013: 34).

정의와 배려의 상호 보완적 통합

정의와 배려를 통합하는 방식에 있어서는 차이를 보이지만, 인간의 도덕성에 정의와 배려가 모두 필요함을 모두가 동의하고 있다. 따라서 정의와 배려의 상호 보완적인 통합을 바람직한 방안으로 제시할 수 있다. 이러한 통합은 인간의 도덕성에 대한 이해를 보다 풍부하게 해주고, 다양하고 복잡한 도덕문제 해결에 있어서 정의와 배려의 역동적인 적용을 가능하게 해주며, 보다 다양한 도덕교육 방법의 아이디어를 제공해 줄 수 있기 때문이다(심지나, 2013: 111).

정의와 배려의 상호 보완적 통합은 첫째로 도덕적 동기화 차원에서 인지와 정서의 통합적 작용을 포함한다. 실제로 우리를 도덕적 행동으로 이끄는 동기에는 인지적, 정서적 요소가 모두 포함된다. 깁스(J. C. Gibbs)는 정의와 공감 모두 도덕적 동기의 중요한 근원이라고 강조하였다. 둘째로 도덕적 정당성의 차원에서 보편성과 맥락성의 조화를 추구한다. 권리와 정의의 도덕성을 강조하는 콜버그의 이론은 보편적인 규칙 및 원리에 입각한 정의와 공평성을 강조하는 반면, 책임과 배려의 도덕성을 강조하는 길리건의 이론은 '무지의 장막'과 공평성을 거부하면서 도덕적 선택을 위한 상황적인 특수한 맥락을 이해할 것을 강조하였다(정창우, 2004: 265).

헵번(E. R. Hepburn)은 길리건이 제시한 따뜻한 배려의 관점과 콜버그가 제시한 정의의 관점을 통합하여야 할 필요성을 제기하면서, 도덕적 의사결정이 무지의 베일 상태가 아닌 특정한 유대와 관련 속에서 이루어져야 함을 피력하였다. 헵번은 콜버그가 제시한 보편타당함과 공평무사한 판단의 중요성을 인정하면서도, 그러한 결정이 타인들에 대한 신뢰와 상호 관심이 전적으로 배제된 무지의 베일 상태속에서 이루어지는 것이 아니라 길리건이 제기한 따뜻한 배려의 관계 속에서 이루어질 때, 우리는 합리적 의사 결정 능력과 도덕적 민감성을 모두 신장시킬 수 있다는 것이다(이은정, 2006: 54).

브라벡(M. Brabeck)은 도덕적인 인간이란 두 도덕성을 함께 갖춘 사람이라고 보면서 두 도덕성의 통합을 주장하고 있다. 길리건과 콜버그의 이론을 함께 고려할 때, 도덕적인 사람은 각 개인들의 행복과 보살핌에 대한 열정적인 관심을 계속 가지면서도, 각 개인에게 정의를 실현시켜줄 수 있는 추론과 도덕적인 판단을 통해서 도덕적 선택을 하는 사람이다. 즉 보편적 원리와 특별한 도덕적 선택에 대한 요구가 서로 연결되고, 자율성과 상호 연관성에 대한 필요가 더 확장될 뿐 아니라 더 적절해진 도덕성의 개념 속으로 통합될 때 정의와 배려의 도덕성은 하나로 결합될 수 있게 된다(이은정, 2006: 55).

나딩스는 도덕 교육에 있어서 인지를 배제하면 활기를 잃어 병적인 감상에 빠지게 되고, 정의적인 요소를 배제하면 이기적으로 되거나 무감각한 합리주의에 빠지기 쉽다고 주장함으로써 인지와 정의를 배타적인 것이 아니라 상호보완적인 것으로 인식하고 있다(정창우, 2004: 326).

배려와 정의의 도덕성은 상호 보완적이다. 분배의 평등과 자기 몫에 대한 합리적 주장을 내세우는 정의만을 고집할 때 인간관계와 사회관계는 메마른 것이 된다. 이러한 메마름을 극복하여 따뜻한 공동체로 나아가게 하는 것이 배려의 도덕성이다. 배려의 도덕성은 인간의 이성과 의지와 감정을 통일시켜준다. 정의와 배려의 도덕성은 같은 뿌리에서 나온 것이다. 정의는 인간 평등과 존엄성을 성취하기 위한 제한된 배려이며, 배려는 인간 존엄을 성취하기 위한 확대된 정의이기 때문이다(한국국민윤리학회, 2000: 30).

정의와 배려의 상보적 관계를 살펴보면, 정의는 배려에 의해 뒷받침될 때 힘을 얻고 배려는 정의에 의해 뒷받침될 때 방향을 잡을 수 있다. 칸트적인 표현으로 보면, 배려가 없는 정의는 공허하고, 정의가 없는 배려는 맹목이다. 즉 배려적인 정의 또는 공정한 배려가 요구된다는 뜻이다(조성민. 2013: 276).

배려와 정의의 도덕성은 실천의 차원에서 통합된다. 정의와 배려의 실천에서 통합은 행위자의 도덕적 민감성과 판단력을 통해 이루어져야 한다. 정의와 배려에 대한 통합 논의가 이론의 차원에 머무른다면 추상화된 도덕성으로 변질되어 인간의 삶과는 무관하게 된다. 정의와 배려의 도덕성은 도덕적 행위의 규범의 원리로서 작용해야 한다. 즉 도덕성은 필연적으로 도덕적 행위와 연결되어야 한다.

정의와 배려의 윤리의 두 도덕성은 서로 한 개인의 도덕성 안에 공존하고 있는 것이지, 남성과 여성만의 것으로 따로 분리해서 볼 수 없는 것이다. 이러한 측면에서 두 입장은 하나의 도덕성으로 통합될 수 있어야 한다. 길리건의 연구 결과에 따르면 69%의 피험자들이 배려와 정의 두 정향을 모두 사용하였다고 한다(Devitis & Rich, 추병완 역, 1999: 173).

정의와 배려의 윤리는 각각 그 나름대로의 장단점을 가지고 있으며, 어느 한쪽만을 강조하게 될 경우에 도덕성이 바르게 발달할 수 없는 것이다. 도덕 교육에서 조화를 이루기 위해서는 두 가지 윤리의 장점을 받아들여 적용하는 것이 바람직하다. 왜냐하면 이성적 능력 못지않게 배려의 능력 또한 중요하기 때문이다.

<참고 문헌>

고미숙, "새로운 도덕교육 토대로서의 정서", 『새로운 교육의 탐색』, 고려대학교 교육사철학연구회, 내일을 여는 책, 1997.

고미숙, 『대안적 도덕교육』, 서울: 교육과학사, 2005.

고민정, "Thomas Lickona의 인격교육론 연구", 서울교육대학교 교육대학원 석사학위논문, 2002.

권승혁, "초등학교 도덕과 교육의 통합적 접근 방안 탐색", 『변환기의 국가와 윤리』, 김택환 교수 정년 기념 논문집, 한국교원대학교, 1996.

김교환, 『도덕교육의 통합적 접근』, 강원대학교 출판부, 2009.

김정금, "도덕교육에서의 정의와 배려의 도덕성", 『교육철학』 제12권, 한국교육철학회, 1994.

남궁달화, "도덕교육의 주제와 도덕적 문제 해결의 절차", 『교육학 연구』, 제27권 2호, 한국교육학회, 1989.

남궁달화, "도덕과 수업모형의 이론과 실제", 『교육학 연구』, 제29권 2호, 한국교육학회, 1991.

남궁달화, 『현대도덕교육론』, 서울: 교육과학사, 2008.

박병춘, "보살핌 윤리의 도덕교육적 접근 연구", 서울대학교 대학원 박사학위논문, 1999.

박병춘, 『배려윤리와 도덕교육』, 서울: 울력, 2002.

박용헌 외 2인, 『도덕과 교육』, 서울: 한국방송통신대학교, 1985.

박용헌, 문용린, 『정의의 교육』, 서울: 한국방송통신대학교, 1990.

박윤명, "피터스의 도덕성 이론과 도덕교육", 『변환기의 국가와 윤리』,
        김택환 교수 정년기념논문집, 한국교원대학교, 1996.

심성보, 『도덕교육의 담론』, 서울: 학지사, 1999.

심지나, "도덕적 학급 공동체 운영 방안 연구", 서울대학교 대학원 석사학위
        논문, 2013.

정소흔, "콜버그 도덕발달 철학에서의 정의의 문제", 『동서사상』 제3집,
        경북대학교 동서사상연구소, 2007.

정창우, 『도덕교육의 새로운 해법』, 서울: 교육과학사, 2004.

조성민, 『도덕·윤리교육의 윤리학적 접근』, 서울: 교육과학사, 2013.

이돈희, 『도덕교육원론』, 서울: 교육과학사, 1987.

이은정, "현대도덕교육론의 발전 모형 연구 −정의와 배려의 통합−", 전남
        대학교 대학원 석사학위논문, 2006.

임태평, "R. S. Peters의 도덕교육에 관한 연구", 『도덕교육연구』, 제3집,
        한국교육학회 도덕교육연구회, 1986.

최혜리, "도덕교육의 정의적 특성에 관한 연구", 서울대학교 대학원 석사
        학위논문, 1993.

추병완, "길리건 도덕발달 이론에 대한 재조명", 『도덕윤리과교육』 제7호,
        한국도덕교육학회, 1996.

한국국민윤리학회, 『현대사상의 쟁점과 윤리』, 서울: 형설출판사, 2000.

한명희, "도덕성 요인으로서의 정서의 역할과 교육", 『교육학연구』, 제19권
        3호, 한국교육학회, 1981.

홍성효, "지, 정, 의의 통합적 접근과 교육적 의의", 『도덕교육학 연구』,
        창간호, 한국도덕교육학연구회, 2000.

Devitis J,L. & Rich,T,M., 추병완 역, 『도덕발달이론』, 서울: 백의. 1999.

Lickona, T., 박장호, 추병완 공역, 『인격교육론』, 서울: 백의. 1998.

Kohlberg, L., 김봉소, 김민남 공역, 『도덕발달의 철학』, 서울: 교육과학사,
        1985.

제 **15** 장

도덕과 교육과 도덕교사

1. 도덕과 교육

오늘날 대부분의 사람들은 도덕교육은 도덕에 관하여 아는 바를 실천에 옮기도록 하는 데에 그 목적이 있다고 생각하고 있다. 그래서 요즘 사람들은 도덕교육의 문제점을 지행의 괴리(乖離)에 있다고 보고 지식이 행동으로 연결되지 않고 있음을 지적한다. 그리하여 도덕과 교육은 학생들에게 무엇이 도덕적으로 선하고 옳은가를 알려 주어 도덕적 행동을 실천하도록 실천동기나 의지를 북돋우는 것을 목표로 삼아야 한다는 주장에 힘입어 현행 도덕과 수업의 방향이 도덕적 가치 규범의 이해와 가치 판단, 도덕 심정과 도덕 행동을 다루도록 구성되어 있다. 또한 도덕 교과서의 내용 체제를 보면, 도덕적 지식의 이해와 가치 판단 능력, 도덕적 정서와 의지, 도덕적 행위 기능·능력과 실천 성향 등의 증진을 복합적으로 추구하도록 구성하였다. 도덕과 교재의 이와 같은 구성은 도덕과 수업에서 배운 지식을 일상생활에서 행동으로 실천하도록 이끈다는 점을 염두에 둔 것이다.

도덕은 생활의 장면에서 일어나는 인간의 행동을 기술하고 규제하는 원리인 만큼, '생활을 통한 도덕교육'에서는 물론이요 '교과를 통한 도덕교육'에서도 '행동과의 관련'이라는 것이 중요한 특징을 이루게 된다. 도덕과가 학생들에게 도덕적 규범을 가르치고 도덕적 판단을 연습시켜서 도덕적 문제 사태를 해결하도록 해야 한다는 것은 도덕적 행동의 실천을 다루는 교과로서의 도덕과 교육을 의미하는 것이다. 그리고 학생들로 하여금 행동의 도덕적 의미를 이해하도록 가르쳐서 학생들의 도덕적 심성을 함양하도록 해야 한다는 것은 교과교육의 근본으로서의 도덕과 교육을 의미하는 것이다. 이와 같이 도덕 교과의 의미를 다루는 방식에 있어서 도덕적 행동의 실천과 도덕적 심성 함양이라는 두 가지 측면을 가지고 도덕과 교육의 의미와 존재 이유를 살펴보아야 한다.

도덕적 행동을 다루는 도덕과 교육

도덕적 행동을 다루는 도덕과 교육은 학생들에게 무엇이 도덕적으로 선하고 옳은가를 알려주는 수준에 머물 것이 아니라, 그 선하고 옳은 것을 행동으로 옮기도록 적극적으로 이끄는 데까지 나아가야 한다는 것이다. 그리하여 도덕과 교육은 일상생활에 필요한 도덕규범과 기본 생활예절을 실천하는 것, 그리고 도덕적 삶에 필요한 여러 가지 행위 기능과 능력을 익히고 실천하면서 도덕 습관을 형성해 가는 것에 중점을 두고 있다.

도덕과 교육은 도덕 수업시간에 실제로 있었던 생활 장면을 설정하고, 그 상황에서 구체적인 도덕적 행동을 직접 실연해 보는 일이나 일상생활의 가상적인 상황을 설정한 후 도덕적 행동을 해보게 하는 것은 학생들이 생활 속에서 도덕적 행동을 지속적으로 실천하도록 하는데 주안점을 둔 것이다.

　도덕과 교육은 학습자로 하여금 일상생활의 도덕적 문제 사태에서 요구되는 도덕적 행동을 하도록 하는 데에 일차적인 목적이 있는 만큼, 도덕적 행동으로 실천될 수 있는 내용을 다루어야 한다. 그래서 수업 시간을 통하여 학습한 도덕적 행동이 일상생활에서의 행동으로 연결되기 위하여 체험 위주, 실천 위주의 다양한 지도 방안이 동원되고 있다. 이처럼 학습자의 도덕적 행동을 이끌기 위한 도덕교육은 모든 교육적 조치들을 강구하고 있다(권윤정, 2012: 103). 도덕교육을 도덕적 행동을 위한 교육으로 간주하는 사고방식은 일상생활에서 도덕적 생각과 말과 행동으로 표현된 행위로서의 도덕을 의미한다. 이러한 도덕교육은 학생들의 도덕적 이해뿐만 아니라 도덕적 행위와 실천을 요구하고 있다.

　그러나 도덕적 행동은 일상적인 삶 속에서 이루어지기 때문에 교실에서 도덕적 행동을 직접 다루거나 실제로 해보기가 쉽지 않다는 점이다. 즉 교실 수업에서 실천을 담보하기 어려운 만큼 도덕적 지식이 도덕 행동의 실천으로 연결될 수 있도록 실천 동기를 강화하거나 실천 의지를 북돋우는 것을 중점으로 지도하고 있다. 그리하여 현행 도덕과 교수·학습 과정에서 도덕 행동의 실천을 위한 수업의 흐름을 보면, '도입'에서 도덕적 실천 상황을 조성하고, '전개'에서 도덕적 행동을 다양한 방법으로 연습해 보고, '정리'에서 실천동기 부여 및 강화를 제시하고 있다. 이와 같은 도덕과 수업의 방향은 학생들이 수업에서 배운 도덕적 지식을 일상생활 속에서 도덕적 행동으로 실천하기를 바라는 것에 중점을 둔 것이다. 이것은 도덕과 수업에서 배운 지식이 일상생활에서 행동으로 실천되도록 한다는 의미에서 '생활과의 관련'을 추구하는 것으로 볼 수 있다.

　도덕과 교육에서 '생활과의 관련'이라는 말은 또한 수업에서 획득한 도덕 판단 능력을 구사하여 일상생활에서 당면하는 도덕적 문제를 해결한다는 뜻으로 이해되기도 한다. 도덕적 문제 사태에서 두 가지 이상의 가치나 규범이 갈등을 빚고 있을 때, 당사자들이 그 사태를 해결하기 위한 올바른 선택을 하고 그에 따른 도덕적 행동을 실행에 옮기는 것은 결국 도덕적 행동의 결과를 추구하고 있는 것이다.

도덕 교과가 생활과 밀접한 관련을 맺고 있다는 것은 학생이 수업에서 배운 결과를 일상의 생활에서 유용하게 활용하는 것을 의미한다. 다시 말해 학생들이 직면한 도덕사태에 대한 문제해결에 도움을 주어야 한다는 것이다. 그 결과 도덕과 교육은 학생들에게 무엇이 선하고 옳은가를 알려주어서 그 선하고 옳은 행동을 실천하도록 이끄는 데까지 나아가야 한다는 데에 도덕 교과의 어려움이 있는 것이다.

도덕 심성 함양을 위한 도덕교육

도덕과 교육은 도덕적 행동을 습관화하는 교육이 아닌 도덕적 심성 함양을 목적으로 하는 교육으로 이해되어야 한다. 도덕교육은 행동의 실천이 아니라 행동의 기준을 이해하도록 이끌어야 하며, 이는 교과를 통해 이루어져야 한다. 교과는 행동의 기준을 이해하기 위한 내용을 담고 있는 것이다. 교과는 행동을 실천하도록 하는 단편적 지식을 담고 있는 것이 아니라, 행동의 기준을 이해하기 위한 내용을 담고 있다. 도덕과 교육은 다른 교과와는 다르게 행동의 기준을 이해하는 일, 즉 심성을 함양하는 일을 직접적으로 다룬다는 점에서 가치있는 일이라 볼 수 있다. 만약 도덕과에서의 도덕교육이 단지 일상생활 사태에서 요구되는 도덕적 행동을 실천하도록 하는 데에 그 목적이 있다면 그러한 도덕교육은 반드시 도덕과에서만 할 수 있는 것이 아니다. 오히려 그러한 도덕교육은 학교교육 전체를 통하여 강조되어야 할 것이다.

도덕교육은 도덕적 행동을 실천하는 데에 목적을 두어야 하는 것이 아니라 무엇이 도덕적으로 옳은 행동인지를 아는 일, 즉 행동의 기준을 이해하도록 이끄는 데에 그 목적을 두어야 하며, 특히 도덕과의 내용은 그 기준이 지식의 형태로 표현된 것으로서, 특별히 학생들을 심성 함양이 완성된 경지로 이끌려는 교육적 의도에 적합하도록 그 지식을 선정하여 체계화한 것이다. 따라서 별도의 교과로서 도덕과를 가르치는 것은 학생들로 하여금 행동의 기준을 이해하는 일을 직접적인 관심의 대상으로 삼게 하기 위한 것이라 말할 수 있다. 도덕과 교육은 행동의 기준을 이해하는 일을 직접적으로 다룬다는 점에서 다른 교과와 구분되는 교과 교육이며, 이 과정을 통해서 학생들은 심성을 함양하게 된다(임병덕, 2005: 27, 원지영, 2008: 53).

　학생들로 하여금 행동의 도덕적 의미를 이해하도록 이끈다는 것이 '교과를 통한 도덕교육'의 특징이다. 교과로서의 도덕은 행동의 도덕적 측면을 조명해 주는 개념들을 체계화시켜 놓은 것이라고 말할 수 있다. 이것은 도덕적 개념들을 체계화시켜 놓은 '윤리학'이 도덕교육의 내용이 될 수 있음을 의미한다. 교과를 통한 도덕교육이 윤리학적 개념을 활용하여 행동의 도덕적 의미를 이해한다는 것을 뜻한다. 일상생활에서 도덕적 행동을 실천하는 것과 별도로 행동의 도덕적 의미를 이해하는 것이 왜 필요한가를 묻는 것은 곧 교과로서의 도덕이 왜 필요한가를 묻는 것이 된다. 교과로서의 도덕교육의 목적은 자라나는 세대를 도덕적 선과 가치, 자신의 존재와 세계에 대한 깊은 성찰로 이끄는 것, 공자의 "마음이 하고자 하는 바를 따라도 법도에 어긋남이 없었다."라는 말이 나타내는 바와 같이 성인(聖人)의 경지로 이끄는 것에 이르기까지 다양한 수준에서 파악될 수 있다. 학생들이 현실적으로 어느 수준의 목적에 도달하는가와 관계없이 학교 교육은 가장 높은 수준의 목적을 추구해야 한다. 즉 학생들이 성인의 경지에 대한 동경과 열망을 품고 삶의 보다 높은 가치를 자신의 삶의 자세로 구현하는 데에 교과로서의 도덕이 필요한 것이다. '교과를 통한 도덕교육'이 추구하는 것은 특정한 행동을 실천에 옮길 수 있게 되는 것보다는 전체로서의 '삶의 자세'가 바람직한 방향으로 변화하는 것에 가깝다고 보아야 한다(임병덕 외, 1998: 30-31).

일상생활에서의 도덕적 행동이 중요하지 않다고는 말할 수 없지만, 교과로서의 도덕을 배운 결과는 아주 간접적인 방법으로, 또 복잡한 변형 과정을 거쳐 행동으로 나타난다고 하는 편이 옳을 것이다. 우리의 마음이 중층구조(中層構造)를 이루고 있다는 것은 이 문제를 이해하는 데에 도움이 된다. 사실의 세계는 그 이면에 따라야 할 논리적 세계가 있다고 가정하듯이 우리의 경험적 마음도 그것이 따라야 할 기준으로서 형이상학적 마음이 있다는 것이다. 중층구조는 도덕 지식의 내면화 과정을 설명하는 개념이며, 아래층과 위층이 중층(두 겹)으로 이루어져 있다. 중층구조라든가 위층과 아래층이라는 표현은 어디까지나 비유에 불과하며, 위층과 아래층에 해당하는 세계가 각각 따로 존재하는 것은 아니다. 그것은 하나인 세계를 파악하는 개념적 수단일 뿐이다. 중층구조의 아래층과 위층은 각각 인격 형성의 과정과 기준에 상응하는 것으로 볼 수 있다. 다시 말하여 아래층은 교육을 받으며 살아가는 개인의 삶, 또는 인격 형성의 구체적 과정을 가리키며, 그 위층은 그 부단한 형성의 과정을 이끄는 기준을 가리킨다는 것이다. 따라서 아래층은 일상생활에서의 삶을 통해 구체적으로 도덕성을 형성하는 과정이며, 위층은 도덕 기준으로서 성인의 심성을 나타낸다. 인간의 삶은 일상생활이 전개되는 아래층의 현실적 자아에 그것의 표준에 해당하는 위층의 이상적 자아가 정확하게 겹쳐져 있는 중층구조로 이루어져 있다. 심성으로 이루어진 위층은 아래층이 따라야 할 표현 이전의 표준이며, 따라서 아래층에서 전개되는 일상의 삶은 표현 이전의 표준으로서의 위층, 즉 심성을 따를 때 비로소 그 본래의 모습을 띠게 된다(임병덕 외 2인, 2001: 19, 141).

도덕 교과를 배우는 일은 주체와 대상, 마음과 교과 사이에, 그리고 교과와 교과, 사물과 사물 사이에 구분과 차별이 분명한 아래층에서 시간 계열을 따라 일어나는 과정이지만, 그 과정을 통해서 형성되는 도덕적 심성은 위와 같은 구분이나 차별이 적용되지 않는 위층에 속한다. 교과로서의 도덕을 배운 결과가 행동으로 나타난다는 것은 위층의 심성이 아래층의 행동으로 표현되는 것이며, 거기에는 여러 가지 상황적 제약이 따를 수밖에 없는 것이다. 그러므로 우리는 교과로서의 도덕을 배운 결과가 곧바로 우리가 바라는 특정한 행동으로 생활의 장면에서 실천되는가의 여부에 따라 교육의 성과를 판단할 수 있다고 생각해서는 안 된다. 교과를 통한 도덕교육이 추구하는 것은 특정한 행동을 실천에 옮길 수 있게 되는 것이라기보다는 학생의 심성이 도덕적으로 바람직한 방향으로 변화하는 것이라고 보아야 한다(임병덕 외 2인, 2001: 20).

도덕교육은 학생의 마음을 바로 그 마음 위에 정확하게 겹쳐져 있는 또 하나의 마음, 즉 중층구조의 위층으로 전환시키려는 노력을 나타낸다. 즉 도덕교육은 개인의 편에서 보면 아래층의 마음을 위층의 마음으로 전환하려는 노력으로 나타난다. 그러므로 도덕교육은 학생의 마음이 현실적으로 어느 수준에 도달하는가와 관계없이 인간이 겨냥할 수 있는 가장 높은 수준의 목적을 추구해야 한다.

윤리학적 개념을 통하여 총체로서의 행동을 도덕적 측면에서 이해하는 일은 학생들이 성인의 경지에 대한 동경과 열망을 품고 삶의 보다 높은 가치를 자신의 '삶의 자세'로 구현하는 데에 필수 불가결한 요소가 된다. 별도의 교과를 설정하지 않고 다른 여러 교과에서 윤리학적 개념을 가르치는 일도 불가능하지는 않겠지만, 그 경우에 행위의 도덕적 의미에 대한 이해는 단지 부차적인 관심사에 지나지 않게 된다. 행위의 도덕적 의미에 관한 이해가 참으로 중요한 것이라면, 그것은 반드시 독립된 교과를 통하여 가르쳐야 한다(임병덕 외 2

인, 2001: 21-22).

결 언

우리나라가 도덕과를 독립교과로서 설정하여 운영하는 것은 조선시대부터 내려온 유가적 교육 전통이 자연스럽게 반영된 것이라 할 수 있다. 유가적 전통에서 교육이란 바로 도덕 교육이었다. '소학(小學)' '효경(孝經)' 그리고 '사서오경(四書五經)' 등의 도덕적 경전이 바로 교과서로 가르쳤던 것이다.

"마음을 올바르게 다잡는 것이야말로 학문의 근본이다. 옛 사람들은 어린이들도 그렇게 교육시켜 생각과 행동이 법도에 어긋나는 일이 없도록 하였다. 그렇게 교육받은 이들은 양심을 함양하고 덕성을 존중하였다. 어려서부터 그런 공부는 생략하고 곧장 사리를 탐구하려 하기에 마음이 혼란스럽고 행동은 법도에 어긋나며 공부를 하는 듯 마는 듯하다."

이것은 이율곡이 성학집요의 수기편에서 말한 내용이다. 내 몸과 마음을 갈고 닦아서 내 존재를 새롭게 재편하는 것, 다시 말해 인격과 덕성을 쌓는 것이 도덕과 교육의 존재 이유이다. 주체적인 자아(自我)를 찾고 수신(修身)의 길을 찾도록 몸과 마음을 갈고 닦는 공부가 바로 도덕과 교육이다.

우리는 「논어」 학이편(學而篇)의 증자(曾子)가 일일삼성(一日三省)하는 모습에서 본받아야할 이상적 인간상을 발견한다. 하루 세 번만이라도 자신의 삶을 성찰할 수 있다면 우리는 증자처럼 도덕적으로 성숙한 삶을 살아갈 수 있다. 인간은 이와 같이 무심하게 흘러 보내는 일상을 되돌아보고 성찰함으로서 자신을 도덕적으로 성장시켜갈 수 있다. 우리의 도덕과 교육은 무엇보다 학생들의 도덕적 성장을 돕는 방향으로 나아가야 한다(길병휘, 2011: 31-32).

도덕과 교육은 우리의 사회적 삶의 근간을 이루는 덕목과 규범을 어린 세대에게 전수하는 과정이다. 그러므로 도덕과의 중심 내용은 도덕규범의 의미와 정당성을 설명하는 윤리학이다. 따라서 도덕과 교육은 바람직한 도덕적 습관을 형성하고 단순히 사회적 일탈행위를 방지하는 것에서부터 선과 가치를 깊게 성찰해 보는 윤리학적 사고에 이르기까지의 높은 수준의 목적을 추구해야 한다.

도덕 교과를 통하여 행동의 도덕적 의미를 이해하는 일과 도덕적 습관을 형성하고 도덕 행동을 실천하는 일은 도덕교육의 두 축으로서 서로 불가분의 관련을 이루고 있다. 그러므로 도덕교육의 실제적인 면에서 어느 한쪽이 지나치게 강조되거나 소홀히 취급되는 일이 없도록 양자가 적절한 균형을 유지하도록 해야 한다.

2. 도덕 교사

교사는 학생들에게 필요한 단순한 지식을 전수해 주는 것이 아니라 전인적인 인격을 전수해 주고 있는 것이다. 교사는 학생들이 지적, 정서적, 사회적, 도덕적으로 균형 있는 성장을 하도록 전인교육을 시키는 존재이다. 교사는 학교에서 학생들의 인격교육을 책임지는 존재이기 때문에 스승으로서의 도덕적 권위를 지녀야 한다.

오우크쇼트는 교사의 역할을 인류의 업적인 문명에 학생들을 입문시키는 것이라고 하였다. 문명의 중개인으로서 학생들에게 문명의 입문이라는 어려운 과업을 수행하고 있기 때문에 교사를 존중해야 한다고 하였다.

교사의 권위

도덕교육에서 교사의 기본적인 역할은 학생들을 도덕적 인간으로 성장하도록 돕는 일이다. 즉 교사는 학생들의 인격 형성을 돕는 일을 하기 때문에 단순한 지식과 기술의 전달자가 아니라 참된 인간을 만드는 인격자로서의 스승인 것이다.

교육적 의미에서 교사의 권위는 학습자인 학생에게 더 나은 가치 체계로 나아갈 수 있도록 돕는다는 데에 있다. 교사는 학습자의 사고와 행동에 영향을 미치기 때문에 도덕적 권위를 지녀야 제대로 그 역할을 수행할 수 있다.

예로부터 교사는 지식의 전달자라기보다는 인격의 전달자로서 그 의미가 더 컸다. 교사의 권위는 전통사회에서는 절대적으로 인정받았다. 그러한 교사의 권위는 성리학에 기반을 둔 우리의 전통사회에서 더욱 두드러졌다. 이 시대에 '사부일체(師父一體)'란 부모와 스승을 하나로 보는 것으로 스승의 권위가 바로 부모와 동등함을 의미하는 것이었다. 교사의 권위는 "스승의 그림자도 밟아서는 안 된다."는 말이 있을 정도로 절대적이며 당연한 것으로 여겨왔다. 전통사회에서 교사의 권위가 강조된 것은 도덕교육의 중요한 기반이며 출발점이 되기 때문이다. 그러나 이러한 교사의 권위가 현대사회에서 그대로 인정되고 존중받기는 쉽지 않을 것이다.

도덕 행동의 전수자로서의 교사는 제자들의 삶에 결정적인 영향을 미친다. 교사의 권위와 역할은 학습자의 사고와 행동에 영향을 미쳐서 도덕적 행동을 가능하게 하기 때문이다. 교사의 권위는 사회와 학생들로부터 교사의 자질과 능력을 인정받았을 때에 형성되고 인정되는 것이다. 그러므로 교사는 자기 자신의 가치 있는 삶을 위해 부단한 노력을 해야 한다. 끊임 없는 자기 연마와 수양으로 숭고한 가치에 헌신하는 자세를 가지고 노력하는 사람이 되어야 교사의 권위를 유지할 수 있다. 교사의 그러한 삶은 학생들에게 그대로 교육의 지표가 된다.

뒤르켕(Durkheim)은 유능한 교사의 자질로서 권위를 내세우고 있다. 그는 교육자가 갖추어야할 가장 비중 있는 요소로 도덕적 권위를 내세우고 있다. 교사는 규율과 제재를 표방하는 상징자, 모범자로서 가치 전수의 기능을 한다. 교사는 학교에서 학생들의 도덕적 사회화에 중심적 역할을 한다. "교육의 목적은 그들이 운명적으로 살아가야 할 정치 사회의 전체와 특정한 환경이 요구하는 일정한 신체적, 지적, 도덕적 상태를 아동들에게 일깨우고 개발시키는 것이다."라는 뒤르켕의 정의(定義)는 성인이 학생들에게 가치와 행동을 주입시키는

데 관심을 가지고 있어야 함을 보여주는 것이다(이근철 외, 2003: 434). 이것은 교사가 학생들의 도덕 사회화의 전문가라는 것을 의미한다.

남궁달화는 교사의 자질로서 요구되는 필수적인 요건으로서 '권위'를 내세우고 있다. 교사가 인격 개발자로서의 그의 권위를 상실하게 되면 의와 선, 그리고 앎의 상징과 본보기를 기대할 수 없다고 하면서, 지식을 가르치는 일에 있어서나 선을 가꾸고 교육하는 일에 있어서 교사의 권위가 갖추어져 있어야 만이 그의 역할을 제대로 수행할 수 있다는 것이다(남궁달화, 1989: 30)

교사의 권위는 도덕교육에서 특히 요구된다. 권위를 잃거나 갖지 않는 교사는 학생들에게 도덕 생활에 필요한 특성들을 가르칠 수 없을 뿐만 아니라 발달시킬 수도 없을 것이다. 교사의 권위는 '믿음과 열정'의 상태를 수반해야 한다. 그래서 교사는 학생들의 성격을 형성하고, 그들을 사회적 존재로 만드는 과정에서 세심한 기능을 수행할 수 있는 것이다(B. Chazan, 이구재, 강민석 공역, 1990: 58).

권위는 스스로의 자율적인 판단으로 능동적이고 적극적으로 명령에 복종하는 경우를 가리키며 바람직한 가치와 필연적으로 관련된다. 그러한 권위는 권위 있는 대상이 가지는 탁월성을 인정한다는 점이 특징이다. 이러한 권위가 도덕교육에서 지닌 교육적 의미는 그것이 가치를 전제로 하며 학습자가 더 나은 가치 체계로 나아갈 수 있도록 돕는다는 데에 있다. 권위자로서의 교사는 학습자의 사고와 행동에 영향을 미침으로서 교육을 가능하게 한다(서정하. 2003: 63).

교사의 권위가 제대로 확립되어 있어야 가치의 전수자로서의 역할을 수행할 수 있다. 권위 있는 교사의 모범과 시범은 어린 학생들에게 도덕규범을 이해하고 실천하도록 도움을 줄 수 있는 것이다. 교사의 권위는 학교 및 학급의 질서를 바람직하게 유지시켜는 힘을 가지고 있으며, 지식 전수의 과정에서도 학생들의 학습력을 향상시켜 줄 수 있는 추진력이 되고 있으며, 학생들에게 덕성과 인격을 갖추게 하는 데에 그 힘이 되는 것이다. 결국 교사의 권위는 학생들에게 덕목과 규범에 따르도록 하는 기반이 되면서 도덕성 형성의 관건으로 작용한다.

교사의 권위는 어떻게 형성되는가? 그것은 학생들의 자발적인 수용과 복종에 의해서 형성된다. 그 어떤 외부적인 강압이나 주입에 의해서 형성되는 것은 아니다. 교사의 권위는 교사로서의 자질과 능력을 연마하여 진정한 인격자로서의 그 탁월성을 드러낼 때, 학생들이 이를 인정하고 수용함으로써 형성될 수 있다. 결국 교사의 권위는 교사 자신을 위한 개념이라기보다는 학생을 바람직한 인격자로 성장하도록 돕는 데에 그 의의가 있는 것이다.

교사의 권위를 형성하기 위해서는 어떠한 요소들이 필요한가? 첫째로 교사는 가르치는 일에서 기쁨을 느껴야 한다. 진정한 교사는 가르치는 일을 통해서 배우는 교사이다. 학생을 지도하고 가르치는 일이란 교사가 스스로의 수양을 통해 배우며 성장하는 과정일 수도 있다. 그러므로 교사는 교직생활을 통해 자기 성장을 깨닫고 즐기는 사람이다. 둘째로 교사는 가르치는 교과에 대한 전문 지식을 지니면서 그 교과에 대한 열정과 사랑이 있어야 한다. 교사는 가르치는 교과목에 대한 지식뿐만 아니라 신념과 열정이 있어야 자신의 삶을 통해 자신 있게 가르칠 수 있다. 교사의 세계관과 삶의 태도는 수업을 통해 배우는 학생들에게 투영되므로 가르치는 교과에 대한 사랑과 교육에 대한 열정을 보여 주어야 한다. 가르치는 일을 즐길 수 있는 교사는 지식 전달 뿐만 아니라 학생의 삶의 방향에도 영향을 미칠 수 있다. 셋째로 학생 개개인을 신뢰하고 사랑하면서 교육하는 자세가 있어야 한다. 학생들을 인격적으로 성실히 관여하고 대화하는 자세가 요구되는 것이다. 대화하는 관계는 자신의 존재 전체를 걸고 상대방에게 응답하는 교육적 관계이다. 교사는 학생의 인격 형성 과정에 불가피하게 관여하기 때문에 교육적 책임 의식을 가져야 한다. 학생들이 수업을 통해 자신의 인격적 삶을 형성하기 위해서는 교사와 학생이 서로 신뢰하는 교육적 관계가 바로 서야 한다. 교사가 교육적 책임을 다하기 위해서는 학생들의 신뢰가 전제가 되어야 한다. 신뢰받는 교사야말로 학생들에게 존경을 받을 수 있으며 권위를 갖출 수 있다(정영근, 2002: 34-56).

교사는 학생들의 학교생활과 도덕 사회화에 중요한 영향을 미치고 있기 때문에 도덕적 권위를 지녀야 한다. 도덕적 권위는 도덕 규칙을 일관성 있게 지키게 하는 힘으로서 작용한다. 도덕적 권위란 개인들이 규칙에 따라 행동을 규제하고 결정하는 힘의 원천이다. 도덕적 권위는 개인들에게 도덕 규칙을 강요하고 지시하는 힘이며, 일상생활에서 도덕적 행동을 실천하게 하는 추진력이 된다. 도덕적 권위는 규범과 덕목이 개인의 인격과 품성으로 내면화되도록 하는 기능을 수행한다.

도덕규범의 이해와 실천은 권위 있는 교사의 모범과 시범에 의하여 효과적으로 지도될 수 있다. 교사는 학생들로 하여금 질서 정연하고 도덕적인 생활을 하도록 규율과 금지의 대변자가 되어야 하고, 모범과 본보기가 되어야 한다. 따라서 모범과 시범을 보여 줄 때, 교사의 권위는 교육의 강력한 추진력이 되는 것이다. 어린 학생들에게 있어서 교사는 우리 사회의 지적, 도덕적 전통을 대표하는 도덕의 화신이다. 교사의 권위는 학생이 배우는 규범과 전통의 권위와 다른 것일 수 없다.

학생이 도덕적 권위자를 만나게 되면 쇳가루가 자석에 끌려가듯이 존경과 흠모의 마음을 갖게 되며, 그 권위자로부터 바람직한 가치 체계나 학습 내용을 받아들이고 배운다(신득렬, 1997: 11). 따라서 교사는 도덕적 권위자로서 학생들을 대면할 수 있는 인격과 덕성을 갖추고 있어야 한다.

도덕 교사로서의 역할

도덕 행동 전수자로서의 교사

도덕 행동은 교사의 모범과 시범에 의하여 학생들에게 전수될 수 있다. 모범과 시범을 보이는 자로서의 교사는 도덕 교육이 그 목적으로 추구하는 인간상을 몸소 구현하는 사람이다. 즉 도덕 인격자로서 교사는 도덕적 가치와 덕목을 자신의 삶과 가르침을 통하여 실천하면서 모범을 보이는 자이다.

오우크쇼트는 '모델링으로서의 교사'를 도덕 교육의 방법으로 중시한다. 그는 사회적 존재로서의 교사가 도덕 행동의 전수자로서 역할을 해야 한다고 주장한다. 그는 "들오리들이 비상하는 것은 우두머리 들오리가 먼저 하늘로 비상하기 때문에 다른 들오리들이 그를 따라 하늘높이 날아오를 뿐이다."고 하였다(차미란, 1992: 62). 그는 교사 자신의 모범과 시범에 의해서 도덕 행동의 전수가 이루어짐을 강조하고 있다.

교사가 도덕 행동의 모범을 보인다는 것은 학생들에게 특별한 의미가 있다. 교사가 학생들에게 도덕규범을 전수하는 과정에서 모범을 보인다는 것은 도덕 내용뿐만 아니라 그의 스타일이나 어조 및 지성을 함께 전달하는 것이다. 다시 말해 교사와 학생 사이에 언어와 언어로서 전달되는 것 이상으로 마음과 마음으로 전달되는 분위기가 있다는 것을 의미한다.

도덕 행동의 전수는 학생이 교사에 대한 존경을 바탕으로 한다. 학생은 교사의 몸, 즉 그의 표정이나 억양, 스타일 등을 단서로 하여 교사의 가르침과 시범이 무엇을 뜻하는지를 상상함으로써 교사로부터 제시되는 도덕적 정서 및 가르침을 자신의 것으로 받아들인다. 다시 말해서 학생은 교사로부터 교육 내용과 어조, 분위기 및 스타일을 총체적으로 받아들이고 배운다는 것이다.

따뜻한 배려자로서의 교사

칸트는 교육의 목적이 도덕적인 인간을 육성하는 데에 있다고 하였다. 나딩스도 교육의 목적이 도덕적인 사람을 길러 내는데 있기 때문에 모든 교육이 배려를 유지하고 강화시켜 줄 수 있는 도덕교육에 목적을 두어야 한다고 주장한다. 이에 나딩스는 교사의 역할과 자세를 어머니가 어린 자녀에게 베푸는 사랑과 보살핌의 행위에 비유하여 강조하고 있다. 교사는 단순한 지식의 전달자가 아니라 학생들을 항상 애정과 모성적인 사랑으로 이끌어주는 배려자가 되어야 한다. 나딩스의 이러한 입장은 콜버그가 정의로운 공동체로서의 학교를 역설한 바와 같이 따뜻한 배려의 공동체로서의 학교를 강조하고 있는 것이다(이근철 외, 2003: 436).

배려자로서의 교사의 역할 중에서 가장 중요한 것은 학생들에게 배려의 본보기가 되어 주는 일이다. 교사의 행동과 모습을 보고 학생들은 자신의 역할을 학습한다. 교사가 배려자로서의 본보기를 보여주면 학생들도 그러한 배려자로 성장할 수 있을 것이다. 배려의 능력은 자신들이 배려를 받았던 경험과 배려를 베풀었던 경험에 의존한다. 어린 학생들은 배려를 받고 있는 경험을 통해서 어떻게 응답해야 하는지를 배울 수 있다. 교사는 배려하는 사람과 본보기의 역할을 동시에 수행해야 하기 때문에 교사는 언행을 통해서 배려의 모범을 보여 주어야 한다(박병춘, 2002: 149).

배려자로서의 교사는 대화의 상대자인 학생들의 고통에 대해서 관심과 동정심을 가지고 응답하며 배려해 주어야 한다. 학생들은 자신들이 좋아하고 존경하는 선생님과 진정한 대화를 나눌 때에 그 선생님을 모방하게 된다. 또한 교사는 학생들을 인정하고 격려해 주는 역할을 하여야 한다. 나딩스는 인정하고 격려해 주기라는 개념을 '다른 사람 안에 있는 최상의 것을 찾아서 인정해 주고 격려해 주는 행동'으로 정의한 부버(M. Buber)의 개념을 그대로 수용하여 사용하고 있다(박병춘, 2002: 154). 교사가 학생들을 인정하고 격려해 주기 위해서는 학생의 재능이나 능력, 특성, 관심 등을 알고 있어야 할 뿐 아니라 학생과 서로 친밀감과 신뢰감을 형성하고 있어야 한다. 그리고 인정하고 격려해 주기 위해서는 무엇보다도 학생과 교사간의 만남과 대화의 시간이 요구된다.

도덕 발달의 촉진자로서의 교사

듀이는 도덕교육을 하는 교사는 "도덕 문제 상황을 해결하는 능력을 길러 주는 일을 돕는 사람이다."고 하였다. 도덕 문제 상황에서 바른 판단을 하고, 그 판단대로 선택을 하여 행동할 수 있도록 도덕적 경험을 시키는 것이 듀이의 도덕교육이다. 도덕교육은 학생들의 경험을 중시하며, 학생들이 스스로 숙고하고 판단할 수 있도록 실천할 기회를 많이 제공하는 형식을 취해야 한다는 것이 듀이의 생각이다. 그리고 교사와 학생, 학생 상호간에 토론과 대화를 통해서 도덕적 숙고와 판단에 도움을 주는 역할을 하는 것이 교사라고 하였다. 그러므로 교사는 참여적 민주주의를 제공하고 학생의 다양한 경험을 통합해 주는 조력자인 것이다(이근철 외, 2003: 439)

콜버그(L. Kohlberg)는 도덕교육에 있어서 교사의 역할을 강조하여 명확하게 기술하고 있다. 첫째로 교사는 도덕적 발달과정에 기여하는 것이 주 임무이므로 학생의 인지발달적인 도덕적 성장을 위한 촉진자로서 역할을 수행하여야 한다. 따라서 교사의 역할은 방임적이 아니라 탐색, 교수, 제안, 강조 그리고 지시 등과 같은 면밀하게 정교화된 소크라테스적 방식을 추구하는 것이다(B. Chazan, 이구재, 강민석 공역, 1990: 167).

둘째로 학생들에게 인지갈등을 일으키게 하고 역할채택을 자극할 수 있는 조성자로서의 역할을 하여야 한다. 교사는 인지적 갈등 조성과 함께 다른 사람의 관점에서 생각해 보도록 하는 역할채택의 기회를 부여하여야 한다. 따라서 역할채택의 자극과 인지갈등의 조성은 도덕교사의 중요한 기능인 동시에 과제가 된다. 콜버그의 토의 수업 방법에서 교사의 할 일은 인지갈등과 역할채택을 자극하여 학생들의 도덕의식을 촉진시키는 역할을 하는 것이다.

학생들의 도덕 발달의 촉진자로서의 교사는 학생들의 의견을 판단하지 않으면서 지지, 격려해 주거나 반대 의견을 제시하는 역할을 해야 한다. 그리고 개방적이고 탐구적인 수업 분위기 조성자로서의 역할도 아울러 수행해야 한다.

통합적 인격의 함양자로서의 교사

리코나(Lickona)는 학교가 학생들의 건전하면서도 다양한 인격을 지속적으로 도모하고 인격의 세 가지 측면(도덕 문제에 대해 알기, 느끼고 추구하기, 행동하기)을 균형 있게 발달시켜야 한다고 하였다. 일상생활 속에서의 도덕적인 사람, 바람직한 덕목과 인격을 갖춘 사람, 다른 사람을 배려할 줄 아는 사람으로 교육시키는 일이 교사의 할 일이다. 그러므로 교사는 학생들의 인지적, 정의적, 행동적 측면을 조화롭게 육성할 수 있는 자질과 인격을 갖추고, 학생들을 도덕적으로 알고 느끼며 행동으로 실천할 수 있는 사람으로 만들어야 한다.

인격교육자로서 교사는 학생들에게 훌륭한 인격을 함양하도록 가르쳐야 한다. 즉 선에 대해 알고 의욕하고 행동하는 사람을 기르는 것이 교사의 역할이다. 그런 의미에서 교사는 인격적 모델로서 학생들에게 공정, 배려, 관용, 정직 등의 덕목을 전수할 수 있다. 특히 교사는 학교생활의 모든 측면을 통해 도덕적 사고의 본보기, 도덕적 감정의 본보기, 도덕적 행동의 본보기가 되어야 한다.

인격교육자로서 교사는 학생들의 욕구를 수용하고 존중해 주고, 그들의 반성적 사고를 촉진시켜서 도덕 생활을 바람직한 방향으로 이끌어 주어야 할 것이다.

결 언

도덕과 교육에서 교사는 교육내용이 학생의 삶으로 실천되고 그의 자아의 한 부분을 이루도록 이끄는 역할을 하며, 그러한 역할은 먼저 교사 자신으로 하여금 그가 가르치는 '교육내용의 구현체'가 될 것을 요청한다. 도덕과를 가르치는 교사들은 도덕교육의 이론적 내용과 실제를 그들 자신의 경험의 한 부분으로 받아 들여서 그들의 교수행위를 통하여 학생들에게 구현하고 있다. "가르침보다 가르치는 사람이 더 중요하다."라는 키에르케고르(Kierkegaard)의 말은 교사의 권위와 인격적 감화력이 요청되는 도덕과의 경우에 잘 적용될 수 있을 것이다(임병덕 외, 2001: 275).

교사는 다른 사람을 도덕적인 훌륭한 삶으로 이끄는 일을 하는 사람이다. 교사는 먼저 학생과 동등한 수준에서 상황적으로 만날 수 있어야 한다. 단순히 도덕적 지식을 관념적 수준에서 전달하는 것이 아니라 그 이상으로 자신이 그 지식을 맺고 있는 실존적 관계를 전달하려고 해야 한다. 그렇게 노력하려고 할 때 교사는 자신의 부족을 느끼고 자신의 삶을 들여다보지 않을 수 없게 된다. 학생이 교사로부터 전달받아야 할 것은 바로 이러한 삶의 자세이다. "진정한 의미에서 가르치는 사람이 된다는 것은 배우는 사람이 된다는 것을 뜻한다."는 키에르케고르의 말은 교사와 학생이 동등한 수준에서 만나야하고, 교육 활동이 교사 자신의 성장에 도움이 되는 방향으로 이루어져야 한다는 요청을 나타내고 있다(임병덕, 1998: 188).

학생 자신의 도덕성 형성에 도움을 줄 수 있는 것은 교사의 권위와 역할에서 나오는 모범과 시범이다. 모범과 시범을 보이는 교사는 도덕 교육에서 바라는 인간상, 즉 위대한 것을 꿈꾸고 그것을 구현하기 위해 노력하는 자이며, 늘 자신의 부족함을 느끼고 항상 배우는 자이다. 교사의 이러한 자세는 학생이 배워야할 삶의 자세로서 교육의 지표가 된다. 그러므로 교사는 먼저 도덕적으로 숭고한 가치에 헌신하는 자세를 가져야 하며, 그의 삶과 가르침을 통하여 도덕적 가치를 몸소 구현해야 한다.

교사는 남에게 지식을 전달해 주는 경사(經師)라기 보다는 사람을 사람답게 길러내는 인사(人師)라는 의미가 더 강조되어야 한다. 이것은 교사가 스승의 길로 나아가야 하기 때문에 보다 높은 인격의 소유자로서 전문적인 지식과 능력을 지닌 자이어야 함을 의미한다. 깨끗한 인품과 스승다운 삶의 자세는 다른 사람의 모범과 사표가 되며 존경의 대상이 된다.

\<참고 문헌\>

권윤정, "소학의 도덕교육이론 연구", 한국교원대학교 대학원 박사학위논문, 2012.

길병휘, "자율도덕의 실천적 이해와 도덕교육", 『초등도덕교육』, 제37집, 한국초등도덕교육학회, 2011. 12.

남궁달화, "교사의 교육자적 자질과 기술 및 역할",『교수논총』, 제3집 제2호, 한국교원대학교, 1989.

박병춘,『배려윤리와 도덕교육』, 서울: 울력, 2002

서정하, "도덕교육에서 교사의 권위의 의미", 한국교원대학교 교육대학원 석사학위논문, 2003.

신득렬,『권위, 자율, 그리고 교육』, 대구: 계명대학교출판부, 1997.

이근철 외,『도덕과 교육론』, 서울: 양서원, 2003.

정영근,『영화로 만나는 교육학』, 서울: 문음사, 2002.

원지영, "예교의 의미에 비추어본 초등도덕교육의 의의", 한국교원대학교 대학원 석사학위논문, 2008.

임병덕,『키에르케고르의 간접 전달』, 서울: 교육과학사, 1998.

임병덕, "초등도덕과교육의 근본 : 교과의 의미로서의 도덕", 『도덕교육연구』, 제16권 제2호, 한국도덕교육학회, 2005.

임병덕 외 2인, 『도덕(윤리) 교과교육학 교재 개발 연구』, 한국교원대
학교 부설 교과교육공동연구소, 2001. 7. 연구보고 RR
99-Ⅲ-1(별쇄).

차미란, "Oakeshott의 교육론: 교수와 학습(상·하)", 『교육진흥』, 중앙교
육연구소, 봄호, 여름호, 1992.

Chazan, B., 이구재, 강민석 공역, 『현대도덕교육방법론』, 서울: 법문사,
1990.

권승혁(權勝赫)

광주교육대학 2년 졸업
조선대학교 경상대학 회계학과 졸업(경영학사)
한국교원대학교 대학원 윤리교육과 졸업(초등도덕교육전공: 교육학 석사, 박사)

전) 초등학교 교사(수봉초 외)
전) 한국교원대학교 강사(도덕교육)
현) 광주교육대학교, 청주교육대학교 강사(도덕교육)

도덕교육론, 협신사, 2005
도덕교육방법론, 협신사, 2005
도덕교육개론, 한국학술정보(주), 2010
초등도덕교육방법론, 도서출판 한빛인쇄, 2014.
Kohlberg의 토의식 도덕수업과 교사의 기술 및 역할(석사논문)
토의식 도덕수업 모형의 적용이 아동의 도덕성 발달에 미치는 영향(박사논문)
한국아동의 도덕성 발달에 관한 연구
도덕성 발달의 자기보고 분석 외 6편

도덕교육학개론

초판인쇄 2017년 8월 7일
초판발행 2017년 8월 7일

지은이 권승혁
펴낸이 채종준
펴낸곳 한국학술정보㈜
주소 경기도 파주시 회동길 230(문발동)
전화 031) 908-3181(대표)
팩스 031) 908-3189
홈페이지 http://ebook.kstudy.com
전자우편 출판사업부 publish@kstudy.com
등록 제일산-115호(2000. 6. 19)

ISBN 978-89-268-8101-9 93370